毕加索和杜尚
现代艺术的灵魂之争

PICASSO AND THE CHESS PLAYER
PABLO PICASSO, MARCEL DUCHAMP, AND
THE BATTLE FOR THE SOUL OF MODERN ART

拉里·威瑟姆(Larry Witham) 著　唐奇 译

中国人民大学出版社
·北京·

目 录

第 1 章　"轰动中的轰动"　1
第 2 章　西班牙人的凝视　13
第 3 章　公证人的儿子　32
第 4 章　波希米亚的巴黎　49
第 5 章　小立方体　74
第 6 章　现代主义的浪潮　94
第 7 章　军械库展　108
第 8 章　秩序的回归　134
第 9 章　一个巴黎人在美国　151
第 10 章　超现实主义的桥梁　182
第 11 章　欧洲的棋盘　217
第 12 章　先锋派的飞行　253
第 13 章　反抗的艺术　286
第 14 章　现成品　318
第 15 章　毕加索的最后时刻　338
第 16 章　杜尚派　358
第 17 章　毕加索年，杜尚时代　380

作者手记　395
注释中的缩写　397

第 1 章　　"轰动中的轰动"

冬日的曼哈顿街头，前往参观美国最大规模艺术展的人流稀稀落落。1913 年的"军械库展"于 2 月 17 日开幕。开幕时举办了节日派对、乐队演出和演讲会。然后是颇富争议性的巴黎艺术品的揭幕仪式。报纸对开幕式进行了大张旗鼓的宣传，但仍然没有观众。然后事情忽然发生了变化。从第二周起，人潮蜂拥而至。一家报纸所说的"轰动中的轰动"引起了公众的兴趣。其实这只是 1 300 件油画和雕塑作品中的一件。

轰动中的轰动是一幅立体主义油画，描绘了一个正在下楼梯的支离破碎的人形，这幅画最大的诱惑来自它的标题：《下楼的裸女》。没有人真正注意到这位法国艺术家的名字。他就是 25 岁的马塞尔·杜尚，当时杜尚已经返回巴黎，将曼哈顿的一切喧嚣抛在了脑后。《下楼的裸女》悬挂在一号画廊，跟另一幅普普通通的立体主义油画《女人与陶》在一起，后者的作者是名气稍胜一筹的巴勃罗·毕加索。对于美国公众来说，这两个外国名字显然没有虚张声势的"先锋派"夺人眼球，这种新的现代艺术中充满了肤浅、搞笑、离经叛道的夸张举动。对于美国人，这些正是他们希望从巴黎的"狂人"们身上看到的。[1]

杜尚的《下楼的裸女》引起了多大争议，就受到了多少赞誉，成为举国关注的对象。这幅画中看不到明显的裸体，甚至看不出是男人还是女人，只有一个类似人形的轮廓，像一个僵硬的提线木偶，下楼梯的动作被拍成一系列连续的快照叠放在一起。对一个像杜尚这样的年轻艺术家来说，这是颇富冲击力和创新性的作品。这是他第一次锋芒盖过毕加索的机会，从这个意义上说，军械库展也是这两位艺术家的人生和作品的第一次正面交锋。按公众的呼声来看，这一回合的胜者是杜尚。支离破碎的《下楼的裸女》奠定了杜尚在美国的立足点。

展览在曼哈顿中心的第69步兵团军械库举行，这里巨大的空间是为阅兵训练准备的。[2] 要塞似的建筑物外墙上悬挂着条幅，上面写着"现代艺术国际展览会"。建筑物内部按照不同的主题划分区域，用鲜艳的彩旗、黄纸带、粗麻布、盆栽植物和悬挂在半空中的绿色花环装饰。所谓的"立体主义展室"位于整个狭长空间的尽头，报纸半开玩笑地将其

‖ 1913年2月，现代艺术国际展览会在列克星敦大街上的第69步兵团军械库举行，展厅被划分为18个展区。

戏称为"恐怖屋"。这间展室的中央就是《下楼的裸女》，被描述为"石棉瓦工厂爆炸"或者"下楼梯的原始人"。

这次伟大的展览也展出了从弗朗西斯科·戈雅到印象派及以后的欧洲画家的作品，使其成为一堂艺术实物教学课，值得认真回顾和审视。不过，军械库展本质上是一个大众传媒事件，初衷是吸引参观者、售票和制造公众兴奋点。在老练的新闻记者的宣传攻势下，展览的新闻稿发到了全国，现代艺术的明信片如潮水般涌入纽约（其中一张就是杜尚的《下楼的裸女》）。全国各地的报社都收到了一张军械库展的新闻照片，实际上，是马塞尔·杜尚跟同样是艺术家的两个哥哥的合影。

就其轰动一时的热烈气氛而言，现代艺术国际展览会是美国现代艺术觉醒的转折点——军械库展是这种诞生在欧洲的新鲜事物第一次大举进入美国，当时一种被命名为"立体主义"的运动刚刚在欧洲萌芽。纽约展览会的核心目标之一，是通过将美国艺术家与他们的欧洲前辈并列来提升他们的地位，结果却事与愿违。[3]尽管军械库展标志着美国现代艺术的严肃收藏的开端，但美国本土的画家和雕塑家却大失所望。欧洲人得到了最多的关注，也销售出了最多的作品。

无论如何，欧洲先锋派进入纽约为后来者树立了重要的榜样，因为在未来几十年里，现代艺术和现代艺术博物馆的中心转向了曼哈顿。通过军械库展，杜尚赢得了早期的立足点。尽管很少有人记得他的名字，但是《下楼的裸女》成了美国流行文化的一个符号，讲述了一个巴黎人在美国的故事（最后这个巴黎人成了美国公民）。杜尚凭借一件声名狼藉的作品赢得了成功，虽然并不是出于他的本意。一个朋友开玩笑说，作为法国人，有一天他在纽约的声名将与拿破仑和莎拉·伯恩哈特并驾齐驱。[4]

* * *

1913年军械库展的海报只列出了欧洲艺术家的名字。

军械库展于1913年2—3月在纽约展出之后,又巡回到了芝加哥和波士顿。在包括展出之前和之后的整个时期,毕加索和杜尚都远在千里之外。1912年底,一小群美国人匆匆来到巴黎,为军械库展募集毕加索和杜尚的作品,不过当时这两位艺术家都联系不上。那几个月毕加索忙得马不停蹄。他先是在法国南部海岸实验综合立体主义,之后回到他在巴黎的工作室,然后又前往巴塞罗那参加他父亲的葬礼。

毕加索是一个忙碌的西班牙年轻人,身上总是散发着油画颜料的气味,指间永远夹着一支香烟——随着卖画收入的改善,很快换成了一个装满上等烟草的烟斗。黑色的短发覆盖住他的额头,他黑眼睛的锐利目光仿佛能够直射入新情人的心里去。

杜尚与毕加索毫无共同点,军械库展期间,杜尚的状态也与毕加索截然不同。为了逃离令人窒息的巴黎,他刚刚独自在慕尼黑度过了几个星期,这段经历改变了他的人生。从慕尼黑出发,他在欧洲四处游历,参观艺术博物馆,这只是他未来人生的一次小小预演,因为很快他将成为一名旅人,经常只依靠一只手提箱长期生活。这次旅行结束后,杜尚于1912年底返回巴黎,开始怀疑自己作为一名艺术家的人生,大部分时间他都待在郊区的一间工作室里,偶尔跟一个富有的花花公子朋友进城找乐子。

他不停地抽烟,为他过分年轻的容貌增添了几分教授的派头(后来当他有了钱,他喜欢一支接一支地抽古巴雪茄)。作为一名画家,杜尚却讨厌油画颜料的气味。所以他开始计划用一块巨大的玻璃板代替画布,来创作下一件主要艺术作品。这将是一件既丰富又"睿智"的作品,完成后被命名为《大玻璃》,与《下楼的裸女》一道,并列杜尚最著名的两件作品。

尽管毕加索和杜尚各自为许多事务分心,巴黎的艺术界却一片沸腾。军械库展恰逢巴黎的立体主义狂热达到顶峰之际，而立体主义正是现代艺术最主要的先驱。1912年秋天，巴黎举办了立体主义绘画的第一次重要展览。紧接着关于这一流派的第一部著作《立体主义》在法国出版。1913年又出版了第二部——《立体主义画家》。立体主义绘画方法的出现是循序渐进的，但似乎在一夜之间兴盛起来，其早期的几个关键特征包括：几何的（或分形的）外观、对同一个对象的多视角暗示、网格状的质地、不明确的空间，以及常见的柔和色彩。自从诞生——并且被法国报纸命名为"立体主义"——之日起，它就从局外人的地位向巴黎艺术的中心发起了挑战。立体主义甚至在法国众议院激起了一场关于立体主义对法国文化的威胁的争论。

若干年来，巴黎一直像磁石一样吸引着全欧洲的艺术家、波希米亚人和城市游民。这座城市在两处地方容纳这些流民——北部破败的蒙马特和南部相对高端的蒙帕纳斯。在任何一处遍布酒吧和咖啡馆的街头，艺术家们都有可能不期而遇。他们也在位于巴黎市中心的大型展馆举行的年度沙龙展上碰面。相遇的机会太多了，毕加索和杜尚会面的时刻不可避免地终将到来。

不过，关于他们的会面，可供考证的只有杜尚模糊的回忆（"我只在1912年或1913年见过毕加索"）。[5]这件事可能发生在某间咖啡馆。他们可能由一个共同的朋友引见，杜尚和毕加索有许多共同的朋友。[6]"我们的生活中有太多咖啡馆了。"杜尚在谈论巴黎的波希米亚人的交际方式时曾经这样说。[7]场面很有可能是这样的：毕加索衔着香烟吞云吐雾，杜尚正往烟斗里装烟丝。

这两位年轻艺术家恰好形成鲜明的对照。毕加索是一个31岁的黑头发的小个子西班牙人，目光炯炯有神。杜尚年轻6岁，外表儒雅，鹰钩鼻、薄嘴唇，金黄色的头发向后梳。两人的外表对女人都很有吸引力，尤其是风度翩翩的杜尚，事实也证明了这一点。

几年来，毕加索一直致力于在作品中探索人类苦难的深度。他的作品标题都非常简单。杜尚则刚好相反，他属于艺术这枚硬币复杂、轻快的一面。当他来到巴黎，他的第一个目标是为这座城市的讽刺报纸画插图。他用笑话、俏皮话和幽默作家的揶揄讽刺包裹着自己。杜尚画画时使用很长的标题，一位巴黎的艺术评论家说他的标题"既充满智慧又深奥难解"。[8]

对比到此还没结束。在巴黎的艺术世界中，围绕着毕加索和杜尚也存在两个对立的阵营。杜尚及其同伴的阵营由法国人组成，自称为艺术家—知识分子。他们试图以一种纯粹的理论、一种代表法国艺术史最高发展程度的准科学的形式来巩固立体主义。杜尚的两个哥哥是这个团体的领袖，因为他们居住在皮托地区，所以被称为"皮托立体主义"。另一个阵营实际上就是毕加索自己加上乔治·布拉克。他们是立体主义的先驱，但是回避艺术的纯理论研究，也不参与任何运动团体。

所以当毕加索和杜尚最终相遇时，同时也是两种哲学派系的尴尬交会。杜尚说，皮托艺术家的领袖试图"解释立体主义"，"而毕加索从不解释任何东西"。[9]

或许还有其他原因，让两位艺术家没有给彼此留下深刻印象。毕加索的法语很差，跟母语是法语的人见面令他很困扰。毕加索对杜尚的哥哥雅克也有一段不愉快的记忆。八年前当他用一辆小车拖着行李，像个吉卜赛人一样流浪到巴黎最贫穷的艺术飞地时，雅克曾经嘲笑过年轻的毕加索。[10]相对于杜尚家族所属的巴黎中产阶级，毕加索是个局外人。他固守着自己的小圈子——毕加索帮。

同样，杜尚看过毕加索早期的立体主义作品，并不觉得这个局外人是一个多么了不起的画家。"一点也不觉得。"杜尚回忆说。[11]巴黎挤满了踌躇满志的艺术家，毕加索不是唯一一个。至于双方在巴黎艺术界的竞争，杜尚的态度也跟他的西班牙竞争对手不同——杜尚不太放在心上。他善于交际，喜欢下国际象棋，这是他从 13 岁起就有的爱好。杜尚遇见毕加索时正在失业中。他靠父母的资助生活，而毕加索靠的是卖画。很快杜尚就对艺术家的生活失望了，并在巴黎图书馆找了一份工作。

* * *

总而言之，毕加索和杜尚的会面对双方都没有什么值得纪念的。它没有预言激动人心的、戏剧性的未来。几十年后，当他们的人生和作品在艺术世界名声大噪，毕加索和杜尚的对立被放大到全球层面上。他们成了现代艺术中相反观点的代表。在生命的最后几十年，他们成了关于艺术真正定义的派系斗争中那些未来的艺术家们手中挥舞的旗帜或大棒。

到了 21 世纪，艺术变得如此多元化，没有人再试图去定义"艺术"，很难想象那个时代整个艺术世界为一个定义争论不休的景象。[12] 这种争论是"现代艺术"的核心，传统上认为现代艺术始于"立体主义"，结束于 20 世纪 70 年代，那时候，"当代艺术"开始以各种各样不断发展的形式、表现手法和名目席卷世界。不过在那之前，是像毕加索这样的艺术家，以及像杜尚这样的对手，在争夺关于现代艺术定义的话语权。毕加索用他的整个生命证明，艺术就是绘画——本质上是一种视觉体验。杜尚一开始认同这个观点，但是在他后来的人生中提出了另一种观点：他说，艺术是关于"思想"和态度的，而不是绘画和雕塑。

毕加索和杜尚代表了 20 世纪大约 60 年时间里（1910—1970）两种对立的艺术观念之间的斗争，不过在人类历史上，这并不是什么新争论。在其他时代的西方文化中，代表品位与知识的权威们始终在争论人类表达和理解的最高形式是"图像"还是"文字"。这不仅在文化中显而易见，这似乎也是人类天性中与生俱来的斗争。比眼睛和心灵更强大的人性特征是什么？视觉是五种感官中最强大、最具指导性的，而大脑承担最主要的管理执行功能，是人体这艘航船睿智的船长。但是，眼见真的为实吗？善变的心灵可信吗？

自古以来，眼睛和心灵共同缔造了人类的成功，但是在历史上的某些时刻，它们制造了图像和文字之间的文化冲突。20世纪，随着现代艺术的兴起，从冲突中诞生了一种关于艺术的全新观点——在文本中被称为概念艺术，直到20世纪60年代，直到他们有生之年，毕加索和杜尚成了冲突双方的领军人物。这是关于现代艺术灵魂的斗争，这场斗争现在已经基本结束，为今天的艺术世界打下了多元化而又令人困惑、虚无主义而又不乏商业化的基础，一位经济学家称其为"当代艺术的怪诞经济学"。[13]至于我们是怎样走到这一步的，也正是20世纪最具影响力的两位艺术家——毕加索和杜尚的故事。

当年轻的毕加索和年轻的杜尚在巴黎短暂会面时，他们都无意解释自己，在对未来充满自由想象的年轻艺术家心中，不能容忍这样的诘问。随着两人成为艺术史的一部分，他们有必要更清晰地解释自己。对于毕加索，这可能易如反掌。毕加索一生都在创作艺术品，许多作品备受好评。他把现代艺术当成一种视觉形式的探索。当他声名鹊起，他的作品就是他的大使和代言人。杜尚在解释自己时面临更大的挑战，他说过去的艺术已经过时、死亡，艺术需要一种知性的新维度。这种大胆的断言无疑需要大量有说服力的证据来支持。

杜尚在他自己的文化中发现了这种证据。在他作为艺术家的生命中，他逐渐与波希米亚式的浪荡子、法国诗人夏尔·波德莱尔产生了共鸣，波德莱尔死于1867年，生前曾留下著名的言论："应该说大部分艺术家都是些机灵的粗汉，纯粹的力工，乡下的聪明人，小村庄里的学者。"[14]因此，年轻的激情使杜尚开始相信，他能够赋予艺术一种知性的地位，同人类的"灰色物质"（脑细胞），而不仅仅是眼球对话。"当《下楼的裸女》的构思在我心中出现的时候，"他曾在访谈中袒露过自己的野心，"我知道它要永远打破被自然主义奴役的锁链。"[15]锁链没有被打破，杜尚转向嘲弄传统艺术，他现在最著名的两件代表作大概就是最好的例证：一件是《泉》（1917），这是一个倒置的陶瓷小便池；另一件是被他画上两撇小胡子的《蒙娜丽莎》（1919）。

尽管目标不同——视觉的目标和知性的目标——毕加索和杜尚天性都喜欢恶作剧，而缺乏足够的野心。毕加索被一种宿命感驱动。最终，他的名字和他醒目的粗体签名"Picasso"成了现代艺术的代名词。杜尚是一名棋手。他富于战略和耐心，总是关注终局。20世纪70年代，当现代艺术开始遭到当代艺术（也称后现代艺术）的蚕食，"后杜尚艺术"的提法开始频繁出现，1968年，杜尚去世之后，他的名字很快和后现代艺术联系起来，甚至被当成后现代艺术的奠基人。

毕加索和杜尚从来没有私人恩怨。但是，他们在现代艺术的灵魂问题上针锋相对却是事实。他们的对立从军械库展和两人在巴黎的第一次会面就开始了。他们也从一开始就划分了各自的地盘。杜尚将他的终点选择在纽约（感谢军械库展为他带来的声誉），毕加索则在欧洲与之遥遥相对。

不管在巴黎还是纽约，他们是怎样做的？一个来自西班牙最南端的黑眼睛年轻人，和一个来自法国西北部乡村传统家庭的公证人的儿子，如何最终成为现代艺术世界的两大巨人？他们如何从两个抽着香烟和雪茄、在巴黎的露天咖啡馆游荡的年轻人，变成今天通常所说的两位"20世纪最有影响力的艺术家"？这就是本书要讲述的故事。

注释

1. Gelett Burgess, "The Wild Men of Paris," *Architectural Record* 27 (May 1910): 400-414.

2. See Brown, *SAS*. See also *Catalogue of International Exhibition of Modern Art, at the Armory of the Sixty-Ninth Infantry, February 15 to March 15, 1913* (New York: Association of American Painters and Sculptors, 1913).

3. Frank Anderson Trapp, "The Armory Show: A Review," *Art Journal* 23 (Autumn 1963): 2-9.

4. H. P. Roché, "Souvenirs of Marcel Duchamp," in Lebel, *MD*, 79.

5. Duchamp quoted in Cabanne, *DMD*, 23.

6. 当我向杜尚专家咨询时,作家纪尧姆·阿波利奈尔和画家让·梅青格尔这两个名字被认为是最有可能介绍毕加索和杜尚认识的。同时,研究毕加索的专家约翰·戈尔丁说:"实际上是杜尚的朋友莫里斯·普林斯特(一位业余数学家)把他介绍给毕加索的。" See John Golding, *Cubism: A History and an Analysis, 1907—1944* (London: Faber and Faber, 1959), 164. 没有毕加索或杜尚的传记提到过这个问题。皮埃尔·卡巴内说,"没有人知道毕加索对其他杰出艺术家的想法",包括杜尚在内。See Cabanne, *Pablo Picasso: His Life and Times* (New York: Morrow, 1977), 10. 关于毕加索和杜尚的会面,或者他们是否还见过面,仍然是一个谜。

7. Duchamp quoted in Cabanne, *DMD*, 66.

8. Guillaume Apollinaire comment on Duchamp in *Theories of Modern Art*, ed. Herschel B. Chipp (Berkeley: University of California Press, 1996), 245. The comment comes from a 1912 review, later published in Apollinaire's book *The Cubist Painters* (1913).

9. Cabanne, *DMD*, 25. 巴黎立体主义的这两个对立的分支也被称为"沙龙立体主义"(杜尚等)和"画廊立体主义"(毕加索)。See David Cottington, *Cubism and Its Histories* (Manchester, UK: Manchester University Press, 2004), 141, 146.

10. Richardson, *LP*1, 160.

11. Duchamp quoted in Cabanne, *DMD*, 25.

12. 有关20世纪艺术定义的争论,参见 Gordon Graham, *Philosophy of the Arts: An Introduction to Aesthetics* (London: Routledge, 2000). 格雷厄姆认为更恰当的提法是"艺术的价值是什么",因为对艺术本身可能无法给出让每个人都满意的定义。

13. Don Thompson, *The $12 Million Stuffed Shark: The Curious Economics of Contemporary Art* (New York: Palgrave/Macmillan, 2008).

14. Charles Baudelaire, *The Painter of Modern Life and Other Essays*, second ed. (London: Phaidon Press, 1995), 7.

15. Duchamp quoted in Katherine Dreier, "Marcel Duchamp," *Collection of the Société Anonyme: Museum of Modern Art 1920* (New Haven, CT: Yale University Art Gallery, 1950), 148.

第 2 章　　西班牙人的凝视

1881 年 10 月 25 日，巴勃罗·毕加索出生在西班牙的海滨城市马拉加，19 世纪末，这里仍然保持着过去的风貌。马拉加位于西班牙最南端，沐浴在地中海炽热的阳光下，保留着古老的安达卢西亚传统。不过对于毕加索的家庭来说，未来属于北方的巴塞罗那。这座城市是连接西班牙和欧洲大陆的桥梁，是通往新世纪的大门。在未来的日子里，它将像磁石一样吸引着毕加索一家不断北上。

毕加索是画家何塞·鲁伊斯·布拉斯科和他年轻的妻子玛利亚·毕加索·洛佩兹唯一的儿子，也是他们整个家族中唯一的男孩。他在马拉加生活到快十岁时，父亲为了新的工作机会，先是举家搬到了位于西班牙西北角的拉科鲁尼亚，1895 年又去了巴塞罗那。

从孩提时代起，毕加索毫不害羞的黑眼睛，以及将其专注凝视下的对象画下来的能力就出了名。房子里四处散落的父亲的绘画工具激起了毕加索的好奇心，不过在最初几年，鼓励他画画的是家里四个爱他的女人——母亲、姨妈和两个妹妹。毕加索找到了一种绘画的方式，并且终生都坚持使用这种方式：他会从任意一点开始（例如一头驴子的头或尾巴），用一根连续的线条勾画它，就像他和马拉加的孩子们用木棍在沙地上画"一笔画"那样。[1]这种画法熟练地运用充满丰富情感的线条，其中的诀窍似乎是他天生就懂得的。

搬家之后，毕加索的父亲开始重视儿子的艺术教育。在拉科鲁尼亚生活期间，毕加索的父亲在一所艺术学校任教，毕加索在同一所学校上学，得到机会充分发挥他的艺术天分。[2]毕加索怀念马拉加的斗牛，但这还不是他失去的最重要的东西。在拉科鲁尼亚，他的小妹妹康塞普西翁死于白喉。传说毕加索祈求上帝挽救她的生命，但是没有得到回应，从此他开始对宗教产生反感，并且在以后的日子里愈演愈烈。还有一个传说。当毕加索的父亲认识到毕加索卓越的天赋，自己却经历了一种痛苦的幻灭——他自己的艺术追求终结了。"他将颜料和画笔都给了我，"毕加索说，"他自己再也没有画画。"[3]

在拉科鲁尼亚的艺术学校，毕加索接受了最初的专业训练。后来，为了表达对自由天真的儿童画的崇尚，他曾幽默地对他在拉科鲁尼亚时已经"画得像拉斐尔一样好"表示了遗憾。[4]他也开始在作品上签名，一开始是"巴勃罗·鲁伊斯·毕加索"，后来是"P. 鲁伊斯"，再后来是"巴勃罗·毕加索"，放弃了他父亲的名字（鲁伊斯是非常普通的名字），而采用了他母亲的。

从很早开始，人们就在谈论毕加索黑眼睛的锐利目光。对于一个拥有艺术天赋的人来说，这似乎是自然而然的。在马拉加，人们称之为"强烈的凝视"，这是一种男人想要占有，甚至侵犯女人时流露的目光。安达卢西亚的男人对这种凝视非常熟悉，因此他们要求女人头戴黑面纱。按照习俗，安达卢西亚的男人不打架，而是在斗牛中释放他们的激情。所以，他们的男子气概都用在了追逐女人上。后来，毕加索的朋友在为他的放浪形骸辩护时说，那不过是因为他是"一个生在19世纪的安达卢西亚人"罢了。[5]

毕加索的眼睛似乎能够捕捉到每一种图像。从10岁起，由于搬家把他置于完全陌生的语言环境之中，他不得不学会用图像来沟通。他的母语是安达卢西亚语，但是在拉科鲁尼亚，人们说带有葡萄牙口音的加利西亚语，而在巴塞罗那，加泰罗尼亚口音是与这个地区渴望脱离西班牙独立的意志联系在一起的。毕加索意识到，当语言失去作用，他总是可以用图像来表达自己。

毕加索在拉科鲁尼亚生活到将近14岁，而后他父亲在巴塞罗那找到了一份更好的工作。在搬家途中，一家人绕道回马拉加度假，并在马德里逗留，参观了西班牙国家博物馆——普拉多博物馆。毕加索被伟大的委拉斯凯兹以及现在仍然被低估了其价值的埃尔·格雷考的作品震惊了。这二人都在未来的日子中对他产生了影响。回到故乡后，毕加索为他的佩帕姑妈画了一幅肖像，这幅作品第一次展现了他的"手艺"，或者说诠释了他的风格。这里没有学院派的虚饰，没有把佩帕姑妈画成油画中典型的保姆形象：毕加索在这里描绘的就是一个干瘪的老女人，一个真实世界中的人。

毕加索轻松地通过了巴塞罗那美术学院（优塔学院）的入学考试，成为学院最年轻的学生。他结交了一批比他年长五岁的朋友。在接下来十年左右的时间里，迁居巴黎之前，毕加索掌握了结交来自富裕家庭的巴塞罗那朋友的技巧。这些朋友尽管很富有，却倾向于时髦的年轻人、不羁的波希米亚人、无政府主义者和艺术家的现代主义生活方式。直到二十多岁开始卖画之前，毕加索在很大程度上依靠这些富有的朋友以及在马拉加当医生的富有的萨尔瓦多叔叔，来担负他的开销，或者帮助他摆脱困境。如果说毕加索经历过贫穷——这一点后来被编织成了传说——那是因为他决定恪守波希米亚的信条：永远不工作。他接受过金钱能够买到的最好的艺术教育，一旦他决定改变自己的工作信条，开始与巴黎的画商们接触，钱就再也不成问题了。

在巴塞罗那，他的父亲支持他，但是很明显要引导他走学院派的道路，学习欧洲古典大师们现实主义的、有章法可循的风格，只要运用这种风格画一些传统的主题就能得到奖励。他为毕加索找到一间工作室，并帮助他为画更大型的作品做准备。在这方面,毕加索第一件成功的作品是《科学与慈善》(1897),画的是一个躺在病床上的女人,这幅画在一项全国比赛中获了奖。他后来的《最后时刻》(1900)也非常出色,代表西班牙参加了 1900 年的巴黎世界博览会(这幅画后来被毕加索重新修改过,但是人们普遍相信原来画的是一个躺在床上的垂死的人)。同时,毕加索也在满足自己孩子气的兴趣:现存的一幅素描显示他想要绘制一幅表现战争场景的大型油画。他认为他父亲的想法极其无趣,实际上,他父亲认为像埃尔·格雷考这样特别的画家是对传统的破坏和颠覆。所以当毕加索表现出对埃尔·格雷考的喜爱时,父亲责备了他:"你选择了错误的道路。"[6]

但是不管怎样,年轻的毕加索喜欢"错误的道路"。他到处发现这方面的元素,不仅包括冷门的加泰罗尼亚复古作品,例如埃尔·格雷考的一些作品,还包括来自"北方",即英国和德国的作品。[7]这时正值世纪末,艺术沉迷于个人的灾难。每个北方国家都有自己的方式,通过视觉表达颓废、疾病、色情和疯狂,爱德华·蒙克的《呐喊》(1893)和奥伯利·比亚兹莱("恶魔版的弗拉·安吉利科")的《莎乐美》(1894)系列就是这种艺术氛围的缩影。

在巴塞罗那,西班牙式的生机和活力,很容易地与来自北方的男子气概融为一体。从被巴塞罗那艺术杂志广泛引用的德国哲学家弗里德里希·尼采的"酒神艺术"和"超人学说",到德国青年作家咄咄逼人的"狂飙运动",所有这些现代主义都令毕加索和他的朋友们着迷。他们中的一些人,特别是那些有钱人,在寻找一种可以认同的青年运动,像今天反主流文化的时尚青年一样,当时的媒体定义了一个称为"颓废派"的艺术亚文化群体。颓废派画家自然而然地接纳了北方的艺术风格。

"象征主义"就是被接纳的艺术特色之一,这类作品试图捕捉一种思想或感觉，而不仅仅是像毕加索在《科学与慈善》中所做的那种复制。象征主义画家根植于浪漫主义和哥特式的神秘感，在好几个国家同时涌现，例如奥地利画家古斯塔夫·克里姆特，以及另外两位法国画家——奥迪隆·雷东和皮埃尔·皮维·德·夏凡纳，前者后来成为马塞尔·杜尚喜欢的画家，后者是毕加索喜欢的。在象征主义运动初期，法国诗人斯特凡·马拉美这样解释这种情绪："不应描绘事物，而应描绘事物产生的效果。"[8] 象征主义还有远为激进的一面（最后导致了与颓废派的彻底决裂）。激进始于诗歌领域，1871年，年轻的法国诗人阿蒂尔·兰波要求他叛逆的盟友们去"有意识地打乱所有的感觉"，去经历"各种形式的情爱、痛苦和疯狂"。在毕加索的时代，象征主义在西班牙的代言人是画家和作家圣地亚哥·鲁西尼奥尔。他艺术上的激进主义并不极端，只是融合了最近从国外传入的绘画和诗歌风格，不过在措辞上，鲁西尼奥尔强调艺术家的"生命应该依靠违反常规和闻所未闻的东西"。[9]

16岁的毕加索很快表明了自己的立场，他在1897年写给一位朋友的信中说："我反对遵循任何一种学派，因为那只会形成某种矫饰的风格。"[10] 毕加索没有遵循，但是他广泛地借鉴，最方便的来源不是艺术博物馆，而是新出版的报纸、杂志和海报上的插图。它们主要来自巴黎，被巴塞罗那的每一个先锋派艺术家模仿。这些插图采用鲜明的轮廓、交叉的线条，构图角度新颖，吸收了象征主义元素，形成了被称为"新艺术"的国际化艺术风格。

毕加索很快注意到这种新趋势。他喜欢现代性，如果不是父亲为他另作安排，他可能已经在新艺术风格的插图领域谋得一席之地了。父亲把他送进了马德里的圣费尔南多学院，这是西班牙最负盛名的艺术学院，是一个画家职业前途的保证。尽管毕加索不情愿，但他卓越的才华还是帮助他轻松进入了学院。这不是一段愉快的经历。一方面，毕加索不喜欢学院的培训制度，另外还有一种可能是，他受到了在普拉多博物馆看到的伟大画家的打击，这些来自西班牙黄金时代的早已故去的对手远比他更加出色。不过他已经将自己置于他们的行列之中。"委拉斯凯兹是第一流的，格雷考的头像很了不起，"他在给朋友的信中写道，"牟利罗专搞戏剧性的群像，却不能让我服气。"[11]

毕加索在马德里的正规教育只持续了四个月。在这段时间里，他对这个首都的西班牙传统主义产生了最初的厌恶，他最初的政治态度似乎也由此诞生。当时，西班牙正在同美国进行一场损失惨重的战争。悲观和异议的情绪在公众中弥漫，毕加索一度被政治胁裹，还在一份无政府主义宣言上签过字。[12]不过在其他方面，他都回避政治。几年以后，富有的萨尔瓦多叔叔出钱帮助他逃避了兵役。

因为兵役的缘故，毕加索在巴塞罗那美术学院最亲密的朋友之一——曼努埃尔·帕利亚雷斯逃回了南加泰罗尼亚偏远山区中的家乡奥尔塔。所以当毕加索感染猩红热（这为他结束在马德里的学习提供了一个好借口），他选择到奥尔塔去疗养，跟他的老朋友在一起。帕利亚雷斯对年轻的毕加索很有影响力。他是个有自己独特风格的现代主义者，沉湎女色，毫无疑问，是他带着毕加索第一次进了妓院。在巴塞罗那的日子里，马戏团、妓院和咖啡馆成为毕加索经常流连的地方和写生的对象。在奥尔塔的群山中，毕加索却被原始、残酷的自然包围了。远离博物馆和出版物的影响，他依靠观察来画画，发展出一种标志性的风格，包括漫画的手法、用视觉上的极少表现极多，以及他标志性的充满韵律感的长长的线条。

不过，真正勾勒出毕加索的未来的，是巴塞罗那的现代主义精神。毕加索和他的巴塞罗那小团体找到一家现代主义艺术家聚会的咖啡馆作为他们的据点。"四只猫"是一家酒馆兼夜总会,招待家庭、艺术家群体,甚至无政府主义小册子的作者(将宽松的裤子扎进靴子里是这些反马德里的无政府主义者的标志)。"四只猫"于1897年开业,模仿巴黎的艺术咖啡馆,鲁西尼奥尔恰如其分地将其描述为"一家为喜欢北方的人们准备的哥特式小酒馆"。[13]

在"四只猫",毕加索遇到了许多著名的艺术家前辈,在这些同在巴黎接受过训练的、最有天赋的人们中间,毕加索既结交了朋友也树立了对手。一位艺术家前辈在"四只猫"举办的一次150件作品的展览得到了如潮好评,之后,毕加索获准在1900年巴黎城市庆典期间举办自己的第一次个人画展。他竭尽所能,在那个拥挤的空间里悬挂了三幅他最出色的油画,并在墙上钉了几十幅炭笔肖像。这些画价钱不贵,所以不难找到买主。"四只猫"的一位艺术家前辈开玩笑地管毕加索叫"小戈雅"。[14] 举办这次为期两周的展览时,他只有18岁零3个月。

"四只猫"对毕加索的吸引力只持续了一小段时间,它向毕加索展示了艺术世界真正的中心在巴黎,那里是每一个艺术家最后的目的地。由于他的油画《最后时刻》,巴黎向他发出了召唤。1900年2月24日,报纸宣布《最后时刻》将在巴黎世界博览会期间在西班牙馆展出。毕加索本不必去,但这是他获得家人支持的一个机会。"他放弃了他的工作室,离开家,跟我们所有人道别。"他的朋友海梅·萨瓦特斯回忆道。[15]

1900年10月,毕加索和另一位富有的艺术家朋友——反复无常的卡洛斯·卡萨吉玛斯一起,打扮成派头十足的西班牙艺术家的样子,登上了去巴黎的火车,这个月毕加索即将度过他的19岁生日。跟其他成百上千自由不羁的艺术家一样,他也成为这座城市移民中的一员。到巴黎后,毕加索和卡萨吉玛斯在巴黎南部、塞纳河左岸的蒙帕纳斯租了一个房间。他们也遇见了一些"四只猫"的老朋友,这些人先到一步,为年轻的毕加索提供了一些指导。事实上，他们中的一个正要离开巴黎，正好将他在城市北部、夜总会和艺术家云集的蒙马特的工作室免费转让给毕加索。

免费的房间总比花钱交房租强。所以，毕加索和卡萨吉玛斯离开他们租住的地方，过河北上。他们用一辆车拖着行李来到蒙马特高地，费力地将它拖上陡峭、蜿蜒的街道（因为便宜的房间都在山顶）。毕加索看到了一张熟悉的面孔，听到一阵嘲笑声。显然，他以前见过著名的巴黎插画家雅克·维永（马塞尔·杜尚的哥哥），维永一家兄弟三人都是艺术家。[16] 维永笑他，可能是因为他看上去像是为了逃避先前住处的房租而溜走的。毕加索则认为这是一种轻蔑。这也是一件令人失望的事，因为雅克·维永是巴黎最成功的现代主义插画家之一，他的作品见诸出版物和海报（甚至在巴塞罗那也看得到）。

毕加索收敛起他的骄傲，享受巴黎的生活。这是巴黎夜总会的全盛时期，世界博览会第一次向整个世界介绍了印象派，凡·高、高更和图卢兹-劳特雷克等艺术家也进入了公众的视野。在印象派的甜蜜画面——风景、城市景观和游园会——盛行了几十年之后，艺术开始受到一种更加阴暗的思想的侵蚀，已故的诗人夏尔·波德莱尔提出了这种绘画观。当波德莱尔写作《现代生活的画家》（1863），谈论如何从恶中提炼出美，他列举的最突出的例证就是妓院。[17] 在这方面，巴黎在某种意义上是全世界的首都（同样适用于新出现的色情摄影和色情画报）。

毕加索已经见识了巴塞罗那的红灯区，但是跟他在巴黎看到的相比，前者远不够花哨和精妙。在图卢兹-劳特雷克诡异、阴郁的画面，或者德加柔美的"梳洗"系列色粉画中，妓院生活都受到了艺术的礼赞。无论好坏，妓院不仅在毕加索的个性和渴望中，而且在他的艺术作品中扮演了非常重要的角色。

第一次去巴黎期间，毕加索致力于创作那些捕捉法国绘画精神的作品。这意味着描绘夜总会和巴黎下层阶级的生活，特别是底层女性的生活。他参观了世界博览会、卢浮宫和其他博物馆，这是普拉多之后他最初的艺术启蒙。他看到了德拉克洛瓦、安格尔、库尔贝、马奈、莫奈、雷诺阿、毕沙罗、西斯莱和塞尚。令他印象最深刻的不是被称为科学印象派的先锋派（例如点彩派），而是德加、图卢兹-劳特雷克和凡·高发人深省的现实主义。因此，他在巴黎的第一幅油画画的是煎饼磨坊的舞会（雷诺阿曾将其画得华丽欢快，而图卢兹-劳特雷克则将其画得阴郁不祥）。毕加索将舞厅和人物画得更阴暗、更危险，似乎通过在巴黎的舞会场景中加入西班牙式的黑暗色彩，为这幅画注入了某种北方式的焦虑。

在19岁这年，毕加索进入了法国艺术界，实际上他第一幅描绘舞会的油画被一位法国出版商买了下来。在向法国风格转型的过程中，他借鉴了图卢兹-劳特雷克由粗到细的弯曲线条，以及德加模糊的轮廓和构图的角度——更不用说来自图卢兹-劳特雷克的蒙马特妓院和德加的"梳洗"场景。

不过，第一次造访巴黎的两个月中，让毕加索和他的朋友泥足深陷的不是妓院，而是那位巴塞罗那画家借给他的蒙马特的工作室。在蒙马特，女模特跟艺术家、演员和骗子一样多。毕加索借用的工作室有三个模特，除了摆姿势之外，她们通常也跟艺术家同床共枕。毕加索和他的两个朋友分别跟三个模特配了对，命中注定，卡萨吉玛斯爱上了自己的模特热尔梅娜，她回应了他的感情——但是只有很短的一段时间。

到了1900年圣诞节，巴塞罗那的朋友们都回家了，但毕加索和卡萨吉玛斯却各有各的烦心事。毕加索也发现卡萨吉玛斯表现出情绪不稳定的迹象，这成了他的负担。所以当他们分道扬镳，对毕加索来说是一种解脱。卡萨吉玛斯怀着对热尔梅娜的一片痴情回到巴黎，绝望地试图赢回她的芳心。毕加索前往马德里，与另一个有钱的朋友一起着手创办短命的激进派艺术杂志《青年艺术》，这份杂志在倒闭之前的四个月里曾经有过一段蛊惑人心的全盛时期。毕加索致力于办杂志期间，有一天，卡萨吉玛斯出现在巴黎的一间咖啡馆，热尔梅娜和她的朋友们在那里聚会。他从大衣里拔出一把手枪，向热尔梅娜开枪，但没有射中，然后他将一颗子弹送进自己的脑袋，永远结束了失恋的痛苦。

1901年2月，毕加索在马德里得到了朋友自杀的消息。除了他小妹妹的死，卡萨吉玛斯的自杀是另一个在他的青年时代留下情感烙印的事件。它改变了他绘画的方向，拉开了他第一个特色鲜明的"时期"——忧郁的蓝色时期——的序幕，这一阶段忧郁的情绪和蓝色在他作品中占据了统治地位。

就在发生卡萨吉玛斯悲剧的那段日子，毕加索也收到了非常好的消息。当时在巴黎名不见经传的西班牙画商佩雷·马尼亚奇，为毕加索在安布罗斯·沃拉尔的画廊安排了一次画展，沃拉尔是后印象派首屈一指的代理商。毕加索的画展定在1901年6月。所以，直到离开巴黎之前的最后一分钟，以及到6月之前在巴塞罗那的日子里，他迅速创作出大量迎合巴黎市场的油画作品，尤其是那些富于西班牙欢快色彩的作品。他从西班牙带回了15—25幅油画，以及许多素描和色粉画，不过在巴黎的工作室中创作了更多——卡萨吉玛斯直到自杀当天都住在这间工作室（不久毕加索也开始在这里跟热尔梅娜同居）。

沃拉尔画廊的画展非常成功。他卖出了半数的作品，并且赢得了评论界的认可，《白色评论》称他为一次新的"西班牙入侵"。毕加索的油画有一个模式化的主题：现代社会中各个阶层和职业的女人，特别是《白色评论》的评论家所说的，"各种各样的妓女"。[18]另一位评论家说毕加索只是一个模仿者，图卢兹-劳特雷克的翻版。这话很伤人。

从早期在巴塞罗那时起，毕加索的确一直在模仿，如饥似渴地尝试有史以来的每一种风格。同时，他也在尝试重组现实，使之呈现出全新的面貌，或许是他自己的面貌。例如，在三幅自画像中，他分别把自己画成了一个早熟的天才、一个戴假发的贵族和一个穿硬领衬衫的花花公子。他将各种主题自由混搭，在不同风格之间游刃有余，经常创造出全新的内容。这成为毕加索一生在绘画中的惯用手法：选取一种方法和主题，在一段时间里将其穷尽，然后转向另一种方法和主题。在这方面，没有人能跟上毕加索的脚步。无论如何，1901年巴黎的经历告诉他，他需要采取一种更加激进的姿态，证明他不仅仅是一个巴黎先锋派的模仿者。

于是，在接下来的五年时间里，毕加索画中的色彩从蓝色变成了粉红色，他从蓝色时期进入了玫瑰时期。

* * *

毕加索的蓝色作品表现出一种忧郁的世界观。对于这种转折他只做出了部分解释。"因为想到卡萨吉玛斯的死，我才开始使用蓝色。"他曾说。[19] 毕加索的蓝色中也夹杂了其他的忧虑。他在巴黎和巴塞罗那都见过那种浪迹街头的惨淡生活。就毕加索个人而言，沃拉尔画展带来的兴奋如同过眼云烟，他很快回到原点，未来的财务状况仍然难以预料。

妓院也对他产生了影响。他蓝色作品的特色之一是圣拉扎尔监狱医院的景观，这家医院由不远处蒙马特天主教修道院的修女们管理，关押着上千个女囚犯——许多是带着婴儿的妓女，她们身患各种疾病，包括失明。毕加索第一次去那里见性病科的负责人朱利恩医生，或许是为了看病。不过后来，毕加索只承认艺术方面的理由："免费的模特"。[20] 无论出于什么目的，他画了大量写生，并将绝境中的女人和孩子这个主题引入自己的作品，全部笼罩在蓝色的阴影之下。他也用蓝色画自己。1901年春天，他画了一幅大胆的自画像，一幅深蓝色的肖像，签名写作："我，毕加索"。

第二次在巴黎逗留了七个月后，毕加索回到巴塞罗那，认真地创作蓝色作品。他的蓝色开始变得越来越明亮，海洋和天空成为画中的背景。这一时期第一幅名作画的是一个修女和一个妓女，用浮雕式的笔法描绘了两个女人的裸体，题为《两姊妹》。巴塞罗那街头忧郁的人群、西班牙标志性的宗教画、复古主义和罗马式雕像在西班牙的复兴无疑都对他的创作产生了影响，毕加索后来感兴趣的原始主义也作为一种艺术形式初露端倪。

回到巴塞罗那，毕加索重获了某种程度的安全与稳定。他住在父母家，在位于圣胡安地区里埃拉大街的工作室画画（这间工作室是他跟卡萨吉玛斯共用的）。晚上他到红灯区寻欢作乐，同时写生。那段时间，巴塞罗那是全欧洲政治上最分裂的城市。跟西班牙其他地方一样，这里也在经历工人罢工和军警镇压。在所有这一切当中，毕加索倾向于无政府主义，但主要是道德和艺术上的无政府主义，而非一种政治抗议。他很快学会了如何处理周围相对复杂的关系，让他的朋友、代理商和女人们彼此相安无事（一种终身的技巧），同时自己也成了一个严格自律的艺术家。在巴塞罗那这段日子里，他坚持早起创作。（后来他的生活变得不规律，会熬夜一直画画到天亮。）

沃拉尔放弃了毕加索，因为不喜欢他卖不掉的、忧郁的蓝色作品。尽管如此，1902年秋冬，毕加索还是带着他的蓝色作品回到巴黎，决心证明他不仅仅是图卢兹-劳特雷克的模仿者。事实上，他去巴黎有两个充分的理由。就在征兵单对他紧追不舍时，一位不出名的犹太画商贝尔泰·魏尔邀请他在她的画廊展出他的最新作品。展览于11月15日开幕，为期一个月。巴黎的艺术媒体在寻找一个有价值的西班牙人，正如《白色评论》提出的问题："时候已经到了，谁将成为他们的格雷考？"[21] 不过毕加索的蓝色作品卖不出去。《法兰西信使报》的一位批评家相信毕加索把他的天赋浪费在了"用旷世的杰作祭祀生命的消极力量"上面。[22]

在巴黎的这三个月，是毕加索在这座城市最糟糕的经历，天寒地冻而又徒劳无功。不过从长远来看，这段经历塑造了他贫穷、受苦的艺术家的形象，成为传说的素材之一。这个传说的缔造者是巴黎的一个流浪诗人，他是毕加索最早的助手，毕加索在巴黎漫长的职业生涯中有过许多这样的助手。他就是马克斯·雅各布，出生于一个富裕的犹太家庭，选择了艺术家和诗人的生活，从来没有从事过一份职业，作为同性恋者和瘾君子度过了一生。他住在艺术家云集的蒙马特的棚屋里。像他一样的人还有很多。多年以来巴黎街头从来不缺少"被诅咒的艺术家"，他们选择了与"诗意的创造"一致的生活方式。[23] 尽管算不上一个伟大的诗人，雅各布却是舞文弄墨的能手。看过毕加索的画展后，他留下一张便条做自我介绍，然后在巴黎最寒冷的三个月中陪伴着毕加索。毕加索返回巴塞罗那后给雅各布写了信，开启了两人之间重要的友谊，正是雅各布向毕加索介绍了法国文学和波希米亚的巴黎。

1903年1月回到巴塞罗那后，毕加索开始了他一生中最具艺术创造力的、不间断的高产时期之一。他在15个月里完成了蓝色作品（及其变种）的整个谱系。一种最终形态出现了。这是一种清晰的原创风格，表现苦乐参半的、带有浪漫色彩的人物，蓝色有时给人以过分大胆的感觉。这几个月是他最大的布面油画《生命》（1903）的前奏。在多次修改之后，这幅画最后的版本画的是卡萨吉玛斯和热尔梅娜，一个母亲般的人物在一旁看着他们，其他人物则隐没在背景里。毕加索将《生命》覆盖在他过去的杰作——在巴黎获奖并将他带到这座城市的《最后时刻》——之上,似乎是在向他的过去(学院派艺术的学徒)告别。

毕加索成名之后,经常被问到《生命》的深层象征意义,人们以为关于这幅现代主义、甚至抽象主义作品中的死亡、生命和爱情,他会说出一些深刻的东西来。奇怪的是,毕加索拒绝谈论这类象征意义。关于《生命》他说:

> 我从未有意识地去画象征符号,我只是把我眼前出现的东西画下来,在其中寻找隐藏的意义是其他人的事。对于我来说,一幅画是不言自明的,赋予它各种解释到底有什么用呢?画家只有一种语言,至于其他……(他耸耸肩。)[24]

《生命》在艺术和商业两方面都达到了巅峰。这幅作品于1903年5月完成,6月就卖出了,当地报纸《自由报》称这幅"西班牙制造的少数真正有价值的油画之一"卖了"一大笔钱"。[25]这种繁荣持续了一段时间。接下来的一年毕加索创作了一系列后来成为现代艺术标志性符号的图画:吃饭的盲人,老吉他手,不幸的男人、女人和孩子,以及盲乞丐。毕加索的父亲几乎失明了,而他自己也担心性病会带来同样的后遗症。毕加索的成就在于,他似乎找到了一种方法去寻找人类苦难的范例,并通过作品将其升华。时间证明,它们成了社会喜闻乐见的符号。当毕加索在单调的蓝色上达到极致时[参见《苦行僧》(1903)],他开始后退,减少蓝色的使用,最终让他的色彩温暖起来。

1904年初,当毕加索正在从蓝色时期中解脱自己时,巴塞罗那的艺术生活也在消亡。"四只猫"在之前那个7月关门了。许多画家前辈离开了,许多人去了巴黎,在蒙马特附近组成了"加泰罗尼亚帮"。毕加索在"颓废的"日子里结交的所有年轻朋友都遭到了挫败(除了萨瓦

‖ 毕加索蓝色时期的布面油画《生命》（1903），画中人一般被认为是他自杀的朋友卡洛斯·卡萨吉玛斯。

特斯，他远赴拉丁美洲，成为一名商人和新闻记者）。所以毕加索向往着巴黎，一边工作一边储蓄。1904年4月，他告诉《自由报》自己要离开巴塞罗那去办画展，这是个激动人心的消息，但不是真的。在蒙马特，一个西班牙朋友愿意为他提供一间便宜的工作室，位于一幢叫作"洗衣船"的老房子里。毕加索接受了邀请，第四次也是最后一次去巴黎，他在那里度过了余生，实际上成了一名法国艺术家。

搬到巴黎北部的娱乐区后，到处都是马戏团和表演者，有戏剧演员、小丑，还有一些吉卜赛家庭全家都是杂技演员。新环境改变了他画中的色彩和主题。在巴塞罗那的青年时代，毕加索曾与一个在蒂沃利马戏团表演马术的女孩有过一段恋情，现在在蒙马特，梅德拉诺马戏团就在他工作室的山脚下。这个马戏团非常神秘，像某种宗教组织。这里有经典的眼泪小丑皮埃罗——一个穿着盛装讲笑话的人或悲剧角色。这种人物也在剧院、流行歌曲和故事中以彩衣小丑的形象出现。

在这种新环境中，毕加索最有趣的转型之作之一是《演员》（1904—1905），在一块巨大的纵向画布上完成。此后，毕加索将戏剧演员、各种小丑、杂技演员等身份自由组合。他发现了一个截然不同的粉红色的世界。他的画因为表现那些更欢快的人物而变得好卖了。甚至沃拉尔也开始重新跟毕加索对话。毕加索的新方向背后的灵感和动机很复杂，不过就当时而言，他发现自己置身于巴黎新世界的欢快氛围中，有一群新朋友和一个新恋人——这个名叫费尔南德·奥利弗的模特跟他在洗衣船同居。所有这些振奋人心的元素带来了毕加索的第二个创作高峰。阴郁、病态、焦虑的颓废派情绪似乎自然而然地从艺术世界中消失了，尤其是在法国。

来到巴黎，毕加索就走进了法国艺术自发革命的中心。最新一次革命就发生在他抵达后不久，毕加索成了见证人。1905年，亨利·马蒂斯作为一群新的实验性画家的领袖,在艺术界掀起了一场风暴。他们使用狂野的色彩和粗暴的构图,被称为"野兽派"。野兽派试图超越保罗·高更这样的法国画家,高更在太平洋群岛和非洲的面具、雕塑的基础上开创了"原始主义"艺术。让毕加索发挥特长的舞台已经搭建好了:短时间内先模仿,然后重新组合。他在 1905 年看到了野兽主义和原始主义,不过很快就继续前进。结果就是立体主义。

毕加索并不是巴黎发生的骚动的唯一见证人。一个法国家庭的艺术家三兄弟也在热切地关注着这一切。他们就是杜尚兄弟——雅克(原名加斯东)、雷蒙和马塞尔。当时整个艺术界都在为新印象派和野兽派而兴奋,他们也不例外。实际上,加斯东和雷蒙都用了笔名,分别是雅克·维永和雷蒙·杜尚-维永,以宣示他们作为艺术家的反叛精神。雅克成了著名的插画家(后来成为立体主义画家),雷蒙的专长是雕塑。最小的弟弟马塞尔最终作为最年轻的发起人之一参加了立体主义革命,其间保留了"杜尚"这个名字。

杜尚兄弟的姓名变化足以让未来讲述杜尚家族史的人一头雾水。不过从那以后,三个独特的笔名将他们区分开来:雅克·维永、雷蒙·杜尚-维永和马塞尔·杜尚(在艺术史上马塞尔以他的姓"杜尚"为人们所熟知)。

当毕加索在蒙马特的山顶安顿下来时,年轻的杜尚也来到巴黎,就在蒙马特的山脚下准备一试身手,成为一名艺术家。

注释

1. See Antonina Vallentin, *Picasso* (Garden City, NY: Doubleday, 1963), 45.

2. 理查德森说毕加索"在学校的表现很不错"。See Richardson, *LP*1, 42. 赫芬顿说毕加索可能有阅读障碍,他父亲在幕后操作帮助他通过了一般的入学考试。

See Arianna Stassinopoulos Huffington, *Picasso: Creator and Destroyer* (New York: Simon and Schuster, 1988), 23, 25.

3. Quoted in Daix, *PLA*, 5.

4. Picasso quoted in Vallentin, *Picasso*, 5. 理查德森说:"毕加索轻视学院派,但他不轻视学院教育。" See Richardson, *LP*1, 64.

5. Daix, *PLA*, xi.

6. Picasso's father quoted in Anthony Blunt and Phoebe Pool, *Picasso: The Formative Years* (London: Studio Books, 1962), 6. 毕加索在父亲鼓励下创作的传统绘画作品有: *First Communion* (1896), *Christ Appearing to Blessed Marguerite* (1896), *Annunciation* (1896), *Science and Charity* (1897), and *Last Moments* (1900).

7. 关于北方的影响参见 Blunt and Pool, *Picasso*, 7-21.

8. Mallarmé letter to Henri Cazalis (c. 1864), in Rosemary Lloyd, ed., *Selected Letters of Stéphane Mallarmé* (Chicago: University of Chicago Press, 1988), 39.

9. Rusiñol quoted in Blunt and Pool, *Picasso*, 10.

10. Picasso quoted from an 1897 letter in Blunt and Pool, *Picasso*, 5.

11. Picasso letter quoted in Ashton, *POA*, 104.

12. 从学生时代起毕加索就站在无政府主义一边。See Patricia Dee Leighten, *Re-Ordering the Universe: Picasso and Anarchism, 1897—1914* (Princeton: Princeton University Press, 1989). 通常,毕加索的传记作家都说他是个非政治的道义上的无政府主义者。他在西班牙内战期间成为政治上的共和派,在纳粹占领巴黎期间始终保持沉默。他在1945年加入法国共产党,他的名声主要被用于宣传。

13. Rusiñol quoted in Blunt and Pool, *Picasso*, 7.

14. Barcelona artist Miquel Utrillo quoted in Richardson, *LP*1, 145.

15. Sabartés quoted in Daix, *PLA*, 16.

16. Richardson, *LP*1, 160.

17. Charles Baudelaire, *The Painter of Modern Life and Other Essays*, second ed. (London: Phaidon Press, 1995), 34.

18. *Revue Blanche* and *Le Journal* quoted in Richardson, *LP*1, 198.

19. Picasso quoted in Daix, *PLA*, 27. 毕加索在卡萨吉玛斯死后为他画过三幅作品,后两幅属于蓝色时期。第二幅是卡萨吉玛斯成神的讽刺画(参照委拉斯凯兹,只不过描绘的是妓女,而不是圣徒),第三幅是毕加索的第一幅名作《生命》。关于艺术中蓝色的运用参见 Blunt and Pool, *Picasso*, 19-20. 蓝色一般被认为是忧郁的颜色。新艺术派运用过鹦鹉蓝或冰蓝。图卢兹·劳特雷克用过一种忧郁的蓝色，摄影校样也是蓝色的。埃尔·格雷考将蓝色应用于细长的人物，被认为是一种革新。毕加索使用蓝色可能是因为它方便又便宜。

20. Daix，*PLA*，30. See also Richardson，*LP*1，218.

21. *La Revue Blanche*，September 1902. Quoted in Richardson，*LP*1，248.

22. *Mercure de France*，December 1902. Quoted in Daix and Georges Boudaille，*Picasso：The Blue and Rose Periods*，trans. Phoebe Pool（Greenwich，CT：New York Graphic Society，1967），334. See also Richardson，*LP*1，263.

23. 关于"被诅咒的"诗人和艺术家参见 Jerrold Seigel，*Bohemian Paris：Culture，Politics，and the Boundaries of Bourgeois Life，1830—1930*（Baltimore：Johns Hopkins University Press，1999），256. 关于弗朗索瓦·维永、被诅咒的诗人的起源和"艺术执照"的相关讨论，参见 Wayne Andersen，*Marcel Duchamp：The Failed Messiah*，2nd printing（Geneva：Éditions Fabriart，2001），5-6，176-179.

24. Picasso quoted in Vallentin，*Picasso*，46.

25. *El Liberal*，June 4，1903. Quoted in Daix，*PLA*，35.

第 3 章　　公证人的儿子

第一次去巴黎时，毕加索与马塞尔·杜尚的哥哥雅克·维永有过一次耻辱的短暂相遇。毕加索忍受了雅克的嘲笑，但是没有轻易遗忘。之前在巴塞罗那，他可能已经在流入西班牙的巴黎出版物上看过雅克的插图作品。在巴黎的日常生活中，雅克的插图随处可见。根据最初的印象，毕加索可能将雅克归为顶级的海报和杂志艺术家，这些人在巴黎占统治地位，后来被称为"颓废派广告人"，他们的领袖是瑞士人斯坦伦和蒙马特自己的图卢兹-劳特雷克。[1]

此时毕加索对杜尚的家族关系还一无所知，并不知道杜尚家三兄弟都是艺术家，最年轻的名叫马塞尔。

有一段时间，毕加索和马塞尔·杜尚都住在巴黎北部的艺术区蒙马特，两人的住处走路就能到达。1904 年 4 月，毕加索搬进了蒙马特山顶一间错综复杂、摇摇欲坠的工作室。在山脚下，长长的、宽阔的街道两旁排列着新建的六层公寓，中间穿插着咖啡馆、夜总会，甚至妓院。1904 年 10 月，杜尚就住在这些街道中的一条——科兰库尔街上。他的哥哥雅克·维永有一间足够大的公寓，杜尚就搬来跟哥哥一起住。杜尚在那里住了一年，开始了成为一名巴黎艺术家的最初尝试。

在蒙马特的山顶，毕加索将在西班牙艺术学院接受正规训练的日子抛到了脑后。他想过艺术家的生活，创作能够卖钱的作品——冷冰冰、硬邦邦的金钱。在山脚下，杜尚的境遇完全不同。他已经厌倦了去学校，但是知道自己需要更多的正规训练。到巴黎后，他进入了朱利安学院，这是一所享有盛誉的随堂付费的艺术学院，在巴黎各地共有四间工作室，其中一间就在杜尚的住所附近。

即使在巴黎，杜尚还是生活在两个哥哥的阴影之下，他崇拜他们。可以想见，他追求艺术是因为他的哥哥们做出了表率，选择了一条与他们的父亲截然不同的道路。

在杜尚家族内，两种类型的职业分庭抗礼。在他们的故乡布兰维尔-克勒翁（位于诺曼底，靠近鲁昂市），父亲是一位成功的公证人，即某种全能的律师、会计师和市民领袖。母亲则出身艺术家家庭。她的父亲因描绘诺曼底风景的蚀刻版画而著名。年轻的杜尚有机会在外祖父生前参观过他的工作室。他回忆说："（在家里）我们被墙上上百幅他的画包围着。"[2] 追随父亲的脚步，两个哥哥起初都打算从事精英职业，分别学习法律和医学。这是个典型的知识分子家庭，虽然没有走学术道路。

后来有一天，哥哥以艺术家的身份回到家里，1895 年圣诞节，雅克宣布了他的打算，并且很快把发表在《笑声》和《法兰西信使报》等巴黎报刊上的插图拿给家人看。1900 年，一场大病中断了雷蒙在医学院最后一年的学业，之后雷蒙宣布他要成为一名雕塑家。很快他的一件作品就被巴黎的一间沙龙接受了。这一切开始于杜尚 8 岁时，哥哥们戏剧性的转变一定很令人兴奋。让小杜尚印象深刻的还有，尽管冒着冒犯父亲的风险，他的哥哥们还是改了名字——多么富于艺术家的勇气！在雅克和雷蒙决定成为艺术家后，杜尚和妹妹苏珊心中的天平也倾斜了。

两个兄长还给弟弟妹妹带回了另外一件礼物。他们把对国际象棋的爱好带回了家。在当时的欧洲，法国有值得骄傲的国际象棋传统，对这种智力竞赛的热爱也成为杜尚家日常生活的一部分。杜尚 13 岁就开始下棋。国际象棋的形象开始进入他年轻艺术家的心灵。这是另外一个世界，由国王和王后统治，骑士、主教、车和卒保卫着它。在虚构的《爱丽丝漫游仙境》中，国际象棋的世界插上了想象的翅膀，很快，杜尚开始在他的素描和油画中运用国际象棋的符号——特别是国王和王后。

下棋也培养出杜尚进行战略性思考的耐心。在棋局中，从开局到接下来的每一个战术步骤，棋手走每一步棋都需要耐心。随着盘面被清空，更宏大的战略逐渐浮出水面。最后是终局——最后的进攻和胜利，迷雾散去，竞争的形势明朗化。杜尚用棋盘去解读生活本身，至少看起来如此。后来人们说，在棋局的各个阶段中，杜尚的终局是最强的。

* * *

杜尚出生前，他的父亲欧仁和母亲罗丝从诺曼底的另一个村庄搬到了大一些的城镇布兰维尔。那是1884年。1887年7月28日，杜尚出生了，他是六个孩子中的第四个，当时取的名字是亨利-罗伯特-马塞尔·杜尚。在他出生前，他的一个姐姐夭折了，不过后来又有了两个妹妹。杜尚是典型的落在中间的孩子，上面有两个哥哥，分别比他大12岁和11岁，下面跟他最近的妹妹苏珊比他小两岁。他跟苏珊特别亲近，经常为她画画、跟她下棋。

在另一种意义上，杜尚也落在了家庭的一段空当里。在他还小时，他的母亲开始失聪。她不得不放弃了对音乐的爱好，将兴趣转向水彩画。杜尚不喜欢这些漂亮的图画，这种负面情绪还有一个可能的原因：由于失聪带来的悲伤，杜尚的母亲在情感上疏远了他。杜尚是当时唯一在家的孩子，却是由女佣而不是他母亲抚养大的。当母亲生育了两个妹妹之后，她的注意力转移到了她们身上。后来，杜尚只能回忆起母亲的冷漠。如果说母亲对儿子"漠不关心"，杜尚的父亲则是"慈爱和纵容的"。[3]

杜尚的父亲是乡下一间咖啡馆的主人。后来他进入法国政府部门，在军中升到中尉，1874年当上税务官，后来升任布兰维尔的公证人。

当上公证人后，杜尚全家搬进了镇上最好的砖房，房子位于小镇中心，就在教堂对面。镇上的居民带着各种各样的法律事务来到杜尚家。杜尚看着父亲为人们解决争端，处理大量公文，见证法律文件的签署，一丝不苟地保存文件和记录。最后杜尚的父亲还被选为市长，得益于精打细算的土地交易，他退休时相当富有。

不过，对于这样一个枝繁叶茂的大家庭来说，血脉的延续却到此为止了。孩子们都成了城市居民。没有人生儿育女，带着孙辈回家（除了杜尚在23岁时遗弃了他的私生女，并为此受到谴责）。[4] 对城市的热爱从一开始就存在于杜尚的血液中，因为他的母亲罗丝就是鲁昂人，而她从来没有喜欢过乡村生活。孩子们也不喜欢。杜尚成长为了典型的都市人。他几乎毕生住在公寓里。他从来没有学过开车或游泳，经常旅行，学会了如何把东西存放在别处、如何靠一只手提箱生活，以及如何在别人提供的临时居所里安家。

无论如何，父亲作为公证人的成功为三兄弟成为艺术家铺平了道路。他为他们付学费，每个月还给他们生活费。事实上，杜尚直到37岁还从父亲那里领取生活费，直到1925年父亲去世分到一小笔遗产为止。正因有他的父亲，杜尚才能够选择波希米亚艺术家的生活方式，也就是不工作。"一个人想要所谓的自由，"他后来说，"他不想每天早上去坐办公室。"[5]

杜尚和哥哥们被送到最近的大城市鲁昂接受教育。杜尚10岁时——大约在毕加索展出他的《科学与慈善》并加入马德里艺术学院的同时——他进入了鲁昂的高乃依中学。他住在一所大房子里，这一切都是在追随哥哥们的脚步，他们都接受正统的、世俗化的耶稣会教育。这种教育让雅克和雷蒙进入巴黎的法学院和医学院（帮助他们通过了法国的业士文凭考试①)。

当时，法国的教育重视科学，尤其是代数和几何。亨利·庞加莱的红极一时就是这种风潮的具体表现，庞加莱不仅让非欧（弯曲空间）几何和 X 射线那看不见的世界为世人所知，而且提出了关于数学体系的全新理论。从杜尚后来表现出来的几何构图技巧和对高等数学的兴趣（以及他对庞加莱的引用）来看，杜尚一定是个专心的学生。不过，杜尚的高中奖学金却来自绘画。命中注定，杜尚是兄弟中第一个在高中阶段就擅长艺术而不是文化课程的。

他的起点在家里。现存他最早的作品创作于 1895 年，那年他 8 岁，画了一幅穿制服的骑兵。他的马在远处，好像正在跑开。这是在他上中学之前画的，不过当他入学后，他的艺术创作似乎提速了。在高乃依中学的最后两年中，杜尚为业士文凭考试做着准备（他于 1903 年秋天通过了考试），并接连赢得了两个艺术奖项。第一个是素描的一等奖，尽管另一位同学超过他，获得了诺曼底"艺术之友"协会颁发的全能艺术奖。读中学的最后一年，杜尚赢得了这个奖项。这使得他年轻的心灵更加确信，艺术是他的未来。

在家与学校之间，杜尚创作了他的第一组系列作品。例如，1902 年——当时毕加索处于巴塞罗那的蓝色时期早期——杜尚回家过复活节，为他的妹妹画了一幅侧身坐在红色扶手椅里的肖像。在他存世的作品中，这幅画大概是第一次表现出了严肃的艺术追求。几个月后，当夏天来临，杜尚忽然表现出对艺术的极大热情。模仿雅克的绘画风格，他画了几幅素描和一幅水彩，大部分画的都是苏珊——苏珊试溜冰鞋、苏

---

① 在法国，高中结束时，学生为了进入大学、大学预备班或就业而必须参加的考试。——译者注

珊洗头发。他也画了三幅油画,这是他第一次画油画。它们画的是布兰维尔的风景:路对面的教堂、田野和池塘、小礼拜堂的花园。杜尚用印象派的风格来表现它们,这是鲁昂这座艺术博物馆之城当时最流行的画法。

然后,杜尚开始了严格的自我训练。他随身带着一本素描簿去上学。整个暑假他都在描描画画,练习铅笔画、钢笔画、水彩画、单版画、孔蒂的画风和墨笔画,1902—1903年秋冬,他在学校画了一幅悬挂着的煤气灯的素描,在他后来的艺术生涯中又回归过这一主题——一盏灯丝照明的四方形煤气灯。1903年,在接下来那个夏天准备参加业士文凭考试时,杜尚在家创作了更多的素描和油画,其中著名的有六幅,两幅画的是苏珊。

在杜尚和毕加索生命中的这个时点上,他们之间的差距无疑是悬殊的。毕加索极为高产,创作了大量素描和油画,而杜尚在乎的似乎只是超越自我。他创作的作品远远多于今天存世、为人们所津津乐道的。不过显然,他不像年轻的西班牙人那样狂热与沉迷。

杜尚产量的高低受到他在家社交生活的影响,他有许多愉快的消遣,尤其是当他的哥哥们从巴黎回家度假时。他们回家几乎自然而然地意味着国际象棋时间到了。另外,雅克还告诉杜尚他是如何创作巴黎讽刺报纸上的幽默插图的。

可以想见,雷蒙打开的则是现代医学的一扇窗,因为他是学医的(1900年转向了雕塑)。当时医学最重大的进展之一就是X光摄影。X射线不可思议的世界进入了流行杂志的视野,成为法国所谓"美好年代"的完美主题,那时机器、电力和各种器具,以及看不见的维度让公众为之着迷。雷蒙在放射学家阿尔伯特·隆德的医学实验室工作,隆德发明了一种能够在一卷胶片上捕捉9—12个连续动作的照相机。[6]或许是在一局国际象棋中,或者一次家庭晚餐中,雷蒙谈到了连续摄影、运动图像,这些也为他后来尝试立体主义雕塑提供了素材。

换句话说,即使在布兰维尔的田园里,杜尚也置身现代世界的前沿——有机械装置、不可思议的几何学、讽刺幽默杂志,最后还有能够魔法般地制造出多幅图像的印刷机和摄影术。

年轻的杜尚似乎很容易接受这些现代的新事物,但是他仍然需要应对通常的危机和青春期的觉醒、母亲的冷漠、两个哥哥的优秀,甚至他自己对妹妹的复杂感情。他的应对机制是幽默,一种相当普遍的人类反应。幽默能够掩饰真实的感觉,而且,必要时还能让一个被忽视的排行居中的孩子获得关注。雅克回忆说,杜尚是兄弟中真正的"捣蛋鬼",他们"经常被他逗乐"。[7]后来,杜尚的口头禅之一就是他做事情主要是"自娱自乐"。[8]再以后,朋友和评论家称他为世界艺术舞台上的"开心果"和"小丑"。

尽管有着恶搞的幽默感,杜尚却崇尚枯燥的理性,一如法国哲学家勒奈·笛卡尔(同样在耶稣会学校接受教育)提倡的那种理性。杜尚曾说:"我生来就是一个笛卡尔的信徒。"不过,在大多数情况下,杜尚事实上否认笛卡尔所赞成的知识的确定性,笛卡尔也毫不幽默,至少无法跟永远玩世不恭的杜尚相比。[9]

* * *

1904年夏天,17岁的杜尚带着父亲的祝福离开家,去巴黎开始艺术家生涯。知道杜尚会先去投奔哥哥雅克,做父亲的才放了心。去巴黎之前,杜尚做了一系列热身训练。在家里,他试着用古典大师们的方法画一幅肖像油画,即先画出明暗——称为浮雕式灰色装饰画画法——然后叠加上一层又一层的油彩。遗憾的是,这个计划进展并不顺利。冷静下来,杜尚清醒地面对了很难画出高品质的古典油画的事实。在接下来的几年里，他尝试了所有的旧技巧和新技巧。后来，他有一次坦白承认，他进行了"所有可能的失败的尝试，其特征都是犹豫不决"。[10]

尽管如此，在17岁的年纪，他心中充满着希望。1904年10月，他登上了从鲁昂开往巴黎的火车，两地相距100英里。他搬进了哥哥位于科兰库尔街71号的公寓，就在蒙马特毕加索居住的山脚下，这里是巴黎最活跃、最破败的艺术区。

杜尚一到巴黎就注意到，雅克热爱艺术——基本上整天都在画画——不过他之所以能够在巴黎安身，靠的是卖插图来谋生。后来，雅克也制作商业版画来赚钱，这是一种熟练工的工作。同时，他们的父亲每个月都到巴黎来，为儿子们交房租和支付餐馆的账单。杜尚进入朱利安学院，像所有的年轻艺术家一样随身带着素描簿。他后来不无讽刺地回忆说："你口袋里必须时刻装着一本素描簿，随时准备回应现实世界的刺激。"[11]杜尚也是这样做的。例如，他会画日常生活中各种穿制服的人：清洁工、警察、磨刀匠、卖菜小贩、煤气工人、殡仪员和葬礼马车夫。

不过，机械重复的感觉并不好。在巴黎待了一年后，杜尚渴望达到艺术的更高层次。许多学生花钱在朱利安学院这样的地方学习艺术，但是跟巴黎的法国国家美术学院相比，就像社区大学跟哈佛艺术学院相比一样。所以杜尚决定一试身手。1905年4月，针对国家美术学院入学考试的内容之一，他提交了一幅素描（但是没有被录取）。同时，蒙马特生活中波希米亚的一面很难被忽略。他开始更喜欢附近餐馆的台球厅，而不是朱利安学院的早间课堂。他喜欢跟那些骄傲地戴着"幽默家"徽章的插画家们厮混，即使他们要为报纸上的版面相互竞争。

在艺术之都巴黎，这种竞争扑朔迷离。巴黎一年有两次最大的公共艺术展——春季独立沙龙和秋季沙龙——平均一年有9 000件艺术品在挂牌出售。[12]尽管波希米亚的信条是不工作，但是这些艺术家当然需要钱，希望推动他们的素描或油画销售。每年都有成百上千的年轻艺术家怀着同样的梦想来到巴黎。他们来自欧洲各地——西班牙、意大利、德国、俄国和波兰——甚至来自美洲。许多人聚集在蒙马特，并且在朱利安学院学习。

杜尚也见证了一位边缘艺术家如何一夜之间成为引领潮流的明星。当时，绘画领域的新运动正在挑战法国古典主义和印象主义传统的道路上大步前进。在绘画中，这是一个"主义"的时代。艺术家小团体开始通过他们的作品发表宣言。他们比着看谁更前卫，谁是真正的先锋派。[13]杜尚第一次去巴黎期间，关于先锋派定义的最新竞争动态是野兽派的兴起，其领袖是野心勃勃的亨利·马蒂斯（他的儿子皮埃尔后来去美国推销父亲的画，阴差阳错地出现在杜尚的未来中）。[14]

回顾这个时期，杜尚说巴黎是野心和算计的大染缸，人人都想惊世骇俗、成名成家。一方面，没错，他承认一幅画必须真正"惊人"才有价值。另一方面，他认为他的哥哥们有点过于急功近利了，至少跟他自己的观点相比是这样。"我没有目标，"他说，"我只想做我自己喜欢的事。"[15]

早期在巴黎这段日子里，杜尚打台球比下国际象棋多，但他一有机会就回到棋盘边，而且，国际象棋一直是杜尚一家人在假期团聚时不变的消遣。尽管还是一名国际象棋的新手，杜尚已经从棋局中借鉴经验，将自己的人生看作一系列精心计算的步骤。人生也有终局。他还不知道等待他的是什么。杜尚同样进行过野心勃勃的尝试，被国家美术学院拒之门外以后，他转而在商业插图领域一试身手。更具体地说，他的兴趣在漫画。当时，幽默漫画有两种形式：一种是多格的连环画，另一种是带标题或对话框的单幅漫画。[16]杜尚选择了后一种。

早期他曾经模仿雅克的画风，不过现在发展出了自己的风格，非常适合画插图。他的漫画从一开始就带有猥亵意味。它们拿小女孩和老男人开隐晦的玩笑，或者表现性感或裸体的女人。他喜欢双关语——一种文字游戏——当时这是法国文学界的时尚。事实上，一些学者相信，正是杜尚早期对幽默的双关语的兴趣，而不是他对笛卡尔式思维的兴趣，让他成为"法国知识分子传统"的一部分。[17]

幽默不能帮助他逃避法国生活中新的现实：年轻人现在需要参加军训和服兵役，为期三年。征兵信就在不远处等着杜尚。幸运的是，对于部分年轻人存在例外：那些从事（或正在学习）对法国经济具有重要性的专业技术职业的年轻人可以只接受一年的军训。"艺术工作者"是可以免除兵役的职业之一。但漫画家和油画家都不算数，所以杜尚需要另作打算：他决定学习印刷业务。在蒙马特待了一年之后，杜尚告别了雅克，回到父母家，他的父亲退休后搬回了鲁昂。1905年5月，杜尚开始在一家印刷公司——维孔特印刷厂当学徒。在接下来的5个月里，他接受的印刷职业训练对他的一生都是无价之宝。杜尚称其为"工程师"的，而非画家的训练。

学徒期结束需要参加考试。考试的题目在某种意义上跟杜尚的未来不谋而合。当时，艺术界最流行的话题是意大利文艺复兴的巨匠列奥纳多·达·芬奇的生平和作品，当时很多人还只知道他是一位画家。19世纪末，达·芬奇的"手稿"——实际上是大量杂乱无序的笔记——被欧洲翻译家发现。这些笔记以英文和法文出版之后，向世人展现出达·芬奇不仅是一位发明家、工程师，还是一位艺术"科学"学者。现在任何在图形技术或商业艺术领域工作的人都有理由赞美达·芬奇，在法国也是如此。这就是维孔特印刷厂的高级印刷工给杜尚出的考试题目围绕着这位文艺复兴巨匠的原因。

考试委员会也要求杜尚展示他的印刷技巧。为此，他用铜版仿制了他外祖父著名的系列作品《鲁昂百塔》中的一幅。他轻松地制作出了一幅高质量的版画。令考官印象深刻的不仅是他复活了外祖父的名作，还有他获得人文科学的中学毕业证并通过业士文凭考试之后，却选择学习脏兮兮的商业版画制作。

尽管考试成绩出色，杜尚却没有进入商业版画领域。相反，他将这一技能收入囊中，未来当他在生活的棋盘上走下一步棋时才把它拿出来。

1905年10月3日，带着艺术工作者的证书，杜尚到鲁昂的部队报到。第二天他开始了在第39步兵团的军训。这是他与尚武精神，以及不得不做出的爱国主义姿态最接近的经历。尽管如此，他还是在1906年4月升为下士，同年10月退伍。他回到巴黎，没有重回朱利安学院，而是再次尝试自由不羁的波希米亚艺术家的生活。

这一次，杜尚第一次完全独立了。他的两个哥哥去了巴黎西郊的皮托，在那里找到一间联合工作室。雅克和雷蒙各拥有一间家庭工作室，共享一座后花园。这座花园成为许多艺术家小聚和下国际象棋的地方。回到宁静的郊区尤其适合雅克。他随和、安静的天性跟蒙马特的街道、工作室和咖啡馆中盛行的机会主义格格不入。他余生都住在皮托，继续过着画家生活，结了婚但没有孩子。此时的皮托安详宁静，但是未来这里将成为历史上艺术骚动的中心。

独自回到巴黎后，杜尚在科兰库尔街65号租了一间公寓，跟他原来和雅克一起住的公寓只隔了几个门。像有意安排的一样，公寓就在巴黎的幽默插画家们聚集的"方式"咖啡馆楼上。杜尚已经知道，一个有抱负的插画家的日常工作是去拜访报社和杂志社，例如《法兰西信使报》和《笑声》，尝试卖出一些作品。在这个过程中，杜尚结识了与他同龄的西班牙年轻人胡安·格里斯。格里斯 1906 年来到巴黎，想成为一名插画家（以及逃避西班牙的兵役）。他的工作室在蒙马特山顶的洗衣船，离毕加索很近。

洗衣船已经成了一个小小的传奇。这里原来是一座钢琴厂，现在被隔成了 30 间工作室，不过每间都有独立浴室。艺术家在通风良好的小房间里工作和居住。绰号"洗衣船"可能是因为这座建筑又大又破、四四方方，总有回声，像塞纳河上的洗衣船；也可能是因为它的窗口总是飘荡着洗好的衣服。不管怎样，杜尚最后终于造访了洗衣船——一个到处都是严肃的波希米亚人和滥交的模特的世界，也许是去看看格里斯工作的地方。不过大多数时候，他跟格里斯都在山脚下见面，一起去打台球或者带着作品拜访报社。

在两年的时间里，他们两个人一幅画也没卖出去。杜尚第一次发表作品是 1908 年 11 月，在《法兰西信使报》上；与此同时，他的作品首次得到承认，是在 1907 年春季由《笑声》编辑组织的一次幽默艺术展上。这是首届一年一度的幽默艺术家沙龙，在一个叫作冰宫殿的溜冰场举行。杜尚有五幅画参展，第二年又有四幅。因此，杜尚在巴黎的艺术首秀是作为一名幽默漫画家出现的。他的作品显示了他对双关语的喜爱。例如在一幅漫画中，一辆空马车停在大饭店外，标题是《女马车夫》。读者不禁浮想联翩，这个夜晚赶着马车出门的女人是否正在饭店里跟她的乘客幽会。[18]

在巴黎，年轻而无忧无虑的杜尚尝试了波希米亚生活方式的各种选择，后来又在纽约将其不断完善，他回忆说："那真是一种地道的波希米亚式的生活，带点儿虚饰，你愿意的话还可以说是奢华的，但怎么说那也还是波希米亚式的生活。"[19] 当然，不是所有的波希米亚人都一样。这个词起源于法国，原来指四处迁徙的吉卜赛人。到了 19 世纪 30 年代，艺术和文学中的浪漫主义将艺术家塑造成了孤独的、不被理解的英雄，波希米亚的理念开始与画家、诗人和叛逆的年轻人联系起来。在波希米亚的范畴内，这些"被诅咒的艺术家"过着极度贫穷的生活，不断挑战生活的各种底线，从毒品、滥交到游手好闲，从奇装异服到实验艺术。正如今天人们所知的，这些艺术家的目标是彻底消除艺术和生活之间的分界，无论在现实中可能遇到什么样的危险和混乱。

在文化范畴，纯粹的波希米亚人形象在法国非常受欢迎，是一个英雄般的人物。大众的这种浪漫主义始于15世纪的诗人弗朗索瓦·维永，他被控暴力犯罪，却得到世人的原谅和尊敬，因为归根结底，只有疯狂的人才能创造出伟大的艺术。当杜尚的两个哥哥成为艺术家时，选择了波希米亚的笔名"维永"，这并非偶然。有时候，民众也会将荣誉和桂冠授予一个众所周知的"被诅咒的诗人"，比如保罗·魏尔伦。中产阶级的魏尔伦说："一旦越界，就再也没有任何限制。"他本人就越界，选择了酗酒、暴力和堕落的生活。他生前享受着巴黎市定期给他发放的荣誉津贴，却像一个无家可归者一样在左岸死去（实际上他有一个条件相当不错的家）。1896年他死后，报纸因为他过着"真正的波希米亚生活"而向他致敬。[20]哀悼他的人群排起长长的队伍。人们还为他树立了一座纪念碑。

尽管有这些显而易见的好处，当一个被诅咒的街头艺术家却不符合杜尚的口味，这跟他受过的良好教育不相称，也跟他父亲每月给他的生活费不相称。（在巴黎的第一年里，杜尚跟一个家境优裕的中学好友过从甚密，他的父母每晚招待他们在家吃晚餐。）如果杜尚想要成为一个波希米亚人，他可以选择成为一个波希米亚式的"花花公子"。[21]这类人在艺术和道德上都持激进的观点，但是倾向于布尔乔亚式的富足生活。他们向往波希米亚式的自由不羁，但是过贫穷的生活，甚至蒙马特山顶的生活，在他们的观念中都是不能接受的。

既然如此，喜欢波希米亚的巴黎人可以在波希米亚装饰风格的夜总会实现他们的梦想（真正的诗人和艺术家也在那里聚集）。巴黎有好几个夜总会集中的区域，其中一个就在杜尚家门口，蒙马特的林荫道上。[22]在夜总会，顾客们分享波希米亚精神，包括喝酒、唱歌、谈论诗歌、狂欢和不合法的暧昧关系，以及一种现代巴黎文化独有的态度：称为"冷笑话"（也称为"恶作剧"或"故弄玄虚"），这是一种突破定式的世界观，不过这里特指夜总会的短剧或单口喜剧表演。[23]冷笑话不仅仅是笑话、恶作剧或者下流的双关语，还是智慧的精髓和自谦的结晶。杜尚本来就喜欢幽默，自然将冷笑话收进他不断积累的艺术家工具箱中。最后，冷笑话成了杜尚的专长。

波希米亚的神秘感也提醒受过良好教育的杜尚，用他自己的话来说，艺术家经常被看作"愚蠢的画家"。通过巴黎作家亨利·缪尔热1849年的《波希米亚生活》一书（也成为久演不衰的戏剧和歌剧），这类人物成了神话，这本书讲述了这个巴黎亚文化群体的悲喜剧。[24]在杜尚的同龄人中，他喜欢聪明的画家，其中之一就是胡安·格里斯这个头脑机敏的西班牙年轻人。

格里斯成为立体主义的兴起中一个重要的名字，他不仅赋予立体主义西班牙特色，还有一种与众不同的锐度，这可能得益于他在机械制图方面的训练，他喜欢艺术品中的精确性，杜尚后来也是如此。在爆发式地创作出一系列重要作品之后，格里斯英年早逝（享年40岁）。不过，他与杜尚短暂的友谊不仅在艺术上影响了杜尚，还扮演了一个与众不同的角色：格里斯是杜尚与蒙马特聚集的西班牙画家之间的联结点，虽然这种联结并未引向更加深入的关系。从一开始，格里斯就是作为毕加索的崇拜者到巴黎来的。在蒙马特，他是毕加索帮的成员之一。在杜尚怀疑的目光看来,格里斯有些过于虔诚了。杜尚一直生活在哥哥的阴影之下,他知道围绕在年长的支配者身边是什么滋味,所以他更喜欢独立。正如杜尚的一位传记作家所说的:"尽管杜尚很看重格里斯,但当时和后来他一直都回避毕加索。"[25]

回避巴黎的年度沙龙则更加困难,至少那些对艺术感兴趣的人很难做到。在巴黎塞纳河右岸占地广阔、房间众多的大皇宫,每年春秋两季都举办大规模的艺术展。随着时间的推移,历时一个月的沙龙就相当于巴黎人的公共假期。有数千名画家参展。更多的人——市民、艺术家、评论家和画商——挤满了大皇宫及其附属建筑宽敞的房间和迷宫般的走廊。

参观 1905 年秋季沙龙的人潮特别汹涌。在许多方面,这次沙龙标志着现代艺术九年辉煌期的开始,这个时期一直持续到第一次世界大战爆发,也将毕加索和杜尚送上了他们在艺术史上不同的命运之路。

注释

1. See the headline, Benjamin Genocchio, "Fin-de-siècle Admen," *New York Times*, January 14, 2007, L10.

2. Marcel Duchamp, "Emile Nicolle 1830—1894," *SS*, 156. 尼科尔是杜尚的外祖父。

3. 关于杜尚的父母,罗伯特·勒贝尔采访过杜尚,总结于 Lebel, *MD*, 2.

4. Tomkins, *DB*, 41, 439-441; Marquis, *MDBSB*, 58-59, 279-280.

5. Cabanne, *DMD*, 25. 另外参见 15:"我基本上没有为了糊口去工作。我认为从实用的角度看,为了糊口而工作是挺傻的。"

6. See "Albert Londe (1858—1917)," in *Who's Who of Victorian Cinema: A Worldwide Survey*, ed. Stephen Herbert and Luke McKernan (London: British Film Institute, 1996), 84; and Margit Rowell, "Kupka, Duchamp, and Marey," *Studio International* 189 (January/February 1975): 49.

7. 这段描述来自雅克·维永的朋友,鲁昂美术馆馆长奥尔加·波波维奇 1977

年9月22日与作家爱丽丝·戈德法布·马奎斯的一次访谈。See Marquis, *MD-BSB*, 30.

8. Duchamp quoted in SS, 166. 他经常用"娱乐"这个词来解释自己的动机。See Cabanne, *DMD*, 36, 41.

9. 杜尚将自己描述为一个笛卡尔的信徒，见 Dore Ashton, "An Interview with Marcel Duchamp," *Studio International* (June 1966): 144-145. 他说笛卡尔的信徒应该"接受一切怀疑……反对一切不清晰的思考"。See also Linda Dalrymple Henderson, *Duchamp in Context: Science and Technology in the Large Glass and Related Works* (Princeton: Princeton University Press, 1998), 77, 269 n.59. 亨德森说杜尚是反柏格森主义者和自称的笛卡尔信徒。

10. Marcel Duchamp, "Notes for a Lecture, 1964." 未出版的手稿。Cited in Tomkins, *DB*, 30.

11. Duchamp quoted in Arturo Schwarz, *The Complete Works of Marcel Duchamp* (New York: Abrams, 1969), 381.

12. David Cottington, *Cubism and Its Histories* (Manchester, UK: Manchester University Press, 2004), 13.

13. 历史学家戴维·科廷顿强调了这一时期的商业竞争，历史学家杰弗里·韦斯分析了这如何让马塞尔·杜尚这样的艺术家感到幻灭。科廷顿称在1900—1914年间，巴黎出现了185份小册子出版物，主要集中在1900年左右。它们中大多数都宣称艺术中的某一种"主义"鹤立鸡群。阿尔伯特·格莱兹当时说，这些小册子中的主义"更多是迎合那些想要引起注意，而不是创作严肃的作品的艺术家"。科廷顿还指出有两种"促销策略"，一种是组织沙龙，另一种是发布短评（通常与画廊合作）。See Cottington, *Cubism and Its Histories*, 13-14. 韦斯说："学院和丑闻的双重压力让他（杜尚）做出了一个讽刺但合乎逻辑的选择，那就是放下画笔和颜料。" Jeffrey Weiss, *The Popular Culture of Modern Art: Picasso, Duchamp, and Avant-Gardism* (New Haven, CT: Yale University Press, 1994), 116. See also Robert Jensen, "The Avant-Garde and the Trade in Art," *Art Journal* (winter 1998): 360-367.

14. 1931年皮埃尔·马蒂斯开始在纽约做画商。他的第一任妻子是阿莱希娜·萨特勒，他在1949年跟她离婚，迎娶了25岁的帕特里夏·埃乔伦，她是智利超现实主义画家罗伯托·玛塔（杜尚的好友）的前妻；玛塔因为跟艺术家阿什利·戈尔基的妻子的婚外情而抛弃了帕特里夏（这导致了玛塔被超现实主义运动驱逐）。然后在1951年，杜尚和阿莱希娜开始了恋情，1954年他们结了婚；皮埃尔·马蒂斯的三个女儿成了杜尚的继女。

15. Duchamp quoted in "Duchamp 50 Years Later," *Show*, February 1963, 28-29. Cited in Marquis, *MDBSB*, 41.

16. 艺术史学家韦恩·安德森指出了这一点，并指出了其对杜尚未来的《大玻璃》的可能影响。

17. Michel Sanouillet, "Marcel Duchamp and the French Intellectual Tradition," in d'Harnoncourt, *MD*73, 48-54.

18. See Tomkins, *DB*, 36.

19. Duchamp quoted in Cabanne, *DMD*, 58.

20. Quoted in Jerrold Seigel, *Bohemian Paris: Culture, Politics, and the Boundaries of Bourgeois Life, 1830—1930* (Baltimore: Johns Hopkins University Press, 1999), 253, 242.

21. 法国最突出的波希米亚花花公子的例子是诗人夏尔·波德莱尔，他于1867年去世。他憎恶街头的灰尘，但是热爱毒品、酒精、恐怖文学和性的华丽极端。他看重如何从恶中提炼出美（他的方式是运用描绘堕落的"美丽"诗句）。这种波希米亚人通常也是浪荡子，城市生活瞬间的无业、超然的观察者。浪荡子四处游荡、观察，不判断但是享受。对女性他是典型的"窥视者"，年轻的杜尚喜欢这个主题。

22. 除了蒙马特，巴黎其他的主要娱乐区都在南部，左岸附近的蒙帕纳斯。作为波希米亚和艺术的中心，关于蒙马特和蒙帕纳斯的历史和故事参见 Seigel, *Bohemian Paris*; and Daniel Franck, *Bohemian Paris: Picasso, Modigliani, Matisse, and the Birth of Modern Art* (New York: Grove Press, 2001).

23. 关于冷笑话、恶作剧和故弄玄虚，参见 Weiss, *The Popular Culture of Modern Art*, 111, 119-123, 142; and Seigel, *Bohemian Paris*, 121-122, 137.

24. 作为19世纪40年代巴黎左岸一名孜孜不倦的作家，亨利·缪尔热给文学杂志写了一系列波希米亚生活的小品故事。1849年一位剧作家找到他，他们合作将这些故事改写成剧本《波希米亚生活》。这出戏剧推广了缪尔热的作品，所以1851年，他又把他的故事整理成一部小说《波希米亚生活场景》。贾科莫·普契尼将这部小说改编成意大利歌剧《波希米亚人》，于1896年首演。此后，这出歌剧成为缪尔热鲜为人知作品的最著名呈现。在1851年的小说中，他在序言中第一次定义了现代"波希米亚"。

25. Tomkins, *DB*, 35.

第 4 章　　波希米亚的巴黎

秋季沙龙于 10 月举行，是巴黎的两个年度沙龙中较晚创办的：1905 年才是第三届。它跟创办人和组织者亨利·马蒂斯的名字密不可分，因为马蒂斯喜欢评委会，秋季沙龙对参展作品有一定的控制权。（春季独立沙龙则更多是对所有人开放的。）通过举办过往重要艺术家的回顾展，秋季沙龙为公共艺术展注入了新的元素。例如，在 1905 年，秋季沙龙展出了法国新古典主义艺术家让-奥古斯特-多米尼克·安格尔的专题。

1905 年底，杜尚在鲁昂服兵役，但他抽时间坐火车去参观了大皇宫举办的秋季沙龙。沙龙给他留下了深刻的印象。在大皇宫，马蒂斯和他的追随者有一个自己的房间。他们展出了极富表现力的作品，赢得了"野兽派"的称号。野兽派描绘可以识别的东西——人物、静物或风景——但是强调纯粹的色彩、强烈的笔触，避免精确性。野兽主义的历史很短，很快就在艺术评论家中引起两极分化的反应（然后不再流行）。不过，在这个短暂的辉煌时期，马蒂斯的作品"感动"了杜尚。野兽派在秋季沙龙的异军突起激发了杜尚的野心，他决心不仅要做插画家，而且要成为一名优秀的艺术家。"秋季沙龙使得我打算开始画画了。"他后来说。[1]

当毕加索走下蒙马特的山顶，走进大皇宫，他以另一种观点来看待马蒂斯和野兽派。[2] 他看到马蒂斯是如何赢得关注的，也看到他如何利用沙龙引起的争议进行宣传。不过，毕加索真正的启示来自安格尔的回顾展，这次回顾展总共展出了68件作品。迄今为止，安格尔拿破仑时期的油画和素描主要掌握在私人收藏家手中。安格尔是拉斐尔的门徒，擅长肖像画，将宫女或异国情调女性的形象引入现代绘画。他还是一位线条画的大师，毕加索也喜欢线条画。

在沙龙展上，毕加索看到了安格尔的圆形油画《土耳其浴女》(1862)，这幅画描绘了宫女们放松休息和互相梳头的后宫场景。表面上，毕加索喜欢夸耀自己对传统艺术的反叛，但是骨子里，他一直感到要匹敌安格尔这样的学院派大师的技巧（或者超越他们的成就），是非常大的挑战。这也是为什么跟巴黎这座艺术花园里各种各样的妓院画相比，《土耳其浴女》深深地烙印在他脑海中的原因之一。

1905年那个秋天，凉爽宜人的天气也带来了巴黎艺术世界的其他参与者。其中就包括艺术收藏家、来自美国加利福尼亚州奥克兰市的两兄妹——雷欧·斯泰因和格特鲁德·斯泰因。他们是犹太人，继承了一笔小小的遗产，刚刚从巴尔的摩迁居巴黎。他们从塞纳河左岸宽敞的公寓出发，前往1905年的秋季沙龙，热切地想看看有什么可以买的东西。

这个投资组合的领导者是哥哥雷欧。他在意大利学习过艺术史，自己尝试过当画家，第一笔明智的投资是发现了塞尚。起初，格特鲁德只是跟随者，她的志向是当一名作家。后来，她也对收藏产生了兴趣，雷欧热衷于马蒂斯，格特鲁德则决定拥护毕加索。"20世纪是一切事物分崩离析的时代。"她事后（第一次世界大战后）写道。[3]一开始，她认为毕加索比马蒂斯更适合代表那个时代。在1905年的沙龙展上，斯泰因兄妹迈出了相对温和的第一步。他们买下了他们的第一幅马蒂斯作品——《戴帽子的妇人》(1905)。

斯泰因兄妹刚刚开始将他们位于花园街27号的公寓"凉亭"向画

家、作家和诗人开放参观。这间公寓有一间大餐厅和一个封闭的庭院，画作就挂在餐厅里。事实上，正是在这片中立地带上——在像斯泰因兄妹这样富有的赞助人中间——毕加索和马蒂斯进行了第一次私人会面。在某种意义上，他们生活在两个不同的世界。马蒂斯是为沙龙而生的。相反，毕加索只跟代理商和画廊打交道，十年都没有在沙龙出现。结果，为了找到毕加索，像斯泰因兄妹这样的收藏家必须向沙龙体系之外探索。

1905年沙龙之后不久，雷欧·斯泰因参观了塞纳河对岸名不见经传的画商克洛维斯·萨戈的画廊，萨戈向他展示了毕加索的素描和油画。雷欧被打动了，购买了两幅油画。格特鲁德却并不喜欢它们。不过，花园街27号是一个无法回避的交点，一位野心勃勃的法国年轻作家——亨利-皮埃尔·罗谢当时刚好在跟雷欧讨论联手创作一部艺术方面的著作，罗谢邀请他去见见神秘的毕加索。（能言善道、喜欢结交名人的罗谢成了这一时期现代艺术史的记录者，最后成了马塞尔·杜尚的同道中人和最好的朋友。）[4]

在罗谢的带领下，雷欧跟随他爬上蒙马特蜿蜒的街道（格特鲁德拒绝了这一邀请）。雷欧对毕加索的住处兼工作室所在建筑的寒酸和肮脏感到惊讶，但是毕加索的艺术深深震撼了他。他邀请毕加索和他的女朋友去自己家做客。几天后，既不会说法语也不会说英语的毕加索站在了外表令人望而生畏的格特鲁德·斯泰因面前。她比他大七岁，在美国的常春藤盟校接受教育。他们从没真正克服语言障碍，使用支离破碎的短语——从英语、西班牙语到法语——和手势交流，但是这样就够了，而且越来越好。他们都想让上个世纪出现的"裂缝"继续扩大。这两个移居巴黎的外国人之间产生了奇妙的化学反应，并且开始联手创造艺术史。

1905年底，当这一切发生时，斯泰因兄妹可能是巴黎最有经济实力的美国收藏家，但在他们之上有着更加庞大的系统。在巴黎，现代艺术代理商中最著名的名字是迪朗-吕埃尔、沃拉尔和伯恩海姆，他们从事相关交易已有悠久的历史。这些人牢牢掌握着新兴的后印象派画家，凡·高和塞尚是他们的明星。尽管安布罗斯·沃拉尔的画廊曾经一度展出过毕加索的作品，但那些都不是会在历史上留下回响的作品。[5]在1905年初的一次个人作品展后，毕加索几乎停止了在巴黎的展览，而是让买主跟他的代理商联系，或者到他的工作室去。

在毕加索职业生涯早期许多帮助过他的人当中，有一个人最后脱颖而出。他就是丹尼尔-亨利·康维勒，一个希望作为先锋派代理商在巴黎开创一片天地的德国商人。1905年秋季沙龙期间他在伦敦，穿越英吉利海峡参观了沙龙。康维勒是德国犹太银行家的后裔，曾在巴黎工作，渴望以一名最新潮的艺术代理人的身份重返巴黎。移居巴黎后，康维勒被引向毕加索荒僻的工作室就只是时间问题了。他们的相遇发生在1907年。跟斯泰因兄妹一样，康维勒是另一个改变了毕加索未来的人物。

另一群怀着浓厚兴趣参观巴黎1905年秋季沙龙的人是作家。他们当中许多人想当诗人，却成了记者、文员或评论家。风度翩翩的亨利-皮埃尔·罗谢本来也是个作家，因为交游广阔，格特鲁德·斯泰因称他为"介绍人"。他光辉的日子还在后头（后来他创作了小说《朱尔与吉姆》，不过直到1962年被弗朗索瓦·特吕弗搬上大银幕之前，这部小说一直默默无闻）。

后来证明具有重要影响力的作家，25岁的纪尧姆·阿波利奈尔当时还是个踌躇满志的年轻人。他有波兰和意大利血统，跟他特立独行、过着波希米亚生活的母亲住在南部郊区。在巴黎，他徘徊在蒙马特、左岸和各种各样的编辑部，寻求文学上的突破。凭借与生俱来的聪明头脑和文学天赋，阿波利奈尔做过家庭教师、秘书、编辑，甚至写过低俗的色情文学。连杜尚都对阿波利奈尔旺盛的精力感到惊讶。在阿波利奈尔出现的咖啡馆，"你是绝对插不进一句嘴的，"杜尚回忆说，"没完没了的笑话、扯淡、调侃……你只有保持沉默……你会被那种狂怒和狂笑劈成两半。"[6]

1905年，阿波利奈尔想写艺术评论——尽管他从未学习过艺术。画家乔治·布拉克喜欢阿波利奈尔，但他说："实话实说吧，他连拉斐尔和鲁本斯的区别都看不出来。"[7]尽管如此，阿波利奈尔就像他什么都知道一样开始写作，而且效果非常好。很快，他就成为将杜尚视为一位正在崛起的新兴画家、严肃地加以评论的第一人。

1904年底或1905年初（关于这个日期存在争议），阿波利奈尔在阿姆斯特丹街的一间酒吧第一次见到毕加索。1905年，他写了两篇评论毕加索画展的文章，分别发表在《背德评论》和《笔锋》上。在阿波利奈尔的生花妙笔之下，蓝色时期和玫瑰时期的作品被描绘为一种愉悦和恐惧的混合。他对毕加索大加赞赏，将他与"17世纪西班牙艺术的丰富构图和粗犷风格"联系起来。[8]

几年来，毕加索已经得到了许多好评，最近更是被《法兰西信使报》这样的主流媒体认可。阿波利奈尔拜访洗衣船后，决定要成为毕加索的主要代言人，将这个西班牙局外人塑造成现代艺术的先知。随着一批法国作家和诗人在毕加索的生命中出现，其中包括沉默寡言的蒙马特人马克斯·雅各布，原来只有西班牙人的毕加索帮解体了。一个由来自城市的法国诗人组成的新的毕加索帮逐渐形成。他们活动的中心就在蒙马特。

* * *

纪尧姆·阿波利奈尔在洗衣船，这是毕加索在巴黎的第一间工作室，他和费尔南德·奥利弗在这里从1905年住到1909年。阿波利奈尔右手边是一尊非洲雕塑。

蒙马特是一个令人望而生畏的地方，尤其是在晚上。一位巴黎的编年史作家曾写道，在蒙马特，不仅波希米亚人、妓女和窃贼和平共处，"诗人和黑帮之间也存在着某种相互理解和同志情谊"。[9]

与之相对，有些在巴黎大展身手的艺术家却住在郊区。马蒂斯跟妻子和女儿住在南方，杜尚兄弟——雅克和雷蒙住在半乡村的皮托。19世纪中叶，一项庞大的城市建筑规划用一条林荫大道将现代巴黎一分为二，世纪之交耸立起了埃菲尔铁塔（和菲利斯摩天轮），与大皇宫和小皇宫一道作为1900年世界博览会的主要场馆。当所有这些建筑工程尘埃落定，蒙马特纹丝未动。

蒙马特高地位于巴黎北部，这里有农场、田野、家禽和各式各样的老建筑，排列在蜿蜒的鹅卵石街道两旁。这个地方曾是一座葡萄园，这解释了为什么附近有那么多跟酿酒有关的设施。1871年巴黎公社将这一区域作为据点，试图建设一个共产主义、艺术和性爱自由的新社会，与当时的法国政府在路障处激战了好几天,此后,这里更是给人留下了禁区的印象。山顶上有一座教堂,穹顶和塔楼永远好像一副没盖完的样子。

每个画家和诗人的小团体都需要一间酒吧或咖啡馆作为据点,这似乎是巴黎的传统。自然,毕加索和他的帮派也在蒙马特后街找到了自己的据点,最初叫作见鬼酒吧。这是毕加索第一次去巴黎时找到的最接近"四只猫"的地方。1903年酒吧向山下搬迁了一段距离,改名叫狡兔酒吧。为了留下自己的印记,毕加索在见鬼酒吧的墙上画了一幅壁画,后来又在狡兔酒吧画了一幅,跟他在大型画布上画的一样。毕加索帮成了狡兔酒吧的常客。

尽管狡兔酒吧狭小又寒酸,它实际上却是像常春藤一样缠绕着整个巴黎的娱乐体系的一个分支。[10] 19世纪80年代开始出现的百货商场这种新现象就是这个体系模式的代表,现在这些商场坐落在全新的、宽阔的林荫大道两旁,给人一种包罗万象的幻想世界的感觉。它们的玻璃橱窗召唤着人们走进店内。商场在全巴黎散发广告、海报和促销宣传册。不久,一位了不起的咖啡店老板借鉴了这种做法——巴黎的夜总会从此诞生。[11]跟百货商场一样,这种商业模式无疑赋予了波希米亚生活商业化的一面,它雇用艺术家绘制海报和报纸插图、诗人创作娱人的诗篇,捧红了许多舞者和歌手。

夜总会最著名的娱乐明星之一——歌手和活动家阿里斯蒂德·布吕昂在黑猫夜总会(巴塞罗那的"四只猫"就是模仿它的)成名。图卢兹-劳特雷克设计的海报让布吕昂穿戴礼帽和披肩的形象风靡整个巴黎。很快,布吕昂开了自己的夜总会。他发掘插画家帮他做宣传,同时开始了政治生涯。在这个过程中,布吕昂为见鬼酒吧的开业投入了资金,1903年改头换面变成狡兔酒吧时他的投资也延续了下来。如果说布吕昂是黑猫夜总会的明星，那么在狡兔酒吧，毕加索也不是无名小卒。

在这样的大背景下，巴黎的冷笑话正在流行，也包括恶作剧和故弄玄虚，体现出一种玩世不恭、冷嘲热讽的智慧。在此刻的巴黎，有一个人尤其将这种现代冷笑话艺术发挥到了极致，成了荒诞不经的波希米亚思想的名副其实的代表。他的名字是阿尔弗雷德·雅里。[12] 1905 年，雅里由于深受肺结核、吸毒和酗酒的折磨，可能没有去参观秋季沙龙。两年后，年仅 34 岁的他就离开了人世。阿波利奈尔早就认识雅里，不过毕加索和杜尚都没有见过雅里，他们两人却都成了他作品的爱好者。简言之，雅里以他猥亵的幽默，特别是对现代科学的嘲弄，在巴黎先锋派的整个世界留下了不可磨灭的印记。

雅里小时候被看作神童。年轻时，他是艺术家、作家和高质量的艺术书籍的印刷工，专长是制作阿尔布雷希特·丢勒的蚀刻版画。像许多人一样，他对电力、高速机械和看不见的射线等新事物着迷，但是通过阅读大量科学和科幻作品，包括赫伯特·乔治·威尔斯的《时间机器》等，他扩展了自己的视野。早期，他曾经撰文严肃地分析，在宇宙空间中以太的保护下，人类可以穿越第四维度，进行时间旅行。对于雅里之后的整个立体主义画家群体，四维空间的概念唤起了新的、更高层次的艺术想象。

雅里天生擅长恶作剧，从学生时代起就很顽皮。塑造他人生的正是恶作剧，以及他对酒精和怪癖的热爱，而不是严肃的学院教育。来到巴黎后，他得到了出版商、杂志和前辈诗人圈子的关注。有他出现的朗读会在黑猫夜总会和紫丁香咖啡馆（他骑一辆公路自行车去那里）大受欢迎。23 岁那年，雅里创作了巴黎最早的荒诞主义戏剧之一《愚比王》，让他更加名声大噪。1896 年，这出戏剧在无政府主义倾向的作品剧院（雅里在那里当秘书）首演，开场的第一句名言就是："他妈的！"

雅里的目标是违反法国戏剧规则的方方面面，将离经叛道上升为一种趣味。在这次备受争议的首演之前，雅里就以"佩雷·愚比"的形象为人们所知了。雅里站直了还不到五英尺高，留着长长的黑头发和小胡子，他穿着打扮很怪异，说话也很怪异，使用一种断断续续的单调语调。他随身带着一把锈迹斑斑的勃朗宁手枪，在大街上或咖啡馆里随便开枪。他也写小说，其中两部在他死后继续扩大着他的影响力。

小说《超雄性》（1902）讲述了一个男人不仅能够骑自行车高速穿越整个大陆，而且接上电线，就能够无休止地同女人性交（在一间科学实验室里）——这是一个关于机械、科学和性的极品笑话。他死后出版的遗作《啪嗒学家浮士德若尔博士的功绩和思想》（1911）同样离经叛道。浮士德若尔博士发明了啪嗒学——一种将一切都看作瞬间幻觉的科学。他认为，科学普遍相信的自然"法则"只是同样的幻觉刚好出现了两次。正如传记作家后来说的，雅里拒绝"走现实生活的道路"，他"用幻觉进行了精神上的自杀"。[13]

雅里的成功为艺术家和演员追求幻想的世界敞开了大门。杜尚和毕加索都接受了这一邀请，前者读过雅里的作品，后者则是通过阿波利奈尔将雅里的消息带到洗衣船的工作室（据说雅里死后，阿波利奈尔得到了他的手枪，并将其转赠给了毕加索）。如果说格特鲁德·斯泰因只是赞同文明的"裂缝"，雅里则说："连废墟也要破坏掉。"[14]

杜尚尤其受到雅里啪嗒学的影响。（杜尚去世时，他的工作室里为数不多的书籍当中就有一本翻旧了的雅里的《愚比王》。）雅里是一系列塑造荒谬但有趣的戏仿科学形象的作家中的排头兵。最后，雅里被从达达主义到超现实主义和荒诞派戏剧的众多流派奉为鼻祖。

* * *

作为一名感性的法国人，杜尚享受冷笑话的乐趣。至于毕加索如何看待法国冷笑话——因为他几乎不会说法语——我们不得而知。他很可能是从他的诗人朋友们那里听到的,这些人是当时影响他的生活和艺术的两股主要力量之一。

有一天,有人用白粉笔在毕加索洗衣船的工作室门上写了"诗人聚会之所"几个字。毕加索没有反对。如今这是事实,阿波利奈尔、马克斯·雅各布和其他寻求成功的作家开始聚集在这个西班牙画家的周围。他们教他法语,引导他介入经年累月且热火朝天的关于谁是最伟大的法国诗人的争论:是布尔乔亚式的象征主义者马拉美,还是知识分子式的玩世不恭者朱尔·拉弗格,是放荡堕落的魏尔伦,还是富于反叛精神的兰波。在共度一个个充斥着酒精、鸦片和大麻的夜晚后,这个新的毕加索帮爆发了:"拉弗格倒下!兰波崛起!"[15]

我们知道这些欢宴,也知道他们滥用药物,因为有第二股力量正在改变毕加索的生活和艺术——他第一次长久地爱上了一个女人,就是那个在蒙马特工作的模特费尔南德·奥利弗。若干年后,费尔南德写了一本回忆录,它实际上成了毕加索第一次到巴黎期间相关信息的主要来源。[16]显然,洗衣船跟任何浮华的夜总会一样充满活力。"从来没有任何一群艺术家这么热衷于刻薄伤人的笑话。"费尔南德后来带点报复性地说。[17]

一天,毕加索在洗衣船外的街上遇见费尔南德,她也住在那里,给一个雕塑家当模特。接下来的那个夏天她就搬进了毕加索凌乱的工作室,那里有床、椅子、火炉、灰烬,以及一大堆画布和颜料管。一只老鼠住在抽屉里,毕加索还总是养着一条狗。费尔南德是一个迷人、轻浮、慵懒的年轻女人,自幼家境贫寒,经历过一次失败的婚姻,生活的折磨让她心甘情愿地忠于毕加索(她甚至戴上安达卢西亚女人的黑面纱,以避开其他男人"强烈的凝视")。不过,所有年轻的艺术家和模特愿意跟谁睡觉就跟谁睡觉。格特鲁德·斯泰因把这种乱交的文化称为

"蒙马特的时尚",她本人也是个同性恋者和离经叛道的女人。[18]

费尔南德是毕加索的第一个缪斯。随着她的出现,他的作品从蓝色时期过渡到更加欢乐的玫瑰时期。正是因为费尔南德,以及对附近马戏团的频繁造访,杂技演员、家庭生活和彩衣小丑这些更加欢快的元素开始出现在毕加索的画中。实际上,蓝色时期最后一些表现憔悴、苍白的男人和女人的作品,可能来自毕加索吸食鸦片的日子,他不仅看到许多穷人和监狱医院里的女人,还看到了吸毒者。(费尔南德说,在一位吸毒的画家邻居上吊自杀之后,他们两人在吸食鸦片四年后最终戒了毒。)最初向费尔南德求爱时,毕加索赢得费尔南德芳心的部分原因就是他们对鸦片的共同爱好。

如果说费尔南德这个缪斯为毕加索的画注入了欢乐,那么诗歌又是如何影响他的?

一个具体的例子是毕加索对彩衣小丑这个人物的使用,这是一个在明信片、巧克力盒上和剧院里经常出现的著名形象。阿波利奈尔年轻时就描写过南欧的狂欢节,当他跟处于玫瑰时期核心期的毕加索相遇时,彩衣小丑在他的作品中占据着显著的位置。彩衣小丑代表着许多东西。他的典型形象是一个孤独、悲伤、四处流浪的人物。他也可以是吹牛大王和骗子,是荒诞主义者,毕加索和阿波利奈尔两个人都对荒诞主义者的形象情有独钟。

除了彩衣小丑,阿波利奈尔还将毕加索引向了更加黑暗的文学领域。阿波利奈尔是欧洲色情文学的门徒,靠写这类文章谋生,并且从雅里的成功中汲取经验。他从萨德侯爵那里学到的更多。在巴黎,萨德侯爵创作于1785年的臭名昭著的《索多玛120天》重新出版,这部作品结合了堕落的狂欢、性实验和虐待。这本书是阿波利奈尔的珍藏。毕加索已经造访过很多妓院,不过他作品中的色情在阿波利奈尔的教导下进一步发酵了。

像阿波利奈尔这样的诗人出现在蒙马特是合乎逻辑的。不过也有一些出人意料的人物在那里消磨时光。其中之一就是名叫莫里斯·普林斯特的政府保险理算员和业余数学家。[19]他与山顶一个名叫爱丽丝的十几岁的年轻模特坠入了爱河。他们加入了洗衣船的狂欢。普林斯特经常在他的住所招待瘾君子们吞云吐雾。普林斯特爱爱丽丝,最后娶了她,但她同时也跟毕加索上床,离开普林斯特后,她嫁给了毕加索的朋友、后来成为著名画家的安德烈·德兰。当然,正如格特鲁德·斯泰因所说的,这种流动的关系不过是"蒙马特的时尚"罢了。

重要的是,在新的立体主义绘画风格兴起的过程中,普林斯特成为"四维空间"概念的主要倡导者,在法国,从严肃科学到科学幻想(以及普遍的讽刺幽默),"四维空间"成为各个领域的流行话题。几十年来,法国数学家一直在讨论非欧几何,或者弯曲空间的度量,他们提出在正常的三维空间(长宽高)之外增加一个维度(第四维)。1900年以后,X射线、电磁学和放射性物质的新发现揭示出新维度存在的可能性,这个神秘的数学世界开始引起公众的兴趣。"这里有整整一个从来没有人想到过的世界,"法国数学家亨利·庞加莱1902年在一本大众读物中写道,"该存在多少意料之外的事物啊!"[20]

对于普林斯特,这是个令人兴奋的概念,不久,许多立体主义沙龙的成员,包括马塞尔·杜尚就开始阅读庞加莱的著作,谈论一种新的"画家的几何学",以期进入知识和视觉体验的更高领域。[21]尽管普林斯特严肃地将解释四维空间当成自己的使命,在蒙马特这个破败的艺术区,在缭绕的淡淡的鸦片烟雾中,他的画家朋友们却可能更喜欢雅里对待科学和其他维度(加上鸦片)的嘲弄态度。

所以,普林斯特想要寻找更加认真的听众。他很快成为聚集在杜尚兄弟皮托工作室的画家们关注的中心。四维空间对马塞尔·杜尚的诱惑使他做了将艺术诉诸理性的最初尝试，他后来又坚持了好几年，将这种尝试与他对延时摄影之类的新技术的关注结合起来。事实上，杜尚希望成为最早描绘新维度的艺术家中的一员。他也希望像雅里一样当众骂出"他妈的"。[22]

* * *

1906—1908 年间，马塞尔·杜尚服完兵役回到巴黎，重拾成为一名插画家的希望。他的作品参加了一次画展，并且卖出了几幅。他的插图显示出一种幽默和带有猥亵意味的品味，正如他为一家餐馆设计的圣诞节菜单所体现的。菜单上画了一个裸体女人的剪影，她躺在一张咖啡桌上，蜷起身体，将一瓶酒举到唇边。

成为插画家需要努力，对于杜尚来说，不要让自己沉迷于蒙马特活跃的社交生活是很不容易的。在幽默艺术家聚集的"方式"咖啡馆楼上的公寓住了一段时间后，1907 年夏天，他朝山下搬了几个门，住进了科兰库尔街 73 号一间更大的公寓，在那里他决定主持自己的圣诞节派对。喧闹的宴会持续了两天，被饱受困扰的邻居投诉之后，房东对年轻的杜尚采取了严厉措施。他被正式逐出公寓，不过按照巴黎的法律，他有六个月的时间来收拾东西。

显然，都市生活有太多麻烦了。所以，带着父亲给的生活费，杜尚搬到了巴黎西郊的富人区纳伊。塞纳河对岸不远处就是他哥哥们的工作室所在的皮托。搬到纳伊后，杜尚向一家报纸卖出了自己的第一幅插图。不过，让他在巴黎艺术界声名鹊起的却不是插图，而是他的油画。

在纳伊的公寓，他开始创作准备在即将到来的 1908 年秋季沙龙上展出的油画，这需要通过评委会的评审。接下来两年中，杜尚的画就像沿着一道道台阶，从他在博物馆中看到的一种风格转换到另一种风格：

印象派的笔触，野兽派的鲜艳色彩，塞尚的几何构图，莫奈的色粉画，象征派的奥迪隆·雷东的瞬间图形，以及更加现实主义的库尔贝和德加。无论是哪种风格，从 1908 年起，杜尚就完全融入了沙龙世界。直到 1912 年，他的作品在每一届的秋季沙龙和独立沙龙上都有展出。

他在跟家人度假期间完成了许多作品。夏季外出避暑是许多巴黎人的传统习惯。杜尚家每年夏天都去法国西北海岸诺曼底的海滨别墅度假，欧仁·杜尚在沃勒莱罗斯的村庄里租了一座红砖小屋。从 1907 年起，马塞尔·杜尚生命中的大多数八月都是在那里度过的。在海边，他和妹妹苏珊加入了一个都市年轻人的小团体，这些人都是为了逃避鲁昂或巴黎的热浪而来的。对年轻的杜尚，人们是这样评价的：英俊潇洒，机智诙谐，但有一点冷漠。

搬到纳伊后，杜尚最经常去的另一个地方就是附近的皮托，他经常在周日散步到那里去。雅克的房子是一座两层小楼，花园上方有飘窗和阳台。雷蒙就住在隔壁。工作室后面的花园空间开阔，摆放着桌椅，栗子树浓荫低垂，天气好时，这里就成了从下棋到射箭等一切活动的场地。

最主要的活动是国际象棋。在皮托，杜尚的第一幅作品《对弈》(1910)，也是他迄今为止最大的布面油画之一，就表现了这个主题。这幅画画的是户外场景，使用了浓重的绿色和塞尚的风格：他的两个留胡子的哥哥在下棋，前景里他们的妻子懒洋洋地闲坐着。国际象棋的主题一直伴随着杜尚，反复出现在他几个重要阶段的作品中。

自从 1910 年起，杜尚选择了另一个值得特别强调的主题：裸体。连阿波利奈尔在沙龙中列举杜尚的作品时也注意到了他对这一主题的坚持。[23] 其中一些女性来自杜尚的想象，不过任何名副其实的巴黎艺术家都有一个活生生的模特。住在纳伊期间，杜尚找到了珍妮·塞尔。至少可以确认，他 1910 年的一幅油画的画中人就是她。很快，杜尚和珍妮就卷入了一段恋情。1911年2月6日，珍妮为杜尚生下了一个女儿。在23岁的年纪，他还根本没有准备好做父亲。据我们所知，他在孩子出生前抛弃了珍妮。他从来没有反悔过。

对于聚集在皮托的中年或已婚的艺术家来说，一点点调情是必不可少的。杜尚尽可能对自己的情事保密。1911年余下的日子和1912年，他放浪形骸。杜尚经常跟朋友们进城鬼混。他显然有过很多个女朋友和很多段恋情。原因很明显：他是一个英俊、迷人的法国人，而且不像许多艺术家那样留着胡子。[24] 他向后梳着的头发下雕塑般的诺曼人脸孔会替他说话。如果说其他艺术家喜欢穿戴可笑的帽子、领结和裤子，杜尚则总是一副商务休闲风格的打扮。

作为一个年轻英俊的波希米亚人，杜尚一生有无数风流韵事。可以想见，在当时结婚这个念头本身就让他厌恶。结婚意味着天大的麻烦，正如他早期的一幅讽刺漫画所隐喻的：一个不快乐的男人跟在一辆马车旁，车上坐着他怀孕的妻子。四十年后他说："一个人的生活不必负担太重、做太多的事，要有妻子、三个孩子、乡间别墅、三辆汽车！我逃避这种物质上的义务。"[25]

按照专业标准，杜尚在1905—1910年间没有创作多少艺术作品：36幅油画、30幅用于出版物的草图，以及113幅随意的写生。杜尚从来没有把艺术当成一项艰巨的事业。正如他多年以后说的，他从来没有"感到非要做出点儿什么来不可的压力……或者要表现自我……从早到晚画画的压力"。[26]

* * *

毕加索的创作力则完全是另一回事。在1904年中到1908年中，他第一次定居巴黎期间，费尔南德的出现带来了一种更加欢快的主题：所谓的玫瑰时期。

第4章 波希米亚的巴黎　63

同时在巴黎，一种更宽泛的风气的转变可能也对毕加索的新画风产生了影响。艺术世界的前沿似乎对世纪末的病态美学厌倦了。为什么不表现一些更乐观的东西呢？归根结底，法国文化经常陷入认同危机，试图判定"传统的"法国精神究竟起源于阳光开朗的南方还是阴郁寒冷的北方。当艺术中的世纪末情绪耗尽，地中海风格东山再起。一位聪明的作家称其为"南方人对北方众神的十字军东征"。[27]

在玫瑰时期，这种风气将毕加索引向古典主义作品。阿波利奈尔喜欢黑暗的萨德侯爵，也喜欢阳光的古典主义。他无疑鼓动毕加索朝着这个方向前进。人们通常认为，毕加索也受到他在秋季沙龙回顾展上看到的东西的鼓动。1904年的这次回顾展精选了皮维·德·夏凡纳的43幅作品，这位法国象征主义画家赋予了经典图案一种独特的感觉，这些图案包括田间、水边或屋外，田园牧歌式的环境中的人和动物。他采用简单、柔和的形状和色彩，用稚拙的笔触来表现古典主义复杂的主题。似乎是为了正式结束他短暂而高产的玫瑰时期，毕加索画了《彩衣小丑之死》（1905）。但是在进行更激进的艺术实验——比如1908年后向"原始"艺术的急剧转折——之前，毕加索创作了一些皮维式的形象：柔和的田园牧歌场景中的人和动物。最典型的例子是《牵马的男孩》（1906），格特鲁德·斯泰因买下了这幅画。

事实上，毕加索短暂涉足古典时期肇始于他为格特鲁德·斯泰因画的肖像。1905年底，雷欧邀请毕加索和费尔南德到自己家度假期间，这位西班牙画家如鱼得水。对于斯泰因兄妹这个大买家，马蒂斯也应对自如。所以毕加索邀请格特鲁德到他的工作室，为她画像。毕加索为她摆的姿势似乎来自安格尔的一幅古典主义作品，格特鲁德支着一只手肘，另一只手放在大腿上。每周六晚上，格特鲁德摆完姿势回家，毕加索和费尔南德会跟她一起去吃晚餐——据说斯泰因兄妹家的周六晚间艺术家聚会就是这样开始的。更加传奇甚至不太可信的是，格特鲁德说她为了摆姿势一共去了 80 次。[28]

可以肯定的是，在摆了这么多次姿势之后，毕加索终于画完了除了格特鲁德的脸之外的部分，然后决定休息一下。他们分别时很友好，毕加索准备去度假，格特鲁德在等着看他最后会为她画上一张什么样的脸孔。这是 1906 年的春天，阿波利奈尔说服沃拉尔到洗衣船来看看毕加索更加温暖的、玫瑰时期和古典主义的新作品，这些画更容易有销路。沃拉尔来了。他被震撼了，当场买下了 20 幅油画：付的是现金，他给毕加索的钱相当于在巴黎一个工人两年的薪水。费尔南德说，她和毕加索觉得有钱了，是时候去旅行了。

这时候，毕加索离开西班牙已经两年了。5 月中旬，他和费尔南德穿戴一新前往巴塞罗那，把她介绍给自己的父母。然后他们长途跋涉，北上前往西班牙比利牛斯山中的小城戈索尔，这个地方是一个朋友推荐的，最后一段山路只能骑骡子到达。毕加索拖着他的颜料、调色板和画板到了那里，他们在戈索尔度过的三个月是他艺术上的又一次重新出发。一个明显的影响就是炎热、干旱、贫瘠的山区景色。他的作品中开始出现土壤略带红色或赤色（陶土色）的色调。他的画作表明，他当时的思想中既有正统的古典主义中安格尔的宫女形象，也有西班牙艺术中最新出现的东西：公元前 6 世纪的一系列伊比利亚雕塑。结束在戈索尔的生活时，毕加索开始为人形注入一种强烈的原始主义，非常有伊比利亚的感觉。

如果不是因为伤寒的爆发，毕加索本可以再待一段日子。8 月中旬，在三个月的田园生活之后，他和费尔南德不情愿地回到巴黎，洗衣船那虫子和老鼠肆虐的脏兮兮的工作室在等着他们。尽管如此，毕加索还是将他从戈索尔得到的灵感推上了一个新的高度：他完成了迄今为止最具实验性的作品，一幅让人联想到埃尔·格雷考的大型彩色油画《卖花的盲人》。然后他继续画格特鲁德的肖像，在她缺席的情况下完成了它。他画了一张伊比利亚风格、黏土色的、假面具似的脸。这幅画也较早运用了对称的橄榄形的眼睛，未来几年中这种眼睛的形状成为他肖像画的特征之一。

|| 格特鲁德·斯泰因在她花园街 27 号的公寓，毕加索为她画的肖像（1906）悬挂在她那画廊一样的起居室里。

这样的眼睛曾经出现在一些蓝色时期的人物身上，他在戈索尔创作的肖像画《女人与面包》也是。现在，这种眼睛成了重要的特征。如果说还有任何怀疑，那么毕加索把它们加入他第一幅"原始主义"自画像《拿着调色板的自画像》就是最好的证明。在格特鲁德的肖像和后来的许多其他作品中，毕加索还加入了一些他在古典主义者安格尔的作品中看到的东西：人物斯芬克斯似的目光。毕加索将这种冷酷的凝视变成了自己的标志。据说事情是这样的，格特鲁德说："我不喜欢这样。"而毕加索说："你会喜欢的。"

毕加索最主要的担忧是马蒂斯。就在他去戈索尔之前，马蒂斯刚刚在春季独立沙龙上公开展出了一幅野兽派的大型油画《生活的欢乐》。首先，这幅画尺寸巨大。其次，马蒂斯打破了所有的规则，他在这幅画中模仿了安格尔、塞尚和高更的人物、宴会和风景画的各种主题，以一种戏谑、割裂的方式为西方绘画的所有主题加上了注脚。更危险的是，回到巴黎后，毕加索得知格特鲁德已经买下了《生活的欢乐》，把它挂在家中的显著位置展示。或许这就是毕加索回到工作室创作了大尺寸油画《卖花的盲人》（7 英尺高，4.25 英尺宽）的原因。

与马蒂斯的竞争还没有结束，接下来的一个回合似乎围绕着这个问题：他们当中谁能够创作出最伟大的"原始主义"作品？为此，马蒂斯从大洋洲和非洲的雕塑中寻找灵感。接下来的 1907 年春季独立沙龙上，马蒂斯展出了《蓝色的裸体》，用粗犷、扭曲的线条描绘了一个裸女。显然，马蒂斯希望引起公愤，他知道这会提升他作为先锋派领袖的地位。

法国人马蒂斯学过法律，此时，仍然穿花呢大衣、戴金丝眼镜，毕加索决定回避马蒂斯的锋芒，等待时机。毕加索暂时收敛起进取心，安心享受生活。1907 年 2 月，沃拉尔对他剩余的早期作品（蓝色和玫瑰时期）进行了第二轮购买，这让毕加索衣食无忧。

为了回击马蒂斯，毕加索准备了一块方形的大画布，但是在很长时间里都让它空着。为了这项计划，他绘制了数量惊人的素描草稿。他只称其为"那幅画"，最后定名为《亚维农妓院》（毕加索后来说，这个名字背后有好几种可能的寓意）。[29] 如果说古典主义者安格尔在《土耳其浴女》中正式构建了女性的群像，在他之后塞尚正式构建了沐浴中的女性形象，那么现在毕加索同样构建了一组女性的群像，不过是一组妓女的群像（在巴黎妓女不是一个独创的主题，德加和图卢兹-劳特雷克都用其他方式表现过它）。在戈索尔的日子之后，这已经不是毕加索第一次戏剧性地简化人物形象，把人物画得像黏土色的雕塑。不过，这是他第一次把面具似的脸孔用在一组群像中。

从画素描草稿到上色，《亚维农妓院》是阶段性地完成的。这是一个秘密项目，尽管他工作室的常客，包括费尔南德，看起来一点都不惊讶。经过一番删除——在初稿中毕加索还画了一个来妓院寻欢的水手和一名学生——最后画中有五个女人。这幅画创作于1906年底到1907年7月。最后的最后，毕加索为两个女人加上了近乎恐怖的面具似的脸孔。对于最后这次修改，一种解释是毕加索在博物馆似的特罗卡代罗宫的大洋洲雕塑上看到了这种可怕的、切割般的脸孔。另一种说法是这种影响来自非洲，那些不那么恐怖的女性脸孔和她们的形状都是伊比利亚式的。在感情层面上，毕加索刚刚从跟费尔南德分手（暂时性的）的泥淖中挣脱出来。或许所有这些关于女人的负面情绪都在画中宣泄出来了。归根结底，还有什么比妓院更能体现"丑即是美"呢？相形之下，这幅画让马蒂斯的《蓝色的裸体》显得温和了。

像对自己的许多著名作品一样，毕加索对于《亚维农妓院》的灵感、动机和意图三缄其口。多年以来，他任由别人得出他们自己的结论。尽管《亚维农妓院》的照片在 1910 年公开,但是直到 1916 年它才第一次正式展出,展出时的名字定为《亚维农少女》。

|| 毕加索的《亚维农少女》(1907)是原始和几何元素的一次早期实验,后来发展为他的分析和综合立体主义。

关于"那幅画"的流言传播开来,引起了画商康维勒的注意,结果,1907 年他来到蒙马特寻找毕加索。此后,他们签订了一份独家代理合同,康维勒开始在德国和俄国销售毕加索的作品。后来在 1920 年,

康维勒宣称《亚维农少女》标志着"立体主义"的诞生。

另一个到毕加索的工作室参观《亚维农少女》的重要人物是法国人乔治·布拉克，他是马蒂斯的追随者。布拉克是在1907年11月看到这幅画的，从此改变观点，成了一名激进主义者。布拉克学习过实用装饰艺术和手工艺，拥有"艺术工人"的资格证书。他在蒙马特有一间工作室，但是喜欢去户外写生，特别是去法国南部（马蒂斯等野兽派画家夏天和冬天都在那里度过）。布拉克的野兽派风景画很畅销，不过这一年在埃斯塔克，他开始脱离野兽派，转向一种几何风格（他把原因归结为参观了最近举办的塞尚回顾展：56幅油画和塞尚遗失的书信，其中说自然是由"圆柱体、球体和锥体"构成的）。[30]

将布拉克与初生的"立体主义"联系起来的证据是1907年10月的一幅风景画《埃斯塔克的房子》，描绘了城市的自来水工厂。这幅画被接下来的1908年春季独立沙龙接受。那么，立体主义诞生于谁的手中？是毕加索的《亚维农少女》，还是布拉克的《埃斯塔克的房子》？正如费尔南德在她的回忆录中所说的，时机已经成熟。当毕加索和布拉克联手，他意识到塞尚是"我们所有人的父亲"。[31]格特鲁德注意到，当布拉克在接下来的沙龙上展出更多几何风格的作品后，他的朋友德兰也加入进来，她将这些记录下来。在沙龙上，她不无骄傲地说这次展览"第一次公开展示了德兰和布拉克是毕加索的同盟，而绝非马蒂斯的"。[32]

立体主义的成熟期即将到来。艺术正在走向一条新的道路，巴黎的波希米亚画家们，包括杜尚兄弟、布拉克和其他许多人都不能抗拒。

注释

1. Duchamp quoted in Pierre Cabanne, *The Brothers Duchamp* (Boston: New York Graphic Society, 1977), 23-24. 杜尚的传记作家爱丽丝·戈德法布·马奎斯

怀疑杜尚因为兵役可能没有去参加。她说在许多次后期访谈中谈到个人生活时，杜尚的记忆"经常不可靠"。See Marquis，*MDBSB*，327，n. 2. 杜尚承认他的"记忆经常不准确"，quoted in Calvin Tomkins，*The Bride and the Bachelors：Five Masters of the Avant-Garde*（New York：Viking，1965），1.

2. See Jack Flam，*Matisse and Picasso：The Story of Their Rivalry and Friendship*（Cambridge，MA：Westview Press，2003）. 关于马蒂斯的野兽主义激起争论和赢得巴黎市场份额，科廷顿说马蒂斯成功地唤起了"一种令人满意的响亮的批评"。See David Cottington，*Cubism and Its Histories*（Manchester，UK：Manchester University Press，2004），13.

3. Gertrude Stein，*Picasso*（New York：Dover Publications，1984），49.

4. See Carlton Lake，*Henri-Pierre Roché：An Introduction*（Austin，TX：Harry Ransom Humanities Research Center，University of Texas，1991）.

5. 毕加索的早期代理商包括贝尔泰·魏尔（一个戴眼镜的犹太女性，帮助过许多艺术家起步），对先锋派有着很好眼光的克洛维斯·萨戈，尤金·苏利耶，后来是德国商人威廉·乌德。1906年4月以后，毕加索大部分作品都卖给了安布罗斯·沃拉尔。1907年底，在乌德的推荐下丹尼尔-亨利·康维勒去见了毕加索，此后，他们很快建立了独家合作关系。关于早期代理商参见 Richardson，*LP*₁，351-357.

6. Duchamp quoted in Cabanne，*DMD*，24.

7. Braque quoted in Dora Vallier，"Braque：La peinture et nous，" *Cahiers d'Art*，October 1954，18. Cited in Richardson，*LP*₂，102.

8. Apollinaire quoted in Anthony Blunt and Phoebe Pool，*Picasso：The Formative Years*（London：Studio Books，1962），25.

9. Francis Carco，*The Last Bohemian*（New York：Henry Holt，1928），110.

10. See Jerrold Seigel，"Publicity and Fantasy：The World of the Cabarets"（chapter 8）in Jerrold Seigel，*Bohemian Paris：Culture，Politics，and the Boundaries of Bourgeois Life*，1830—1930（Baltimore：Johns Hopkins University Press，1999），215-241.

11. 发明夜总会模式的咖啡馆主人是埃米尔·古多，他在回忆录《波希米亚十年》中讲述了这段故事。他的梦幻国度水疗馆很快倒闭了，不过1881年又出现了蒙马特的黑猫夜总会和后来的红磨坊，二者现在在艺术和艺术家的历史上都非常著名。毕加索的第一幅"法国"绘画（1900）画的就是红磨坊，这个地方一定也震惊了17岁初到巴黎的杜尚。

12. 关于阿尔弗雷德·雅里参见 Roger Shattuck, *The Banquet Years*, rev. ed. (New York: Vintage Books, 1968), 187-251; Seigel, *Bohemian Paris*, 310-322. 关于雅里和科学参见 Linda Dalrymple Henderson, *Duchamp in Context: Science and Technology in the Large Glass and Related Works* (Princeton: Princeton University Press, 1998), 47-51. See also Alastair Brotchie, *Alfred Jarry: A Pataphysical Life* (Cambridge, MA: MIT Press, 2011).

13. 引自雅里的好友蕾切尔德夫人, cited by Seigel, *Bohemian Paris*, 318; Shattuck, *The Banquet Years*, 188.

14. Jarry quoted in Richardson, *LP*1, 474.

15. Quoted in Fernande Olivier, *Picasso and His Friends* (New York: Appleton-Century, 1965 [1933]), 36. See also Daix, *PLA*, 14. 戴指出, 一句标准的问候语就是"拉弗格倒下!兰波崛起!", 而且萨瓦特斯说毕加索最喜欢兰波。

16. 费尔南德自己是一位有天赋的作家, 她可能是在马克斯·雅各布的帮助下构思了自己的回忆录, 他擅长舞文弄墨, 也是毕加索早期生活的见证者。这本回忆录将毕加索永远地与蒙马特联系在一起, 由此, 毕加索让这座荒凉的山丘世界闻名。

17. Olivier, *Picasso and His Friends*, 50.

18. Gertrude Stein, *The Autobiography of Alice B. Toklas* (New York: Vintage Books, 1961 [1933]), 24.

19. On Princet, see Linda Dalrymple Henderson, *The Fourth Dimension and Non-Euclidean Geometry in Modern Art* (Princeton: Princeton University Press, 1983), 64-72. See also, in French, Marc Décimo, *Maurice Princet, Le Mathématicien du Cubisme* (Paris: Éditions L'Echoppe, 2007).

20. Poincaré quoted in Linda Dalrymple Henderson, "X Rays and the Quest for Invisible Reality in the Art of Kupka, Duchamp, and the Cubists," *Art Journal* (Winter 1998): 326.

21. Quoted in Henderson, *The Fourth Dimension*, 70.

22. 杜尚在关于《大玻璃》的主要"笔记"中使用了"他妈的"这个词, 收录在他《1914年的盒子》中。See Marcel Duchamp, "The 1914 Box," *SS*, 24. 杜尚写道: "艺术是狗屁!"

23. 在1910年3月20日为《强势报》撰写的评论中, 阿波利奈尔说杜尚在1910年独立沙龙上展出的两幅野兽派裸女画"非常丑陋"。See Tomkins, *DB*, 40. 他后来写道: "杜尚是当今 (1912年秋天) 唯一关心裸女的现代派画家。" See

Guillaume Apollinaire in *Theories of Modern Art*, ed. Herschel B. Chipp (Berkeley: University of California Press, 1996), 245.

24. 在杜尚的传记作家中，卡尔文·汤姆金斯最事无巨细地记载了杜尚的诸多风流韵事。汤姆金斯似乎别无选择：杜尚的一些最亲密的朋友——亨利-皮埃尔·罗谢、曼·雷、比阿特丽斯·伍德、加布丽埃勒·毕费-毕卡比亚和玛丽·雷诺兹等——全都写过或谈到过杜尚的乱交。

25. Duchamp quoted in C. Baekeland and Geoffrey T. Hellman, "Talk of the Town: Marcel Duchamp," *New Yorker*, April 6, 1957, 26.

26. Duchamp quoted in Cabanne, *DMD*, 15.

27. 美国象征主义诗人斯图尔特·梅里尔，quoted in Anthony Blunt and Phoebe Pool, *Picasso: The Formative Years* (London: Studio Books, 1962), 26.

28. 格特鲁德·斯泰因去做过80次模特的说法值得怀疑：毕加索怎么会那么慢？如果真是这样，只能说明她和毕加索大多数时间在谈话。玛丽安·陶伯提出，格特鲁德给毕加索看了她之前在哈佛大学的教授威廉·詹姆斯的《心理学原理》（1890）。关于空间感受的章节中的插图与毕加索后来的立体主义作品颇有相似之处。See Robert M. Crunden, *American Salons: Encounters With European Modernism 1885—1917* (New York: Oxford University Press, 1993), 302, 475 n. 34. 他引用陶伯的话说："詹姆斯使用的术语也出现在我们与毕加索的几次访谈中。"

29. 参见毕加索对"亚维农"名字的解释，Ashton, *POA*, 153-154. 他说这是法国的一座城市和巴塞罗那的一条街道的名字。《亚维农少女》的研究者对毕加索的动机和影响，以及他认为这幅画完成了还是没完成展开了激烈的争论——这些内容不在本书的讨论范围之内。

30. 1907年10月1日和15日，《法兰西信使报》刊登了塞尚的《给艾米丽·伯纳德的信》，同时介绍了他的秋季沙龙回顾展。

31. Picasso quoted in Richardson, *LP*1, 469.

32. Stein, *The Autobiography of Alice B. Toklas*, 64.

第5章　小立方体

当毕加索跟乔治·布拉克相遇时，他们有一些共同点，尽管毕加索接受的是正统训练，而布拉克是作为"艺术工人"学习装饰艺术和方法。他们在巴黎看到非洲雕塑或者大洋洲和古代西班牙的艺术品，其中的"原始主义"对于他们两人都是全新的。毕加索和布拉克都没见过遁世隐居的塞尚，塞尚于1906年去世，但他的作品现在得到公开展出，他关于自然是由"圆柱体、球体和锥体"构成的观点得以发表，深深地震撼了两人。

批评也伴随着毕加索和布拉克。最初，布拉克在1908年秋季沙龙上遭到了轻视，马蒂斯作为评委会的成员，拒绝了布拉克的一组柔和的黏土色调的风景画（同时却接受了年轻的马塞尔·杜尚的三幅平庸作品）。马蒂斯说布拉克画中稚拙的元素像一些"小立方体"。康维勒将这次拒绝看作一个机会，很快在一家画廊展出了布拉克的作品，让"立方体"这个词再次出现在公众的视线中，到了1909年的春季独立沙龙，"奇怪的立方体"一词开始见诸报端。[1]

此后，布拉克几乎不再在沙龙中出现，现在他和毕加索又有了康维勒这个共同点。他们成为"画廊立体主义"的先锋，与另一种"沙龙立体主义"的趋势相抗衡，后者指的是一些接受了立体主义观念的巴黎画家开始联合起来，在沙龙展出他们的几何风格作品。[2]

在创造立体主义之初，毕加索和布拉克是分头进行创作的。1908年夏天，他们在法国的两个不同地区画风景画。布拉克南下回到埃斯塔克，把树木、山脉、道路和建筑画得像钻石的许多切面。毕加索去的地方远没有这么浪漫，他去了北方平原上靠近河流的林园村。令人惊讶的是，他们带着画风非常相似的作品回到巴黎：简单的几何风格的风景，都采用了柔和的赭石色和绿色。毕加索大量使用绿色，形成了他不太稳定的绿色时期。

1908年以后，毕加索和布拉克之间的影响是相互的。在巴黎时，他们几乎每天见面讨论，晚上则去参观画廊。夏秋离开巴黎去度假时，他们通信或互寄明信片，交流彼此的工作。毕加索通常去往法国与西班牙交界的比利牛斯山中，租房子或者住旅馆，布拉克则回到家乡——法国西北海岸的勒阿弗尔。

毕加索与费尔南德一起去了巴塞罗那，然后又去了比利牛斯山中的奥尔塔，全身心地投入立体主义。在巴塞罗那时由于费尔南德生病，他们在一家旅馆隐居了一段时间，毕加索创作了第一批极度支离破碎的立体主义作品。他后来说："我明白了自己能够走多远。"用康维勒的话来说，这一步标志着立体主义的技巧"粉碎了一切封闭的形式"。[3]当毕加索在1909年夏天画素描和油画时，他也在费尔南德的帮助下继续实施下一步的战略，给他的代理商和收藏家写信，吊起他们对他下一批作品的胃口。

毕加索的作品在法国、俄国和德国都很热销，很快也在美国引起了关注。[4]从奥尔塔回到巴黎后，他和费尔南德改善了居住条件。他们离开蒙马特和摇摇欲坠的洗衣船，搬到山下，在车水马龙的克利希大道找到一间更大的公寓兼工作室。他们的房间在顶层，可以俯瞰花园和树林，费尔南德在那里看着毕加索作画：

> 他在一间宽敞、通风的工作室里工作，不经允许任何人都不得进入，屋里的东西全都不能碰，像往常一样，这里的混乱必须得到

尊重……毕加索在摆放着古老的桃花心木家具的餐厅吃饭，一个穿着白围裙的女仆服侍他用餐……他的卧室很安静，他睡在一张沉重的黄铜矮床上。[5]

这间公寓很快呈现出一派宾客如云的景象，当时许多画家都在非周末的晚上举办聚会，毕加索也不例外（不过他很快就停止了）。1909年9月15日，他组织了一次家庭招待会，展出他的奥尔塔风景画。格特鲁德买下了其中一幅，标题是奥尔塔的《工厂》，后来以她一贯随心所欲的态度宣布，她买下的这幅画是"立体主义真正的开端"。[6]从那以后，格特鲁德坚持"立体主义是一个纯粹西班牙的概念，只有西班牙人才能成为立体主义者，只有毕加索和胡安·格里斯才代表着真正的立体主义"。[7]她将《工厂》挂在花园街沙龙的显著位置。

这标志着她与马蒂斯的分道扬镳，整个斯泰因家族的艺术收藏也开始分裂，并在以后的日子里渐行渐远：雷欧和他的妻妹与马蒂斯联盟，而格特鲁德将她的命运与毕加索和立体主义联结在了一起。随着时间的推移，马蒂斯和毕加索之间的关系渐趋缓和，两人都意识到，在1913年的欧洲，他们被认为是现代艺术的两个领军人物。不管怎样，在斯泰因家起居室的小小世界里有过无数争论，按照费尔南德的说法，马蒂斯"慷慨激昂地倡导他自己的绘画方式，坚决抵抗毕加索的埋头进攻"。[8]

毕加索和费尔南德之间的裂痕也在迅速扩大。在巴塞罗那和奥尔塔之旅中，病中的费尔南德与毕加索走到了分手的边缘。她想要一个家，一个"丈夫"的关注，以及与一个巴黎贵妇的身份相称的稳定生活，实际上她想做的是"毕加索夫人"。毕加索想要自由。他在女人身上寻找健康、陪伴和照顾，不用说还有肉欲的吸引。费尔南德拥有前者，却缺少后者，不是毕加索安达卢西亚式的强烈预期中的女人。

从1911年起，接连三个夏天毕加索和布拉克都在比利牛斯山中的法国小城塞雷会面。也是从这个时候开始，毕加索离开费尔南德，开始追求一个名叫埃娃·古埃尔的巴黎女孩。埃娃比毕加索小四岁，曾经是另一位画家的情人。现在毕加索和布拉克都拥有了新的恋情，作为虔诚的天主教徒，布拉克很快在 1912 年跟他的情人玛塞勒·拉佩结了婚。此后，他们四人经常去亚维农地区和附近的布尔日旅行。

正如与费尔南德的分手所显示的，毕加索流浪的心让他选择了一种充满不稳定关系的生活。对于他的艺术，每一次新的恋情都标志着一个新的时期。正如费尔南德激发了他的玫瑰时期，他们的分手可能促成了风格严酷的《亚维农少女》。接下来，与埃娃的相遇为他的立体主义注入了新的愉悦和幽默，典型的标志就是向他的画中加入了一首咖啡馆流行歌曲中的歌词"我的美人"。

为了进一步逃离跟费尔南德在蒙马特度过的日子，他搬到了左岸，这是巴黎社交生活的一次重大跨越。这时候他脑子里想的也是埃娃。毕加索搬到更高档的蒙帕纳斯艺术区附近，并将在这一带度过他在巴黎余下的日子。事后看来，他让摇摇欲坠的蒙马特蜚声世界，但是在当时，它只意味着艰苦的生活和典型的失败。

没有什么——婚姻、搬迁或风流韵事——能够拖慢毕加索和布拉克艺术实验的脚步。短暂地尝试风景画之后，他们两人都转向了塞尚的经典对象——静物。静物画让毕加索有机会实验几何形状的物体——玻璃器皿、碗、扇子、西瓜、苹果。有一次，毕加索用黏土做了一个费尔南德的头像，固体的立体主义特性让他着迷，但是大量使用黏土过于昂贵，所以这种立体主义实验不得不回到画布上。

在立体主义中，毕加索和布拉克都运用了"网格"的概念，这种线条图案或者一开始就被放在画布上，或者到最后才出现。网格打破了传统的透视，成为一切现代艺术的标志，它使得画布不再被当成一扇窗子，而是本身就作为一个视觉对象。正如布拉克所说，打破透视让画中的对象变得触手可及——"一种在绘画允许的范围内尽可能接近对象的方法"。[9] 布拉克和毕加索通过运用塞尚所谓"通道"的绘画技巧实现了这种突破。他们不是通过清晰的轮廓、边缘和阴影来定义物体，"通道"方法用模糊的色彩使得物体的各个部分分解到周围的空间之中。由此立体主义的经典风格得以呈现：立体的物体先出现，而后分解到周围的空间之中。

在他们合作的最初阶段，毕加索和布拉克将这种技巧发挥到了极致。康维勒后来称之为"分析"立体主义。毕加索和布拉克描绘的物体开始呈现出越来越复杂、细微的特点，有许多切面，这里是立体的，那里又分解到背景中，整体效果几乎完全是抽象的。在这一点上，两位画家表现出不同的个人风格。毕加索的几何线条更加有力，他的色彩也是柔和的，但在两人之中相对严酷。布拉克的线条和形状有着更加柔和的边缘，他运用的光线也比毕加索更明亮一点。

当他们接近纯粹的抽象化，又返身折回。毕加索和布拉克很少解释立体主义（布拉克做的要多一些），在他们的哲学思考中，一个核心观点就是立体主义是"现实主义"的，而不是抽象的。立体主义始于观察真实的物体，以一种新的角度去呈现它。"你必须从某件东西开始，"毕加索说，"然后你可以消除一切现实的痕迹。"[10] 这时候已经几乎不可能在画中看出原始的物体，毕加索和布拉克用了一种他们称为"标志"的小窍门。在几乎完全分解的立体主义作品中保留一点能够识别的小元素——一根彩色的钉子、提琴上的圆孔、绳子或脸孔的片段。

当这些立体主义实验达到顶峰，毕加索说，这些画忽然间"好像烟消云散了"。那一刻他停下了脚步，他希望自己的画保持跟现实的联系，足够真实,以至于观众能够"朝上面钉钉子"。所以他加入了现实主义的元素。"所以我加入了标志。"[11]包括一片耳垂、一缕卷发,或者紧握的双手。在他最接近纯粹抽象的作品《丹尼尔-亨利·康维勒画像》(1910)中,毕加索加入了一条表链作为标志。

立体主义已经被艺术评论家正式命名,毕加索和布拉克被视为其"主谋",毕加索对那些试图对他所做的一切做理性探究的人非常没有耐心。当人们问他立体主义是什么时,他嗤之以鼻:"没有立体主义这种东西。"[12]其他立体主义画家在谈论描绘四维空间,招致了毕加索更多的讥讽。听说布拉克在谈理论,毕加索说:"他接下来就要求助于四维空间了!"[13]即便如此,毕加索当然也听说了关于不可思议的新几何学、X射线和四维空间的讨论。毕加索很可能是从经常跟画家混在一起的业余数学家莫里斯·普林斯特那里听到这些的,普林斯特至少给毕加索看了一本书——帕斯卡·茹弗雷的《四维几何基本论述》(1903),其中的图解看起来就像立体主义绘画。[14]

在很大程度上,毕加索对理论的厌恶来自他不会说法语,特别是在斯泰因家语速飞快的晚间聚会上。在聚会上,"毕加索大部分时间都显得孤僻消沉,"费尔南德写道,"人们试图让他解释自己的观点,他觉得很困难,特别是用法语;而且不管怎样,他无法向别人解释他的感受无须任何解释这一事实。"[15]事后回顾,布拉克对其立体主义时期的解释是经得起检验的。他要逃避"单一视点"的透视的"机械性"。立体主义将多个视点放在同一幅画中。[16]这是对空间的一种解释,是"将我感受到的新空间实体化,表现为物质"。[17]毕加索坚持不做理论解释,或者至少给人们留下了这样的印象。

* * *

大约在这时,年轻的马塞尔·杜尚有了对毕加索的第一印象。他去过一次康维勒的画廊，在那里看到了毕加索的立体主义作品的缩略图，装裱在蓝色的硬纸板画框里。他还在某个时间参观了布拉克的工作室。他见证了立体主义的诞生——这让他深受鼓舞。在纳伊的公寓，手边是他的画架和颜料，他在思考自己的方向。

像所有年轻艺术家一样，杜尚最初尝试过所有其他风格，而他自然有点落后于潮流。1910年的巴黎沙龙期间——当时他23岁——他还在尝试后塞尚和野兽派的风格。现在立体主义迅速崛起，他也注意到了其他"主义"的存在。其中之一是"未来主义"，由意大利画家带到巴黎，他们在报纸评论文章中宣称，只有现代的、工业的运动才是绘画的真正目标。[18] 杜尚也对运动感兴趣。但他的兴趣不是通过未来主义，而是通过巴黎人对不可思议的科学的普遍关注得来的。

在摸索阶段，杜尚至少选定了一个他喜欢的主题，那就是裸女。直到1911年初的一年多时间里，他创作了一系列共21幅表现裸女的油画和素描。他尝试了许多风格，不过最后没有成为毕加索的门徒。毕加索的立体主义已经转向夸张、几何、原始的女性形象，杜尚选择了相反的方向：朝着机器或者他在X光摄影中看到的东西发展，这种全新的摄影术让人类的骨骼、肌肉和内脏一览无余。[19]

如果说毕加索更喜欢参观巴黎的特罗卡代罗宫，因为那里是展示非洲和大洋洲原始艺术的人类学博物馆，那么杜尚更喜欢参观另一座建筑：圣马丹代尚普修道院，现在是法国的国家艺术与工业博物馆。[20] 博物馆走廊的玻璃展柜里展示着许多设备、机器和精巧的装置。可以肯定，这跟毕加索在拥挤、积满灰尘的内庭看到的木制和石制原始艺术品大异其趣。

摄影是又一个让杜尚了解运动的媒介，它也是毕加索的工具。在奥尔塔期间，毕加索开始为他的每一幅作品拍照留作记录。他把胶片寄到巴塞罗那。这些照片不仅帮助康维勒编制了一份毕加索作品的目录，也让毕加索从黑白两色的简单性中获得了立体主义的灵感。毕加索看过底片，可能也看过 X 光照片的印刷品，这些都对他形成了视觉刺激。

新的奢侈的摄影术对杜尚的影响更大，特别是因为年少时听他的哥哥雷蒙谈论过阿尔伯特·隆德的运动照片（慢动作或连续摄影），这组照片图解了一个拿手杖的人物的动作。在巴黎的书籍和杂志上，这种人体或动物的瞬时摄影或延时摄影图片大行其道。法国生理学家艾蒂安-朱尔·马雷在隆德的基础上发表了一幅人体的延时摄影照片：用点和线勾勒出四肢和关节。杜尚可能也看过英国出生的美国摄影家埃德沃德·迈布里奇的作品。他的作品《运动中的人体》（1885）中，有一组一个裸女走下楼梯的 24 幅连续图像。解剖学艺术家也完成了下楼梯时躯干和双腿如何运动的线条画，出于对 X 射线的狂热，他们的图像中还包括了各种各样的内脏。[21]

杜尚心中有了这些元素——立体主义的切面、机器、摄影和人体器官，作为画家，他一生中或许可说是最高产的阶段到来了。这个时期持续了 12 个月以上，从 1911 年中到下一年。这是他的"立体主义时期"，这些作品是他在公共沙龙展出的核心。

他的第一幅立体主义作品是一幅割裂、破碎的图画，内容是他的母亲和两个妹妹在演奏音乐，题目是《奏鸣曲》。下一幅的题目是《杜尔西内亚》，画的是他在纳伊街头看见的一个女人——他把她画成五个渐变的立体主义风格的人物（事实上，是从穿着衣服渐变到不穿衣服）。杜尚似乎想把立体主义和 X 射线的透视感结合起来。1911 年圣诞节期间，在回父母家的火车上，杜尚的心灵又找到了一个新方向。他把自己看作一个随着车轮滚滚向前飞驰的"忧伤的年轻人"。回到纳伊后，他画了一幅忧郁的画，有点像马雷拍摄的表现人体运动的照片（题目是

《火车上忧伤的年轻人》)。在这幅画中——不管"忧伤"的部分是怎么回事——他确立了后来在《下楼的裸女》中采用的模糊、木色、多重图像的风格。[22]

在《火车上忧伤的年轻人》之后的一段时间里，杜尚选择了国际象棋棋手的主题。1911 年 12 月，他画了两幅表现两人对弈的油画，两幅都很成功。在第二幅《下棋者的肖像》中，两名棋手出现在两个不同的位置，好像他们在俯身看着棋盘。在考虑他的下一步时，杜尚是否想到用 X 光表现一名棋手的大脑？他后来是这样说的：他想要描绘棋手的"思想"，而不仅仅是姿势。

杜尚意识到，如果要给国际象棋下一个定义，那就是思考。最后，他阅读了国际象棋方面的专业书籍。他了解到，一个人下棋越多，对棋局模式的记忆就越广博，回想起来就越快，于是下得也越好。这种记忆纯粹是靠重复建立起来的，杜尚相信这正是一名画家最不应该做的事——重复自己。杜尚一生都在重复和拒绝重复之间斗争。口头上，他的立场很坚定，他说重复自己的艺术家是失败者（通常重复都是为了赚钱）。在杜尚生命中的这个时期，他热切地避免重复自己，他的作品也的确风格多变。

像所有画家一样，杜尚的思想也深受法国诗人的影响。毕加索和他的伙伴们曾说"拉弗格倒下"，朱尔·拉弗格却是杜尚最喜欢的诗人之一。他喜欢他知识分子式的玩世不恭。杜尚试图根据拉弗格的诗句创作一系列插图，结果却画出了一个楼梯上的裸女的机械式草图。"这只是一幅模糊、简单的铅笔草图，画的是一个裸女在爬楼梯，"杜尚后来回忆说，"或许在看着它时我有了个灵感，为什么不把它变成下楼梯呢？你知道，就是音乐剧舞台上那种巨大的楼梯。"[23] 这就是他最著名的立体主义油画《下楼的裸女》诞生的经过。第一个版本是一幅油画草图，现在被称为"1号"。最后定稿的大型油画("2号")完成于1912年1月。

在创作《下楼的裸女》时,杜尚把身体的各个部分转换为线条。当人物走下楼梯时,这些线条至少出现在20个位置上。后来,他将这种可能是反复试错的结果上升到理论层面:他称自己的画法为"元素并行",并且大胆地说:"当《下楼的裸女》的构思在我心中出现的时候,我知道它要永远打破自然主义的奴役的锁链。"[24] 不管怎样,杜尚相信他已经超越了运动的表象,抓住了运动的"思想"。他的画呈现出一种明确的风格,柔和地混合了深浅不一的褐色——他称为"木色"——然后循序渐进地加入粉色、赭石色和灰色,来表现肌肉、皮肤和黏膜组织。杜尚是第一个在机械图像上加入这种湿润、黏稠的附属物的,制造出一种惊人乃至怪异的效果。这将他跟其他立体主义者区别开来。

还有另外一种独一无二的特征让他与众不同:他给他的画加上或隐晦或诙谐的标题,有时候就写在画面上,《下楼的裸女》就是如此。

1911年底,杜尚有机会再次尝试机械的形式。圣诞节期间,他的哥哥雷蒙请艺术家朋友们画画来装饰他在皮托的厨房。杜尚也画了一幅异想天开的《咖啡磨》,起先是素描,然后上了色。这幅画从多个不同的角度和操作中的不同时刻展示了对象:它看起来几乎像个人,也像机械,因此显得幽默。杜尚开始将机器的活动部件——杠杆、活塞、汽缸、齿轮、轮子、橡胶管和电线——等同于人体的各个部位、组织、体液、腔道和关节。

几年后,《下楼的裸女》凭借它的标题让杜尚在美国一举成名。不过,对他未来作品最有预见性的却是《咖啡磨》,他后来开始致力于创作一种富于幽默感的机器—艺术。"当时,我只是想给我哥哥做一件礼物。"杜尚说。后来他意识到,自己用咖啡机开的小玩笑魔术般地召唤出"一扇通往更广阔世界的窗子"。[25]

第 5 章 小立方体

无论是咖啡磨还是立体主义作品，都像毕加索所说的一样烟消云散了。新的"现代"艺术的高潮被许多艺术评论家当成一场骗局。所谓骗局指的是巴黎伟大的恶作剧传统：先用小小的诡计和恶作剧欺骗公众，然后当真相揭晓时再嘲笑他们。这尤其在波希米亚的巴黎有着悠久的历史。毕加索和他的诗人朋友们没有脱离他们文化中的冷笑话和恶作剧。杜尚也喜欢它们。

1910年的独立沙龙验证了恶作剧的传统，杜尚在那次沙龙上展出了他早期的一些裸体画。在同一届沙龙上，来自蒙马特的一群专搞恶作剧的人提交了三幅据说是来自"过度主义"学派的油画。这是几幅先锋派画家若阿基姆-拉斐尔·博罗纳里的抽象风景画。实际上，这三幅油画是在狡兔酒吧，把画笔绑在一头驴子的尾巴上炮制出来的。在骗局被揭穿之前，巴黎的艺术评论家对这些作品发表了严肃的评论。毕加索作为狡兔酒吧的常客，一定也在窃笑，因为他一向瞧不起沙龙。杜尚作为整个事件的见证人学到了宝贵的一课：如何完成一次成功的骗局。

* * *

作为伙伴，毕加索和布拉克跟立体主义的故事还没有结束。他们最亲密的时期即将到来。1911年2月初，毕加索接到了布拉克从勒阿弗尔寄来的一张明信片，说很快要到巴黎看他。接下来的四年里他们密切合作。他们分析了使用油画颜料的立体主义形式的深度，然后在1913年开始尝试混合材料。他们把商业出版物贴在画布上，制成浮雕，然后开始将他们的油画和素描与商业印刷品（墙纸、报纸、标签、活页乐谱、广告）层层叠叠地交错排列在一起，制作出精巧的拼贴画。

在巴黎生机勃勃的商业文化中，随着商业广告数量的激增——标志、招贴、标语和报纸上的商业宣传——将不同媒介在画布上混合起来，对于毕加索和布拉克似乎是自然而然的事。这是现实世界，正如毕加索说的，他的立体主义是现实主义的。立体主义的这个时期后来被康维勒称为"综合"立体主义，开始于布拉克将活字字模用在一幅立体主义油画中。这就是1911年的《移民》。毕加索也开始从商业世界中汲取素材。他在巴黎的工作室用绳子、字母和油布"画出"了《有藤椅的静物》。这幅在椭圆形面板上创作的作品后来被认为是"拼贴"艺术的开端。这一次，毕加索（之前已经在作品上写过"我的美人"字样）将人造的椅子用现实主义油画的幻象包围起来。

此后，他和布拉克愉快地比着想办法向作品中加入商业元素。艺术史学家相信毕加索和布拉克此时已经超越了传统的"粘贴"，进入了被史学家们称为"拼贴画"的新的艺术维度。

在去勒阿弗尔跟布拉克一起创作期间，毕加索第一次决定在他立体主义柔和的调色板中加入一些大胆的色彩。他用利普林公司的商业油漆来作画，这种油漆的色彩更鲜明更耀眼。他采用了法国国旗的蓝色和红色。毕加索在给康维勒的信中写道："用利普林画的画，或者利普林风格的画是最好的。"[26]毕加索还通过用梳子梳理画布，为作品加入一种仿造的木纹效果，这种技巧是布拉克教给他的。

当毕加索和埃娃离开他们的新家——位于左岸拉斯拜尔大道242号的工作室——到塞雷过夏天，然后又在法国里维埃拉旁边、亚维农附近古朴宁静的内陆小城盘桓了一段时间，毕加索和布拉克的合作关系进入了最愉快的甜蜜期。在亚维农，布拉克发展了"拼贴画"的技巧，毕加索很快也开始追随他的脚步。

那时毕加索第一次尝试用一种切割和粘贴的方法创作雕塑，脱离使用大块黏土的立体主义雕塑手法，尝试一些不同的东西：能够揭示空间的雕塑。在巴黎的工作室，他用硬纸板和琴弦制作了一把吉他。他也在雕塑中寻找能够表现分解、混乱的空间关系的立体主义效果。从非洲面具得到的灵感是他的出发点之一。面具的眼窝是突出的圆柱，而不是像通常那样凹陷进去。与之类似，毕加索在吉他的圆孔处加上了一个突出的圆柱。这座雕塑不是踏踏实实地摆在地面上，而是好像漂浮在空间中，故意混淆了三维空间。最后他转向采用木头和金属薄片。（有一天这种雕塑会变成混凝土浇筑的庞然大物，耸立在城市广场上或艺术收藏家的宅邸中。）

1913年底，毕加索和布拉克将他们的综合立体主义实验发展到了极致，一个极端是用拍击手法创作的雕塑，另一个极端是几乎完全用手撕和裁剪的报纸文章层叠交错粘贴而成的"油画"。跟埃娃一起回到巴黎后，毕加索又搬进了蒙帕纳斯的一间新工作室，位于舍尔歇大街5号。对于接下来应该做什么，他感到焦躁不安。安顿下来以后，他开始创作一系列彩色素描草稿，为一幅大型油画做准备。这幅画标志着他与色调柔和的严格的立体主义的决裂。这幅色彩鲜明，乃至有些怪异的油画的题目是《穿衬裙的女人》(1913)。现在普遍认为，这是毕加索迈向幻想风格（后来被称为超现实主义）的第一步。[27]

在长期远离公众的视线之后，此时毕加索需要的是一点争议，这种获得关注的方法是他从马蒂斯那里学到的。争议始于阿波利奈尔在一份新的出版物《晚间巴黎》上刊登了毕加索的立体主义吉他的照片。然后毕加索以苦艾酒瓶为主题创作的立体主义拼贴雕塑也发表了。他把这个青铜酒瓶分成六截，每一截都涂上欢快的立体主义色彩，还在顶部粘上一把镀银的糖匙。这些实验招致了批评，甚至被巴黎的许多艺术评论家指控是骗局。对于毕加索来说，重要的是他引起了关注，没有被忽视。

* * *

|| 1914年，时年约33岁的毕加索在舍尔歇大街的工作室，这是他在巴黎左岸蒙帕纳斯的第二间工作室。

从在巴黎诞生之初起，现代艺术对传统法则的突破从本质上就让人不能忽视。"现代艺术的诞生"为专业人士和一般大众提供了两种不同的美学。

第一种是学院派传统，法国和其他欧洲国家都有丰富的历史和大量的学校、博物馆、展览评委会和有影响力的艺术评论家。立体主义在法国崛起之前，印象派和后印象派的发展被当成欧洲"传统"的一部分来接受，它们当然不是学院派的，但至少在法国姑且算是主流文化的一部分。

现代艺术诞生之后——特别是塞尚被沙龙接受之后——立体主义方法不断深入发展。在绘画方面，它是视觉艺术第一次真正"现代主义"的突破，在视觉上远比印象派更为激进。作为先锋派的代表，面对根深蒂固的传统，立体主义自然激起了抗议和嘲笑，但是在这个过程中跨越了传统艺术的藩篱，最终确立了自己的地位。

在现代艺术的开端中汇集了许多支流，其中占据主导地位的是抽象艺术的大趋势。其普遍信条是藐视素描、油画和雕塑中一切过去的传统，确切地说，是在视觉上藐视它们。最后，在1914年，现代艺术兴起的浪潮被赋予了一种官方的美学理论。这就是"有意味的形式"的观点。[28]尽管以前就有人提出过这种观点——绘画本质上是平面上的色彩、线条、形状和构图，但英国艺术评论家克莱夫·贝尔让这个术语意义长存。它起源于对现代艺术是"形式主义"的批评。形式主义是对视觉效果的纯粹而简单的研究。

跟那些以有组织的形式推广现代艺术的画家群体，例如沙龙立体主义者或者德国的表现主义者（其中许多人也是早期的印象派画家，在19世纪末形成组织，进入公众的视野）一样，作为现代派画家，毕加索对此非常认同。作家阿波利奈尔将这种反传统的新动力称为艺术中的"新精神"。他们提出了各式各样的解释性术语和运动口号，但是作为传统艺术的替代品，这些术语和口号本质上说的都是"有意味的形式"。

表面上，这是传统艺术和现代艺术之间的冲撞，公众可以通过沙龙、公开争论和报纸上的大标题一览无余。不过在深层次上，还有另外一种力量正在成形，即现代艺术家将艺术上升为理论的愿望，他们希望从一种更高的哲学层面上去理解艺术和画家，而不再仅仅是手艺和装饰。

这是一个诱人的概念:"思想"高于通常的视觉技巧、效果和艺术品带来的愉悦。第一次打开理论艺术的潘多拉盒子的既不是毕加索也不是杜尚。实际上,毕加索关注的是形式,而杜尚还太年轻,分量不够。[29]对"思想"的推动力来自沙龙立体主义者,具体说来特别是他们的两位领袖——阿尔伯特·格莱兹和让·梅青格尔。艺术中的"思想"发出的早期呼声之一是他们的著作《立体主义》,用大脑来对抗视网膜。与这种观点相关,一些现在仍然被忽视的艺术家开始相信,一幅油画背后的"思想"和"概念"比油画本身更重要。

50年后,这种思辨的方法被称为概念艺术。作为新的先锋派,概念艺术的冲击让被形式主义所束缚的"现代艺术"成为了过去。对于概念艺术,真正的艺术地平线存在于心中——就是概念本身。

毕加索和布拉克关注形式的事实并不意味着他们的作品缺少精神内涵,但是他们显然没有兴趣在哲学问题上做琐碎、无益的分析。他们关心的是一幅画看起来或者给人的感觉如何(或许还有它与竞争对手比起来怎么样),他们对外部世界的喧嚣——报纸上的广告和大标题、夜总会里的笑话——不感兴趣,只关心视觉上的双关表现手法。[30]

他们的双关法停留在理论的边界之外,但未来的艺术理论家们却没有。后来,综合立体主义的诠释者声称找到了视觉形式背后隐藏的各种"思想"。尤其是对于综合立体主义和拼贴画,因为它们混合的材质和媒介可能揭示了"什么是现实"的深刻问题;因为"真实的"东西,比如报纸,与"不真实的"东西混在了一起,比如幻想家的绘画技巧。他们在拼贴画中找到了构建整个理论体系,甚至幻想体系的素材来源,这个幻想体系解释了标志和象征在沟通中扮演的角色。[31]

毕加索终其一生从没对这种思辨感兴趣过,而且经常觉得它们荒谬可笑。杜尚却不一样。

跟沙龙立体主义者在一起时杜尚还很年轻，他追随他们，并最终说服自己：艺术是关于思想的。在未来数十年中，他按照这样的观念来经营现代艺术，并且活着看到了那一天：20世纪60年代，概念艺术作为艺术的"新精神"出现，开始侵蚀现代艺术，"后现代"的时代精神将艺术家的思想和观点看得比他们在绘画和雕塑中表现出来的"有意味的形式"更重要。当毕加索在现代艺术中不断取得成功时，杜尚却由于其他原因而出名——用大脑（他称之为"灰色物质"）对抗视网膜，他因此成为概念艺术的守护神。随着概念艺术开始在西方大行其道，人们发现传统的学院派艺术和现代艺术归根结底有许多共同之处，20世纪这种结合的代表人物不是别人，正是毕加索（既是传统主义者又是现代主义者）。

不过，在杜尚创作《咖啡磨》、毕加索创作《苦艾酒瓶》时，这些还都是未知的未来。在战前的巴黎，跟上野兽主义、立体主义和未来主义之间的公开争论就足够了，每一种主义都自称先锋派，但是都建立在视觉效果的基础上。毕加索和杜尚都没有参与过这些公开争论。他们是先锋派的一部分，但是他们倾向于低调和私人的方式。毕加索通过独立的画廊体系保持这种私密性。同样，杜尚也创造了自己的独立世界，在纳伊的工作室像个隐士一样生活，他实际上是个非常孤僻的人。

无论如何，他们都见证了1910年后立体主义疾风骤雨般的发展过程。

注释

1. 立体主义的命名经过参见 John Golding, *Cubism: A History and an Analysis 1907—1914* (London: Faber and Faber, 1959), 20 - 21.

2. 关于沙龙和画廊立体主义参见 David Cottington, *Cubism and Its Histories* (Manchester, UK: Manchester University Press, 2004), 141, 146. 这两种方法存

在哲学上的分歧，也存在两种不同的营销策略。See Robert Jensen, "The Avant-Garde and the Trade in Art," *Art Journal* (Winter 1998): 360-367.

3. Picasso quoted in Daix, *PLA*, 94. Daniel-Henry Kahnweiler, *The Rise of Cubism* (New York: Wittenborn, Shultz, 1949 [1920]), 10.

4. 毕加索进入美国起步很早，但是进展缓慢。美国最早的毕加索宣传者是两位年轻艺术家马克斯·韦伯和马里厄斯·德·萨亚斯，他们在造访巴黎后将毕加索作品的消息带回了纽约。韦伯1909年回到纽约，他的热情使得阿尔弗雷德·斯蒂格利茨（经营着《摄影作品》杂志和291画廊）转向了现代艺术。1910年5月，《建筑实录》发表了题为《巴黎的狂人》的文章，介绍了毕加索，并刊登了第一幅《亚维农妓院》的照片。1911年斯蒂格利茨造访巴黎之后，第一次在美国举办了毕加索的展览（在291画廊），他的合作者德·萨亚斯撰写了展品目录，德·萨亚斯曾在西班牙采访过毕加索。展览展出了绘画和一些方便从巴黎运到美国的小型雕塑。德·萨亚斯是第一个尝试在画廊销售毕加索作品的人。

毕加索早期与美国的另一段关系半途而废了，1911年他开始为富有的贵格派商人汉密尔顿·伊斯特·菲尔德在布鲁克林的图书室绘制壁画（在画布上）。毕加索精细的"分析"立体主义不适合大型画布，而且不管出于什么原因，菲尔德很快失去了兴趣。See Doreen Bolger, "Hamilton Easter Field and His Contribution to American Modernism," *American Art Journal* 20 (1988): 78-107. 毕加索尝试壁画是为了与马蒂斯竞争，后者为俄罗斯收藏家谢尔盖·史楚金在莫斯科的家绘制过壁画。

5. Fernande Olivier, *Picasso and His Friends* (New York: Appleton-Century, 1965 [1933]), 135.

6. Gertrude Stein, *The Autobiography of Alice B. Toklas* (New York: Vintage Books, 1961), 91.

7. Stein, *The Autobiography of Alice B. Toklas*, 91.

8. Olivier, *Picasso and His Friends*, 139.

9. Braque quoted in Richardson, LP_2, 105.

10. Picasso quoted in Richardson, LP_2, 175.

11. 同上，175.

12. 同上，105.

13. 同上，429. 一般认为毕加索在艺术上是反理论的，特别是根据他首次以英文出版的访谈录，"Picasso Speaks," *The Arts*, May 1923, 315-326. 毕加索认为立体主义不能诉诸理论，也不是一种"研究"。See the interview in Ashton, *POA*,

3-6.

14. 例如，有人指出毕加索的《沃拉尔肖像》（1910）的几何形状与茹弗雷的《四维几何基本论述》中的插图相似。See Linda Dalrymple Henderson, *The Fourth Dimension and Non-Euclidean Geometry in Modern Art* (Princeton: Princeton University Press, 1983), 58.

15. Olivier, *Picasso*, 139.

16. Braque quoted in Richardson, *LP2*, 105.

17. Braque quoted in Daix, *PLA*, 100.

18. 杜尚说他没有受到意大利未来主义者用平行线条表现运动的影响。这些未来主义者来到巴黎，说一辆高速行驶的汽车比一尊希腊雕塑更美。1919年，他们在《费加罗报》头版发表了一份声明，1912年初在巴黎著名的伯恩海姆-热纳画廊举办了第一次展览。

19. Linda Dalrymple Henderson, "X Rays and the Quest for Invisible Reality in the Art of Kupka, Duchamp, and the Cubists," *Art Journal* (Winter 1998): 323-340.

20. Linda Dalrymple Henderson, *Duchamp in Context: Science and Technology in the Large Glass and Related Works* (Princeton: Princeton University Press, 1998), 103; and plate 164.

21. 关于隆德参见 Henderson, "X Rays and the Quest for Invisible Reality," 326, 331-332. 关于艾蒂安-朱尔·马雷的图片参见 Henderson, *Duchamp in Context*, plate 7.

22. 从题目的表述方式来看，杜尚就是那个忧伤的年轻人。或许他在那一年的前景并不乐观，或许他感到孤独，又或许他不喜欢妹妹苏珊选择的药剂师未婚夫。

23. Duchamp quoted in Tomkins, *DB*, 80.

24. Duchamp quoted in "A l'Infinitif," *SS*, 92. 在使用"元素并行"这个术语之前，杜尚自造了"分频身体"这个词, in Duchamp, "The Green Box," *SS*, 35. Duchamp quoted in Katherine Dreier, "Marcel Duchamp," *Collection of the Société Anonyme: Museum of Modern Art 1920* (New Haven, CT: Yale University Art Gallery, 1950), 148.

25. Duchamp quoted in Tomkins, *DB*, 84.

26. Picasso quoted in Daix, *PLA*, 116.

27. See Roland Penrose, *Picasso: His Life and Work* third ed. (Berkeley: University of California Press, 1981 [1958]), 192.

28. Clive Bell，*Art* (London：Chatto and Windus，1914). 直觉的"有意味的形式"的概念最初是由普鲁士哲学家伊曼努尔·康德提出的，19世纪90年代被法国艺术家作为一种解释艺术的方法重新提出，他们将"艺术"定义为一个平面上色彩、线条、形状的组合——"形式主义"的基本定义。

29. 在接受采访之前毕加索和杜尚都没有对艺术理论发表过评论。毕加索在1911年和1923年接受过采访；杜尚在1915年到纽约时第一次接受采访。他们都是后来（也是在访谈中）才对艺术"理论"的问题做出回应的，不过都不是以正式的形式。只有杜尚关于创造力的评论（1957）和他关于现成品的简短评论（1961）例外。

30. 历史学家杰弗里·韦斯认为商业图画对两位艺术家只是环境影响，而用语言学理论分析立体主义的学者则认为这是毕加索和布拉克的政治和现实表达（即使是下意识的）。关于这场争论（历史的与理论的）参见《艺术杂志》的立体主义特刊(1998年冬季)。

31. 这些理论读物运用语言学或者马克思主义和弗洛伊德的理论，与早期只关注视觉效果的"形式主义"读物针锋相对。See Rosalind E. Krauss，*The Picasso Papers* (New York：Farrar，Straus and Giroux，2000)；and Lisa Florman，"The Flattening of 'Collage'," *October Magazine* 102 (Fall 2002)：59-86.

第 6 章 现代主义的浪潮

公众对立体主义的关注像一场穿越巴黎的集会游行，需要时间来酝酿发展。作为先锋派运动，它需要一种自觉，1910年，这种自觉开始在流连于沙龙的沙龙立体主义者当中出现。在大皇宫，他们的作品像邮票一样挂满了许多房间，墙壁是深色的——栗色或森林绿色。他们开始参观彼此的作品。通常是出于巧合，他们的作品被挨着挂在一起。这些年轻人（也有少数女性）在巴黎的不同学校学习艺术，梦想着成为画家，杜尚兄弟和许多其他人都属于这个群体。所以他们开始在沙龙聊天讨论，后来开始组织聚会。

起初他们的聚会地点是巴黎活跃的咖啡馆，经过几十年的蓬勃发展，这里聚集了诗人、艺术家和演员。一些早期的立体主义者开始开辟自己的分支。1911年初，已经加入一个艺术家公社的画家阿尔伯特·格莱兹将自己城郊的工作室作为供立体主义者讨论问题的场所。这个想法为杜尚的两个哥哥——雷蒙和雅克所用。在皮托，他们开始举办星期天的聚会。这是1911年，杜尚三兄弟开始转向现代风格的一年，其中马塞尔·杜尚的风格最奇诡。他开始描绘有血肉的机器，再加上怪异的标题。

在皮托，杜尚总是最年轻的一个。到处都有一群机智、健谈的画家和诗人前辈包围着他。他很难表达自己的观点，如果他有的话。幸运的是，每当气氛变得令人窒息，国际象棋总是能够挽救他们。皮托的每个人都喜欢这种消遣。其中还有一种竞争的乐趣、一种智慧的角力，非常适合一群性格外向、充满创造力的艺术家。在国际象棋中杜尚可以表现自己，甚至赢得胜利，但是最后，依他的性格仅靠下棋来逃避已经不够了。杜尚开始计划从立体主义者的集团中脱身。

在退出之前，杜尚是全力参与的。沙龙立体主义是行动的核心。沙龙立体主义者正变得日益自信，杜尚的哥哥帮他打开了进入这个令人兴奋的圈子的通道。1910年底，这个圈子采取了第一次大胆的公开行动，由其领袖阿波利奈尔、格莱兹和另外一位画家让·梅青格尔负责。他们要求1911年的独立沙龙评委会在大皇宫给他们安排一间独立的立体主义展室。为了赢得足够的赞成票，他们甚至发起了一场运动，要求驱逐一些持反对意见的沙龙评委会成员。

自然，阿波利奈尔、格莱兹和梅青格尔很快作为立体主义的主要理论家脱颖而出。作为知识分子，梅青格尔是最早鼓吹立体主义复兴的人之一。他在1910年10月《潘神》杂志上发表的一篇文学评论中，解释了新绘画在塞尚的基础上取得的重大发展。正如法国数学家莫里斯·普林斯特明确指出的那样，它从新的非欧几何，甚至四维空间中汲取营养。在1911年3月开幕的独立沙龙上，立体主义展室虽小，却吸引了大批参观的人群。迎接观众们的是立体主义的新观点：绘画必须是理性的，有着比单纯的视觉更深刻的含义。作为宣传的旗手，阿波利奈尔从这里接手。他在为《强势报》写的评论文章中盛赞了几位不同画家的作品，到1911年底之前，他大部分时间都在为沙龙立体主义者做宣传，这些人比他的老朋友毕加索更加具有理论性。[1]

杜尚三兄弟对格莱兹和梅青格尔的文章中提出的"艺术可以是理性的"这一观点都很热衷。格莱兹和梅青格尔说，在以前的艺术中，从库尔贝到印象主义，"视网膜支配了大脑"。[2] 仅仅取悦眼球的艺术只是装饰，是"荒谬的"。真正的艺术应该诉诸更高级的能力，比如直觉和理智。沙龙立体主义者对纯粹的、理性的艺术展开了声势浩大的追求，连大众媒体都开始关注这一话题，对此既有严肃的评论也有冷嘲热讽。一幅漫画画了一个画家在漆黑的画布上签名，试图解释思想比绘画本身更重要。"重要的不是绘画。"一位艺术家告诉记者。另一位评论家开玩笑说，很快他们就会看到"装裱华丽的画布上工工整整地写满公式，代替了色彩和形状……其他的都靠参观者自己去想象"。[3]

沙龙立体主义者需要时间，来解释他们所说的"思想"和"理性"对绘画至关重要到底是什么意思。一开始，他们中许多人都是国际象棋的棋手。他们崇尚缜密的思考。他们喜欢思想，这与他们对列奥纳多·达·芬奇的兴趣有关。[4]这时候达·芬奇的笔记已被翻译出版，这位文艺复兴巨匠变得家喻户晓。达·芬奇称绘画是"最高科学"，在杜尚两个哥哥的引领下，关于他的讨论是皮托永恒的话题。例如，人们第一次知道达·芬奇不仅创作了《蒙娜丽莎》和《最后的晚餐》，还留下了数千页涂满潦草文字和精美插图的笔记。许多文字的内容正是关于画家面临的问题的：比如直线透视法。

达·芬奇关于透视的论述非常清晰实用，但是立体主义画家在把握四维空间时却要困难得多，他们相信四维空间的存在，X射线、辐射和弯曲空间的非欧几何都是某种证明。阿波利奈尔等作家像风向标一样捕捉到了这缕微风，通过将四维空间定义为"在任意给定的时刻，空间在所有方向上延续"，为其披上了诗意的面纱。[5]梅青格尔研究过数学，因此他对四维空间把握得更好。不过他也天真地相信一种非物质的现实——比如时间，而非空间——能够被画在画布上。格莱兹同样热心，他解释说："我们在欧几里得的三维空间中加入另外一个第四维，用来定义空间、衡量无限。"[6]

为了在绘画中表现四维空间，他们不仅接受了他们的朋友、业余数学家普林斯特的指导，而且阅读了几何方面的普及读物——例如庞加莱和茹弗雷的著作——其中展示了形象的示意图。这个话题在皮托大受欢迎。毕加索从来没去过皮托，但这个话题也出现在格特鲁德·斯泰因的晚会上，毕加索曾经拿它开过布拉克的玩笑。1912年杜尚第一次拜访格特鲁德家时，格特鲁德对他的印象是"他看上去像个年轻的英国绅士，非常热切地谈论四维空间"。[7]

凭借他们的理论和作品，沙龙立体主义者在上层人士中产生了影响。雅克·维永是1911年秋季沙龙作品审查委员会的委员，这一立场使他有机会说服本来抱有敌意的评委会允许立体主义拥有特别展室，由此，画家中的叛乱分子们第二次拥有了引人瞩目的公共空间，这一次还要大得多。在这届沙龙上，雅克和杜尚作为善意的立体主义者展出了他们的作品。评论家开始公开谈论"沙龙立体主义"，不过，紧接着发生的事情很快又激起了公众对支离破碎的新画风的困惑或憎恶。

沙龙立体主义引起的骚动激励了杜尚，其中反传统的一面令他兴奋。在超过一年的时间里他变得异乎寻常的高产，完成了好几幅立体主义风格的油画。1911年他展出了其中四幅。《下楼的裸女》是最后完成的，错过了立体主义展室的展出，所以当《下楼的裸女》重新计划在1912年的独立沙龙上首展时他非常兴奋。《下楼的裸女》的灵感像一道闪电一样击中了他。尽管还没有任何人看过这幅画，但他相信它会成为一个转折点。

为了把《下楼的裸女》提交给沙龙，杜尚加入了从全国各地赶来的许许多多其他画家组成的人潮，他们来到大皇宫，放下他们的油画，把成千上万的作品留给审查委员会，委员会例行公事地讨论每幅画应该到哪里去。杜尚本来打算在立体主义的特别展室中展出《下楼的裸女》，天真地以为不会有任何问题。毕竟，独立艺术家协会在1884年创办独立沙龙,就是为了给所有艺术家提供一个机会,"自由地展出他们的作品,接受公众的评判","不应有评委会,也不应有奖金"。[8]

不过,杜尚很快发现,被官方的立体主义展室接受需要经过意料之外的层层筛选。梅青格尔和格莱兹等组织者有他们的政治考虑。因为媒体攻击沙龙立体主义是恶作剧,他们感到自己的任务是证明立体主义是真诚的,是一种值得法国骄傲的艺术形式。所以在评审当天,当梅青格尔和格莱兹看到《下楼的裸女》时,他们的心畏缩了。这幅画和它的标题好像在嘲弄立体主义的真诚。更糟糕的是,它看上去像可怕的未来主义——颇富侵略性的意大利舶来品。最糟糕的是,它的标题就写在画面上。

无论他们的真实感受如何,梅青格尔和格莱兹很快给出了为什么拒绝《下楼的裸女》进入立体主义展室的正式解释。它太"文学性"了(因为标题)。另外,它以一种不适宜的方式对待法国绘画中神圣的女性裸体。对于一个理应"没有评委会"的展览,要拒绝一幅作品是一个微妙的问题。所以委员们让雷蒙和雅克给他们的弟弟转达一个建议:如果杜尚删掉标题,《下楼的裸女》就可以展出。否则他们只能要求杜尚"撤回"这幅画。沙龙开幕前一天,雷蒙和雅克穿上他们最好的黑西装,来到杜尚在纳伊的公寓。

"那些立体主义者认为它有点离谱,"他的哥哥们说,"你就不能至少改改标题吗?"

听到这个消息,杜尚表面上很平静。在内心深处,这加深了他的玩世不恭。他后来回忆说:

> 他们小小的革命圣殿连一个裸女下楼梯都理解不了。总之,大意就是让我做些修改以便展出,因为他们不愿意彻底拒绝它……我什么也没说。我只是说好吧,好吧,然后坐上一辆出租车,去会场

把我的画拿走了。[9]

当然，这没有阻止《下楼的裸女》在其他艺术展上展出。1912年，它出现在巴塞罗那的立体主义展和巴黎的其他展会上。事实上，立体主义在巴黎真正的顶峰是公共沙龙之外的一次特别展——黄金分割沙龙，《下楼的裸女》在这次沙龙上大出风头。无论如何，1912年被独立沙龙的立体主义展室拒绝的经历让杜尚与"圣殿"的领袖们——如他自己所说的那样——彻底反目。

杜尚耿耿于怀，但在梅青格尔等立体主义领袖那里，过去的事就过去了。让杜尚的《下楼的裸女》大受欢迎的黄金分割沙龙是由梅青格尔、阿波利奈尔和雅克·维永组织的。沙龙于1912年10月在久负盛名的博埃蒂画廊举行，展出了两百件立体主义风格的油画和雕塑。在这届沙龙上，杜尚也展出了他最新的油画作品：《被飞旋的裸体包围的国王和王后》，这幅画结合了裸体和国际象棋两个主题。他将自己对国际象棋的兴趣公开化了。

对"黄金分割"的使用是一种新事物。在皮托的小圈子中，意大利文艺复兴中的"黄金比率"让画家们着迷，指的是在两个量之间的视觉关系中存在着一种奇妙的和谐。文艺复兴时期的数学家称之为"神圣比例"，达·芬奇称之为黄金分割。[10]不过立体主义画家并没有真正在作品中应用黄金分割（梅青格尔和格里斯尝试过，但非常有限），他们茫然地寻找一种新的"画家"几何学，一种达·芬奇、庞加莱、X射线、四维空间乃至神秘学的模糊的混合物。只有像"黄金分割"这样一个宽泛又醒目的标题才能涵盖这种模糊的状态。所以他们有史以来最大规模的展览被命名为"黄金分割沙龙"，这显示了他们已经超越毕加索式的立体主义，甚至与之分崩离析，正在朝着新的方向勇往直前。

同年，评论家莫里斯·雷纳尔宣布了"沙龙立体主义的爆发"，但他也意识到"'立体主义'这个术语正在日渐失去曾经定义了它的重要意义"。[11]阿波利奈尔自告奋勇，站出来对发生的一切进行解释。以他的评论为基础，他在黄金分割展的开幕式上做了演讲，然后在1913年将这些内容整合成一部著作——《立体主义画家》。这本书是逐一识别立体主义运动中迅速涌现的众多绘画流派的最初尝试。

关于这场运动的两部著作——《立体主义》和《立体主义画家》——当然都将首要位置留给了毕加索。杜尚的待遇也不错，两击两中，跟他有关的两幅图片分别出现在两本书中。《立体主义》收录了他的《奏鸣曲》和《咖啡磨》，阿波利奈尔最近几个月以来跟杜尚成了朋友，在《立体主义画家》中还加上了一张他的照片（以及一篇评论）。在阿波利奈尔看来，现代艺术的源泉现在发展出了四个分支，其中两个更加出色："科学"立体主义和"神秘"立体主义。毫不奇怪，他将他的许多朋友（甚至他的情人）都归于这两类，毕加索、布拉克、梅青格尔和格莱兹属于第一类（与后来的术语——"分析立体主义"密切相关）。阿波利奈尔认为，立体主义的另一个同等重要的分支是俄耳甫斯立体主义①，这个流派将抽象与理性结合在一起。阿波利奈尔将马塞尔·杜尚放在了这个受青睐的阵营中。[12]

跟同时代的其他人一样，阿波利奈尔的《立体主义画家》是立体主义影响力迅速扩张的结果。这种影响力——特别是多视角的网格和切面——在欧洲传播开来，北上传入德国、俄国和斯堪的纳维亚。在那些地方，本土的运动催生了抽象艺术的革命，这是一种全新的趋势（也是毕加索和布拉克拒绝加入的一条道路：他们是"现实主义者"）。抽象艺术来势汹汹。其中包括了采用完全几何网格画法的荷兰人皮特·蒙德里

---

① 得名自俄耳甫斯，希腊神话中有非凡音乐才华的神。——译者注

安和俄国人卡西米尔·马列维奇。其他人将绘画同音乐做类比,包括将线条和色彩纯粹抽象化的慕尼黑艺术运动领袖、俄国人瓦西里·康定斯基。

尽管阿波利奈尔、格莱兹和梅青格尔尽一切努力美化立体主义,却不能平息其在巴黎的法国议会下院引起的争议。法国政府资助沙龙的目的,是为了培育法国的艺术遗产,但是现在立体主义像某种外来感染一样乘虚而入。当时法国对德国积怨未消。多年以后,持续了一年的普法战争(1870—1871)带来的怨恨、猜忌甚至反犹太主义似乎笼罩着一切,包括艺术。毕加索是西班牙人。他的立体主义代理商是德国人。现代艺术市场几乎完全是由犹太商人经营的。

在引起广泛关注的黄金分割沙龙之后,秋季沙龙上又推出了另外一个"立体主义展室",议会下院开始关注立体主义问题。这时是1912年12月。对立体主义的反对始于巴黎市政委员会的一位成员——皮埃尔·朗皮埃在《法兰西信使报》上撰文称,艺术部不应资助让众多巴黎民众感到"厌恶"的立体主义展览。因为大皇宫是国家重要的艺术代言人,他质问,政府"有权把一处公共历史遗迹借给一伙在艺术世界中的所作所为像印第安阿帕奇人①一样的流氓吗?"[13]

1912年12月3日,这封信在议会引起了公开的争论,两位社会学家各执一词。议员朱尔-路易·布雷东说:"我们的国家宫殿促进如此反艺术、反国家的表现,是绝对不能接受的。"[14]另一位支持现代艺术的社会学家马塞尔·森巴则为立体主义者辩护。双方僵持不下。毕加索有理由对这些争论感到担忧。他依靠德国犹太代理商,现在战鼓声已经隐约

---

① 阿帕奇人是几个文化上有关联的美国原住民部族的总称,与白人抗争达数世纪,美军在不同的冲突中发现他们是凶猛的战士和有谋略的军事家。——译者注

第6章 现代主义的浪潮

响起,与德国的战争一触即发,他将不得不小心翼翼地穿越这片艺术雷区。

* * *

尽管有意料之外的政治争论,1912年仍然是立体主义辉煌的一年。它勇往直前,不断发展壮大,只有在1914年遇到像第一次世界大战这样巨大的阻碍时才停下来。在这个过程中,梅青格尔和格莱兹等拥护者辩称,立体主义不是对法国文化的歪曲。它是法国绘画发展进步中自然而然的一步,甚至是通往更高维度的一步。根据他们的著作《立体主义》,这是因为在立体主义的构图中,画家必须将纯粹的形式与对象分开考虑。他必须根据"品味"和"美感"对形式加以组织——比起简单地描绘历史场景或抒情风景,这是更大、更纯粹的挑战。[15]

梅青格尔和格莱兹热衷于将艺术理论化,他们的思想体系可能从法国著名哲学家亨利·柏格森那里获益匪浅,赢得诺贝尔文学奖让柏格森家喻户晓。在一个机械科学的时代,柏格森强调"直觉",而不是科学采取的过于理性主义的方法。在柏格森看来,直觉是根植于创造力中的一种普遍力量,一种"生命冲动",这种力量比物质本身更重要。对于一些艺术家来说,首先就要在已经成为偶像的过去几代浪漫主义画家身上寻找这种生命冲动。

被《下楼的裸女》冒犯的正是这些柏格森派的立体主义者,所以杜尚有充分的理由把他们的浪漫主义看作胡扯。"这是我生命中真正的转折点,"面对这种侮辱他说,"我发现自己以后永远不会对团体感兴趣了。"[16]带着玩世不恭的态度,杜尚将柏格森主义的风尚看作一种神秘主义,而不是科学。他喜欢艺术作品背后有"思想"的观点,但是说画家的思想是天才的,甚至是拥有生命冲动的力量的,在他看来无异于吹捧。[17]

当立体主义辉煌的 1912 年来了又去，杜尚已经转向了他自己的方向。有两个明显的标志性事件。第一个事件发生在初夏，他观看了轰动一时的戏剧《非洲印象》，这是一出根据雷蒙·鲁塞尔自费出版的小说改编的舞台剧。鲁塞尔是个富有的怪人，是科幻小说作家儒勒·凡尔纳的书迷，他的故事讲述了一群遭遇海难的人，靠推演复杂、荒谬的装置和设备来消磨时间。杜尚喜欢这出戏剧卡通装饰风格的海报，不过特别令他肃然起敬的是，它在舞台上对技术进行了亦庄亦谐的嘲弄。在杜尚自己的想象中，这改变了他的人生。他将鲁塞尔愉快的荒诞主义作为一种文学传统据为己有。[18]

6 月底，杜尚满脑子都是鲁塞尔古灵精怪的幻想世界，他打包行李，第一次来到瑞士的巴塞尔，从那里坐火车到慕尼黑，在巴拉路 65 号租了一个小房间，在那里从 6 月 21 日住到 8 月。没有人知道他都干了些什么，不过其中肯定包括画家创作力的一次爆发，对他来说，或许只有像僧侣一样滞留在慕尼黑的小房间里时才有这种可能。在《下楼的裸女》的连续摄影图像之后，杜尚绘制了一种女性生物—机械的草图。他的草图显示出一种新的机械风格，可能混合了鲁塞尔的机器和诗人拉弗格对婚姻和两性关系的嘲讽，因为杜尚给他的草图加上了"处女"和"新娘"的标题。

他将这幅草图画成了一幅油画，题目是《从处女到新娘的过渡》，然后又画了一幅风格类似但质量更高的作品，题目是《新娘》。他的处女和新娘都是生物机械的、网络状的实体，跟真实的女人没有任何相似之处。不过凭借精湛的技艺和怪异的效果，《新娘》脱颖而出，可能是杜尚最引人注目的油画作品。杜尚肯定也喜欢这种奇怪、强硬的女性形象，因为他又将"新娘"转移到了他下一个大项目中，即《大玻璃》（也被称为《新娘甚至被光棍们剥光了衣裳》）。

长久以来慕尼黑都是德国现代艺术的中心。杜尚一定曾经在它的街头漫步，参观过它的画廊和博物馆。他也从慕尼黑继续旅行，广泛地接触艺术史，试图理出个头绪，搞明白为绘画注入"思想"到底意味着什么。可以想见，杜尚在考虑这样的事实：过去的艺术一直是以思想为基础的，不过是关于历史事件、宗教信仰或异教神话的思想。[19]支持这种观点的还有格莱兹和梅青格尔的主张：从库尔贝到印象主义，"视网膜支配了大脑"。杜尚开始感到即使立体主义的肖像画和静物画也只是关于视网膜的。他不知道绘画能否再一次——如他后来所说的那样——"为心灵服务"，而不仅仅是为眼球服务。[20]

在慕尼黑期间，除了拜访朋友，杜尚一直离群索居，不与其他艺术家结交。不过，他的确得到了一本康定斯基刚刚以德文出版的著作《论艺术的精神》。杜尚在页边空白处将其中一部分翻译成了法文。[21]这并不意味着他对宗教感兴趣，或者同意康定斯基要求艺术家成为纯化论者甚至救世主的呼吁。杜尚对康定斯基宏伟的思想没有兴趣，他更喜欢鲁塞尔或雅里的文学幻想、幽默、玩世不恭和荒诞。不过，由于他自己在巴黎沙龙的经历，康定斯基的《论艺术的精神》的开篇段落对他特别有意义。"人们缓步穿过各个展室，不时地说：'不错'，'有意思'。"康定斯基写道。接下来他谴责了艺术家之间白热化的商业竞争，实际上是为了满足他们的"野心和贪婪"，更不用说艺术世界中画家之间的"憎恶、褊狭、派系、妒忌和阴谋"了。[22]

杜尚后来回忆说，慕尼黑"是我彻底解放的诱因"，离开慕尼黑之后，9月的前三个星期他到处旅行，去了维也纳、布拉格、莱比锡和柏林。[23]他有新的作品要展出，而且他肯定在考虑即将到来的展览——1912年秋季沙龙和11月的黄金分割特别展。在巴黎，他仍然被视为圈内人。《吉尔·布拉斯》杂志错误地报道说他将展出一幅新的革命性作品，题目正是"黄金分割"。[24]不管怎样，他未来的艺术主题似乎已经上了轨道，不一定是人们喜闻乐见的，而是那些对他有特殊意义的主题：处女、新娘、单身汉、性、机器和四维空间。

在接下来的几年里，杜尚走上了独立的成长道路，但这段时间里激励他的究竟是什么，却逃过了他的传记作家们的视线。他们都注意到了他对画家这份职业不断加深的厌恶。他真的像自己后来开玩笑说的那样，憎恶油画颜料的气味吗？他开始反对艺术世界中的商业狂热了吗？还是仅仅出于酸葡萄心理？没能作为画家一举成功，杜尚成了这份职业的叛徒。在法国文学和戏剧中早就存在这样的人物。人们叫他"倒霉蛋"，指的是失败的外行人。那次失败之后，"倒霉蛋"把嘲弄和挖苦那些比他强的人当成了第二职业。[25]

正如"倒霉蛋"这个典故所表明的，法国在讨论各种各样的艺术和各种各样的艺术家方面遥遥领先于大多数国家。"先锋派"归根结底是一个法语词，刚刚开始被用于文化方面。1912年，毕加索和布拉克正在实验拼贴画，艺术中的各种"主义"在巴黎蔓延，杜尚在创造生物机械的女性形象，而美国还没有任何一份现代艺术的出版物。

1912与1913年之交，几个美国人出现在杜尚和毕加索家门口的台阶上，他们想把现代艺术的革命带回他们落后的家乡。他们在寻找作品，带回纽约参加一次大胆的大型展览——军械库展。

注释

1. 阿波利奈尔与毕加索之间也闹过一阵短暂的不愉快，事情发生在1911年底《蒙娜丽莎》从卢浮宫失窃时，那个小偷是阿波利奈尔的朋友。在警察局，毕加索害怕被驱逐出境，否认自己认识阿波利奈尔。尽管阿波利奈尔在卢浮宫的事件中是无辜的（至少），但是这对他来说是奇耻大辱，跟毕加索的感情也产生了裂痕。而且阿波利奈尔开始接受一位沙龙立体主义者的经济资助，所以开始在他的文章中吹捧他们。关于卢浮宫的复杂故事参见 R. A. Scotti, *Vanished Smile*: *The Mysterious Theft of Mona Lisa*(New York: Knopf, 2009)。

2. Albert Gleizes and Jean Metzinger, *On Cubism*, first English trans. (London: T. Fisher Unwin, 1913), 14, 13. 有人认为这本小书可能给了杜尚四个方面的灵感,他说这些思想都是他自己的:大脑比视网膜更重要;拒绝库尔贝和印象派;观众反应;偶然性与艺术效果的关系。例如,在《立体主义》中,格莱兹和梅青格尔说库尔贝"连最轻微的理性控制都没有,全盘接受视网膜呈现给他的一切"(11),还有在印象派中,"比库尔贝更甚,视网膜支配了大脑"(14)。

3. Quoted in Jeffrey Weiss, *The Popular Culture of Modern Art*: *Picasso*, *Duchamp and Avant-Gardism* (New Haven, CT: Yale University Press, 1994), 117.

4. 1881—1889 年间,达·芬奇的四卷笔记第一次被翻译成法文(和英文)。

5. Apollinaire quoted in Linda Dalrymple Henderson, *The Fourth Dimension and Non-Euclidean Geometry in Modern Art* (Princeton, NJ: Princeton University Press, 1983), 62. 在巴黎的美国年轻画家马克斯·韦伯听到了关于四维空间的讨论,1909 年回到纽约后为斯蒂格利茨的杂志《摄影作品》撰写了一篇文章,《从造型(绘画)观点看四维空间》。回到巴黎后,阿波利奈尔在自己的作品中使用了韦伯的文章。See William Bohn, "In Pursuit of the Fourth Dimension: Guillaume Apollinaire and Max Weber," *Arts Magazine* 54 (June 1980): 166 - 169.

6. Gleizes quoted in Henderson, *The Fourth Dimension*, 61.

7. Stein letter to Mabel Dodge, undated. Quoted in Robert M. Crunden, *American Salons*: *Encounters With European Modernism 1885—1917* (New York: Oxford University Press, 1993), 392.

8. Quoted in Weiss, *The Popular Culture of Modern Art*, 91.

9. 雅克和雷蒙的话来自杜尚的回忆。这些话和杜尚的评论参见 William Seitz, "What's Happened to Art? An Interview with Marcel Duchamp," *Vogue*, February 15, 1963, 112.

10. 黄金分割是一项古代数学发现,曾被柏拉图和欧几里得引用并不断更新。这个比率的确定是做一条分割线(或直角),使得较大部分与较小部分之比等于整体与较大部分之比。

11. Raynal quoted Daix, *PLA*, 125.

12. 阿波利奈尔还在书中放了一幅杜尚的照片。于是,在《立体主义画家》和《立体主义》(其中展示了他的《奏鸣曲》和《咖啡磨》)两本书中都有跟他有关的内容，这增强了他的自我肯定。

13. Lampué quoted in Daix, *PLA*, 124. 另一种解释参见 David Cottington, *Cubism and Its Histories* (Manchester, UK: Manchester University Press, 2004), 3-4.

14. Jules-Louis Breton quoted in Daix, *PLA*, 124.

15. Gleizes and Metzinger, *On Cubism*, 57-59.

16. Duchamp quoted in Tomkins, *DB*, 83.

17. Linda Dalrymple Henderson, *Duchamp in Context: Science and Technology in the Large Glass and Related Works* (Princeton: Princeton University Press, 1998), xxii, 176.

18. 杜尚说他欣赏鲁塞尔的"想象力的谵妄"；作为一名年轻艺术家，鲁塞尔是他的"极大热情"所在。See Marcel Duchamp, "The Great Trouble with Art in this Country," *SS*, 126.

19. Herbert Molderings, "Relativism and a Historical Sense: Duchamp in Munich (and Basel…)," in *Marcel Duchamp*, ed. Museum Jean Tinguely Basel (Berlin: Hatje Cantz, 2002), 16.

20. Marcel Duchamp, "The Great Trouble with Art in this Country," *SS*, 125.

21. Molderings, "Relativism and a Historical Sense," 16; 21 n13.

22. Vassily Kandinsky, *Concerning the Spiritual in Art*, rev. ed. (New York: Dover Publication, 1977 [1912]), 18-19.

23. Duchamp quoted in d'Harnoncourt, *MD*73, 263. This is from a Duchamp lecture, "Apropos of Myself," given at the City Art Museum of St. Louis, November 24, 1964.

24. John Golding, *Cubism: A History and an Analysis, 1907—1944* (London: Faber and Faber, 1959), 31.

25. Weiss, *The Popular Culture of Modern Art*, 136-138.

第 7 章　军械库展

1912 年 11 月的一天，三个美国人来到皮托，拜访杜尚兄弟。带他们到那里去的是生活在巴黎的美国画家和艺术品代理商沃尔特·帕克。[1] 帕克以完美的纽约人的风度介绍了他的美国同胞，然后告诉雷蒙·杜尚-维永一个激动人心的消息：美国画家和雕塑家协会决定在纽约举办一次为期三个月的大型艺术展，称为现代艺术国际展览会。展览需要新的欧洲艺术作品。这次展览史称"军械库展"，得名于曼哈顿的一幢普通建筑，作为将现代艺术引入美国的重要转折点永远留在了人们的记忆中。

帕克拜访时，杜尚兄弟的作品刚刚从黄金分割展上撤回来，还没有出售。所以他们让这三个美国人——帕克、亚瑟·戴维斯和沃尔特·库恩——随便挑。虽然杜尚那天不在，美国人还是挑选了他的全部四幅生物机械作品。关于这个系列，戴维斯说："这是我见过的最有表现力的东西！"[2] 雅克和雷蒙也提供了作品，包括油画、雕塑和雷蒙制作的"立体主义展室"的微缩模型。[3]

皮托不是帕克带领他的美国客人在巴黎拜访的唯一一站。他们还去拜访了毕加索的代理商康维勒，因为他们不期而至地到访时毕加索不在家。康维勒正在筹备迄今为止最大规模的毕加索回顾展，地点定在慕尼黑，时间刚好跟军械库展冲突，所以他提供了毕加索的四幅作品，但无疑不是他最好的。[4] 然后，美国人去拜访了斯泰因兄妹，又借到了两幅毕加索的作品，送到大西洋对岸。

那年早些时候，美国画家和雕塑家协会成立后不久，就在筹划军械库展。不久以后，军械库——有"战斗的爱尔兰人"之称的第69步兵团用于操练的一座长方形建筑——被租下来作为会场。协会投身"当代艺术"，举办展览的初衷是为那些更严肃、更进步的画家（不过以今天的标准来看仍然是传统的）打开美国市场。"展览是我们团结起来的目的。"协会成立时这样宣称。[5]本着法国独立沙龙的精神，军械库展的组织者也希望做到尽量公开："协会认为这将鼓励非职业艺术家像职业艺术家一样，展出以任意媒介创作的自我表达的成果。"[6]作为"国际"艺术展，军械库展理应包括欧洲艺术。组织者希望从美国收藏家手中收集足够的展品。到了1912年秋季，去海外搜集展品的需求变得更为迫切了。

碰巧，戴维斯和库恩看过一次大型欧洲展览会——当时在德国科隆举行的"分离运动联盟"展览会的目录。[7]"我希望我们也能举办一次这样的展览。"戴维斯在写给库恩的信中说，后者当时正在新斯科舍省画画。[8]联盟展于9月30日闭幕。戴维斯不能那么快动身，于是库恩感到这是他的使命。"我当即做出了决定，"他回忆说，"我给他拍电报，让他帮我预订船票，时间刚好来得及，我可以在展览闭幕之前去科隆，然后赶上这班船。"[9]11月，库恩和戴维斯都到了巴黎，库恩报告了他刚从联盟展上征集到的艺术品，特别是德国和荷兰艺术品之后，他们就在沃尔特·帕克的带领下搜索了整个巴黎（然后是伦敦）。

在巴黎开展这项工作，帕克是关键。他是土生土长的纽约人，来自一个跟艺术有关的出版业富裕家庭。他到巴黎学习艺术，曾就读于朱利安学院。在巴黎期间，学者派头的帕克也当上了艺术咨询顾问，帮助富有的美国人——其中一些人在欧洲游历过——理解"现代"艺术（然后购买它）。他是第一个写作关于塞尚的学术著作的美国人，后来又写了其他许多著作，包括一本关于杜尚的哥哥雷蒙·杜尚-维永的。

帕克承认毕加索是巴黎绘画的先锋，但他跟沙龙立体主义者的关系则要紧密得多。他在巴黎的岁月中，可以去度周末的地方之一就是皮托，他也是在那里第一次遇见比他小四岁的马塞尔·杜尚的。当帕克带着美国人来求画时，哪里都找不到杜尚。最近几个星期他刚从慕尼黑回来，完全有理由认为他带一个新朋友出城去了——这个人就是杜尚现在在巴黎最亲密的朋友，画家弗朗西斯·毕卡比亚。

在过去的一年中，杜尚与毕卡比亚的友谊成了他艺术生涯中最重要的事件之一。毕卡比亚比杜尚大八岁，是古巴和法国混血儿，靠家族财富生活。在年轻的杜尚终于摆脱哥哥们的阴影后，毕卡比亚是第一个真正对他产生影响的人。他们在1911年的秋季沙龙上相遇之后，毕卡比亚向杜尚展示了真正的波希米亚生活，即享乐主义的生活。毕卡比亚不需要工作，仍然买得起他喜欢的速度最快的汽车，维持纵情酒色和吸食鸦片的习惯。"（毕卡比亚带我）进入了一个我一无所知的世界，"杜尚回忆说，"显然这扩大了我的视野。"[10]

他们一起享受波希米亚式的讽刺的乐趣——冷笑话、恶作剧和骗局——不管是在夜总会里还是出版物上。正如毕卡比亚的妻子后来写的，杜尚和毕卡比亚"执拗地坚持那些自相矛盾的、破坏性的原则，在亵渎神明和泯灭人性方面相互模仿，他们不仅反对艺术的古老迷思，而且反对一般意义上一切生活的基础"。他们也经常与阿波利奈尔一起，加入"幽默与讽刺的先遣部队"。[11] 1912年10月的一天，毕卡比亚带杜尚和阿波利奈尔去兜风，他们沿着一条盘山公路蜿蜒而上，去毕卡比亚的岳母家。毕卡比亚开着他的敞篷车，风吹拂着他们的头发，生活如此美好，三人亲如兄弟，杜尚是其中最年轻也是最敏感的。

大约在这次远行两个月之后，美国人到巴黎寻找艺术品，他们也选择了毕卡比亚的立体主义作品寄往纽约。除了结识巴黎艺术家之外，沃尔特·帕克还负责安排了作品的运输,然后他也准备回纽约。他将回到故乡曼哈顿,作为军械库展的常驻学者,与新闻界合作,做公开演讲。"我们的展览必须在开幕之前就成为全美国谈论的话题。"军械库展开幕两个月前,库恩在从纽约写给帕克的信中说。[12]

帕克离开之前,试图说服许多巴黎艺术家去美国参加这次展览。这是一个令人气馁的提议,没有人接受——除了毕卡比亚,他拥有所需的财富和派头去响应帕克的建议。1913年2月中旬军械库展开幕时,毕卡比亚和他的妻子加布丽埃勒·比费-毕卡比亚现身曼哈顿,就在军械库展喧嚣的中心。毕卡比亚是一位有天赋的画家。因为军械库展,他也成了名人,在曼哈顿先锋派当中开辟了一片滩头阵地,有朝一日他年轻的朋友杜尚也会在这里卷起风暴。

* * *

当然,跟欧洲相比,美国艺术界还很稚嫩。在大部分历史中,美国艺术都在模仿欧洲:从自己的"历史绘画"传统——表现史诗性事件的壁画开始,逐渐加入表现西部、荒野以及美国自己的标志性事件的原生绘画。到军械库展时,美国艺术在保留了欧洲的学院派传统的同时,也有流行的一面。南北战争结束后,美国涌现了一大批有天赋的报纸插画家。他们伴随着大众媒体一起成长,也成了进步画家运动的原生力量。

到军械库展时,他们中许多人已经创造出一种描绘日常生活的新的现实主义风格,现在称为"社会现实主义"。他们的创作不受当权者的委托,也常为志同道合的杂志工作。针对他们技艺精湛却以街头为导向的画风,评论家讥讽地将他们统称为"垃圾箱画派",许多画家以这个标签为荣。画派成员表现出进步艺术的最初迹象,将格林威治村变成艺术家在纽约的聚居区。除了阿尔弗雷德·斯蒂格利茨领导的摄影先锋派运动,美国先锋派在其他方面没有什么发展,他在曼哈顿的291号画廊也展出了新的油画作品，1911年举办过一次毕加索立体主义绘画的小型展览，不过几乎没有引起任何关注。

自然，当艺术家协会成立并宣布举办军械库展时，其参与者的骨干来自进步的阵营：其中包括约翰·斯隆、威廉·格拉肯斯、乔治·贝洛斯、斯图尔特·戴维斯、马斯登·哈特利、约翰·马林、查尔斯·希勒、莫里斯·普伦德加斯特这些名字，最后还有这些画家中许多人的导师罗伯特·亨利，作为"垃圾箱画派的导师"，他很自然地成了艺术家协会成立时的八名理事之一。他们中有些人仍然是纽约首屈一指的学院派组织——国家设计学院的成员，不过大多数人已经走自己的路了。为了平衡所有这些特立独行的艺术家的观点，重要人物被分配到军械库展管理工作的方方面面：格拉肯斯负责选择本国作品的专家组，亨利帮助遴选外国艺术品，贝洛斯是执行委员会成员，还负责悬挂划分展区的罩布。

从一开始，军械库展委员会的各位成员就针对选择谁参展的问题发生了争论。继而是没完没了的埋怨，一些艺术家，甚至还有少数组织者在展览开幕之前撤回了自己的作品。争议最大的是如何处理欧洲艺术的问题（因为军械库展旨在宣传美国作品）。组织者决定循着艺术史的路径，将展出范围限定在上至现代艺术的开端弗朗西斯科·戈雅，下至凡·高、塞尚和马蒂斯等人最近形成的后印象派高峰。

他们的本意是适度地包含欧洲艺术，主要从美国收藏家手中搜集作品。但是在库恩、戴维斯和帕克的欧洲之行后，最新的欧洲作品的涌入抢了整个军械库展的风头。尽管1300件展品中只有三分之一是外国作品，它们最后却得到了最多的关注，引发了最多的争论。

虽然早期有种种不愉快，展览还是开幕了，宣传活动如火如荼。"展览开幕时锣鼓喧天，气氛热烈得像在巴纳姆马戏团，新艺术呈现出一派壮观的景象。"一位历史学家说。[13]军械库展委员会内部的宣传机构中有一位经验丰富的新闻记者，名叫弗雷德里克·詹姆斯·格雷格。他给全国的媒体机构寄送新闻稿。也正是他给新闻界提供了一张杜尚三兄弟在皮托的花园里拍摄的近照，这张照片是他从帕克手上得来的。五万张彩色明信片潮水般席卷了纽约——其中最流行的一张就是《下楼的裸女》，标题是直接用英文印刷的。

为了给这场文化盛事推波助澜，格雷格委托格林威治村一位富有的波希米亚名流梅布尔·道奇写一篇文章，支持展览关于格特鲁德创造了立体主义诗歌的观点。道奇在《艺术与装饰》中说，格特鲁德"用文字所做的一切，就是毕加索用绘画所做的。她用语言引起意识的新状态，由此语言在她手中成为一种创造性的艺术，而不再是历史的镜像"。[14]换句话说，格特鲁德使用的不是清晰明了的语言，而是语法上难以理解的语言。

在2月17日那个周末，军械库展热热闹闹地开幕了，伴随着宴会、巡游、演讲和军乐队表演。起初公众的反应有些慢热，组织者的担心越来越明显。到第二个和第三个星期展览开始有了起色，尤其是因为跟《下楼的裸女》有关的新闻，这条新闻是作为已经散发出去的明信片的补充而写的。

尽管需要买门票，参观人数还是增加了。一进入展厅，人们就发现这座回荡着回声的建筑非常舒适。展厅里到处装点着盆栽的松树、旗帜和彩带。浅黄色的光柱从天花板射到墙壁上，像在房间里搭起了一顶顶小帐篷，营造出一种柔和的效果。参观路线引领参观者按照时间顺序欣赏现代艺术：从戈雅到法国现代主义；然后是很大一部分美国艺术；最后，在展厅最里面是法国艺术展区之一，不久以后这里被称为"立体主义展室"，有些报纸则幽默地称其为"恐怖屋"。

‖ 在全纽约分发的军械库展的宣传明信片，图案是杜尚的《下楼的裸女》(1912)。

在那间展室里,杜尚的《下楼的裸女》成了人们关注的焦点。毕加索的立体主义作品《女人与陶》挂在同一个展区,不过没有引起公众的注意。毕加索还有一幅《站立裸女像》在别的展厅展出,这幅小型炭笔画带有分析立体主义的早期迹象(一位评论家曾说它看起来像断裂的"太平梯",而不像一个女人)。在《下楼的裸女》引起的骚动中,毕加索的作品似乎被忽视了,至少是被一般公众忽视了。

杜尚的《下楼的裸女》的优势在于尺寸足够大,而且有一个能够供报纸调侃、制造噱头和轰动的标题,这是一次美国人对法国艺术的过度消费。在一般读者眼中,大部分报纸都提到了《下楼的裸女》。艺术家的名字并不重要。对于那些注意到了的人,如果说报纸上有什么信息,那就是杜尚兄弟的照片,从照片中看,杜尚这样的巴黎艺术家不留胡子,看起来"非常普通"——像《纽约时报》的图片说明所说的那样。[15]许多标题是关于现代艺术的直接声明,另外一些运用了讽刺或幽默,比如:

军械库"艺术"
立体主义者和未来主义者让疯子买单[16]

军械库展期间,所有的新艺术似乎都被称为"立体主义",把这个词牢牢地嵌进了美国词典。为了迎合一般公众的趣味,许多新闻报道是讽刺的,有时候是歇斯底里的。在整个过程中,毕加索的名字主要是作为一种象征出现的,比如《纽约论坛报》谈到"毕加索和其他立体主义者"。[17]在纽约艺术家和评论家中激起最多愤怒和讽刺的是马蒂斯可怕的裸体画,原因可能是作为巴黎野兽派的领袖,他的作品肆无忌惮地侵占了美国市场。相形之下,对待毕加索的态度是小心翼翼的。专业的艺术评论家知道毕加索是欧洲的重要人物。但是除了少数顽固的亲欧分子,

|| 这张杜尚兄弟的照片——从左到右依次为马塞尔·杜尚、雅克·维永和雷蒙·杜尚-维永——拍摄于巴黎的皮托工作室的花园,1913年军械库展期间刊登在美国的报纸上。

毕加索的作品——数量很少,也不是他最好的——没有受到多少有思想的赞誉。

对于许多人来说,立体主义是乏味的。前总统西奥多·罗斯福去看了展览,作为"门外汉"写道,新的欧洲艺术不能打动人。另外,斯普林菲尔德《共和报》的一位作家对军械库展给予了大体上积极的评价,但是又补充了一句:"毕加索没给人留下什么印象。"

作为一种替代方法,作家们经常把欧洲现代艺术放在社会学的,甚至精神健康的语境中来谈论。《纽约时报》社论的说法还是比较准确的:立体主义跟"政治中的无政府主义者和否定语法的诗人是同类"。许多评论家说,欧洲对这次展览的贡献可以从两个方面来看待。这既不是这些艺术家的恶作剧,也不是海外艺术衰落的标志。"这一点也不可笑。"《哈泼斯周刊》的一位评论家说。《芝加哥论坛报》持另外一种观点,将马蒂斯单独提出来,称他的画风实际上是一种"高调的恶作剧"。[18]

尽管有数量惊人的文章将立体主义与精神病联系起来——这是一个最近在新闻中频繁出现的医学领域——不过也有人欢呼艺术让受压抑的人类天性得以表达。从好的方面来审视疯狂,一位评论家说艺术的天才背后总是有着良性的疯狂。这种观念由来已久。先锋派的欧洲作品体现了"终于,艺术正在夺回自己本质的疯狂",一封写给《晚邮报》的信中说,"现代派画家和雕塑家为自己赢得了勇气的勋章,这是其他艺术领域所缺少的。"[19]

作为艺术世界的中心,巴黎实际上忽视了纽约发生的一切。[20]无论如何,置身纽约媒体的狂热当中,毕卡比亚作为唯一在场的真正的巴黎艺术家,得到了铺天盖地的宣传。矮个子、宽肩膀的毕卡比亚有着"艺术家的黑眼睛",《纽约时报》这样告诉它的读者,他的个性像他的立体主义作品一样强硬,其典型特征是大量使用鲜艳的红色和模仿机械运动。[21]当毕卡比亚成为美国报纸的宠儿时,《世界报》拿他发表过的一个观点开了个玩笑。他说新艺术就像音乐一样(这是俄耳甫斯主义)。《世界报》愿意拿出一笔奖金,奖励能够解释清楚毕卡比亚的意思的人。毕卡比亚和他的妻子喜欢当名人,他们在纽约比原计划多逗留了几个星期。

纽约军械库展吸引了大约 87 000 名观众。在部分展品赴芝加哥和波士顿巡展之后,这次展览及其媒体报道让成千上万的美国人接触到了欧洲先锋派。[22]正如一些美国艺术家事前担心的那样,欧洲艺术得到了最多的关注,也卖出了最多的作品(仅次于奥迪隆·雷东,杜尚卖出的作品数量是第二多的,他的四幅画都卖掉了,必须提到的是,为了容易出手，它们的标价都很低）。美国画家和雕塑家协会的想法是好的，但是军械库展结束后，协会在争论、与海外画商的纠纷和财物损失中土崩瓦解。协会就此解散，没有人再对它感兴趣。

作为一项重要的意外收获，军械库展催生了美国第一批现代艺术收藏家——虽然藏品几乎全部是欧洲艺术品。他们从军械库展购买艺术品，第二次世界大战期间也在购买。尽管有像爱尔兰裔的美国律师约翰·奎因（帕克就是为他工作的）这样的收藏家帮助创办了军械库展，不过其他未来的收藏家都是初次转型。其中两个人对美国艺术至关重要——也对马塞尔·杜尚未来在美国的成功至关重要。在纽约，学习艺术的凯瑟琳·德赖尔夫人把自己的一幅凡·高作品借给军械库展展出，这令她兴奋不已，将现代艺术当成了自己终生的圣战。在波士顿，富有的沃尔特·爱伦斯伯格的儿子参观了军械库展的最后巡展，作为诗人和现代主义者，他也转向了艺术收藏。

虽然军械库展入不敷出，更不用说它对美国人的艺术趣味实际上没有造成什么影响，但不管怎样，它激励了一批新生的年轻艺术家成为反叛分子。例如，参加军械库展的年轻艺术家当中，有一个身材修长、操着布鲁克林口音的犹太裔美国绘图员、艺术家和未来的摄影家。他的名字叫伊曼纽尔·拉德尼茨基，成为职业艺术家后改名叫曼·雷。在未来的岁月里，曼·雷成了杜尚的同路人和最亲密的伙伴之一。

此时此刻的1913年，毕卡比亚在美国被笼罩在名人的光环下。所有的美国人都知道，他就是立体主义的代表。杜尚也成功了，不过方式不同。他的《下楼的裸女》制造了一次经典的"声名狼藉的成功"，在纽约，这个成就从来没有被遗忘。

* * *

军械库展的消息零零星星地传回巴黎，不过非常少。这可能不是康维勒和毕加索谈论的话题。一个原因是，当时，所有其他事情都让位给慕尼黑的毕加索大型回顾展。军械库展之前和之后，毕加索都在旅途上奔波，一会儿去法国南部，一会儿去新的左岸工作室，然后又去巴塞罗那参加父亲的葬礼。在从法国南部寄来的信中，毕加索告诉康维勒他在想办法逃避费尔南德，还说："格莱兹和梅青格尔关于绘画的书一出版就告诉我。"[23] 军械库展之前几个星期，这本书在巴黎出版了。

帕克从纽约给杜尚的哥哥们写信，通知他们作品的销售和收益情况。毕卡比亚回到巴黎后，绘声绘色地向杜尚讲述了在美国的经历。事实是，军械库展似乎太遥远了，没有对杜尚产生任何影响，因为巴黎生活中的各种事件无疑要紧迫得多。他和毕卡比亚很快恢复了他们在巴黎的生活方式。

军械库展结束后的夏天，杜尚已经在纳伊住了五年，这里离皮托非常近。1913年10月他决定搬回巴黎，在圣伊波利特大街23号找了一间公寓兼做工作室。这段时间里，毕卡比亚的舅舅为杜尚在圣日内维耶图书馆谋得了一个职位。"我可以坐在那儿思考任何我关心的问题。"他回忆说。[24] 关于自己作为知识分子的发展，他想了很多。他对数学感兴趣，但是想当数学家似乎已经太晚了。他上过两门与图书馆职业有关的课程，但是从没有结束"实习"状态继续升职。在图书馆，他至少可以快速浏览那些跟他在皮托就喜欢思考的问题相关的书籍，比如非欧几何、四维空间，或者新出版的达·芬奇的笔记。这些笔记是以影印的形式出版的，可以看到达·芬奇那笔迹潦草的手稿原貌。

最后，杜尚已经不适合继续求学和取得学位。他仍然经常下国际象棋。但这更多是一种消遣，而不是一门职业。伟大的国际象棋棋手起步都很早，经年累月地坐在棋盘跟前。他们脑子里装满了所有可能的步法和组合，有成千上万种。杜尚已经落后了——或许。与此同时，他理想中的知识分子或许是阿波利奈尔那样的诗人。在与阿波利奈尔和毕卡比亚那次印象深刻的兜风之后，杜尚可能想象过自己也能成为一位诗人。他可以玩弄文字，跟诗人所做的一样。无论这种志向的现实性如何，杜尚开始写笔记，并在以后的日子里不断积累。

在这个时期，作为艺术家他正在思考的是机器。它们萦绕在他心头已经有一段时间了。自从 1911 年圣诞节制作《咖啡磨》后，他还制作过另外一幅机械风格的图片。这是一台三个轮子的巧克力磨——他在鲁昂的橱窗里看到过的一件普通厨房用品。

在艺术中抓住机器这个主题，并不是杜尚的原创。他生活在一个机械的时代，将人和机器结合起来作为一种喜剧手法已经是个普遍趋势。最后，一些艺术史学家把这种广义类型称为现代艺术中的"机械美学"。[25] 像毕卡比亚这样的画家可以泰然自若地运用机械美学。他创作了许多将人变成机器的素描和油画，有些最后效果看起来像奇怪的工程蓝图。如果说毕卡比亚表现得很狂热，那么杜尚考虑的是一个长期的大项目。这个项目跟他最近画的处女和新娘有关。他设想在一件艺术品中将一个处女新娘变成一架古怪、有性别的机器，然后试图将她置于四维空间当中。

带着这些想法，杜尚从艺术和绘画出发，投入文学的怀抱。在光怪陆离的巴黎文学世界中有的是这样的先例。阿尔弗雷德·雅里为巴黎文学贡献了一个由高压电驱动的人形性机器。然后是雷蒙·鲁塞尔的《非洲印象》，故事里复杂得难以置信的装置被用来完成非常简单的任务。这种思想在最近从美国传入巴黎的连环漫画热中也很普遍。鲁布·戈德堡创作了"每周最佳发明"系列漫画，将一位工程师变成了漫画人物。每个星期，戈德堡都要发明一种有许多步骤的精巧装置，用来做一些打苍蝇、擦鞋或者拔牙之类的小事。杜尚也学过画漫画。跟戈德堡一样，他也更喜欢单幅漫画的形式。

一边是雅里和鲁塞尔，另一边是戈德堡的单幅漫画，杜尚开始构思自己独一无二的作品，似乎是一个巨大的漫画盒子。他最初的构思是在一块大型画布上进行创作，后来改变计划使用了玻璃（因此这个项目后来被称为《大玻璃》）。通过记笔记，他草草写下了自己创作中的思想和创意，还为其保留了"文学"的一面。早在慕尼黑过夏天时这种记录就开始了，他正是在那里画出处女和新娘的主题的。1913年底他开始在图书馆工作后，笔记写得更多了。例如，他的笔记提醒他，业余时间要阅读图书馆里"所有关于透视的书籍"。在图书馆，他也开始为《大玻璃》的尺寸和形状做"计算"，并记录在他的笔记中。[26]

作为整体来看，这些笔记是很含混的。从双关语和费解的句子到物品清单和数学推导的片段，无所不包。他用来记笔记的有碎纸片、收据背面、账单、横格作业纸、包装纸碎片和咖啡店的信纸。他不大在意拼写或标点符号，有时会划掉一些内容，有时钢笔会漏水。他用红色铅笔圈出重点，用双下划线表示强调。有时候一页纸上是一幅画，只有很少的文字；有时候碎纸片上写满了文字，只有很少的图画或者根本没有图画。

杜尚能够保留所有这些杂乱无章的纸片并把它们存放在安全的地方，简直是一个奇迹。它们经过那么多次旅行仍然完整无缺，甚至经历了两次世界大战，好像这些笔记是他最宝贵的财产。他告诉自己有一天要把它们放在一本书中，作为《大玻璃》这类作品的导读。与此同时，对于他自己来说它们是一堆杂乱无章的符号，就像列奥纳多·达·芬奇承认自己的笔记"是个不按顺序组织的集子，材料来源于我的许多页记录，我会将它们抄在这里，希望从这里开始我会按不同的主题整理好"。[27]

如果说保留笔记是杜尚拿达·芬奇的笔记开的一个玩笑,那么他也在严肃地思考达·芬奇关于直线透视的论述。如同以后将会看到的,透视给了杜尚一种如何"描绘"四维空间的解决方案:缺少透视的线条,没有固定界线的图形,说实话这不是真正的四维空间,但是一个违背现实形态的维度的象征。他还把这幅描绘四维空间的画画在玻璃上——就是《大玻璃》。玻璃不像画布,因为眼睛能够看穿玻璃,从而为作品加上一层隐喻的色彩。列奥纳多·达·芬奇也提到过用玻璃来画直线透视。[28]

笔记也显示杜尚对高等数学有一种业余的兴趣,潦草地记下了数学家帕斯卡·茹弗雷和亨利·庞加莱的流行科普读物作为参考文献。例如,在茹弗雷的《四维几何基本论述》(1903)中,杜尚找到了构造四维空间的一些有帮助的类比。其中之一就是可以认为"一个四维空间的物体在我们这个空间的投影是三维的"。茹弗雷还提出了非常受欢迎的蒙上眼睛的棋手想象棋盘的形象:棋手想象自己随着时间、在空间中的每一步移动,大概就像想象四维空间一样。[29]

通过用隐喻来表现四维空间,用标准透视来表现其他三维,杜尚开始在圣伊波利特大街的公寓里展开他为未来的《大玻璃》所做的设计。这间公寓刚刚改造过,所以杜尚开始把他的设计画在一面石灰墙上,他或许请求过房东暂时不要给这面墙贴墙纸。他用铅笔、直尺和圆规完成了付出极大耐心的设计过程,画出了他的"搞笑图片"的第一幅草图。[30]这是一系列的机械装置,很像鲁布·戈德堡的漫画,下面有九个男人(称为光棍),上面是处女(称为新娘)。在杜尚的隐喻中,机械装置表达的是光棍和新娘之间的性关系,但是直到他给这件作品加上标题《新娘甚至被光棍们剥光了衣裳》之前,甚至在那之后,任何人都看不出这层意思,只有等他自己提供进一步的详细解释。

在类似的计划中，杜尚思考的跟他做的一样多。他的想法经常倾向于恶作剧。这几个月里，他经常跟毕卡比亚一起进城去。他跟那些容易到手的女孩厮混，并且随时关注着他的老朋友沙龙立体主义者们。他觉得，他们仍然太把自己当回事了，他们需要的或许是搞些恶作剧。许多沙龙立体主义者都画过巴黎的两处标志性景点——埃菲尔铁塔和菲利斯摩天轮，后者是为了 1900 年的巴黎世界博览会而修建的。[31]

杜尚早就看过很多次铁塔和摩天轮了。它们代表着法国的伟大技术进步，也成了恶作剧的主题。一天，在回家的路上，杜尚找到（或者买下）了一个自行车前轮。回到公寓，他把它安在一把厨房高脚椅上，让轮子转起来——像菲利斯摩天轮的微缩版。巴黎人对埃菲尔铁塔比对菲利斯摩天轮更加崇拜。为了嘲弄这种崇拜，杜尚出去买了一个形状跟铁塔相似的瓶架子。为了让它不仅仅是个架子，他在底座上写了一行奇怪的文字，一种诗句，有点像把标题写在画面上（在一片争议声中，他对《下楼的裸女》就是这样做的）。

恶搞没有到此为止。在巴黎，另外一个科学崇拜的对象就是铂铱合金制作的米原器。它象征着科学的严肃性，富于创意的反叛分子雅里、鲁塞尔和戈德堡等人都喜欢拿这个开玩笑。1913 年底的一天，杜尚拿了三根一米长的缝线（称为"终止"线），把它们举到画布上方一米处，然后让它们自由落下，把形成的自然弯曲形状画下来。在接下来几个月里，杜尚用这三根线的形状创作了一幅油画，取名《终止网络》（1914），然后又用薄木板把曲线的形状刻下来，将它们装在一个盒子里，取名《三个标准的终止》（1913—1914）。

杜尚将他的全部方法称为"戏谑物理学"，是从雅里的啪嗒学衍生而来的。例如，用在米原器上，掉落的缝线提供了一种"衡量长度的新形状"。[32] 回顾"终止"项目，杜尚解释说它表达了自己关于"偶然性"

在艺术中所扮演的角色的深刻理解。当然,这是一种个人的新启示,因为过去许多艺术家,甚至达·芬奇和毕加索都谈论过艺术中的偶然和巧合。[33]但是对于杜尚来说,这种"发现"了偶然性的单纯感觉是非常特别的,并且在事后看来越来越富有戏剧性。正如他后来在一次访谈中所说的,《三个标准的终止》及其对偶然性的运用,"为我的未来上满了发条"。[34]

* * *

1914年春天,杜尚和毕加索虽然生活在各自的世界里,却在共同为现代艺术的未来奠基。只有在事后回顾时,才能理解这一时期作为转折点的重要意义。当时,杜尚和毕加索都只是在追随自己艺术家的本能。按照年代顺序,从自行车轮到缝线,杜尚用他的日常物品创造了第一个重要的例子。同时,在1913年的笔记中,他问自己一个问题:

人们能从非艺术中创造出艺术品吗?[35]

杜尚可能知道,人们每天都在做东西,却不把它们称为"艺术品"。但是他绕口令似的问题实际上做出了一个颠覆性的论断:他的意思是说,至少在恶作剧的世界里,"任何东西"都可以成为艺术,甚至一个插在椅子上的自行车轮。杜尚又用了几年时间才清晰地表达了大规模生产的物品也能成为艺术品的观点。跟他的"偶然性"学说一样,在艺术和工艺品中使用普通"物品"的学说也不是杜尚的原创,而且没有什么特别深刻之处。不过,是杜尚详细说明了这个问题。他最后宣布,任何平庸的物品都能成为艺术品,只要你把它归为"现成品"艺术——这个词在艺术史上流传下来,几乎跟"立体主义"并驾齐驱。

杜尚可能还没有意识到,现成品的思想可以成为表达他的许多宝贝理论的工具,从偶然性在艺术中的应用,到"思想"在艺术中的核心角色。他也找到了一种绘画评论的方法，在他职业生涯的这个时期，他对绘画怀有很深的敌意。如果说他最后找到了一种与绘画对抗的手段——或者实际上是一种摧毁它的方法——现成品似乎刚好可以完成这个任务。

当现成品准备成为杜尚留给未来现代艺术的遗产时，毕加索仍然热爱绘画，他正在创造另外一种将会产生长期效应的先例。这是毕加索对金融世界和视觉艺术产生的影响。[36] 在这方面，标志性的事件发生在1914年3月2日，毕加索的一幅画在拍卖中拍出了现代艺术作品在当时的最高价。

重点在于这个价格是在拍卖中取得的，这证明了现代艺术可以成为一种有价值的投资。十年前，一群法国投资者组成了一个小型协会，购买艺术品，等待其升值，然后在拍卖中出售。他们购买的作品之一是毕加索玫瑰时期的《江湖艺人》。当它出现在3月的拍卖台上，卖出了12 650法郎，是六年前他们购买价格的12倍。这个高价上了头条新闻，让毕加索在某种意义上成了名流。同样重要的还有，现代艺术开始成为众所周知的投机对象，像股票、矿产和铁路一样有利可图。

在巴黎，杜尚肯定听到了消息。他肯定也将毕加索与那个超出他自己掌控范围的艺术与金钱的世界联系在一起，杜尚一生似乎都在为这个问题困扰。这次著名的拍卖一年后，杜尚给在美国的沃尔特·帕克写信，一方面回避"追名逐利的艺术家生活"，另一方面仍然想知道怎样才能赚到每天的面包。"听说你卖掉了我的画，我非常高兴，"他在给帕克的信中说，"但是我害怕落入不得不卖画的境地，总而言之，我害怕要靠当画家来谋生。"[37]

在1914年，杜尚的现成品和毕加索的拍卖的深远影响还完全不明了。如果告诉人们在20世纪末，"现代艺术"将用那些在艺术品拍卖中拍出数百万美元天价的现成品来定义，每个人都会感到惊讶。

* * *

不过，欧洲各国之间不断酝酿的冲突不再仅仅停留在理论上。1914年8月，法国和德国相互宣战。法国人相信战争会在六个月内结束，他们的预测显然错了。

毕加索和埃娃到亚维农去度夏天，在那里得到了消息。他们在那里遇到了布拉克夫妇，画了一夏天的画。作为艺术家，他们的生活是美好的：拥有真爱和成功的事业。1914年6月23日，埃娃给巴黎的家人写信说："今天早上，毕加索在城里找到一座西班牙式的房子……是时候搬到我们自己的地方安顿下来了。这种住旅店、到处游荡的生活不再适合我们了。"[38]随着战争的爆发，安顿下来的梦想破灭了。

作为一个身在法国的外国人，毕加索知道他必须迅速采取行动。得到消息的当天，他和埃娃就乘夜车回了巴黎。第二天早晨，毕加索从银行取出了所有存款（马蒂斯说有十万金法郎）。他还确认了他的非本国公民的居住文件仍然有效。他们直接回到亚维农，第二天毕加索陪布拉克去了火车站。布拉克要到部队去报到。如果不是因为埃娃生病了，毕加索和埃娃本可以在南方多待一段时间。很快他们就不得不回到战时的巴黎为埃娃看病。阿波利奈尔跟他最新的女朋友也在南方避暑。他把服兵役看作成为法国公民的最后机会。他跟其他人一起开车回巴黎，后来对此给出了一个诗意的说法："小汽车载着我们驶向新篇章"。[39]

* * *

整个1914年，战争的阴云并没有让国际艺术市场陷入停滞，军械库展之后，继续活跃在艺术品交易中的少数美国人之一就是沃尔特·帕克。军械库展后，帕克留在纽约，专注于艺术品交易。他在那里结婚并定居。但他一直跟雷蒙·杜尚-维永保持通信，为美国收藏家安排更多的艺术品运输，他们也讨论过帕克回访巴黎的事。就在帕克计划这次行程时，战争爆发了。杜尚的两个哥哥应征入伍。雅克随步兵团上了前线，雷蒙在医疗队服役。

战争爆发时，杜尚正在诺曼底海岸他父母的度假屋。有了早年间服役的经历，杜尚不在此次征兵动员的行列内。许多人相信战争很快就会结束，所以杜尚接替他的哥哥继续跟帕克合作，帕克计划在纽约举办一次画廊展览。当帕克1914年底到达巴黎时，杜尚尽心竭力地接待他。他们在左岸圣米歇尔大道和拉斯拜尔大道的咖啡馆碰面。帕克给杜尚讲了更多军械库展的故事，还给他看了剪报。杜尚答应帮助帕克搞到更多的画。他也提供了自己的一些作品，因为在《下楼的裸女》之后，一个初生的马塞尔·杜尚的市场似乎在美国出现了。

帕克起程回纽约时，带了五幅杜尚的画。在那之前的一天，他们坐在高伯兰大街的一条长凳上，帕克劝杜尚去美国。毕卡比亚喜欢美国，杜尚为什么不会呢？

送走帕克后，杜尚对这一邀请犹豫不决。然后战争愈演愈烈。很快德国占领了比利时。1915年1月，征兵委员会征召杜尚入伍。体检发现他的心脏有杂音。他被暂时免除了兵役，但这没有什么值得羡慕的。很多丈夫和儿子们此刻都在战壕中战斗，巴黎街头闲逛的年轻人是人们鄙夷的对象。女人们在街头向他们扔白鸡毛，或者吐口水。

杜尚尽量留在家里，并且让自己忙起来。在他的公寓里，他继续完成《大玻璃》的草稿，最后把它从墙上转移到纸上。他也实验在玻璃板上用铅丝、油漆和金属箔片表现自己的设计。他制作了两幅这样的图画，一幅是九个光棍（他称之为《九苹果模具》），另一幅是像带滑道的车轮那样的"水车"设备。除了完成他的杰作的草稿，杜尚还整理了他的笔记，这些纸页（实际上更像是碎纸片）是他多年来各种思想片段的潦草记录。

出于没有人能够确切了解的原因，有一天杜尚选择了一些纸片（十六页笔记和一幅图画），像达·芬奇的笔记被影印成现代书籍一样，在一间照片冲洗店复制了他的杜尚派笔记。然后他把每张底片装裱在空白画板上。最后将它们放在一个用来装相纸的空盒子里。这就是著名的《1914年的盒子》，说来奇怪，艺术家和艺术史学家们都认为它是一项重大成就。最后，它成了杜尚艺术思想和《大玻璃》构思的"初版"。

实际上，带着这样一个计划，杜尚已经在打包行李，为生活中的重大变化做准备。他在1915年4月与帕克的通信中说，他会将说好的东西托运过去：雷蒙的几件雕塑，他自己的另外三幅画——《下楼的裸女》1号、《大玻璃》的透视图，以及一幅完整的油画，题目是《从处女到新娘的过渡》。不久，他又给帕克写信，这次是提醒他自己在法国接受过足够的教育和培训——高中、业士文凭和图书馆的经历——足以在美国找到一份工作。至此已经很清楚，杜尚想去美国，他的最后一封信（都是用法语写的）说明了一些表面上的理由：

> 我早在战争前就讨厌这种我曾浸润其中的"艺术的生活"了，这和我想要的东西恰恰相反，因此我才在图书馆找个事做来摆脱那些艺术家。战争一爆发，我愈加和这里的气氛格格不入，我无论如何得离开这里了。到哪儿去？纽约是我唯一的选择，因为有你在那里，我还希望在纽约我能摆脱艺术的生活，如果有必要就让工作占满我的时间。我请求你对我的哥哥们严格保密，因为我知道我的离开会让他们难过。[40]

在纽约，帕克正在设法组织一场欢迎会，并为杜尚找一份工作。他写信给在纽约当律师的约翰·奎因，为杜尚的到来铺平道路。奎因是军械库展的重要人物，帕克现在就在为他做艺术品代理人。帕克告诉奎因："他说他很愿意到纽约来。"[41] 后来，或许是为了向奎因保证不会有艺术家待遇方面的纠纷，帕克还告诉奎因杜尚不想靠卖画谋生。[42] 凭借对艺术的全方位的悟性，帕克没有忘记通知新闻媒体，《下楼的裸女》背后那个人终于要到美国来了。

杜尚整理行装时，为数不多的个人物品大多留在了他的公寓，包括自行车轮和瓶架子。他把玻璃画"水车"送给了雷蒙的妻子，但把另一幅玻璃上的实验作品（《九苹果模具》或光棍）打包带到了纽约。他计划轻装出行：一些衣服、《大玻璃》的草图终稿、其他草图、全部或大部分笔记——其他的都装在他脑子里。这副精神行囊包括了将会占据他余生的思想和计划：色情的裸体、恶作剧、对机械制图的熟悉，以及与"艺术"思想爱恨交织的关系。

如果有机会，杜尚也想下棋。到目前为止他已经下了不少，可能也在考虑自己人生的终局：他能够摆脱艺术世界成为别的什么人，还是作为杜尚家的一员，现在想改变已经太晚了？

6月6日，杜尚乘火车抵达波尔多，乘上了SS. 罗尚博号汽轮。这艘船在夜里起航，不敢开灯，害怕吸引德国潜艇。这是杜尚第一次出这么远的门，不过只是后来无数次往返横跨大西洋的旅行中的第一次。九天后，SS. 罗尚博号就在1915年6月15日把他平安带到了纽约港。两年多前，杜尚错过了军械库展，但不管怎样，军械库展的回忆仍然萦绕在纽约。这为杜尚未来四年在美国的新生活铺平了道路，他的恶作剧掀起了艺术界的革命。

回到巴黎的土地上，毕加索也免除了兵役，他成了欧洲持续不休的艺术争论的挡箭牌。

注释

1. 关于沃尔特·帕克和军械库展的故事参见 Brown，*SAS*；and Laurette E. McCarthy，*Walter Pach（1883—1958）：The Armory Show and the Untold Story of Modern Art in America*（University Park，PA：Pennsylvania State University Press，2011）. 帕克记述了自己与毕加索、杜尚和现代艺术的相关经历，见 Walter Pach，*Queer Thing，Painting：Forty Years in the World of Art*（New York：Harper and Brothers，1938）.

2. Davies quoted in Brown，*SAS*，70. 军械库展上，杜尚的四幅油画都是生物形态线条画风格的：《下楼的裸女》、《火车上忧伤的年轻人》、《下棋者的肖像》和《被旋转的裸体包围的国王和王后》。

3. See Walter Pach，*A Sculptor's Architecture*（New York：Association of American Painters and Sculptors，1913）. 这是军械库展为数不多的官方出版物之一。

4. 康维勒可能缺少足够的作品。一些是从正在举行的联盟展览会上撤回来的，还有一些是他为最富有的赞助人保留的，最好的是他为1913年初即将举办的毕加索回顾展保留的。

5. Brown，*SAS*，60.

6. 同上，86.

7. 联盟展全称是联邦德国艺术爱好者和艺术家联盟国际艺术展，在大规模现代艺术市场的中心科隆举行，面向德国莱茵区（以西）开放，1912年9月30日结束。这是当时欧洲最新现代艺术的最大规模集结：包括凡·高作品125幅、塞尚作品26幅、高更作品25幅、点画派作品115幅、保罗·希涅克作品18幅、爱德华·蒙克作品32幅和毕加索作品16幅。

毕加索和沙龙立体主义者之间的对立贯串了1913年德国举行的历次展览。1913年2月毕加索在慕尼黑的回顾展之前，柏林的风暴画廊为沙龙立体主义领袖罗伯特·德劳内举办了展览，对抗毕加索。See Richardson，*LP*2，216. 1913年12月，毕加索在柏林举办了他的第二大展览，题为"毕加索和部落文化"。

8. Davies quoted in Brown，*SAS*，65.

9. Kuhn quoted in Brown，*SAS*，65.

10. Duchamp quoted in Cabanne，*DMD*，32.

11. Gabrielle Buffet-Picabia，"Some Memories of Pre-Dada：Picabia and Duchamp," in *DPP*，257.

12. Kuhn quoted in Brown，*SAS*，78.

13. Brown, *SAS*, 92.

14. Mabel Dodge, "Speculations, or Post-Impressionism in Prose," *Arts and Decoration* 3 (March 1913): 172, 174.

15. 1913年3月底军械库展在曼哈顿结束后不久,《纽约时报》刊登了独立照片,标题是"创作古怪的立体主义作品的兄弟"。Reproduced in William C. Agee, ed. *Raymond Duchamp-Villon, 1876—1918* (New York: Walker and Company, 1967), 121.

16. *New York Times*, March 1, 1913, 14; *New York Times*, March 16, 1913, SM1.

17. *New York Tribune*, February 17, 1913.

18. Brown, *SAS*, 177, 167, 159, 162.

19. 同上,182-183.

20. 巴黎仅有的关于军械库展的新闻来自一份活跃的新艺术杂志《蒙绍》:"这次展览只是一个幌子,为了展示糟糕的美国画家的作品……法国艺术家的作品散落在糟糕的位置,只是作为吸引公众的诱饵……(由于)毕加索的油画没有被放在一起,没有人能够认识到这位艺术家的天赋。"《下楼的裸女》和杜尚都没有被提及。《蒙绍》还对沙龙立体主义者罗伯特·德劳内的待遇提出了抱怨,德劳内提交了一幅9×12英尺的大型油画(整个展览中最大的一幅),美国委员会拒绝悬挂这幅题为《城市巴黎》的作品。

21. "Picabia, Art Rebel, Here to Teach New Movement," *New York Times*, February 16, 1913, 49.

22. 在纽约,军械库展共有87 620位付费参观者。热情洋溢的帕克说是25万。芝加哥的展览是免费的,吸引了188 650位参观者。波士顿的展览收费很低,规模较小,有12 676位参观者。通过报纸和广播报道,数百万美国人第一次听说了"立体主义"或"现代艺术",这都是巡展的功劳。See Brown, *SAS*, 118, 203, 217.

23. Picasso letter to Daniel-Henry Kahnweiler, June 12, 1912. Quoted in Judith Cousins, "Documentary Chronology," in *Picasso and Braque: Pioneering Cubism*, ed. William Rubin (New York: The Museum of Modern Art, 1989), 394-395.

24. Duchamp quoted in Lebel, *MD*, 84. 杜尚说图书馆的工作"是一个占据明智的位置,并以此来反对艺术家对手的奴役的步骤"。See Cabanne, *DMD*, 41.

25. 关于"机械美学"参见 Robert M. Crunden, *American Salons: Encounters With European Modernism 1885—1917* (New York: Oxford University Press,

1993），379 - 380. See also William A. Camfield,"The Machinist Style of Francis Picabia," *The Art Bulletin* 48 (September-December 1966)：309 - 322.

26. 关于杜尚在图书馆的研究参见"A l'Infinitif," *SS*，86；Cabanne，*DMD*，41.

27. Leonardo da Vinci, *The Notebooks of Leonardo Da Vinci*, vol. 1, ed. Edward Mac-Curdy (New York：Reynal and Hitchcock，1938)，43.

28. 杜尚说他之所以选择玻璃是因为看到了颜料在玻璃板上的状态。See Calvin Tomkins, *The Bride and the Bachelors：Five Masters of the Avant-Garde* (New York：Viking，1965)，29. 还有其他可能的影响因素。皮托的一位画家弗兰克·库普卡在玻璃上作画，杜尚也读过达·芬奇的笔记，介绍画家如何用一只眼睛透过玻璃窗观察，理解远处物体的透视关系。杜尚参观巴黎的国家艺术与工业博物馆时，看到了一排排的大玻璃展柜，每个展柜中间都由一根金属棒分开，里面装着奇妙的机械装置。See Linda Dalrymple Henderson, *Duchamp in Context：Science and Technology in the Large Glass and Related Works* (Princeton, NJ：Princeton University Press，1998)，103；and plate 164.

29. 杜尚关于这些问题的笔记参见 Marcel Duchamp, *Notes and Projects for the Large Glass*, ed. Arturo Schwarz (New York：Abrams，1969)，36 - 42. See also "A l'Infinitif," *SS*，74 - 101.

30. Marcel Duchamp,"The Green Box," *SS*，30.

31. Jeffrey Weiss, *The Popular Culture of Modern Art：Picasso, Duchamp, and Avant-Gardism* (New Haven, CT：Yale University Press，1994)，133.

32. Marcel Duchamp,"The Green Box," *SS*，49；Duchamp,"The 1914 Box," *SS*，22. 当时，杜尚可能已经读过普遍流行的关于阿尔伯特·爱因斯坦相对论的最新报道，说当一根棒子运动的速度达到光速，它的长度会变短。

33. 杜尚关于偶然性的观点参见 Katharine Kuh, *The Artist's Voice：Talks with Seventeen Modern Artists* (Cambridge, MA：Da Capo Press，2000 [1962])，81，92. 现代艺术中偶然性的观点并不是原创的。See Miles Unger,"Finding Art in Random Images Is as Old as Art Itself," *New York Times*, August 22，2000，AR28. 在艺术中使用偶然的图案可以追溯到老普林尼和达·芬奇，毕加索说："什么东西能够刺激一幅新作品的诞生？……有时候画面中的一个点是由于错误或偶然刚好出现在那里的。"See Antonina Vallentin, *Picasso* (Garden City, NY：Doubleday，1963)，37.

34. Duchamp quoted in Kuh, *The Artist's Voice*，81.

35. Marcel Duchamp, "A l'Infinitif," SS, 74.

36. 关于毕加索和杜尚在带来20世纪"艺术目标的转变"——通过拍卖和现成品——方面扮演的角色，我借鉴（这里引用）了以下分析：Yve-Alain Bois, *Painting as Model* (Cambridge, MA: MIT Press, 1993), 236-237.

37. Duchamp letter to Walter Pach, April 27, 1915, in Naumann, *AMSC*, 37.

38. Éva's letter of June 23, 1914, quoted in Daix, *PLA*, 138.

39. Guillaume Apollinaire, *Calligrammes: Poems of Peace and War (1913—1916)* (Berkeley: University of California Press, 2004), 111.

40. Duchamp letter to Walter Pach, April 27, 1915, in Naumann, *AMSC*, 36-37.

41. Pach letter to John Quinn, April 15, 1915. Quoted in Marquis, *MDBSB*, 108.

42. Pach letter to John Quinn, October 10, 1915. Quoted in d'Harnoncourt, *MD*73, 43. 这封信经常被用来证明杜尚是反商业的："他一直靠其他职业谋生，我和他都无法想象他会变得商业化，如果他需要靠艺术来维持生计，就无法拥有现在的独立性了——这对他而言非常重要。"

第 8 章 秩序的回归

"我的生活是地狱。"毕加索在 1915 年写给格特鲁德·斯泰因的信中说,这时候战争爆发已经一年了。[1]这是在马塞尔·杜尚去美国六个月后。格特鲁德自己也去了西班牙。埃娃因为癌症(或肺结核)生命垂危,躺在战时巴黎边缘地带的一间拥挤不堪的诊所里。毕加索的地狱是一种真空,一种持续的空虚。

在战争的第一年,他熟悉的一切似乎都人间蒸发了:巴黎的艺术界,他的毕加索帮和财务保障,特别是他的代理商康维勒是德国人,战争爆发时康维勒人在瑞士,法国政府遂将他收藏的大量毕加索作品当作敌国财产予以没收。[2] 1915 年 12 月 14 日,埃娃离开了人世,毕加索几乎掉进了真空——不过至少在女人方面并非完全如此。在埃娃生命的最后一年,他仍然保持着安达卢西亚式的作风。毕加索还认真追求过三个蒙马特女人——舞者和模特——但是他最喜欢的两个都拒绝了他的求婚,这让他对自己有了些新的反思(在 34 岁那年)。[3]

巴黎左岸继续进行的一项活动是由两个流亡的斯拉夫人——谢尔盖·费拉特和海伦·费拉特(奥廷格男爵夫人)举办的波希米亚沙龙或社交聚会。[4]在巴黎,他们代表了沙皇俄国最后的没落贵族,这个阶层很快就将被布尔什维克革命一扫而空。他们比格特鲁德更富有,二人出手阔绰,宴会流光溢彩,很快就使格特鲁德家的聚会黯然失色。例如,谢尔盖为阿波利奈尔的刊物《晚间巴黎》提供了资助。作为一名画家,谢尔盖与沙龙立体主义者志同道合。他刚刚接触到俄国先锋派,很快对其有了更深入的了解。

　　毕加索在舍尔歇大街的工作室过着单身汉的生活，完全沉浸在蒙马特的氛围中。他身边不再有最初的诗人和画家朋友，也不再有商业经纪人来将他同巴黎的喧嚣隔离开来。先锋派中从来不缺少机会主义者，自然，他们也活跃在过着街头生活的波希米亚人当中。不过，偶尔他们也会出现在巴黎的上流社会。1915年夏末的一天，就有这样一个年轻的诗人出现在毕加索家门前，寻找着机会。

　　他的名字叫让·谷克多。谷克多出身显贵，才华横溢，年纪轻轻就在蒙帕纳斯的诗歌圈子中小有名气，因此成为父母的骄傲。他创作过一系列题为"轻浮"的诗歌。他的机智毋庸置疑。不过，要想继续发展，他还需要找到进入先锋派的更高层次——立体主义画家的小圈子的通道。他曾经请作曲家埃德加·瓦雷兹把他介绍给毕加索，这一天终于在舍尔歇大街的工作室来临了，谷克多回忆说，这是"自己生命中最重要的一次相遇"。[5]据说，谷克多在工作室看到了一幅巨大的彩衣小丑的油画，后来有一天，他穿着雨衣回到毕加索的工作室，进门后脱下雨衣，露出一身彩衣小丑的戏服。

　　这种浮夸的作风——加上他对同性恋的涉猎——在巴黎为谷克多赢得了毁誉参半的评价。格特鲁德说他是个"苗条、优雅的年轻人"，波希米亚作曲家埃里克·萨蒂则说他是只"讨人厌的鸟"。[6]不管怎样，谷克多拥有天赋、抱负和在巴黎文学圈内的有利地位。他对法国文化持一种左翼和右翼相结合的观点，富有的赞助人大多支持左翼的波希米亚人。谷克多的语言天赋也大有帮助。他总能为某个特定的时刻或事件想出一个容易记住的名字。其中一个名字——绝不是他唯一的杰作——有两个变体：秩序的回归或秩序的召唤。

　　这个词的意思是法国"古典"文学和艺术的回归或复兴。在整个国家关于现代艺术的"恶作剧",特别是立体主义引起的分歧的大讨论之后,这种回归显得尤为必要。从一开始,一些法国评论家就把立体主义归为一种外国的艺术形式。现在与德国的战争正在继续,立体主义更是被看作外国人在法国的第五纵队①。[7]

至少对毕加索来说,不需要某种书面上的"秩序的召唤",他已经开始恢复自己的学院派素描和油画练习。这种素描从战争爆发前几个月,他在南部的快乐时光里开始出现。在亚维农,毕加索创作了酒吧里的男人和扶手椅里的女人的线条画:这些画是现实主义的,虽然背景仍然有点立体主义式的模糊不清。正如毕加索的一位传记作家所说的,毕加索在"尝试让立体主义革命与文艺复兴的透视法联姻"。[8] 1915 年初,在巴黎,他开始创作精美的学院派素描,例如其中有一幅马克斯·雅各布的画像、一幅情人的画像,后来又为其他画商朋友画了肖像(包括沃拉尔和一位新人莱昂斯·罗森伯格)。

后来毕加索的这些作品开始出版:雅各布的画像最早在 1916 年进入公众的视线。抗议毕加索的古典主义转变的左翼艺术评论家,跟之前他的立体主义雕塑——吉他和苦艾酒瓶——初次面世时嘲笑他的右翼艺术评论家一样多。这一次,沙龙立体主义联盟指责毕加索(尽管他从来不是他们中的一员)背叛了目标。在现实中,这种争论在艺术家的小圈子之外没有引起什么关注。战争已经把现代艺术挤到了次要位置。1916年上半年,大部分战前的立体主义者举办"现代艺术在法国"展览时,

---

① 西班牙内战期间,以佛朗哥为首的叛军勾结德国、意大利法西斯联合进攻马德里,潜伏在市内的破坏分子和奸细活动猖狂,乘机暴乱。一名叛军头目在广播中叫嚷"我们的四个纵队正在进攻马德里,市内还有一个'纵队'在待机接应"。当被问及谁先攻入马德里时,他回答是"第五纵队",意指那些在城内潜伏的间谍和内线。此后"第五纵队"便成了内奸和间谍特务的代名词。——译者注

现代派画家们竭尽所能地团结在一起。这次展览是一种爱国主义的姿态，连毕加索也参与其中，但是在很大程度上被忽略了。这是毕加索第一次参加巴黎的沙龙，也是他第一次公开展出《亚维农妓院》，就是在这次展览中一位诗人朋友将其正式命名为《亚维农少女》。

除了两三次例外，毕加索几乎没有创作过跟战争有关的作品。[9] 他 1915—1916 年的部分油画——比如《彩衣小丑》和《坐着的男人》——营造出一种诡异、混乱的黑暗，捕捉到了战争时期的绝望气氛。对于那些关注现代派画家的人们来说，毕加索的新方向带来了双重惊喜，因为他的离群索居，没有人知道最近几年他都在做些什么。另外一个原因是，毕加索没有被立体主义画家热衷的新的机械美学所吸引，比如画家费尔南德·莱热创作的高度机械化的作品，马塞尔·杜尚和毕卡比亚也找到了其他的表现形式。

对毕加索影响更大的是战争初期他与意大利画家乔治·德·基里科的友谊，基里科是在巴黎的流亡者，经常在谢尔盖和海伦的沙龙上露面。当时，基里科正在创作他所谓的"形而上学"绘画，大量借鉴古罗马雕塑和建筑艺术。在基里科年轻时刚刚成为画家的那段日子，他去过米兰，看到了意大利古典式柱廊的长长阴影，并开始描绘户外的城市风光。他的画面孤独而神秘，经常出现古典雕像和远方喷着蒸汽的火车。

无论是出于什么原因，毕加索事实上摆脱了立体主义，尝试另辟蹊径。他的背离开始于那两幅近乎超现实主义风格的大型油画——《坐着的男人》和《彩衣小丑》。在后者中，他第一次使用了"针头"男人的形象（或许是从基里科经常使用的裁缝的人体模型头中得到的灵感）。彩衣小丑曾经是他玫瑰时期作品的核心，它的复活标志着毕加索向着更加古典主义的过去的回归。他上一次使用彩衣小丑的形象是在 1909 年。现在它又高调回归了。归根结底，谷克多打扮成彩衣小丑是非常聪明的一步。

* * *

谷克多知道自己要在先锋派中获得成功，必须首先打入立体主义的小圈子。起初他跟沙龙立体主义的领袖阿尔伯特·格莱兹的妻子交上了朋友，但是格莱兹为了逃避兵役很快离开了法国。然后谷克多决定采取一种更加直接的方法：直达最高层。他研究了毕加索和他在蒙马特一带的活动。在瓦雷兹的引荐下，他尽可能给毕加索留下好印象。此后，他完全成了毕加索的崇拜者，这招奏效了。

穿戏服拜访毕加索时，谷克多正在服兵役，在医疗队服务。后来他被委派到战时新闻办公室，凭借他的语言天赋，写了许多反对德国的鼓舞人心的宣传稿。他有充裕的休假时间在巴黎闲逛，换句话说，有时间组织各种各样的戏剧演出。他知道，关键在于招募艺术界的知名人士。在说服毕加索的问题上，谷克多颇有办法：在实行灯火管制的战时巴黎，他带毕加索参观了高高在上的巴黎上流社会。毕加索将那种生活跟他从蒙马特开始了解、在左岸仍然随处可见的艺术家的生活做了比较。

谷克多尝试重新组织一场戏剧演出已经有一段时间了。他的设想从莎士比亚的《仲夏夜之梦》的滑稽版到《圣经》中大卫王故事的衍生剧，全都未能实现。第二次跟毕加索见面时（穿着彩衣小丑的戏服），他的招募计划起初仍然很模糊，但是最后明确了目标：他希望邀请毕加索帮助制作一出自己写的戏剧。剧本的名字叫《游行》。

为了说服毕加索，谷克多动用了他在上流社会的所有关系，对毕加索施加影响。向他伸出援手的是富有的智利社会名流和艺术品专家、时尚和先锋派的赞助人尤金妮亚·埃拉苏里斯。埃拉苏里斯是一位五十多岁的黑美人，能够讲流利的西班牙语，也是俄罗斯著名芭蕾舞团团长谢尔盖·季阿吉列夫的朋友。从伦敦到巴黎，季阿吉列夫的舞团在欧洲巡演了一段时间。在巴黎，季阿吉列夫舞团演出的《火鸟》、《彼得鲁什卡》和《天鹅湖》都赢得了一片赞誉声。与此同时，他的俄罗斯知交、作曲家伊戈尔·斯特拉文斯基在 1913 年 5 月用《春之祭》震惊了巴黎，这出舞剧中充满了色情的舞蹈和不协调的音乐（马塞尔·杜尚也坐在观众席上）。

谷克多迫切地渴望创造属于自己的"声名狼藉的成功"，以《春之祭》为样板，引领巴黎的现代戏剧。"但愿《游行》能够唤醒那些由马戏团、音乐厅、旋转木马、舞会、工厂、海港、电影等所引发的下意识的情绪。"他在给斯特拉文斯基的信中说。[10] 受到这种热情的感染，埃拉苏里斯拜访了毕加索。1916 年 5 月，埃拉苏里斯说服季阿吉列夫到巴黎来，在舍尔歇大街的工作室跟毕加索见面，工作室的窗户俯瞰蒙帕纳斯公墓，这让季阿吉列夫心烦意乱。尽管季阿吉列夫对立体主义和抽象主义这样的当代艺术感到困惑，但他很容易接受新事物。毕加索担心自己可能离开波希米亚画家的崎岖世界，进入一潭死水的戏剧世界，但他还是决定冒险一试。

加入《游行》的谈判还改变了他生命中的另一个平衡。埃拉苏里斯现在取代了格特鲁德·斯泰因富有的女性赞助人的地位。毕加索的朋友们称她为"他的公爵夫人"。在做出关于《游行》的最终决定之前，毕加索需要搬出舍尔歇大街。租约到期了，关于埃娃的痛苦记忆也徘徊不散。所以他把所有东西都搬到了已经准备好的第二处住所，位于蒙鲁日的一座别墅，距离蒙帕纳斯大约要步行二十分钟。作曲家萨蒂也住在附近的亚捷地区，他和毕加索讨论《游行》，并应邀为其创作音乐。他们两人是蒙马特的旧相识，当时萨蒂是夜总会的钢琴师。萨蒂不喜欢谷克多。但他喜欢跟毕加索和季阿吉列夫一起工作。8 月底各方达成了共识。尽管怀疑、反感和资金的缺乏如影随形，演出还是开始了。[11]

作为演出的指导，季阿吉列夫在1916年9月的第一个星期就抵达巴黎，把日程安排交给法国团队。到来年1月，他们有五个月的准备时间。然后他们在罗马集结，俄罗斯芭蕾舞团离开即将被革命推翻的旧帝国，将总部迁到了这里，在罗马，他们开始制作道具和戏服，并开始编舞。在毕加索的这第一个戏剧作品中，他的任务是设计舞台布景、大幕和戏服，然后在工匠和画家的协助下，制作所有的实物，这一切都必须在1917年5月的首演之前完成。毕加索深谙艺术品经销之道，要求签订一份合同。他的费用是5 000法郎，"如果我必须去罗马，再加1 000法郎。草图和模型仍然属于我"。[12]

现在，毕加索和萨蒂开始消解谷克多的原始剧本。"《游行》真的有我的份。"抓狂的谷克多给一位女性艺术赞助人写信说。[13]萨蒂也给同一位赞助人写信，丝毫没有表现出同情心。"我发现毕加索的创意比谷克多的还棒，多么了不起！"萨蒂写道，"我支持毕加索，谷克多还不知道！该怎么办？毕加索告诉我继续使用谷克多的剧本，而他——毕加索在使用另一个：他自己的剧本。"[14]

当这些交流在1916年秋天进行时，毕加索仍然在设法说服他的情人艾琳嫁给他，而艾琳是个特别善变的女人。他们在蒙鲁日的别墅同居，毕加索在那里绘制《游行》的布景和戏服的草图。循着他对早期古典主义主题的回归，他又开始在大幕上使用彩衣小丑、杂技演员和马匹的形象。不过，他的布景和戏服无疑是立体主义的。他为一些演员设计了立体主义的三维服装。离开罗马的日子到了，艾琳另攀高枝，毕加索在罗马结婚的一厢情愿的计划化为了泡影。他唯一的旅伴是谷克多。

他们乘坐1917年2月17日的罗马快车。谷克多终于与一位先锋派的领袖建立起牢不可破的私人关系。他余生都像行星围着太阳转一样围绕着毕加索——大部分要感谢毕加索善意的宽容——成为画家身边又一个歌颂者。毕加索的第一次意大利之行的收获远不止谷克多的奉承和崇拜。与《游行》无关，这次旅行让他充分接触到了古典主义的过去，看到了大量过去只在基里科的作品中隐约看到的东西。例如，当毕加索完成现实主义的马克斯·雅各布画像时，他脑子里想的是法国学院派画家让-奥古斯特-多米尼克·安格尔。现在，在到1917年5月中旬为止的三个月时间里，他沉浸在意大利古典和异教的氛围之中。

到达罗马后，毕加索住在芭蕾舞团下榻的狒狒街上的俄罗斯酒店。在短暂的逗留期间，毕加索还在马格塔街找了一间工作室，从窗口能够看到因文艺复兴时期的名门望族而得名的美第奇别墅。闲暇时间里，毕加索跟斯特拉文斯基一起参观艺术博物馆，或者独自造访罗马的妓院：这里是意大利的安达卢西亚。他也在继续他的线条画，为斯特拉文斯基和季阿吉列夫画漫画。工作上了轨道，他们就去春游。主要的目的地是那不勒斯，这是毕加索与地中海艳阳下的罗马古迹邂逅的开始。在他的余生中，毕加索创作了许多异教徒主题的画作——酒神、半人马、牛头怪弥诺陶洛斯，以及众神的强暴。他在法国学院派绘画中看到过这些主题。通过在意大利的仔细观察，希腊和罗马神话世界迷人的异教气质令他大开眼界。

他在罗马看到了历史遗迹、壁画和马赛克。他参观了佛罗伦萨，那里曾经是欧洲艺术学院的所在地（实际上学院在1648年后搬到了巴黎）。或许最令他折服的是庞贝和赫库兰尼姆的遗址，毕加索到维苏威火山脚下的这两座古城去过好几次。据说，他"被那宏伟的遗址深深震撼了，漫无目的地爬过倒塌的石柱，长久地注视着罗马雕塑的碎片"。[15]他试图模仿表现家庭活动中的裸女的古代壁画。"我已经完成了几幅庞贝城的幻想作品。"他给格特鲁德·斯泰因写信说。[16]意大利的历史遗迹对他的影响，就像非洲雕塑在前立体主义时期对他的影响一样大。他也意识到，他高度认同的法国画家——比如让·柯罗和安格尔——都在意大利学习过。而且，离开巴黎去罗马之后，毕加索很快在季阿吉列夫的芭蕾舞团中发展出一个新的毕加索帮。

当然，在这个小团体中还需要有一位毕加索的新爱人。她就是俄罗斯芭蕾舞女演员奥尔加·霍赫洛娃。"我有六十个舞蹈演员。"毕加索对格特鲁德夸口说。不过，奥尔加非常吸引毕加索，这是他第一次如此认真地对待一个女人，而且是个非常难得手的女人。季阿吉列夫告诉毕加索如果想跟一个俄罗斯女人有进一步的发展，必须先跟她结婚，毕加索和奥尔加就是如此。他已经准备好安定下来了。她是一个俄罗斯上校的女儿，确切地说不是贵族，但她显然很适应社交界，毕加索回到巴黎后也渐渐习惯了这种环境。

‖ 毕加索的第一任妻子奥尔加·霍赫洛娃和俄罗斯芭蕾舞团团长谢尔盖·季阿吉列夫，1928年在蒙特卡洛。

在《游行》公演之前的几个月里，毕加索一直在向奥尔加求爱，巴黎的演出结束后，又跟着她和舞团去了巴塞罗那，他们在那里演出一场更加古典的剧目（还在马德里演出了一场《游行》——让深受传统束缚的西班牙人感到困惑）。在巴塞罗那，毕加索把奥尔加介绍给了他的母亲。她不太喜欢俄罗斯人。所以毕加索当场画了一幅黑头发的奥尔加穿着西班牙传统服饰的画像，送给他母亲。善良的尤金妮亚·埃拉苏里斯为求婚扫清了道路。在指导毕加索穿着和礼仪之后，埃拉苏里斯把他介绍给了西班牙国王，当天晚上国王正在为俄罗斯芭蕾舞团举行一场盛大的宴会。

俄罗斯舞团的下一站是阿根廷。不过奥尔加在甲板上跟大家道了别。她跟毕加索一起回到巴黎，1918年7月12日，他们在一座俄罗斯东正教教堂举行了婚礼。阿波利奈尔、谷克多和马克斯·雅各布是证婚人，他们刚好代表了毕加索现在横跨的两个世界——波希米亚的世界和贵族的世界。埃拉苏里斯把自己在法国西南海角城市比亚里茨的海滨别墅借给毕加索度蜜月。

毕加索回到巴黎时，《游行》引起的喧嚣已经尘埃落定。《游行》在巴黎最大的剧场夏特莱剧院首演，实现了"声名狼藉的成功"。强烈立体主义风格的戏服让一些观众又一次想起了德国的恶行，这一类呼声是最先出现的。敌意的言论喊着："滚回柏林去！""滑头！逃兵！"[17]有一件逸事，大腹便便的阿波利奈尔是因为头部受伤从前线归来的，穿着天蓝色制服、头上缠着绷带的他挺身而出，凭着自己的好口才平息了法国观众的情绪。"如果没有阿波利奈尔，"谷克多回忆说，"女人们会用帽针把我们的眼睛挖出来。"萨蒂创作的音乐是一种无调的刺耳声音，毫无旋律，也刺激了观众的神经。第二天，最糟糕的评论把谷克多、萨蒂和毕加索称作三个无赖。

第8章　秩序的回归

无论如何，《游行》作为现代戏剧的一个转折点载入了史册。作为文字工作者，阿波利奈尔也为艺术世界增加了一个新的术语。他为《游行》写了解说词，因为找不到一个更好的描述，他起初使用了"超自然主义"戏剧，后来灵光乍现，想到了"超现实主义"这个新词。他觉得这个词刚好能够表达他的意思。（不久之后他就写出了自己的喜剧，副标题是"一出超现实主义戏剧"。）[18]

作为《游行》的剧作者，谷克多将其所有的内涵都表现出来了：这是关于三个马戏团演员的故事——一个杂技演员、一个中国魔术师和一个年轻的美国女孩，女孩在巴黎的林荫大道上表演，把人们吸引到马戏团来。他们有三个"经理"，即故事中的反派。经理们强迫他们辛勤地工作。在谷克多看来，这是肤浅的表面艺术（街头拉客）与艺术的内在完整性（马戏团内的表演）的诗意表达。[19]观众们不去理会象征意义，感官效果才是最重要的。

通过将古典主义与立体主义的主题混合在一起，毕加索做出了自己的贡献，经理们头戴高高的三角帽，跟他玫瑰时期风格的杂技演员站在一起。这种混合一直伴随着他后来的职业生涯，最终发展为一种成熟的风格，后来被20世纪20年代涌现的一批以巴黎为基地的诗人和画家称为超现实主义。现在，创作《游行》的经验让毕加索适应了大而复杂的三维项目。他还为季阿吉列夫设计过另外四出剧目的布景。[20]

毕加索和奥尔加回到巴黎时，战争快要结束了。停战协议是1918年11月11日签署的。在那之前两天，阿波利奈尔因为受伤体弱，死于1918年的大流感，这次全球性流感夺走的生命比刚刚结束的战争还要多。法国"胜利"了，但是付出了惨重的代价。阿波利奈尔的葬礼举行时，毕加索和奥尔加住在巴黎豪华的鲁特西亚酒店。月底，在毕加索的新代理商——法国人保罗·罗森伯格（德国出生的康维勒在战时离开巴黎，他填补了这一空白）的帮助下，他们搬到了博埃蒂街23号的一间大公寓。这个地区环境优雅，有许多代理商和画廊。毕加索把楼上一层的公寓也买了下来，作为他的工作室，连奥尔加也不许进入。

战后，"秩序的召唤"愈加公开化。自然，许多文化团体宣称要为法国的"古典主义"传统代言，一些扎根在南部，另一些在北部。[21]连立体主义者都声称自己是古典主义的：他们在画布上完成理性的构图，跟法国学院派的做法一样。不管怎样，在整个欧洲，更多的艺术家开始创作现实主义的作品，抽象派艺术让位到了一边。

马恩河血战①之后，高度立体主义、俄耳甫斯主义和抽象派绘画无拘无束的实验似乎与战争的狂热非常接近。布拉克在战争中负了伤，身体恢复以后，开始创作更加现实主义的作品。即便如此，一次布拉克的新立体主义—现实主义画展还是让过去抱有善意的评论家们震惊了："气氛忧郁而沉重，像一座地下墓室。"[22]连德兰这样顽固的立体主义者现在都说，归根结底，文艺复兴时期的拉斐尔是"最被误解的画家"。[23]简言之，立体主义"没有足够的新鲜感再孕育新一代了"，一位从前的立体主义诗人这样说。[24]

法国文学也回归了秩序，主要表现为古典拉丁语的回归。不是别人，正是阿波利奈尔断言了这个新方向。沐浴着地中海的阳光，陶醉在古典主义的主题中（即使在萨德侯爵的色情文学中），阿波利奈尔始终是一位南方的古典主义者，一位意大利笑剧、传奇故事和狂欢节的爱好者。他从来不喜欢毕加索向原始主义的转变。阿波利奈尔生前在1916

---

① 第一次世界大战西线的战役，第一次马恩河战役发生在1914年9月，英法联军合力打败了德意志帝国军，双方伤亡都很惨重，是一战的一个关键时刻。第二次马恩河战役发生于1918年7月至8月，是西线德军最后一次发动大规模攻击的战役，以德军的失败告终。——译者注

年的一首诗中写下过这样的辩白的诗句，为年轻的先锋派做解释：

> 将我们与尽善尽美者相比时
>
> 请对我们宽容
>
> 我们并非你们的敌人
>
> 我们要给你们开辟辽阔的陌生领域[25]

去世前几个月，他写信给毕加索："我希望你画一些普桑那样的大型作品，一些抒情的东西。"[26]这种回归最早的倡导者是谷克多，他所受的社会教养造就了他保守的倾向。他一边写作一边做演讲。在比利时的布鲁塞尔，他写信给一个战后艺术和文化团体说，是的，没错，劝说毕加索回归古典主义绘画的正是他而不是别人。欧洲在战争状态下对工业效率重要性的认识也推动了秩序的召唤。现在，工厂、政府机构、农场甚至居民区都必须做到庞大而有序。对效率的发现是战争的成果之一。过去的活力论（认为生物的机能和活动产生于生命力），无论是柏格森哲学中的还是原生态的无调性音乐中的，都显得太天真了。

在某些艺术形式中，艺术家也以新的、有时候极端的方式效仿理想的秩序。主要的例子就是皮特·蒙德里安的作品，他主张要创造一种"纯粹的"有序结构。他相信纯粹的秩序和简单的色彩（黑色、白色、红色、蓝色和黄色）是绘画的最高成就，有些类似见神论的观点，蒙德里安、康定斯基和其他人在谈论美学时提出了这种神秘主义的宇宙观。

毕加索过去的代理商康维勒也提出了一些新理论。战争爆发时他正在瑞士度假。在意大利找到一处临时的避风港后，他回到中立的瑞士等待战争结束——作为一个德国人他不能回法国，而作为一个和平主义者他也不想进入德国军队服役。他在伯尔尼大学学习哲学。结果，在创作《立体主义的兴起》（1920）这部简史时，他从哲学上划分了两种立体主义方法:"分析的"(将现实予以分解)和"综合的"(将不同的现实碎片加以整合)。[27]

对于毕加索,几乎所有这些现代理论都与他的日常工作毫不相干,他现在已经转向古典主义。他可能是在意大利之行中捕捉到古典主义的氛围和主题的,但是他将法国画家的双峰——普桑和安格尔——视为要超越的对手。除了婚姻给他带来了由奥尔加安排的新的社交生活之外,战后还有另一个需要他应对的问题。艺术界几乎约定俗成地公认毕加索和马蒂斯是现代艺术的大师。在接下来几年里,他们两人的作品被放在一起展览,用一本展品目录上的话说,作为"当代艺术两大对立趋势的最著名代表"并肩展出。[28]这是出色的市场推广,尽管对于老派的马蒂斯来说有点过火,当今画廊的推销手段让他有些吃不消。

战争结束时,毕加索36岁,马蒂斯48岁。他们在战争期间见面比其他任何时候都频繁。他们的对立仍然存在,但是他们的友谊也加深了。一个鲜明的对比是,马蒂斯离开了长期忍耐他的妻子,投入了由年轻模特组成的"后宫",他在法国南部城市尼斯跟这些女人生活在一起。相反,毕加索步入了婚姻的殿堂。两人的共同点是,战后他们都将注意力投向了阳光明媚的法国南部。

很快,在奥尔加的陪伴下,毕加索的第一个疗养地选择了未开发的里维埃拉的海滨度假村。他在巴黎的工作室也能画画,就在他舒适的公寓楼上一层。但是毕加索喜欢山间和海滨的别墅。"我立刻就知道乡间适合我。"他回忆说。[29]地中海的浴者成为他尝试将古典主义的技巧与立体主义的空间夸张相结合的主题。一个典型的例子是他的小幅油画《浴者》(1918)。三个女人、帆船和灯塔构成了比例失调的画面,线条和色彩明快,好像服了迷幻剂的普桑或安格尔。

随着时间的推移,这样的浴者有许多形式的化身:古代雕像、假想的生物、昆虫般的人物。这些实验让毕加索走上了自己的"超现实主义"道路,这场文学和艺术运动直到1924年才成形(尽管阿波利奈尔在1917年就偶然地发明了这个术语)。作为画家,毕加索之前已经有其他人留下了粉碎现实的遗产,比如凡·高、塞尚和马蒂斯。这三位画家已经自成体系:凡·高使用粗壮、弯曲的线条;塞尚使用短促、破碎的笔触;马蒂斯使用网状的装饰纹样。相比较而言,毕加索以一种无限主观的形式重组现实。[30] 而且在当时,他似乎同时也响应了战后法国的风尚——秩序的召唤,古典主义艺术框架的复兴。

但不是每个人都想要秩序。1916年在苏黎世,一群反战的艺术家试图创造一个反艺术的世界(后来被称为达达)。达达精神从来没有强势地传入美国,因为归根结底,美国直到1917年才参战,而且大体上远离欧洲的艰苦战事。像他一生中经常发生的那样,马塞尔·杜尚夹在欧洲和美国的经历中间。他1915年到达纽约,对他来说,艺术世界与新风格或反战都没有关系,只意味着做他想做的事,享受生活,制作《大玻璃》,搞点恶作剧。

注释

1. Picasso letter to Gertrude Stein, December 9, 1915. Quoted in Richardson, *LP2*, 375.

2. 战争结束后,法国政府将没收的毕加索作品拍卖,这些作品落入了新的画商手中(甚至回到康维勒手中),由此重新进入艺术市场。

3. 毕加索追求的三个女人是27岁的夜总会歌舞演员加布丽埃勒·"嘉比"·德佩尔、巴黎时尚模特埃米利安·帕克特和蒙帕纳斯的模特艾琳·拉古特。

4. 毕加索可能与海伦·费拉特秘密幽会过,此外他还跟谢尔盖的情人艾琳有私情(艾琳和嘉比都拒绝了毕加索的求婚,参见注释3)。

5. Cocteau quoted in Richardson, *LP2*, 380.

6. Gertrude Stein, *The Autobiography of Alice B. Toklas* (New York: Vintage

Books, 1961 [1933]), 172; Satie letter to Valentine Gross, February 15, 1917. Quoted in Richardson, *LP2*, 431.

7. 战时法国对立体主义的看法是由崇敬到认为其荒谬。战前德国汤块调味品生产商在全法国发行过带有"KUB"商标的广告,一些法国人将其视为德国的宣传符号。(几年前,毕加索和布拉克在他们的一些画中加入过"KUB",作为一种幽默元素。)另一方面,一些立体主义画家受法国军方委托设计迷彩伪装,这是战争中的一种新发明。关于迷彩装备,毕加索说:"这是我们做的。" Quoted in Stein, *The Autobiography of Alice B. Toklas*, 23.

8. Daix, *PLA*, 170.

9. 毕加索画过一些阿波利奈尔穿军装的卡通素描,他的拼贴画时期包括一些关于巴尔干冲突的报纸大标题。他画过一幅抽烟斗的士兵,但是在1915年用别的画将其覆盖了。See Richardson, *LP2*, 405.

10. Cocteau quoted in Richardson, *LP2*, 389.

11. See Richardson, *LP2*, 388-390, 420-421.

12. Picasso quoted in Richard Buckle, *Diaghilev* (London: Hamish Hamilton, 1979), 321.

13. Cocteau letter to Valentine Gross, September 4, 1916. Quoted in Richardson, *LP2*, 419.

14. Satie letter to Valentine Gross, September 14, 1916. Quoted in Richardson, *LP2*, 419.

15. Leonide Massine, *My Life in Ballet* (London: Macmillan, 1968), 108.

16. Picasso quoted in Daix, *PLA*, 155.

17. Quoted in Daix, *PLA*, 156.

18. Mark Polizzotti, *Revolution of the Mind: The Life of André Breton*, rev. and updated (Boston: Black Widow Press, 2009 [2005]), 53-54.

19. See Jerrold Seigel, *Bohemian Paris: Culture, Politics, and the Boundaries of Bourgeois Life, 1830—1930* (Baltimore: Johns Hopkins University Press, 1999), 359-365.

20. 毕加索与季阿吉列夫还合作过另外四部作品:*Le Tricorne* (June 1919, London), *Pulcinella* (May 1920, Paris), *Cuadro Flamenco* (May 1921, Paris), and *Le Train Bleu* (June 1924, Paris). 他还为巴黎的其他三位戏剧家设计过布景、戏服和幕布(*Antigone*, 1922; *Mercure*, 1924; and *Le Rendez-Vous*, 1945). See "Theater Productions in which Picasso has collaborated," in Alfred H. Barr, Jr.,

Picasso: Fifty Years of his Art (New York: Museum of Modern Art, 1946), 275.

21. See Mark Antliff and Patricia Leighten, *Cubism and Culture* (New York: Thames and Hudson, 2001), 111-118.

22. Reviewer quoted in Daix, *PLA*, 170.

23. Derain quoted in Daix, *PLA*, 170.

24. Poet and critic Blaise Cedrars quoted in Daix, *PLA*, 170.

25. Guillaume Apollinaire, *Calligrammes: Poems of Peace and War (1913—1916)* (Berkeley: University of California Press, 2004), 345.

26. Apollinaire quoted in Daix, *PLA*, 161-162. The letter is dated August 22, 1918.

27. Daniel-Henry Kahnweiler, *The Rise of Cubism* (New York: Wittenborn, Schultz, 1949 [1920]). 康维勒从伊曼努尔·康德的哲学中借用了这些术语（分析和综合）。关于立体主义理论解释的历史参见 David Cottington, *Cubism and Its Histories* (Manchester, UK: Manchester University Press, 2004), 165-240.

28. Quoted in Jack Flam, *Matisse and Picasso: The Story of Their Rivalry and Friendship* (Cambridge, MA: Westview Press, 2003), 114.

29. Picasso quoted in Daix, *PLA*, 174.

30. Flam, *Matisse and Picasso*, 125.

第 9 章　　一个巴黎人在美国

跟他之前的许许多多移民一样，杜尚从纽约港进入美国。1915 年 6 月 15 日，天气和暖如春，他在巴黎认识的朋友、年轻的美国艺术家和艺术品代理商沃尔特·帕克到码头上迎接他。在前来报道杜尚到来的新闻记者的簇拥下，帕克带他简单地参观了这座城市，很快报纸上的大标题就把他称为"下楼的裸女背后的男人"。[1]帕克为律师和收藏家约翰·奎因工作，在杜尚到曼哈顿的第一年里奎因给了他很大帮助。刚到纽约的头几天，帕克让杜尚住在自己的公寓里，然后带他到上城去，在那里，杜尚遇见了自己的宿命。

这个宿命就是富有的波希米亚收藏家沃尔特·爱伦斯伯格和他的妻子露易丝。爱伦斯伯格是从波士顿搬到曼哈顿的，在军械库展上接受了现代艺术的洗礼。军械库展在波士顿巡展的日子里，帕克遇到了爱伦斯伯格，对杜尚给予了很高的评价。爱伦斯伯格夫妇把他们在纽约西 67 大街的房子借给杜尚，自己到康涅狄格消夏去了。爱伦斯伯格是一位诗人，露易丝是一位音乐家，两人都继承了足够的财富，所以波希米亚式的安逸生活和艺术趣味非常适合他们。仿佛是命中注定的，爱伦斯伯格也是一个国际象棋的狂热爱好者。在他们的妥善安排下，杜尚在纽约度过的头几个月宛如梦境。

又在另一间公寓为别人照看房子之后，杜尚在百老汇 47 街的林肯游廊附近住下来，那里有许多艺术家的工作室。他现在经常出入爱伦斯伯格家，参加他们的晚会。在这个早期阶段，爱伦斯伯格实际上还不理解杜尚带到美国的一切——他的笔记、他的观点、他的恶作剧,以及他的《大玻璃》。不过很快,爱伦斯伯格对杜尚终生的支持就开始了。最初两人达成了一笔交易:他为杜尚支付在纽约的房租,交换完成后的《大玻璃》。

爱伦斯伯格刚刚进入他作为艺术收藏家的全盛时期。他和露易丝的投资回报都很好——他的家族在匹兹堡从事钢铁和银行业,她家在波士顿从事纺织业。爱伦斯伯格向现代艺术的转变非常彻底,他加入先锋派的决心也非常坚定。他马上就成为曼哈顿波希米亚艺术沙龙的关键人物。在军械库展时期,沙龙是由摄影家阿尔弗雷德·斯蒂格利茨的圈子主导的,地点位于他的291号画廊(因为画廊的地址是第五大道291号)。这个小小的中心聚集了一批前沿艺术家,毕卡比亚在1913年跟他们相识,从而开始为斯蒂格利茨的《291》杂志设计封面。

不过,斯蒂格利茨的圈子能量不是特别大。军械库展期间,它的风头开始被纽约女继承人梅布尔·道奇的沙龙盖过,道奇是个离了婚的波希米亚人,她的沙龙更加热闹和充满活力。她在意大利佛罗伦萨待了七年后来到纽约,以前就经常举办家庭招待会。她也在巴黎参加过格特鲁德·斯泰因的沙龙。"我想认识每一个人,"来到纽约后道奇说,"每一个人都想认识我。我特别想认识事件的领袖、运动的领袖、报纸的领袖、各种各样的人群的领袖。"[2]道奇的沙龙创造了美国第一块文学艺术人群的聚居区。曼哈顿的派对连续举办了好几年后,她的剧作家朋友们去了马萨诸塞州的普罗温斯顿,后来又远赴新墨西哥。

爱伦斯伯格夫妇第一次到曼哈顿时,他们被吸引到格林威治村的一个诗歌沙龙,是在当时名不见经传的诗歌杂志《游吟诗人》的出版商艾伦·诺顿和露易丝·诺顿家中举办的。爱伦斯伯格在那里结识了作家和国际象棋棋手。通过他们,他开始接触到同时代的艺术家。杜尚到曼哈顿时，道奇的沙龙——相对于杜尚的趣味来说过于精英化了——正要解散，不过爱伦斯伯格组织了自己的沙龙，刚刚活动了一年，正处在上升期。[3]

爱伦斯伯格不是一个成功的创始人，更不是个革命者。他出了名的不修边幅。他跟露易丝之间是互不干涉的开放式婚姻，但是他行事中庸，从来没有像梅布尔·道奇那样因为浮夸的作风而在曼哈顿出名。道奇是个活跃的双性恋者，与改革派记者约翰·里德有过一段著名的风流韵事。不过对于美国艺术方向的转变，爱伦斯伯格在1917年吸引过来的团队是那一时期最重要的，同年美国加入了第一次世界大战。带着在巴黎取得的声望，杜尚成了这个团队的中心，用一位见证人的话来说，是"艺术家和知识分子，以及年轻女士心目中的英雄"。[4]在杜尚到美国之前，其他从巴黎来的人已经在曼哈顿抢滩成功，包括毕卡比亚和他的妻子加布丽埃勒。毕卡比亚被任命为纽约一个与古巴贸易有关的法国经济代表团的成员（因为毕卡比亚的父亲是古巴人，母亲是法国人），对于这项工作他一直在开小差（后来出于精神健康的原因被解聘了）。

如果说毕卡比亚是军械库展期间人们关注的中心，那么现在他的位置被杜尚取代了。与此同时，任何来自欧洲的流亡者在爱伦斯伯格的沙龙都受到欢迎，艺术家和食客们在"咆哮的20年代"① 真正到来之前经历着某种类似的浪潮。"我们刚一到纽约就成了一个由来自各个国家、各色各样的人组成的帮派的一员，昼夜颠倒……整日沉溺于性、爵士乐和酒精之中。"加布丽埃勒·比费-毕卡比亚写道，她是那个时代的记

---

① 指20世纪20年代，这十年间北美地区激动人心的事件数不胜数，因此有人称这是"历史上最为多彩的年代"：包括以爵士乐为代表的新艺术的诞生、现代女性面孔的出现、无数具有深远影响的发明创造、前所未有的工业化浪潮、民众旺盛的消费需求与消费欲望，以及生活方式翻天覆地的剧变等。——译者注

录者。[5]

去参加爱伦斯伯格的宴会，客人要进入西67街的哥特式大厦，穿过大理石门厅，从一个穿制服的门房跟前经过，然后乘电梯上三楼。公寓有一间天花板很高的书房和起居室，楼上是两间宽敞的卧室。从林肯游廊走过来很近，所以杜尚几乎每天都来，感觉就像在家里一样自在。他第一次来时，爱伦斯伯格的公寓里已经装饰着布朗库西的雕塑以及马蒂斯、格莱兹和雅克·维永的绘画。派对开始得很晚。午夜时分会端上巧克力蛋糕和威士忌，掀起一轮新的高潮。

除了艺术、性和酒精，爱伦斯伯格派对上的另一种通用语言就是国际象棋。爱伦斯伯格本人在学生时代是哈佛大学国际象棋代表队的队长。无论场面多么喧闹，爱伦斯伯格的公寓里永远有一个角落在下棋，杜尚总是坐在棋盘边。通常，当其他人离开后，杜尚和爱伦斯伯格会一直下棋到天亮。他们心灵相通，而且其中有一种诗意。

后来，杜尚努力去解释国际象棋的秩序与艺术和诗歌中混乱、随意的元素有何相似之处。尽管他做了尝试，却无法给出一种令人满意的清楚的联系。所以杜尚最终没有把国际象棋描述为一种看得见的东西，而是说它更像诗歌，一种游走在各种关系中的文字对象。国际象棋有严格的结构，无疑，杜尚也像所有国际象棋棋手一样思考：先是开局，接下来的策略标志着中盘，然后是终局，双方棋手针对棋盘上剩余的兵力做出缜密的思考。杜尚经常说国际象棋更多的是一种科学而非艺术，然后又掉过头来说相反的话。

后来，每当人们询问杜尚关于国际象棋的评论意见时，都是把他当作艺术家（而不是国际象棋教练）来问的。他的回答精辟而含糊。这些回答指出了试图让国际象棋成为超越它本身属性的其他东西的内在困难性：国际象棋只是一种依赖记忆力和聚精会神的性格的逻辑游戏。作为艺术家的杜尚也非常享受逻辑、准确性和竞争，他对国际象棋的热情显示出出奇制胜是他性格中的一个基本元素。

杜尚法国人的个性成为曼哈顿波希米亚圈子中受欢迎的话题，而爱伦斯伯格关于他自己却没有什么好解释的。尽管他是个失败的诗人，但在理论方面却是大师。他在剑桥的家中将拉弗格、魏尔伦和马拉美的诗歌由法文翻译成了英文。然后他转而研究语言学理论，包括经典作品中的秘密符号，这无疑勾起了杜尚的好奇心。[6]

跟道奇的沙龙一样，爱伦斯伯格的沙龙也将触角伸出了曼哈顿。他跟一个三人的艺术家团体取得了联系，他们在纽约工作，住在哈德逊河对岸新泽西州的里奇菲尔德。1915年9月的一天，爱伦斯伯格带杜尚去了那边，杜尚就是在那里遇见了比他小三岁的伊曼纽尔·拉德尼茨基，此时已经改名叫曼·雷。杜尚一句英语也不会说，但他跟在美国土生土长的曼·雷建立了一种特别的联系。他们在草地上打网球时，无论曼·雷说什么，杜尚通常都会说"好"。跟爱伦斯伯格和杜尚一样，曼·雷也喜欢下棋。他的第一任妻子是比利时人，是个说法语的自由职业者，喜欢法国诗歌（阿波利奈尔的，甚至雅里的）中表现出来的猥亵和荒谬，两人1914年结婚，正是他妻子向他介绍了巴黎先锋派。[7]

杜尚到曼哈顿前，帕克对他曾经说过想去图书馆工作的话很认真。律师奎因为杜尚在摩根图书馆找到一个面试的机会。面试没有结果，不过到了10月，奎因为杜尚在法国文化中心谋得了一个职位，每天下午2点工作到6点。"这比我想象的还要好，"杜尚怀着感激的心情给奎因写信说，"我得到了想要的全部自由。"[8]他的自由大部分献给了社交生活，其次（从时间和精力的投入来看）就是在制作《大玻璃》。一天，杜尚终于出门订购了两块大玻璃板。拼装好以后的成品有9英尺高，5.5英尺宽。他把它们送到他在林肯游廊的工作室，平放在齐腰高的锯木架上。

曼·雷去参观杜尚的工作室时,简陋的环境和厚厚的积尘给他留下了深刻的印象。他说杜尚的房间看起来像是"废弃的"。一面墙边有一个水槽和水管,一根管子通到房间中央的浴缸。杜尚在房间里挂了一些雅克的画和一幅他自己的素描,不过除此之外,曼·雷的描述是,"地板上到处散落着废报纸和垃圾"。只有一个电灯泡照亮整个房间。这可能就是为什么直到最后,曼·雷才注意到角落里那一大块厚玻璃板,"上面布满了用细细的铅丝勾勒出的复杂图案"。旁边的墙上挂着杜尚为《大玻璃》画的草图,满是"精确的图案……符号和说明"。[9]

曼·雷是在1916年秋天来访的,杜尚以艺术家的身份在纽约安顿下来已经有一段时间了。到纽约四个月后,杜尚对一位纽约记者说:"我在这里非常快乐……到这边以后我一幅画也没有画过。"[10]六个月后,他给奎因写信,向他保证自己实际上正在艺术方面"努力工作"。他还撒了一个无伤大雅的小谎:"你此前看到时刚刚开始制作的那个'大玻璃'现在已经几乎完成了。"[11]其实这时候的杜尚还沉浸在社交生活中,《大玻璃》要到七年以后才会"完成"。

在纽约,杜尚找到了赞助人——艺术家这个阶层,跟他在巴黎避之不及的其实是同一类人,只不过现在具体到了奎因、爱伦斯伯格和其他人身上。"帮助艺术家是富人的美德。"杜尚后来说。[12]有了这些人的帮助,他可以继续过自己唯一理解的生活——波希米亚式的生活。当机会出现时,杜尚仍然是把握机会的行家里手。到曼哈顿后不久,他在爱伦斯伯格的圈子里认识的许多贵妇人请他教她们法语,特别是那些又有钱又有闲的年轻女人。除了机智幽默的天赋和诺曼人的英俊外表,杜尚还有语言天赋。他的英语进步很快。有一天他会成为新旧两块大陆上英语说得最好的法国艺术家。

法语课（这缩短了他在法国文化中心工作的时间）使他与一个家庭的联系尤为紧密——旅居美国一年后，杜尚给施特海默一家三姐妹教法语，这是纽约一个富有的犹太家庭。姐妹三人——依次是卡丽、弗洛伦和艾蒂——全都聪慧而早熟，弗洛伦成了一位艺术家，艾蒂拥有海德堡大学的哲学博士学位，是一位小说家。三人都没有结婚，弗洛伦用绘画向杜尚表达敬意，艾蒂（比杜尚大 13 岁）则公开跟他调情，不过也仅限于在她的小说《情天》中描写了一个以他为原型的人物。教养良好的三姐妹（已经会说法语）为法语课付给杜尚每小时 2 美元，这是个很不错的价钱，他每个月的房租是 35 美元，而且爱伦斯伯格已经为他料理好了。

* * *

杜尚在 1916 年秋天告诉记者他"到这边以后一幅画也没有画过"，除了一次短暂的例外，他又坚持这样做了很长时间。

在纽约，杜尚遇到了生命中另一位重要的赞助人——现代艺术收藏家和倡导者凯瑟琳·德赖尔。德赖尔住在康涅狄格州的雷丁市，曾经到欧洲学习过。她自己也是一位画家，很早就开始购买凡·高和其他人的作品。作为一个单身、受过良好教育的有钱女人，德赖尔毕生致力于慈善的社会改革，首先就是现代艺术，她说这是"一种进步和道德的社会力量"。[13]

德赖尔也受到军械库展的鼓舞，现在她见到了著名的杜尚——创作《下楼的裸女》的艺术家。德赖尔有一副好心肠，是天生的组织者，最后却成了个老姑娘。她自己有钱，可以做任何想做的事。她不仅把杜尚当作一个优雅的法国门客，而且实际上把他当成了儿子（或许还是一个想象中的情郎）。她请他为自己图书室里一个狭长的水平空间画一幅画（题目是《你使我》，现在收藏于耶鲁大学艺术画廊）。杜尚答应了，这幅画于1918年完成，实际上是他最后一幅绘画作品。跟爱伦斯伯格一样，德赖尔对他的《大玻璃》也非常着迷（后来他们两人将交替拥有这件作品）。

‖ 杜尚和凯瑟琳·德赖尔在她康涅狄格州雷丁大宅的图书室。杜尚最后的油画作品《你使我》（1918）在背景中的书架上方，他身后是《大玻璃》。

就《大玻璃》这件作品而言，杜尚更像是手艺人和工程师，而不是画家。机械美学正在纽约兴起。杜尚在制作《大玻璃》中的机器——一架鲁布·戈德堡风格的性机器。在毕卡比亚回到纽约后，他也开始画机器，有时候将朋友们比喻成机器（斯蒂格利茨被画成一架照相机，一位女收藏家被画成一个火花塞）。"机器不再仅仅是生活的附属品。"毕卡比亚对《纽约论坛报》说。当时杜尚刚到美国不久，他们两人被视为推动美国艺术发展的"法国艺术家"。毕卡比亚说："（机器）已经成为人类存在的一个组成部分。"[14]

机器只是一系列相互联系的事物中的一环，这些事物共同影响着杜尚作为艺术家接下来的行动。在他周围，与新美学有关的是摄影术和新的诗歌，这种诗歌以格特鲁德·斯泰因等人的方式关注文字对象。斯蒂格利茨证明了任何一个对象都可以被拍摄下来并称为艺术。

同样，一首诗可以只是关于对象的一串文字。这是格特鲁德在巴黎、埃兹拉·庞德在伦敦、威廉·卡洛斯·威廉姆斯在爱伦斯伯格的圈子里发展出的现代主义诗歌：关注对象、细节，而不是大概念、象征、情绪或者过去诗歌的主题。正如庞德所说的，"直接地对待'事物'本身"。除了国际象棋，这种针对语言的现代主义观点代表了爱伦斯伯格享乐主义的沙龙中知识分子的一面：这些人对文字游戏、双关语和内部发行的"小杂志"① 感兴趣。[15]

不过这种新的"现代主义"拒绝过去一切美学的态度，以及它对普通物品的拔高，使它成为一种反艺术的形式。杜尚坚持自己的观点，将反艺术的矛头对准了绘画。1915年的《艺术与装饰》选用了一位法国画家的讽刺言论作为大标题："偶像破坏者——马塞尔·杜尚的艺术观点大反转"。[16]一向富于洞察力的加布丽埃勒·比费-毕卡比亚在回顾这一时期时说，毕卡比亚和杜尚"想要瓦解艺术的概念，用一种个人的精神力量取代……形式美的普遍价值"。[17]这种个人的精神力量造就了一个因为著名而著名的20世纪艺术家。这位艺术家更像一个塔罗牌解读者或印度教先知，在伦敦、巴黎和曼哈顿的上流社会贵妇的波希米亚沙龙中非常受欢迎。

毕卡比亚扮演这个角色时间不长，就从纽约的艺术界消失了。他因为健康原因免服兵役，可能是因为精神崩溃。他仍然经济富裕、后顾无忧，于是去了巴塞罗那——另一座等待战争结束的法国艺术家聚集的城市。在那里，毕卡比亚出版了自己的反艺术杂志，名字叫《391》，接过了斯蒂格利茨夭折的《291》杂志的班。在未来十年里，毕卡比亚有一些艺术创作，不过大多是在他自费出版的刊物上攻击他不喜欢的一切人

---

① 一种刊登试验性文艺作品的非商业性而且发行有限的杂志。——译者注

和事。

毕卡比亚走后，另外三个人成了杜尚在纽约最好的朋友。他们是曼·雷和两个法国人——出生在瑞士的艺术家让·克罗蒂和亨利-皮埃尔·罗谢。罗谢是个崭露头角的小说家，最受女性欢迎。他在纽约有不少风流韵事，感谢他的记忆力，让我们知道杜尚也是如此。他们共同的情人之一是年轻的旧金山女孩比阿特丽斯·伍德，她跟他们两人都坠入了爱河，不过先认识的是罗谢。罗谢离开后，她开始跟杜尚在一起。伍德年轻而早熟，跟罗谢一样成了一名传记作家。她留下了爱伦斯伯格小圈子全盛时期的最详尽记录。[18]她将克罗蒂和曼·雷描述为杜尚在艺术上主要的同伴。

有一段时间，克罗蒂跟杜尚一起住在林肯游廊，后来爱伦斯伯格在自己的住处楼上为杜尚租了一间公寓。1915年底的一天，杜尚和克罗蒂在百老汇大街散步，走进一家五金店。他们人生中第一次看到一把雪铲。杜尚买下了它，克罗蒂把它扛在肩膀上走回家。某天，杜尚在雪铲上写上"折断胳膊之前"几个字，又签上了自己的大名，就像他在自己的画上用小字写上谜语般的标题一样。他深知，这样的标题改变了物品的内涵，至少它们娱乐了观众，而题目越费解，恶作剧就越成功。然后杜尚用一根电线把这把雪铲挂在天花板上。

若干年后，杜尚将雪铲事件解释为自己现成品革命思想的一部分。实际上，在1915年，他对目标还不是特别确定。他最早从哲学角度提出类似现成品的观点是在1913年简短的笔记中："人们能从非艺术中创造出艺术品吗？"到纽约后，他不需要"现成品"的思想也能做其他人都在做的事情：把普通物品变成"艺术品"，以及用新的诗歌、笑话、照片和漫画来颠覆艺术。1915年过去了，他开始重新思考他在巴黎的自行车轮和瓶架子，以及大规模生产的普通物品如何也能成为艺术，或者一种新的反艺术。1916年1月，他终于明白：这些物品可以成为一种重新定义艺术或者摧毁艺术的方法。

他马上给在巴黎的妹妹苏珊写信。他让她去找到（并保存好）那两件东西。他坦率地解释说，他事实上是"作为一件已经完成的雕塑"买下那个瓶架子的：

> 我已经有一个关于这个瓶架子的想法。听着：眼下在纽约，我出于同样的想法买了几样东西，并且把它们当成"现成品"。你的英文够好，足以理解我所起名现成品之意。我在上面签名，并且还给出一句英文标题。我给你几个例子：在一个大雪铲柄的下端，我写了"折断胳膊之前"，翻译成法文是：*En avance du bras cassé*。别把这个费劲地往浪漫的、印象派的或立体主义的方面想——跟这些全都没有关系……以上所有这些话，为的是向你说明：你可以把那个瓶架子当瓶架子用好了，我在遥远的地方却要把它当成一个"现成品"。你得在底部，在那个圆座子的内侧，用小号的油画笔蘸着银白色颜料写上一些小字，至于写什么话，我以后告诉你，你还得同时替我签上名字，用下面这样的笔迹：马塞尔·杜尚。[19]

就这样，在到纽约六个月后，杜尚正式发明了现成品——他总是用英语来表达这个术语。他首创了现代艺术中一个真正重要的分支。这不仅是两种风格之间的巨大分歧，而且是艺术与反艺术之间的鸿沟。他后来说现成品只不过是"一种否认定义艺术的可能性的形式"。[20]无疑，这是一场心理游戏。游戏的一方是杜尚，另一方是毕加索和马蒂斯，后者显得有些老派，仍然在用他们的布面油画坚守着阵地。

在这场心理游戏中，现成品的思想也随着时间的推移，从杜尚个人的冥思逐渐转变为更广阔的艺术世界感兴趣的话题。当时，类似现成品的还有阿尔弗雷德·雅里的啪嗒学，一种聪明而又荒诞的思想，不过很少被学院派当成一种艺术理论来考虑（在巴黎，雅里的思想很快上升到正式的荒诞派戏剧的高度）。对于视觉艺术，一种严肃的现代艺术理论在杜尚购买雪铲前一年刚刚成形。1914年，英国评论家克莱夫·贝尔提出了"有意味的形式"的概念，这是一种通用的标准，用来衡量让一幅作品——无论传统的还是现代的——最有可能获得成功的那些因素。

杜尚的现成品思想有一天会跟"有意味的形式"——以及整个现代艺术的"形式分析"方法——分庭抗礼，不过在1915年，当杜尚把他的艺术家签名写到这些日常物品上时，很难想象到它日后的辉煌。无论如何，这一天迟早会到来。在许多方面，有意味的形式和现成品之间的分歧在20世纪末定义了现代艺术，制造出各种各样的鸿沟，其中一条鸿沟将现代艺术与"后现代"艺术分隔开来，毕加索站在一边，杜尚站在另一边。

当时，现成品的思想是在毫不起眼的环境下诞生的。杜尚首先跟他的妹妹分享了这一观点，或许也跟他的室友克罗蒂讨论过，然后开始跟爱伦斯伯格和他的圈子分享。在他们曼哈顿的派对生活中，现成品是一种愉快的恶作剧，拿严肃绘画、艺术家和艺术开玩笑。很快，杜尚将对现成品做纯理论的探讨：在一些人看来，他将现成品上升为一种严肃的哲学。不过现在，找乐子已经足够了。

在曼哈顿，他开始在其他东西上签名。一天晚上跟爱伦斯伯格圈子里的朋友们一起吃饭时，他在一家高档餐厅墙上悬挂的大型油画上签上了自己的名字。他告诉即将成为他恶作剧同谋的女诗人露易丝·诺顿，他要把巨大的伍尔沃斯大厦变成一件现成品，而他要做的只是在上面签名。

接下来三年里，杜尚购买、找到或制作了类似的日常物品，把它们都加入自己的作品目录。这份单调乏味的目录本来不可能吸引媒体的注意，但是作为《下楼的裸女》背后著名的法国人，报纸和画廊总是在关注他的一举一动。两家曼哈顿的画廊——布尔乔亚画廊和蒙特罗斯画廊希望杜尚提供一些作品，用来展览和出售。在1916年春季的展览上，他提供了一些新的现成品，并对布尔乔亚画廊说，如果他们想要杜尚的其他作品，就必须接受这些。

现成品可以是一些临时性物品：一把雪铲、一把梳子、一个衣帽架、一个塑料打字机罩。人们很难记住它们。例如，没有人能够确切地记得在蒙特罗斯和布尔乔亚的展览上到底展出了什么。[21] 当时，展览本身就是新闻报道关注的对象。《世界晚报》派出一名记者去杜尚和克罗蒂的公寓采访他们，话题转到了天花板上挂着的雪铲。克罗蒂迷住了《世界晚报》的记者，对他开玩笑说"闪亮的大雪铲是他见过的最美的东西"，记者把这句话当作了报道的副标题。[22] 1916年4月4日的这篇文章中并没有解释"现成品"的概念，所以说杜尚或许还没有展露它颠覆性的力量。以后他会的。

*　*　*

此时的美国仍然远离欧洲的冲突，纽约的进步艺术家抱着对军械库展的怀念，决定成立另一个艺术家协会。1916年底他们成立了独立艺术家协会。他们计划在来年，即1917年4月在曼哈顿的皇宫大厦举办一次大型艺术展。[23] 参照巴黎的春季独立沙龙，不设评委会，美国组织者说，他们"对法国艺术发展的贡献比同时期任何其他机构都要大"。[24]

协会有20位创始成员，主要是"垃圾箱画派"的美国画家，但也包括了马塞尔·杜尚。毕卡比亚、阿尔伯特·格莱兹和雅克·维永（缺席）的名字在协会成立时也加了上去，以体现欧洲的品味。通过杜尚，协会也跟爱伦斯伯格联系起来，他身边聚集了许多艺术家，本人富有而热情,而且是一位收藏家。另外一位热烈支持者是凯瑟琳·德赖尔,负责展览的公共教育事宜。

协会章程规定"任何艺术家"只要缴纳1美元的场地费和5美元的年费,都可以参加展览。实际上就是6美元展出两件作品。通过大张旗鼓的宣传,公众也被邀请提交他们的艺术品。不少报纸嘲笑说,现在只要6美元,任何人都可以成为"艺术家"了。协会虽然无法控制提交展品的质量,但至少可以努力让展区看起来像模像样。所以组织者让巴黎沙龙的目击者杜尚担任执行委员会的主席。不是所有的创始成员都同意"不设评委会"的传统,不过到了这一步已经没有回头路可走了。现在,为了让展览更民主,杜尚还补充了另一条规则:"按照字母顺序布展"。

在巴黎,独立沙龙的民主经常带来幽默的结果——恶作剧的小插曲。驴尾巴画的画是其中最著名的,经常有恶作剧者以雕塑的名义提交夜壶之类的东西,不是为了表明哲学观点,只是为了开玩笑。一次,有人问塞尚下一次沙龙准备提交什么作品,他用讽刺的口吻和他一贯的乖戾态度回答道:"一坨屎!"[25]在1917年纽约展览中,协会组织者中没有人担心过恶作剧展品的问题。在组织会议期间杜尚显然也没有提醒过任何人,在巴黎这样的恶作剧有着悠久的历史,是不设评委会的展览经常会遇到的问题。如果在纽约发生此类情况,协会必须随机应变。

纽约的展览开幕当天,各方反应非常热烈。协会展是这个国家有史以来最大规模的艺术家聚会,不可否认参展作品的水平良莠不齐。实际上,有人真的提交了一只夜壶,是空的和干净的(执行委员会成员之一——画家威廉·格拉肯斯"不小心"把它碰到地上打碎了)。[26]

杜尚很忙碌,置身于事件的中心,监督整个展览的布置。看不见尽头的隔板从大厅高大的白色圆柱之间穿过,上面挂满了画作。杜尚用步子测量了走廊的长度,估计展出的1 200位艺术家的2 125件作品排列起来，总共有超过两英里长。工作结束后，杜尚休息、小酌、幽会，以及跟他最亲近的朋友圈子，即爱伦斯伯格、曼·雷、罗谢、伍德和露易丝·诺顿一起下棋。一天杜尚忽然想到一个主意，他圈子里的人大多数都有份。杜尚从不解释他的动机，无论他是在向艺术世界发起一次类似棋局中的进攻，还是仅仅想搞一场老式的巴黎恶作剧。他只用他的行动说话。

展览开幕前一两天，一辆货运卡车停在皇宫大厦门前，送货员搬进来一件送来参展的重东西，附有申请表和 6 美元，署名是费城的"R. 马特"。这是一个白色的陶瓷小便池，申请表上填写的作品名称是《泉》。"R. 马特"的签名位置使得它必须被倒置（跟通常安装在浴室墙壁上的方向相反）。在布展最后阶段的慌乱中，执行委员会的画家认为这是个恶作剧。爱伦斯伯格刚好来了。关于该不该接受小便池参展的问题，他跟画家罗克韦尔·肯特发生了激烈的争论。年轻的比阿特丽斯·伍德也刚好在这时出现，据她说听到的情况是这样的：

"这是下流的！"肯特说。

"这取决于你从什么角度去看。"爱伦斯伯格回答。

"有一种东西叫作体面，这应该是一个人的底线。"

"但是这个展览的目的就是接受艺术家选择的任何东西。这是我们的章程。"爱伦斯伯格说。

"你的意思是如果有人选择展出马粪我们也要接受它了？！"

"恐怕是这样。"

"送这件东西来的人肯定是拿我们寻开心的。"肯特指着小便池说。

"或者是要测试我们。"爱伦斯伯格说。[27]

第 9 章 一个巴黎人在美国

在伍德的回忆录中,她给出了两种不同的描述,两种都很翔实,因为她一直都知道这个秘密:杜尚送交了那个小便池,而爱伦斯伯格是主要同谋者。特别是,这个恶作剧的秘密直到多年以后才揭晓,为整个事件披上了神秘的面纱(以及引起了大量的学术思辨)。

协会中的长者无法彻底拒绝它(或者打碎它),所以这件浴室用品只好被放在一道帘幕后面。为了表示对这种反民主的行为的不满,杜尚和爱伦斯伯格辞职了(可能也把这件事情告诉了新闻媒体)。杜尚给他的妹妹苏珊写信说:"我递交了辞呈,纽约又要有新的谈资了。我以为自己在为那些被独立沙龙拒绝的东西组织一次特别的展览,但事情还是老样子(无谓的重复)!小便池要孤独了。"[28] 作家露易丝·诺顿是杜尚的密友,在这段话中暗示了他的动机:"今天在我们当中有一种'恶作剧'的精神,这是从那些对停滞不前、墨守成规的过度制度化的世界感到不满的(小便池)艺术家中发展起来的。"[29]

人们的确在谈论这件事,不过谈得不多。报纸报道了杜尚的辞职。报纸的行业规范要求在报道中把小便池称为"浴室装置"或"一件熟悉的浴室用具",部分公众以为那是个马桶。协会执行委员会也陷入了紧张。德赖尔仰慕年轻的杜尚,对他的辞职感到特别难过。她对接受小便池投了反对票,因为它不符合"原创性"这一基本准则。她相信这是马特先生的恶作剧,可怜的杜尚只是受害者。作为公共教育事务的负责人,她建议协会邀请马特先生到纽约来为自己"大胆的行为"负责,杜尚也可以陈述自己的意见。跟爱伦斯伯格谈过后,德赖尔给杜尚写信,试图说服他不要辞职。她无比真诚地写道:

> 这是一个简单的问题:一个人有没有权利购买一件现成的物品,签上自己的名字就拿到展览上展出?爱伦斯伯格告诉我你所谓的"现成品"就是这个意思,我告诉他这对我来说是个新概念,因

为我见过的唯一的"现成品"(在杜尚的公寓)是一个组合,它们的组合方式绝对是原创的。我不了解你对单个物品(作为现成品)的想法。[30]

德赖尔对所有这些恶作剧一无所知,对杜尚仍然很忠诚。在荒唐事一件接一件地发生时,她始终保持镇定。作为公共教育事务的负责人,她支持杜尚和爱伦斯伯格组织题为"法国和美国的独立艺术家"的公开演讲。为此,他们找来了富于煽动性的诗人和拳击手亚瑟·克雷万,克雷万在巴黎时就是他们的密友,以狂放不羁著称。麻烦来了。克雷万到达会场时已经喝醉了,他烂醉如泥地爬上舞台,一边脱衣服一边向观众骂脏话。警察来了。杜尚没看出有什么问题。这正是冷笑话的精神:"一次多么精彩的演讲!"他说。[31]爱伦斯伯格为克雷万付了保释金。

与此同时,争论没有引起杜尚等人希望的媒体宣传。所以杜尚、伍德和罗谢出版了自己的小杂志《盲人》。第一期在展览开幕当天出版,没有提到小便池。几个星期后,展览继续进行期间,他们出版了《盲人》的第二期(也是最后一期)。这期杂志从标题到内容,几乎完全是对"R. 马特事件"的评论。这篇评论可能就是杜尚写的,驳斥了马特先生的小便池遭到拒绝的"基础":认为它是不道德的,或者不是由马特先生亲手制作的。"他选择了它,"作者(即杜尚)说,"他把它从日常的实用功能中取出来,给了它新的名称和新的角度——给这个东西灌注了新的思想。"[32]

这短短的几句话,正是杜尚的现成品革命的宣言。

没有人注意到这件事。它是爱伦斯伯格沙龙里的一件趣事,仅此而已。现成品思想的力量还需要随着时间不断发酵。现成品思想也变得越来越复杂和模糊,杜尚在晚年承认了这一点。

* * *

《盲人》第二期的封面插图是杜尚的《巧克力磨》的图片，这又让我们想起了《大玻璃》，它在林肯游廊的公寓里已经积满灰尘了。1916年10月，杜尚在林肯游廊住了一年后，爱伦斯伯格在自己的公寓楼上给他租了一个新套间，杜尚在搬家工人的帮助下将巨大的玻璃板搬到了新家。因为亨利-皮埃尔·罗谢在1916—1918年间为它拍摄的照片，这间工作室享有很高的声誉。搬家也让杜尚参加爱伦斯伯格的派对变得更方便，只要下楼就行了，这扩展了他在纽约的社交圈子。

1917年春天，《泉》迎来了成名的时刻，而《大玻璃》还要继续默默无闻许多年。杜尚在离开巴黎之前就为这件作品起好了名字，叫作《新娘甚至被光棍们剥光了衣裳》，相对于他的现成品，这个名字可以说相当有帮助。最简单地说来，矩形的上半部分是表现"新娘"的机械和流程，下半部分是表现"光棍"的机械和流程。正如他自己的一段注释所说：

两个基本元素：

1. 新娘；2. 光棍。

图案布局：

长方形画布，纵向（他后来选择了玻璃）。

新娘在上——光棍在下。[33]

通过这样的安排，杜尚希望最终"画出"四维空间。他意识到这实际上是有可能的，但他只能通过象征的手法来实现。为了营造传统透视的三维空间，杜尚精确地设计了大玻璃下半部分所有的"光棍机械"。"对我来说透视成了一种绝对的科学。"[34]

这是工程师的草图。在上半部分，新娘机械缺乏透视，她的形状是扁平的、有组织的，仅靠大小的对比来突出某些部分。杜尚希望借此来表示新娘是在四维空间中的，以搭配他所说的"新娘的光晕，她所有美妙的颤动……花期的绽放，新娘的渴望中对性生活的想象"。[35]

描绘四维空间是艺术中永恒的难题，杜尚在大玻璃的上半部分里对其做了纯理性的探究。在其他方面，他又以一种传统的形式平衡了这件作品：下面重，上面轻。"光棍机器"是建筑的基础。上面的新娘是"某种对处女性的崇拜"。[36]杜尚将新娘和光棍都表现为复杂的机械。作为一个整体，大玻璃无疑是隐喻性的——或许是圣母玛利亚的寓言故事，或者乡村集市上新娘和光棍的游戏，或者就是老一套的光棍的欲望。[37]

无论究竟是哪一种（杜尚对此含糊其词），杜尚把"光棍装置"做得比新娘复杂得多。新娘连接到一个靠"爱的燃料"驱动的发动机上。相形之下，光棍的部分则要通过几十个机械装置。所有这一切只有一个目标：让光棍表达他们对新娘的生理欲望。

隐喻和机械共同制造出一种情节，像鲁布·戈德堡的机器一样，一步一步地打开一罐豆子或者点燃一根香烟。不过，《新娘甚至被光棍们剥光了衣裳》的情节超越了所有的连环漫画。很久以前，光棍剥光了新娘的衣服，她在自己的想象中也变成裸体的，期待着高潮。光棍们兴奋地自慰。他们的精液试图穿过性的障碍。尽管如此，新娘和光棍仍然是相互隔绝的。爱的结局是失败。每个光棍都继续着自己徒劳无益的活动，杜尚隐晦地称之为"磨他自己的巧克力"。[38]

杜尚本人从来没有将这些明确地写下来。他说笔记和《大玻璃》放在一起才是完整的，但他从来没有以这种有帮助的方式将它们组合起来。相比较而言，他的偶像雅里或鲁塞尔都用明晰的文字解释了他们的装置的功能和效果。更有甚者，鲁布·戈德堡将数不清的滑稽动作表现得像水晶一样透明。相反，杜尚的"戏谑物理学"仍然深奥难解。《大玻璃》的故事没有清晰的顺序，没有开始或结束。后来，杜尚甚至对那些通过研究《大玻璃》获得艺术史学位的学者道谢,因为他们帮他搞清楚了它的意义。

杜尚的目标是戏谑物理学,他做到了戏谑。他随心所欲地在关于《大玻璃》的笔记中随机插入大量科学术语,以及他在博物馆和科普杂志上看到过的装置。笔记表现了杜尚天马行空的思想,其中有活塞、汽缸、机器、钟表、永磁发电机、滤器、金属棒、试管、压缩机、滑板、钩子、齿轮、抛物线、漏斗和水泵。他还加入了法律条文、长度单位、电力、重力、润滑油、分子、震荡强度、可燃气体、无限表面、直角,以及身体的"元素并行"(也称"分频身体")。此外,他还考虑用一本字典,从中随机摘录单词"用于《大玻璃》的文字部分",然后又转向了气象学、农业、数学区间,以及三维、四维和五维空间。[39]他引用帕斯卡·茹弗雷和亨利·庞加莱作为自己的数学权威。

对于一个某一天偶然看到整个《大玻璃》项目的天真的参观者,杜尚的传记作家卡尔文·汤姆金斯提供了一个最有用的类比。汤姆金斯把《大玻璃》比作詹姆斯·乔伊斯几乎不可能读懂的《芬尼根守灵夜》。在各自的领域,两件作品都是独一无二的。作为需要外界专家来解读的"文学"作品,它们也都是费解的(或许根本无法解释),只能得出一个总体的印象。如果一位专家讲述了《大玻璃》的故事,天真的参观者可能会得出这样的结论:不管它到底是什么意思,杜尚在二十多岁的年纪里满脑子想的都是性。

尽管为《大玻璃》所做的笔记里有那么多公式、空话和思考,杜尚还需要亲手制作出这件东西。为此,他手艺人的技能很快超越了理性的思考。他用直尺、量具和圆规画出草图,依照草图在玻璃上布置他的材料——电线、反光镜、油漆和钻孔。通过运用机械制图,杜尚想要证明自己"不在乎"画油画的那个普通艺术家的自我,因为其过度强调了

"手"或风格的重要性。正如杜尚的一条语意含糊的笔记所说的："描绘精确性和无差别的美"。[40]

再有差不多一年，杜尚就能完成《大玻璃》了。不过他似乎没什么动力（即使爱伦斯伯格已经为它付过钱了）。他带着草图来到纽约，在寻找合适的材料时遇到了一些挑战。起初他想用酸在玻璃上进行蚀刻，但是这样做太危险了，毒性也太大。最后他认为粘贴铅丝是在玻璃上描绘线条的最佳方法。这是一项一丝不苟、冗长乏味的工作。为了下半部分的一个部件，杜尚让一位专家制作了一面完美的椭圆形银镜，然后自己比着它刻出了一组高度精确的椭圆线条。曼·雷有一天去参观，被杜尚的耐心深深折服了。

"用摄影的方法要快得多。"他对杜尚说。

"没错，也许未来摄影会取代一切艺术。"杜尚回答。[41]

第一年里杜尚制作了玻璃的上半部分——相对更不规则的新娘的部分。新娘的造型之一来自他的油画《新娘》（1912），强硬、扭曲，像植物的卷须一样。在玻璃的下半部分，光棍的机械是高度精确的：光棍的模具、一架水车、巧克力磨、一系列锥形的滤器、一组神秘的图表。杜尚在1916—1917年间完成了下半部分，他回忆说："用了这么长时间，因为我一天工作不能超过两个小时。"他也不是每天都工作，作品可能一下子就被晾在那里几个星期。当《大玻璃》终于"完成"时，已经跟初始的草图完全不一样了。这个作品一拖再拖。

> 你看，我对它有兴趣，但是没到迫切地想要完成它的程度。别忘了，我是个懒人。而且，当时我也没有任何意愿去展示它或者卖掉它。我只是制作了它，那是我的生活。我想工作的时候就工作，不想工作时就出去享受美国的生活。要知道，那是我第一次去美国，到处观光跟制作《大玻璃》同样重要。[42]

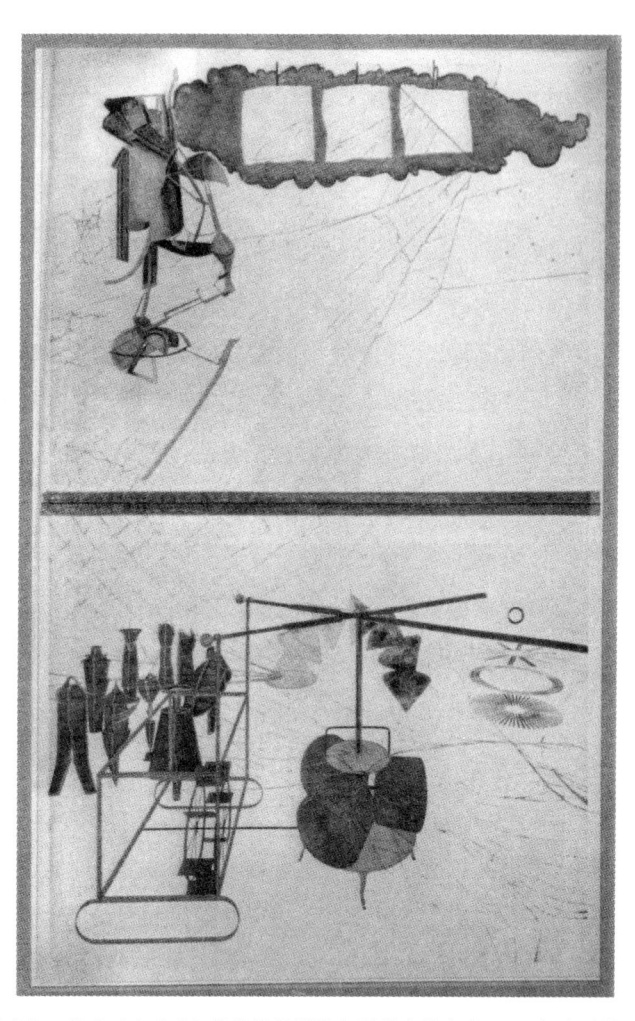

‖ 这件马塞尔·杜尚《大玻璃》的微缩复制品主要是由杜尚在 1935 年为了收入他的"盒子"博物馆制作的,表现了原作《新娘甚至被光棍们剥光了衣裳》(1915—1923)的基本结构。

在上半部分,新娘是一个形似黄蜂和风向标的"悬挂着的女体",连接到远景中一块带有三个方形活塞的阴云,杜尚称其为"肉色的银河"。在下半部分,运动的光棍机械包括(从左到右):《九苹果模具》(光棍的制服)、车轮和滑道、水车、剪刀、滤器、《巧克力磨》和神秘的图表。《大玻璃》中间的横杆代表新娘的衣服,横杆的中点刚好是下半部分的光棍们线性透视的消失点。

杜尚在美国已经待了三年，兴奋感在逐渐消失。他参加过派对，给贵妇教过法语，不仅认识了美国艺术家，而且像他说的那样，"作为一种挑战把小便池扔到他们脸上"。[43]《大玻璃》是他无所事事时候的候补。

还有国际象棋。

到纽约一年后，杜尚加入了新成立的马歇尔国际象棋俱乐部，是由美国国际象棋冠军弗兰克·马歇尔在 1915 年创办的。仿效马歇尔在欧洲的见闻，俱乐部在曼哈顿市中心的咖啡馆聚会。这是一个年轻棋手增进技艺的地方，俱乐部最终在格林威治村找到一所房子，马歇尔的理想是让它和保守的曼哈顿国际象棋俱乐部分庭抗礼。杜尚也跟曼·雷下棋，曼·雷成了他最经常见面的伙伴。杜尚生命中真正的幸福开始围绕在棋盘边，而不是《大玻璃》或者《泉》。

* * *

1917 年，随着美国参战，每个人的生活都发生了翻天覆地的改变。美国政府同法国达成了一项协议，使得杜尚又需要服兵役了。

1917 年 4 月 6 日美国参战，5 月美国国会通过了强制性的征兵法，要求所有年龄在 21 岁至 31 岁之间的男性入伍。这包括了杜尚：一个 30 岁的单身汉。1917 年 10 月，杜尚被征召到法国驻纽约办事处给一位上尉当秘书。但他志不在此，他离开法国"主要就是为了逃避军国主义"，他后来回忆说，现在在美国他"陷入了美国人的爱国主义，那的确是更糟糕的"。[44]所以他计划离开。他把目光投向了能去的某个足够欧洲化的地方，这个地方就是阿根廷的布宜诺斯艾利斯。

自然，杜尚不喜欢战争，对于女人之间的争风吃醋却安之若素。有好几个女人想要争夺他的注意力。施特海默家的一个姐妹为他画画，另一个将他作为小说中人物的原型。他是伍德和加布丽埃勒·比费-毕卡比亚回忆录的核心人物。同时，在德赖尔眼中，杜尚永远是对的。她可能是第一个说他像列奥纳多·达·芬奇的人，在马特先生事件中对他表现出"绝对的忠诚"，并认为他艺术家的宽容是"他真正伟大之处的保证"。[45] 不过她从来没有理解他法国式的冷笑话。杜尚 1918 年为她画了题为《你使我》的油画，在法语中这个词通常用于一句双关语（意思是"你很烦人"）。日耳曼血统的、严肃的德赖尔仍然不理解这个法国笑话。

接下来一个女人是伊冯娜·克罗蒂——杜尚的艺术家朋友让·克罗蒂的前妻。欧洲的战争爆发时，让和伊冯娜去了美国。作为瑞士人，克罗蒂不需要服兵役。他 1916 年回法国时，给杜尚的妹妹苏珊带了信。不久以后，让·克罗蒂和苏珊相爱了。所以伊冯娜跟他离了婚，回到纽约，成了马塞尔·杜尚的情人，并随杜尚订了去阿根廷的船票。他们赶上了 8 月中旬的克罗夫顿大厅号。航程黑暗而又闷热，潜艇在大西洋底逡巡，不过不管怎样这是一次"愉快的旅行"，杜尚在给施特海默姐妹的信中说。他给爱伦斯伯格（《大玻璃》留给了他保管）写信说，在海洋的怀抱中他"在整理文件（《大玻璃》的笔记），给它们分类……还没有晕船"。[46] 9 月中旬克罗夫顿大厅号通过拉普拉塔河抵达了布宜诺斯艾利斯。

在法国前线，战争已是强弩之末。10 月 7 日，杜尚的哥哥雷蒙死于在医疗队服役期间感染的疾病。不幸的是，这时距离签署停战协议只剩下一个月了。除了给家人写信表达哀悼和慰问，杜尚什么也做不了。他和伊冯娜在布宜诺斯艾利斯租了一间小公寓。除了贫穷和阿根廷生活中强势的大男子主义让他吃不消之外，杜尚给爱伦斯伯格写信说："你在这里可以嗅到和平的气息，在这样的空气中呼吸是一种幸福。"[47] 杜尚的生活中很快充满了惊喜。他抵达一周后，凯瑟琳·德赖尔也出现在布宜诺斯艾利斯。她解释说，她是来写一篇关于过去阿根廷社会妇女解放问题的文章的。

杜尚很快就躲开这些女人，自己忙碌起来。他建立了一间工作室，在玻璃上为《大玻璃》的一部分进行了一项实验，并且做了长期定居的打算，认真考虑了阿根廷的巴黎艺术品"市场"。他跟每个人保持通信，对施特海默姐妹说布宜诺斯艾利斯"只不过是个外省的大城镇，有钱人很多，完全没有鉴赏力，每件东西都是从欧洲买的"。[48]

布宜诺斯艾利斯不乏愉快的新发现。其中之一是一家放映引进的查理·卓别林电影的剧院。杜尚经常去，可能在那里看到了卓别林的喜剧默片《女郎女狼》（1915）。在这部影片中，卓别林为了逃避是非男扮女装——穿着毛领衣服，化着眼妆，戴着女式帽子。看到这部电影，杜尚可能在想自己男扮女装会是什么样（在不久的将来他就尝试这样做了）。

另一项发现是国际象棋在当地非常流行。对于伊冯娜来说很不幸，大约从1919年的第一天起，国际象棋成了杜尚最钟爱的情人，被抛弃的她孤单地回到巴黎。一开始，杜尚找到一些国际象棋的旧杂志，复盘了古巴天才何塞·劳尔·卡帕布兰卡获胜的40局棋赛。他还到当地的国际象棋俱乐部去上课，雕刻了自己的棋子，制作在纸上下棋用的橡皮图章，并且寄给爱伦斯伯格一套远程对弈用的代码系统。"我没日没夜地下棋，全世界没有比想出下一步棋更让我感兴趣的事了。"杜尚在给施特海默姐妹的信中说。[49]得到这个令人沮丧的消息，德赖尔在4月回了纽约。杜尚在去法国前给爱伦斯伯格写信说："我发现周围的一切都变成了国王或王后，对我来说，外部世界除了一决胜负之外毫无意义。"[50]

* * *

杜尚在阿根廷住了9个月。1919年6月他乘船回法国，续签他的美国签证，此行他去看望了鲁昂和皮托的家人。秋天，他和哥哥雅克·

第9章　一个巴黎人在美国　175

维永在 1919 年的秋季沙龙上举办了一个雷蒙雕塑作品的纪念展。德赖尔回到纽约后，也去了欧洲，回德国探亲之后，杜尚和亨利-皮埃尔·罗谢热情招待她到巴黎周边购买艺术品。与此同时，杜尚和罗谢开始一起跟一些战后艺术品代理商洽谈业务。[51] 杜尚也见到了毕卡比亚，他刚刚跟妻子加布丽埃勒分手（于是杜尚在巴黎就寄宿在她家）。跟毕卡比亚和罗谢一样，杜尚小心翼翼地回避着巴黎艺术家中弥漫的关于谁曾在战争中服役、谁又是逃兵的怨恨情绪。[52]

这段时间杜尚很少有闲暇下棋，不过他注意到巴黎刚刚出现的一种新的先锋派运动，叫作达达，这是阿尔弗雷德·雅里的反艺术的一种复兴。这一次，少数瑞士苏黎世的反战艺术家重提了这一思想。他们以反艺术为荣，跟毕卡比亚后来在巴塞罗那出版的反传统杂志《391》不谋而合。同时，罗马尼亚诗人特里斯坦·查拉还在瑞士发表了一份 1918 年全世界达达宣言。"新的艺术家要抗议：他不再画画了！"查拉宣布，"有一件摧毁性的、否定性的伟大工作要完成。"[53] 杜尚到巴黎的那个夏天，文学杂志开始注意到达达，不过把它当作从国外传入的"废话"，没有放在心上。[54]

杜尚在法国只待了 6 个月。他离开时并没有把"达达"这个词挂在嘴边。杜尚还在思考恶作剧和现成品，他回美国之前的一些行动证明了这一点。他制作了三件有趣的现成品：给他的牙医一张假支票；一张《蒙娜丽莎》的复制明信片，他用笔给她添上了小胡子和山羊胡子（写上了"L.H.O.O.Q"几个大写字母，谐音的意思是"她的屁股热烘烘"）；还有一个从药房得到的玻璃安瓿瓶，现在装满了"巴黎的空气"。他把《蒙娜丽莎》给了毕卡比亚，巴黎的空气给了爱伦斯伯格做礼物。

然后，跟父母过完圣诞节后，杜尚于 1919 年 12 月 27 日从勒阿弗尔登船。达达即将在巴黎爆发，但是杜尚要回到曼哈顿才能听说这回事了。

注释

1. "The Nude-Descending-a-Staircase Man Surveys Us," *New York Tribune*, September 12, 1915.

2. Mabel Dodge Luhan, *Intimate Memories: The Autobiography of Mabel Dodge*, abridged (Santa Fe, NM: Sunstone Press, 2008 [1999]), 124.

3. 关于三个沙龙——斯蒂格利茨、道奇和爱伦斯伯格——的故事参见 Robert M. Crunden, *American Salons: Encounters With European Modernism 1885—1917* (New York: Oxford University Press, 1993).

4. Gabrielle Buffet-Picabia, "Some Memories of Pre-Dada: Picabia and Duchamp," in *DPP*, 260.

5. Buffet-Picabia, "Some Memories," in *DPP*, 259.

6. 爱伦斯伯格相信伟大的文学著作中隐藏着密码信息。他自费出版了两本关于但丁和"莎士比亚"著作背后隐藏密码的书: *The Cryptography of Dante* (1921) and *The Cryptography of Shakespeare* (1922). 爱伦斯伯格死后留下的研究成果指出,"莎士比亚"实际上是英国学者和政治家弗朗西斯·培根的笔名。

7. Crunden, *American Salons*, 418-423. See also Man Ray, *Self-Portrait* (Boston: Atlantic-Little, Brown, 1963).

8. Duchamp letters to John Quinn, November 5 and 12, 1915. Quoted in Marquis, *MDBSB*, 116.

9. Ray, *Self-Portrait*, 82.

10. Duchamp quoted in Frederick Macmonnies, "French Artists Spur on an American Art," *New York Tribune*, October 24, 1915, 203.

11. Undated letter from Duchamp to John Quinn, received January 27, 1916. Quoted in Marquis, *MDBSB*, 120.

12. Duchamp quoted in Cabanne, *DMD*, 61.

13. Susan Grace Galassi, "Crusader for Modernism," *Art News*, September 1984, 93. 作为德赖尔理想主义的另一面,神智学、对艺术收藏的信仰和对苏联的抽象认识(以及她自己的德国血统)使得她对苏联的斯大林主义和德国的纳粹主义的认识非常天真。See "Introduction," *The Société Anonyme and the Dreier Bequest at Yale University* (New Haven, CT: Yale University Art Gallery, 1984), 17,

19－20.

14. Picabia quoted in Macmonnies, "French Artists Spur on an American Art," 203.

15. 关于对诗歌中文字对象的强调参见 Pound, Stein, and Williams in Crunden, *American Salons*. 关于"自由诗"和"意象派诗歌"(杜尚就是这样定义爱伦斯伯格的面向对象的诗歌的)以及"小杂志"参见 Steven Watson, *Strange Bedfellows: The First American Avant-Garde* (New York: Abbeville Press, 1991), 188－204, 282－311. Pound quoted in Watson, 194.

16. "A Complete Reversal of Art Opinion by Marcel Duchamp, Iconoclast," *Arts and Decoration*, September 1915, 12.

17. Buffet-Picabia, "Some Memories," in *DPP*, 258, 257.

18. Beatrice Wood, *I Shock Myself* (San Francisco, Chronicle Books, 1988 [1985]).

19. Duchamp letter to Suzanne, January 15, 1916, in Naumann, *AMSC*, 44.

20. 杜尚与乔治·汉密尔顿、理查德·汉密尔顿未公开的BBC访谈,"Art, Anti-Art," November 1959. Quoted in Tomkins, *DB*, 405.

21. 关于蒙特罗斯和布尔乔亚之谜参见 Thierry de Duve, *Kant After Duchamp* (Cambridge, MA: MIT Press, 1996), 102 n. 22.

22. *Evening World*, April 4, 1916. The complete "Big, Shiny Shovel" article is quoted in Rudolf E. Kuenzli, ed., *New York Dada* (New York: Willis Locker & Owens, 1986), 135－137. 杜尚和克罗蒂主要在谈论多情的巴黎。

23. See William A. Camfield, *Marcel Duchamp/Fountain* (Houston, TX: Menil Collection, Houston Fine Arts Press, 1989); William A. Camfield, "Marcel Duchamp's *Fountain*: Its History and Aesthetics in the Context of 1917," *Dada/Surrealism* 16 (1987): 65－94; Francis M. Naumann, "The Big Show: The First Exhibition of the Society of Independent Artists," I and II, two articles in *Artforum*, February 6 and April 8, 1979.

24. Quoted in de Duve, *Kant After Duchamp*, 128.

25. Cézanne quoted in Wayne Andersen, *Marcel Duchamp: The Failed Messiah*, 2nd printing (Geneva, Éditions Fabriart, 2001), 97.

26. Ira Glackens, *William Glackens and the Ashcan Group* (New York: Grosset and Dunlap, 1957), 187－189.

27. Quoted in Francis Naumann, ed., "I Shock Myself: Excerpts from the Au-

tobiography of Beatrice Wood," *Arts Magazine* 51 (May 1977): 135-136. 我对这部分内容有删节。伍德给出了另外一种稍有不同的说法, 见 Beatrice Wood, "Marcel," in *Marcel Duchamp: Artist of the Century*, ed. Rudolf E. Kuenzli and Francis M. Naumann (Cambridge, MA: MIT Press, 1990), 14. 她的自传中又有第三种略有不同的说法, 见 Beatrice Wood, *I Shock Myself* (San Francisco, Chronicle Books, 1988 [1985]), 29-30.

28. Duchamp letter to Suzanne Duchamp April 11, 1917, in Naumann, *AMSC*, 47.

29. Louise Norton, "Buddha of the Bathroom," in Masheck, *MDP*, 71. From *The Blind Man*, May 1917.

30. Dreier letter quoted in William A. Camfield, "Marcel Duchamp's *Fountain*," 73.

31. Quoted in Marquis, *MDBSB*, 135.

32. "The Richard Mutt Case," *The Blind Man*, May 1917, in *Art in Theory 1900—2000: An Anthology of Changing Ideas* new ed. Charles Harrison and Paul J. Wood (Malden, MA: Wiley-Blackwell, 2003), 252. Unsigned text written by Duchamp.

33. Marcel Duchamp, "The Green Box," *SS*, 39.

34. Duchamp quoted in Cabanne, *DMD*, 38.

35. Duchamp, "The Green Box," *SS*, 42.

36. 同上, 39.

37. 学者们说杜尚在《大玻璃》中使用了"隐喻", 杜尚在笔记中也用到了这个术语。他的"处女崇拜"隐喻的一个显而易见的来源是欧洲绘画中的"圣母玛利亚崇拜"。他可能看过塞尚戏仿这种崇拜的《永恒的女性》(1876—1878), 描绘了男人们直勾勾地盯着性感的女人。See Wayne Andersen, *Cézanne and the Eternal Feminine* (Cambridge, UK: Cambridge University Press, 2004). 杜尚说他是从纳伊集市上的一个游戏摊得到新娘和光棍的灵感的: 玩家投掷木球击倒玩偶: 中间是一个新娘的玩偶, 被穿着工装的光棍玩偶们包围着。至于光棍的隐喻, 当时法国的人口出生率是全欧洲最低的。单身男性的人数直线飙升, 私生活混乱的光棍是夜总会里永恒的笑话。See Jeffrey Weiss, *The Popular Culture of Modern Art: Picasso, Duchamp, and Avant-Gardism* (New Haven, CT: Yale University Press, 1994), 141.

38. Duchamp, "The Green Box," *SS*, 56, 68.

39. Duchamp，"The Green Box," SS，78.

40. 同上，30.

41. Ray, *Self-Portrait*，82.

42. Duchamp quoted in Calvin Tomkins, *The Bride and the Bachelors：Five Masters of the Avant-Garde* (New York：Viking, 1965)，38. 关于杜尚《大玻璃》的工作年表参见 Schwarz, *CWMD*，144-146.

43. Duchamp quoted in Hans Richter, *Dada：Art and Anti-Art*（New York：McGraw-Hill，1977)，208.

44. Duchamp quoted in Cabanne，*DMD*，59.

45. Dreier letter quoted in Camfield，"Marcel Duchamp's *Fountain*，" 74.

46. Duchamp letter to the Stettheimer sisters，August 24，1919. Quoted in Tomkins，*DB*，207；Duchamp letter to Walter Arensberg，August 26，1918，in Naumann，*AMSC*，62.

47. Duchamp letter to Walter Arensberg，November 8，1918，in Naumann，*AMSC*，65.

48. Duchamp letter to Ettie Stettheimer，November 12，1918，in Naumann，*AMSC*，68.

49. Duchamp letter to the Stettheimer sisters，May 3，1919，in Naumann，*AMSC*，82. See also Arturo Schwarz，"Precision Play—An Aspect of the Beauty of Precision，" in Schwarz，*CWMD*，58.

50. Duchamp letter to Walter Arensberg，June 15，1919. Quoted in "Marcel Duchamp's Letters to Walter and Louise Arensberg，1917—1921，" trans. Francis M. Naumann, in Kuenzli and Naumann, *Marcel Duchamp：Artist of the Century*，218-219.

51. 德赖尔是到德国探亲的。她也希望开始购买大量艺术品。杜尚跟她在鹿特丹碰面，他和亨利-皮埃尔·罗谢带她参观了巴黎的画廊。作为"介绍人"，罗谢甚至带德赖尔去见了"重量级"的格特鲁德·斯泰因。罗谢称这次会面是"彗星撞地球"，格特鲁德主导了会面。杜尚还带德赖尔去鲁昂见了他的父母，然后去了皮托。罗谢注意到，在巴黎的许多场合德赖尔挽着杜尚的胳膊，而他尴尬地挣脱了。See *Journals of Henri-Pierre Roché*，November 28，1919，quoted in Tomkins，*DB*，219.

52. 战争期间，布拉克、莱热、德兰、梅青格尔、阿波利奈尔和杜尚的两个哥哥入伍了。毕加索、格莱兹、德劳内、毕卡比亚和杜尚找到了避风港。

53. Tristan Tzara,"Dada Manifesto 1918," in *DPP*, 78, 81.

54. Quoted in Mark Polizzotti, *Revolution of the Mind：The Life of André Breton*, rev. and updated (Boston：Black Widow Press, 2009［2005］), 102.

第 10 章　超现实主义的桥梁

战争结束后，欧洲评论家对现代艺术给出了两种预测。一种是毕加索和马蒂斯代表了现代艺术中的"两大对立趋势"，英国评论家克莱夫·贝尔持这种观点。他在1920年说，即使对于普通人，毕加索和马蒂斯"这十年来也是现代性的象征"。[1]

另一种观点在欧洲大陆比较盛行，将欧洲艺术划分为两种不同的画风，一方是野兽主义—立体主义—抽象主义阵营，另一方是古典主义的复兴，即战后"秩序的回归"。

不过，还有一种可能性即将出现，它的起源就是达达。在苏黎世悄然出现的荒谬主义运动，在传入巴黎时已经加入了新元素。事实上，达达更多的是一种态度而不是风格，它的力量来自艺术界三位精力充沛的反对者，每个人都有足够多尖刻的态度要表达。他们是弗朗西斯·毕卡比亚、特里斯坦·查拉（来自苏黎世）和年轻的巴黎诗人安德烈·布勒东。他们发起了"巴黎达达"，在一段断断续续的短暂历史之后，发展为一个升级版，很快被称为超现实主义。

1920年时，没有人会想到，最终，达达对现代艺术的颠覆性比毕加索对传统主义的颠覆性还要强。同样，也没有人预料到马塞尔·杜尚会成为达达的守护神，尽管他并不是运动中的一员。达达破坏性的态度最终对作为现代艺术本质的"有意味的形式"发起了挑战，到了20世纪末，所有的艺术形式，甚至毕加索，跟达达相比都是传统的。

虽然"达达"这个无意义的名称是1916年在苏黎世诞生的，但它在1918年重获新生，这是战争的最后一年，毕卡比亚和查拉相互得知了对方的消息。在巴塞罗那，毕卡比亚已经出版了煽动性的小册子《391》，通过邮寄散发。在苏黎世，查拉也通过邮件发表了他的达达宣言，很快他就收到了毕卡比亚的回信。在查拉自己的煽动性出版物《达达》的第三期中，他宣布："来自纽约的反画家毕卡比亚万岁！"[2]

回到巴黎后，毕卡比亚仍然拥有足够的财富，想做什么就做什么。所以在1919年1月，他和妻子加布丽埃勒到苏黎世去见特里斯坦·查拉。接下来三个星期里，查拉帮助他的新朋友制作了下一期的《391》。作为回报，毕卡比亚为《达达》的第四五期合刊设计了封面，标题是《达达文集》。

然后毕卡比亚又回到巴黎（很快离开了加布丽埃勒，开始与一位新情人交往）。最重要的是，毕卡比亚终于说服查拉来巴黎。也是在同一年，毕卡比亚回应了新杂志《文学》发起的一项反艺术调查，这份杂志是由布勒东刚刚创办的。布勒东原来是一名上进的医科学生，后来成了激进派诗人。他想要复兴法国文学中阿尔弗雷德·雅里的精神。在战争期间，布勒东把诗歌创作和他在医疗队服役的职责融合起来，把自己想象成一个"快乐的恐怖分子"，他的目标是传统文学、逻辑和道德。[3]

所以，当毕卡比亚和布勒东最终相遇时，前者向后者介绍了查拉，圈子完整了。毕卡比亚、查拉和布勒东将成为一个新现象，他们是巴黎达达早期的三巨头。这是一场与苏黎世达达和德国达达相互独立的运动，后两者在战争期间已经开始崭露头角了。

就像命运的安排一样，布勒东最想纳入自己巴黎达达的影响力圈子的两位艺术家就是毕加索和杜尚。

巴黎达达的实践基础是由布勒东建立的，他是天生的组织者。他是年轻诗人战后经历的独特产物。在法国，"秩序的召唤"的一个结果是

第10章 超现实主义的桥梁　　183

产生了新的反叛者阵营,这些先锋派相信他们的前辈已经变得软弱了。布勒东的情况也是如此,他曾经是阿波利奈尔的助手。战争爆发前,阿波利奈尔支持过从兰波到雅里的激进思想。他的《晚间巴黎》是蒙帕纳斯领先的艺术期刊。对于像布勒东一样想在职业方面有所发展的年轻诗人,阿波利奈尔是他们的偶像。布勒东给他当了一段时间的秘书,后来战争爆发,学医的布勒东在医疗队的精神健康部门服役。

不过在战后,阿波利奈尔加入了秩序的召唤。布勒东感觉被背叛了。为了寻找灵感,他转向自己从精神病诊所或为士兵开设的精神病院中学到的东西,再加上洛特雷阿蒙伯爵的《马尔多罗之歌》中狂人谵语似的诗句。布勒东也很认真地看待西格蒙德·弗洛伊德的新思想:他相信诗歌能够揭露潜意识。这种新的诗歌会破坏巩固社会传统和普通美学的纯"文学"。或者,如他所说的:"一种巨大的误解让人们相信语言是帮助他们相互交流的。"[4]为了推进这项事业,战争一结束布勒东就接手了一份停刊的杂志,重新命名为《文学》——对他所反对的东西的一种嘲弄和歪曲——其篇幅大多用于查拉所说的语言和诗歌革命。战争将严肃文学杂志破坏殆尽,通过1919年初这个偶然的机会,《文学》很快让布勒东和他的合作编辑成为"文学界最炙手可热的年轻人",一位传记作家这样说。[5]事后回顾,这份杂志是第一份"超现实主义"出版物,后来布勒东又创办了许多这类刊物。

既然《文学》有了一些影响力,布勒东开始设法组织一个文学圈子。他已经有了几个亲密的同伴,其中有作家路易·阿拉贡和保尔·艾吕雅(他的命运将与巴勃罗·毕加索纠缠在一起)。为了发展支持者,布勒东举办了"文学第一个星期五"活动。活动内容是古板的诗歌朗诵会,不过在巴黎的拱廊举办时,的确吸引了不少好奇的人。

塞赫塔咖啡馆成为早期达达运动的总部(不过在制定重要决策时领

||（从左到右）安德烈·布勒东、保尔·艾吕雅和特里斯坦·查拉。

袖们通常在毕卡比亚陈设讲究的家中聚会）。万事俱备，只在等待着查拉的到来。1920年1月，他来了，开头却不怎么顺利。他谁也没告诉，突然笨手笨脚、身无分文地出现在毕卡比亚的公寓门口，毕卡比亚出去了，只有他怀孕的情人在家。没有人（除了毕卡比亚）见过查拉，所以当他出现在塞赫塔咖啡馆的其他人面前时，有些出乎人们的意料：他个

子很矮，皮肤黝黑，戴着厚厚的近视眼镜。他的法语很糟糕，他的笑容也显得奇怪。

无论如何，作为一个充满活力的公共活动家，查拉接过了塞赫塔咖啡馆的领导权，很快他就带来了巴黎的支持者们期待的一切：宣传、丑闻和争议。巴黎的"达达之春"随即开始了。"达达之春"从1月底开始，包括五个重要事件：一件发生在1月底，三件发生在2月，另一件是5月在一座大型音乐厅举行的"达达音乐节"。1920年初，达达把自己摆在了仍然活跃在巴黎的最资深的艺术团体——沙龙立体主义者的对立面。立体主义者正在努力恢复他们战前的地位。1920年春天，他们重组的第一个机会就是独立沙龙。[6]

沙龙立体主义者在大皇宫得到了一个房间，但是立体主义的复兴并非易事。从一开始，毕加索就拒绝参加展览。这样做只有使他背叛现代主义的流言甚嚣尘上，表面上看来，他跟巴黎没落的贵族阶级联姻，在绘画上也转向了古典主义。除了在法国社会地位的上升，或者看起来有点摆架子，毕加索没有特别冒犯过沙龙立体主义者或达达主义者。但是他的盛名使他成为达达主义者和立体主义者很方便拿来与自身相比较的参照物——他们彼此之间也在相互竞争，争夺公众的注意力。在这个艺术三角中，巴黎达达主义者将1920年的独立沙龙看作谁将代表巴黎艺术和文学先锋派的主要试验场。

达达在独立沙龙上的爆发是迄今为止规模最大的一次。布勒东和查拉在大皇宫租了一间大礼堂。在查拉的指示下，团队成员散发了传单和海报，说查理·卓别林将"亲自"出席2月5日的活动。他当然没有出现，在人群发出嘘声时，查拉早有准备：他们肆无忌惮地辱骂观众。达达主义者最初的吸引力可能由这一事实证明：连大文学家安德烈·纪德也参加了那天的活动。他描述那天的情景时说："一些年轻人上了台，手挽着手，严肃，呆板，好像一个合唱团似的宣陈一些空洞的无稽之谈。"[7]

七名达达主义者在舞台上一字排开，朗诵道：

> 在我们下到你们中间，拔掉你们腐败的牙齿、撕下你们流脓的耳朵、扯掉你们生疮的舌头之前，
>
> 在我们折断你们坏死的骨头之前，
>
> 在我们刨开你们霍乱滋生的胸膛之前，
>
> 在这一切之前，
>
> 我们要用抗菌剂好好洗一个澡，
>
> 我们警告你们，
>
> 我们是杀人犯。[8]

看到这种狂放无礼的行为，相对体面的沙龙立体主义者宣称达达是诅咒。这种感觉是相互的。毕卡比亚强化了他的反艺术律例。毕加索作为附带的受害者，也被达达的流弹击中了。他表面上处之泰然，回想起他自己在蒙马特的年轻时代，那时候前达达的代表人物阿尔弗雷德·雅里受到人们的崇拜。实际上，布勒东和查拉在1920年推动达达之春时，心里想的正是阿尔弗雷德·雅里这个丑闻制造者。他们又策划了几个更著名的事件。在渴望娱乐的巴黎，达达成为一时的风尚。夜总会上演"达达短剧"。新的歌曲讽刺达达。报纸绞尽脑汁抵制或者批评达达，却又不想让它获得免费宣传的机会。不过，由于缺少新的兴趣点，达达的春天过去了。

* * *

回到纽约，杜尚听说了达达运动爆发的消息，不过他有更迫在眉睫的问题要面对，主要是财务方面的。他离开的15个月里，纽约改变了很多。他是在一个寒冷的1月（1920年）回来的。旧画廊关闭了。爱

伦斯伯格一门心思沉浸在自己关于莎士比亚和但丁密码的著作中。就在杜尚到达时，禁酒令刚刚生效。

杜尚在西 73 大街 246 号一座阴郁的大楼里租了底层的一间公寓。他把《大玻璃》从爱伦斯伯格的储藏室取出来，放回锯木架上。他跟曼·雷一起打发时间，重新加入了马歇尔国际象棋俱乐部，为法语课招收了新学生。1920 年 2 月底，加布丽埃勒·比费-毕卡比亚来到纽约。在等待跟毕卡比亚离婚期间，她搬来跟杜尚同居，做了他三个月的情人（三年后他们回到巴黎，又继续了这段感情）。

一如既往，德赖尔是最高兴见到杜尚的女人。她从欧洲回来，带回了许多新的艺术品，扩充她的收藏。1920 年 3 月，达达主义在巴黎如火如荼时，她邀请杜尚到她康涅狄格的家里来。她想建立一座现代艺术博物馆，让杜尚当馆长。杜尚带了曼·雷一起去。他建议组织用一个法国名字，比如"无名者协会"。杜尚被任命为主席，曼·雷是秘书。

曼·雷现在是一位才华横溢的摄影家，他开始归档德赖尔的收藏品。他们在东 47 大街 19 号的大楼租了一个套间。墙壁是白色的，曼·雷画上了五英尺宽的横幅。协会的标志是国际象棋里的马，是由杜尚在布宜诺斯艾利斯设计的。这个组织只有三个人，却有一个冠冕堂皇的名字："现代艺术博物馆"。不过事实上，它很快就成为美国第一家现代艺术博物馆，而不管杜尚是不是"漠不关心"，他是这个组织的掌舵人。他又一次成为现代艺术在美国媒体中的代言人，表现得亲切而幽默。德赖尔认真地想要重现 1913 年军械库展和 1917 年独立艺术家协会展的辉煌。无名者协会的第一次展览是 1920 年 4 月 30 日举办的从凡·高到布朗库西的小型展览。[9]

这时杜尚搬回了林肯游廊，他未来三年在美国都住在这里（他需要定期回法国续签签证）。在游廊住了一年以后，从百老汇大街的窗户吹进来的尘土已经覆盖了被遗忘的《大玻璃》。曼·雷为这件"积满了灰的东西"拍了照（后来，杜尚在最后完成的《大玻璃》上撒了一些尘土）。然后，杜尚在曼·雷的帮助下开始制作一个奇妙的新装置——像是安装在一个架子上的螺旋桨，用来制造一种视觉效果。"螺旋桨"实际上是五块长方形的玻璃板，彼此相距大约两英尺远，每块玻璃板上都画有白色的线条。当它转起来时（由电动马达驱动），从正面看就形成了一个纵深的白色圆圈。这件东西最终被命名为《旋转的玻璃盘（精密光学部件）》。不过在当时，杜尚和曼·雷就像高喊着"我发现了！"的阿基米德一样兴奋，他们相信他们发明了达达的"光学"，一半是科学，一半是幻想，这个主题杜尚在未来还会用到。

|| 马塞尔·杜尚和《旋转的玻璃盘（精密光学部件）》，这是他 1920 年创作的，在他生前经常展出。他身后悬挂着他的早期油画作品《对弈》(1910)。

第 10 章 超现实主义的桥梁　189

一天，杜尚向爱伦斯伯格介绍了巴黎达达。于是爱伦斯伯格写了他自己的达达"宣言"（跟其他许多法国成员的宣言一起发表在布勒东的《文学》上）。反过来，爱伦斯伯格向《纽约晚报》的一位编辑朋友介绍了杜尚。报社派了一名记者去东47街的"无名者协会"总部了解达达的情况，据说这是艺术界的最新进展。

结果，1921年1月19日的报纸上出现了这样一行大标题："小心，达达会抓住你！它已经在路上了！"[10]达达的确还"在路上"，因为除了杜尚和曼·雷个人夸张的噱头，纽约达达实际上还不存在。苏黎世和巴黎有达达聚会、领袖、成员、游行示威、街头贩卖的小册子，以及公开的破坏行为。《纽约晚报》同样准确地断言达达只是崇尚恶作剧的现代主义文学运动的另一次灵光乍现。"它用疯狂、嘲弄和侮辱讽刺袭击了巴黎……在纽约，饱含同情的心灵正在等待达达。"[11]在无名者协会的总部，每个在场的人都试图给《纽约晚报》一个达达的定义。

"达达是一种心态，"曼·雷说，"它主要是由否定构成的。"

杜尚说："达达主义者说一切都是虚无；没有什么是好的，没有什么是有趣的，没有什么是重要的。"

"达达是讽刺。"德赖尔说。

最后，参与过小便池恶作剧的画家约瑟夫·斯特拉给出了一个更加实际的定义。"达达意味着享受一段好时光——剧院、舞会和晚餐，"他说，原则上反对一种严肃的定义，"讽刺、破坏、嘲笑，这就是达达主义。"[12]

既然《纽约晚报》问到了达达，杜尚和曼·雷感到他们最好在纽约创造它。于是，他们炮制了一本名为《纽约达达》的小册子，于1921年4月出版。为了让这份小册子与众不同，杜尚打扮成一个女人，取名罗丝·瑟拉薇，这个名字用法语读出来跟一句带有性暗示的双关语谐音。曼·雷为他拍了照片，杜尚的装扮跟查理·卓别林在他 1915 年的电影《女郎女狼》中男扮女装的行头很像——毛领衣服、浓妆、媚眼和一顶时髦的帽子。曼·雷冲洗了一张罗丝的小照片，杜尚把它贴在一个香水瓶上。然后曼·雷再把香水瓶拍下来，作为《纽约达达》创刊号的封面图案（里面还有一幅鲁布·戈德堡的漫画）。

罗丝·瑟拉薇诞生了，《纽约达达》却不幸夭折（仅出版了这一期）。不管怎样，从那以后，杜尚就把罗丝·瑟拉薇当作了自己的替身，事实上罗丝可能是欧洲达达在纽约唯一留存下来的遗产。曼·雷将坏消息告诉了查拉，解释了为什么达达在纽约"无法生存"。过去二十年里，仅仅格林威治村见证的疯狂就比杜尚和曼·雷想要制造的更"达达"。"全纽约都是达达，不会容忍一个竞争对手——纽约甚至不会注意到达达。"曼·雷给查拉写信说。[13]

* * *

尽管纽约达达是否存在过还有疑问，杜尚作为达达守护神的形象却在巴黎深入人心。这是毕卡比亚的溢美之词，他到处讲述他们的经历。在杜尚毫不知情的情况下，毕卡比亚让他拿《蒙娜丽莎》搞的恶作剧出了名。毕卡比亚弄丢了杜尚送给他那张原始的明信片，所以他又买了一张，画上小胡子（忘了画山羊胡子），印在他的《391》杂志上。达达主义者觉得这很了不起。

当杜尚的形象飘浮在巴黎的达达圈子上空时，布勒东、查拉和毕卡比亚开始为由谁来掌权的问题相持不下。有一两年时间他们不断分分合合：有时候三个人各不相让，有时候两个人联合起来反对第三个。当上流文学杂志《新法兰西评论》请布勒东做特约编辑时，毕卡比亚认为这是布勒东在追名逐利，是不折不扣的虚伪，因为达达是反文化的。反过来，布勒东开始把毕卡比亚看作一个丑角。毕卡比亚的财富，以及他喜欢的燕尾服，让一些达达主义者觉得他过于势利。

领导权争夺战的真正核心在布勒东和查拉之间。在《文学》上，布勒东开始声称达达运动"首先是法国的"。他把达达的谱系追溯到雅里。他还说这场运动"新精神"的基础在于弗洛伊德的潜意识理论和对自动书写的兴趣，后者是一种让潜意识浮上表面的实践。达达主义者的内部冲突直到1924年才解决，布勒东宣布达达是叛徒，按照自己的理想建立了超现实主义，作为达达的后继。

紧接着这场大戏的是巴黎先锋派当中的新斗争，杜尚和毕加索都属于胜利的一方。布勒东认识到，要开展他的超现实主义文学运动，必须反射毕加索和杜尚两个人的光芒，像一颗围绕两个不同太阳运行的行星一样。布勒东的策略很简单，就是在他自己控制的一份期刊上（后来还有更多）写文章盛赞毕加索和杜尚，这是有野心的艺术评论家早已使用了多年的惯技。他也运用他的影响力，劝说富有的艺术收藏家购买毕加索和杜尚的作品。

巴黎达达主义者慢慢才开始想到举办达达艺术展的主意。第一次展览于1921年5月2日在蒙田画廊开幕。这时候，让·克罗蒂和他的妻子苏珊（杜尚的妹妹）等画家已经形成了他们自己的达达圈子。他们参加了展览，并给杜尚寄了一封邀请函，请他提供一些作品。在纽约，杜尚正准备回法国续签他的美国签证，苏珊的信寄到时他还在那里。但是，作为一个反艺术家，杜尚说他拒绝参展——艺术展就像婚姻，太传统了。他回了一封在达达历史上大名鼎鼎的电报，内容是一句双关语"PODE BAL—DUCHAMP"，意思是"给你个球"。（因此，展品目录中有三个为杜尚预留的空格，展会的墙上挂着三张空白卡片。）

这是布勒东第一次尝试主办艺术画廊，事实证明这跟他八字不合。他的外表吓人：他是个强壮的大块头，脑袋很大，头发浓密，脸上永远挂着一副严肃、接近专横的表情。蒙田画廊的开幕式当晚，布勒东一本正经地站着。迎接观众的有嚎叫声、胡言乱语、查拉在舞台上的怪笑，以及其他有意安排的荒谬行为。到目前为止，毕卡比亚是运动中唯一真正的画家，当他被排挤出去，德国达达主义者马克斯·恩斯特出现了。恩斯特永久移居巴黎，取代毕卡比亚成为达达和后来超现实主义的首席画家。（十年后，年轻的西班牙画家萨尔瓦多·达利来到巴黎，挑战恩斯特的王位，成为美国超现实主义绘画的标志性人物，最后被布勒东从运动中驱逐出去。和往常一样，与人为善的杜尚避免卷入这些冲突，跟恩斯特和达利都是终生的朋友。）

蒙田画廊的展览开幕当晚，一个重要的参观者是富有的时尚引领者雅克·杜塞，杜塞已经快70岁了，在文学艺术收藏上花了大量金钱。前一年，布勒东成为杜塞图书馆项目的秘书。他逐步说服杜塞购买现代艺术品，而不仅仅是法国古典主义作品。

作为巴黎时尚界的一员，早在毕加索去意大利开始为《游行》工作之前，杜塞就到蒙鲁日的工作室拜访过毕加索。不过要感谢布勒东坚持不懈的推荐，杜塞终于同意购买毕加索1907年的油画《亚维农少女》，交易于1923年底完成，之后这幅画就挂在杜塞家的大楼梯上（更重要的是，在历史上保存了下来）。随着毕加索这些早期作品开始在艺术史上找到它们的位置，关于毕加索和达达的一章却从来没有被书写过。达达主义者憎恶毕加索的富有。他的画也开始变得更传统。社会阶层和年龄的差距将毕加索和年轻的达达反叛分子隔开了，对于达达中的一些人，这已经足够让他们满腔怨恨了。

一般认为，毕加索没有对达达发表过评论，或许他是怀着困惑，甚至怀旧的心情看待达达的表现欲。在他自己前达达的年轻时代，曾经去马德里创办了反叛性的《青年艺术》（1901）杂志。艺术史学家认为，为了这本小册子，毕加索创作了一些他"最邪恶、残酷和讽刺的作品"，而且其中的社论无疑带有一种前查拉的挑战色彩："来吧，年轻人，加入战斗……我们知道马德里的纨绔子弟和贵族小姐不喜欢青年艺术！这让我们无比高兴。"[14]几十年后，巴黎达达也将成为一种精心包装的新鲜玩意儿，在商店里出售，由艺术史学家书写，不过现在它还只是纯粹的骚动。

布勒东一边试图管理沸腾的达达，一边继续他的艺术品交易，这是他与毕加索和杜尚建立联系的重要方法。他为杜塞工作期间，引导这位年迈的收藏家购买了两件杜尚的作品。所以当杜尚回到巴黎常住时，他跟杜塞不完全是陌生人，有布勒东作为中间人，他们成了艺术品交易的伙伴。

蒙田画廊的展览后不久，杜尚又出现在巴黎（回来签证）。他停留了几个月。他搬回以前的情人伊冯娜家。在巴黎，这是一个传说中的时代，20 世纪 20 年代，海明威和美国文人在这座城市（和法国南部）站稳了脚跟，美元强势，法郎贬值。杜尚写信回纽约说："整个格林威治村的人都在蒙帕纳斯走来走去。"[15]杜尚没有到格特鲁德·斯泰因的沙龙去，不过当然有一搭无一搭地参与了达达的活动。正是在这期间，他参加了塞赫塔咖啡馆的一些聚会，他在那里是个传奇人物。

这时候，杜尚 34 岁，比巴黎的达达主义者们大十岁。据说，年轻的达达主义者非常敬畏他，尽管包括布勒东在内，他们都没怎么看过他的艺术，当然更没有看过《大玻璃》。杜尚对这回事的说法很圆滑，他在给施特海默姐妹的信中说："这些东西、这些（达达）运动从远处看是兴高采烈的，可在近处却看得出他们并不是那样，我向你们保证。"[16]

不管怎样，就在这时候，1921 年夏天，杜尚催促正陷于婚姻危机的曼·雷赶紧摆脱出来，到巴黎来。他也是塞赫塔咖啡馆的一个传奇人物。曼·雷来了,达达主义者很喜欢他的布鲁克林口音。据曼·雷自己说,这些"陌生人似乎把我当成了他们中的一员"。[17]

他们马上计划为曼·雷举办一场个人作品展。1921年12月,展览在图书馆第六画廊和书店开幕。门外飘着红气球,里面展出了35件曼·雷创作的油画、拼贴画和物品。前一天,曼·雷决定在展览中加入一件现成品。所以他去了一家五金店,买了一只熨斗,在它的平面上粘贴了一枚图钉,命名为《礼物》。(这种荒谬性让它成为曼·雷最著名的达达作品。)展览一件作品也没卖出去。事后看来,它标志着巴黎达达热的结束,不过它开启了曼·雷成功的职业生涯。他先是作为巴黎先锋派的官方摄影师,最后成为高端时尚圈和社会名流的御用摄影师(特别是20世纪40年代移居好莱坞以后)。[18]

杜尚拿到签证返回纽约后不久,布勒东决定开始在《文学》杂志上尽力推崇他,让他成为传奇。从1922年10月那期杂志起,布勒东跟许多其他人一样,开始谈论杜尚英俊的外表("令人赞赏的容貌")。他用华丽的辞藻写道:"人们团结在这个名字周围,对于那些仍然致力于现代意识的解放斗争的人们来说,这是名副其实的绿洲。"布勒东赞美杜尚的独立性。他不参加各种社团组织。他这样的人会"把一枚硬币抛向空中,并说:'正面,我今晚就去美国;背面,我就留在巴黎。'"他称赞杜尚"漠不关心"的哲学,杜尚通过现成品学说将其付诸实践,"在一件人造物品上签名",把它变成艺术品。[19]

在1922年10月和12月的《文学》上,布勒东也发表了一些杜尚的双关语、首音误置和警句。这是第一次有人把杜尚当作法国文学的一部分。布勒东引用了一些杜尚双关语的例子。其中一个是:"给亲密关系的卫生建议:把剑的精华放进爱人毛茸茸的洞里。"另一个是:"罗丝·瑟拉薇发现,杀虫剂在杀死他的母亲之前必须跟她睡觉;臭虫是必需的。"

布勒东热情地夸大其文学价值。在 12 月的《文学》上，他说这些"奇妙的双关语"是他的达达集团的一位成员在半睡半醒时通过电报收到的。他指出杜尚的双关语结合了单词的排列组合与独特的幽默感。"在我心目中，"布勒东说，"多年以来在诗歌领域没有比这更出色的了。"[20]

* * *

《文学》在巴黎出版时，杜尚正在纽约思考生计问题。总的说来，战后他在纽约度过的三年有些漫无目的，最后这一年过得尤其散漫。他上一次尝试艺术品交易还是在巴黎跟亨利-皮埃尔·罗谢一起。他想在电影剧组找一份摄影师的工作，最后却找他父亲借钱开了一家纺织品印染厂，开业后不久就倒闭了。他在跟查拉的通信中讨论过开展一项达达金项链（把 DADA 四个字母串在链子上）的邮购业务。

为了打发时间，杜尚给了《大玻璃》一个讽刺性的结论，他称之为"决定性地未完成"。[21] 出乎杜尚的意料，爱伦斯伯格宣布他要去洛杉矶。收藏家奎因有兴趣购买未完成的《大玻璃》，但是很快就改变了主意。所以爱伦斯伯格把所有权卖给了德赖尔。杜尚在 1918 年底去阿根廷之前写信给让·克罗蒂说，《大玻璃》已经成了他计划赶快完成的"一大块垃圾"（结果他又拖了五年，总共用了八年时间）。[22]《大玻璃》一完成，德赖尔就把它买了下来，作为她个人收藏的一部分妥善保存起来。

爱伦斯伯格去了洛杉矶，曼·雷在巴黎，杜尚还有施特海默姐妹可以拜访。他还主持了无名者协会的工作，否则德赖尔去欧洲购买更多艺术品期间协会的活动就要中止 18 个月。杜尚编辑了协会的第一本（也是最后一本）图书，即《纽约太阳报》艺术评论家亨利·麦克布莱德的文集，麦克布莱德是从 1913 年的军械库展开始写作生涯的。

杜尚还经常求助于另一个人,即他的另一个化身和新笔名——罗丝·瑟拉薇。他越来越喜欢扮演她,也许是作为一种自我保护,或者是他接下来想做的事情的营销手段。他开始创作越来越多的双关语,大部分是跟性有关的,以罗丝·瑟拉薇的名义发表它们。他还需要别的东西来克服他的恐惧。"我又开始喝酒了,什么也不做,"他给毕卡比亚写信说,"四个月没怎么下棋了,我要重新开始训练。"[23]

他的新年愿望实现了,转折点在1922年秋天的马歇尔国际象棋俱乐部中到来。俱乐部的创始人弗兰克·马歇尔邀请古巴天才、新的世界冠军何塞·劳尔·卡帕布兰卡来做常驻棋手。为了娱乐,卡帕布兰卡请俱乐部的25名初学者同时跟他下25盘棋。杜尚也是其中之一。尽管不仅杜尚,据说每个人都输给了卡帕布兰卡,但杜尚还是深受鼓舞。他决定回法国去做一名职业棋手。

不过在离开纽约前,杜尚还做了一件搞怪的事。杜尚很喜欢他的脸,曼·雷也很喜欢自己的脸:他们收集了许多自己的照片。于是杜尚制作出另一件现成品类型的东西:一张插入他的脸部照片的通缉令,不过没有用他的真名。"通缉:奖金2 000美元,"上面写着,"已知自称罗丝·瑟拉薇。"伴着这种姿态,他开始了国际象棋职业棋手的尝试。

1923年2月,他登上了从曼哈顿开往鹿特丹的轮船。他先去了布鲁塞尔,找了一个房间,开始在著名的国际象棋俱乐部天鹅咖啡馆练习,他在那里很受说法语的俱乐部成员的欢迎。最后他回到巴黎,他在那里还有几件事情要做。其中之一是他跟富有的艺术赞助人雅克·杜塞的新友谊,杜塞拥有两件杜尚的作品。布勒东在1923年晚秋为他们两人安排了一次正式的午餐会,席间杜尚提议为这位收藏家制作一个他和曼·雷在纽约做过的旋转的光学设备[现在叫作《旋转的玻璃盘》(1920)]。杜塞同意了。然后杜尚回到布鲁塞尔,参加他的第一次大型国际象棋锦标赛，跟杜塞保持着近乎亲密的通信往来。"我在这届锦标赛上表现不错，这是我第一次重要赛事。"他在给杜塞的信中说。杜尚显然告诉过杜塞自己的女性化身，所以他还说："罗丝·瑟拉薇有点像个女学究——这并不令人讨厌。"[24]

对于布勒东，这也是重要的一年，他正在为发起超现实主义运动制订最后的计划。毕加索则频繁往来于巴黎和法国南部之间，作为已婚人士，他还是设法在自己周围制造出一个没有被妻子奥尔加的社交生活填满的空间。填补这个空间的是一个新的诗人三人组，包括前超现实主义诗人布勒东，以及他在学校和军队期间的朋友——保尔·艾吕雅和路易·阿拉贡。布勒东后半生都很崇拜杜尚，不过在发起超现实主义运动的激动人心的日子里，他希望杜尚能帮上更大的忙：很快他就责备杜尚为了"没完没了的国际象棋游戏"放弃了艺术。[25]

* * *

1924年，布勒东通过发表第一份超现实主义宣言，正式宣布了超现实主义运动的诞生。超现实主义的定义是叩击潜意识，布勒东团队的诗歌创作意味着"自动书写"，杜绝有意识的选择和构思，让语言自动出现。这是一种语无伦次的胡言乱语，连西格蒙德·弗洛伊德（布勒东拜访过他）也看不出他的精神"科学"与超现实主义者有什么关系，他说，他们"似乎选择我作为他们的守护神"，但他们都是些"怪人"。[26]

布勒东在毕加索那里的运气要好得多。在巴黎这个文化大漩涡中，毕加索可谓腹背受敌。他从来不是沙龙立体主义者的一员。现在他又转向现实主义绘画，立体主义者更不会说他什么好话。另一方面，好斗的达达主义者憎恶一切身居高位的人，在艺术界，毕加索是他们炮火攻击最猛烈的目标。布勒东挺身而出捍卫毕加索。1922年在巴塞罗那的一次演讲中，他把毕加索奉为现代艺术的先驱："这或许是第一次，艺中的一个另类宣告了自己的存在。"[27] 然后他把演讲稿的文本发表在他的喉舌《文学》上。在一些达达主义者中，反对毕加索的声音越来越高涨，在达达追随者的小集团内部制造了新的压力。

毕加索对这种内部冲突知道得很清楚，事实上，当达达主义者在 1923 年查拉阵营举办的一次公众集会"大胡子之夜"上大打出手时，毕加索订了一个包间，西装革履地出现在大剧院，专门跑去看热闹。某个时间，一个查拉派的人登上舞台，滔滔不绝地开始演说，挑衅地说："毕加索死在战场上了。"布勒东和他的阵营也到剧院去了，本来就想找碴，听到这样侮辱毕加索的话，布勒东跳上舞台，大喊大叫着为毕加索辩护，最后用他沉重的手杖打断了一个查拉派的胳膊。后来，毕加索说他很欣赏这出精彩的表演，但他哪一方都不支持。这次事件标志着达达的自我毁灭，开辟了布勒东治下的超现实主义的道路。正如传记作家理查德森所说，毕加索"喜欢查拉像雅里一样的无政府主义精神"，但是"认为跟越来越有权威的布勒东保持一致比较明智"。[28]

很快，布勒东接到邀请去正式拜访毕加索，那是 1923 年夏天，毕加索正住在里维埃拉一座安静的海滨小城昂蒂布的卡普酒店。（他是一对富有的美国波希米亚夫妇——杰拉德·墨菲和莎拉·墨菲的客人，他们沾强势美元的光搬到了法国南部。）布勒东大概向毕加索介绍了超现实主义的思想——潜意识的作品。可能是在讨论中，毕加索给布勒东画了一幅线条版画。画中的布勒东看起来像一个领袖。这正合他的意。他把这幅版画用作他下一本诗集的卷首插图（这次拜访后，布勒东最终说服杜塞买下了《亚维农少女》）。

当布勒东跟毕加索会面时，这位 42 岁的西班牙画家——比布勒东年长 15 岁——跟他们以前偶遇时已经判若两人了。1921 年 2 月，奥尔加生下他们第一个也是唯一的孩子，毕加索的生活发生了翻天覆地的变化。他们给这个男孩取名叫保罗。新生命的降临，以及保罗的幼年时期，决定了毕加索未来若干年将在哪里生活和创作。

整个20世纪20年代，毕加索主要居住在博蒂埃街23号的大公寓。正是在博蒂埃的工作室，曼·雷拍摄了出现在1922年7月的《名利场》杂志上的艺术家照片，这张照片成了来到美国的西班牙人的经典形象。现实中，毕加索每年都带着家人在巴黎和他们喜欢的里维埃拉，以及诺曼底海岸的一座海滨城市之间来来往往；还有一个夏天去了枫丹白露的山间别墅，那里天气凉爽，就在巴黎南边一点。这个时期，毕加索探索了两种不同的人物主题：他老朋友（和一个旧时代）的死亡，以及母与子（代表着未来）。

保罗出生后那个夏天，他们去了枫丹白露，比起海岸的热风，那里凉爽的空气对婴儿更有好处。毕加索在村里的车库画画。他创作的两幅作品似乎终结了他的过去。这是两幅大型的几何风格人像，二者的题目都是《三个音乐家》。两幅画非常相似。画中的三个"音乐家"可能代表着阿波利奈尔（白衣小丑）、雅各布（披着黑蒙头斗篷的僧侣）和他自己（穿花格衣服的彩衣小丑）。在许多方面，《三个音乐家》都在和立体主义以及他的两个波希米亚街头的朋友说再见，一个被死亡带走了，另一个在修道院里跟毒瘾做斗争。

在去枫丹白露之前，毕加索画了一系列立体、夸张的裸女的素描和油画。这些人物明显带有古典主义美学的色彩，长袍的褶皱就像希腊石柱的凹槽。在枫丹白露，这种研究到《泉边的三女子》（来自普桑的一个圣经主题）告一段落。他又重拾黏土色：粉色、棕色和白色。他还在巴黎创作了《读信》，同样是一幅雕像般的人像画——两个年轻人穿着城市服装，不再是希腊长袍，坐在路边读着他们刚刚接到的信。

在毕加索带着奥尔加从一个地方搬到另一个地方的日子里，他开始关注从他的小婴儿身上看到的主题。随着保罗的出生，毕加索创作了他最早的实验性的"母与子"主题。后来这发展成一个成熟的系列，与古典主义的圣母与圣婴主题遥相呼应。他在《母与子》中把奥尔加画成一个理想化的希腊妇女。他也为他的小婴儿画了柔和的素描，以一种新的方式重现了早期作品中橄榄形的眼睛——称为"装饰的"眼睛。总之，毕加索在创作快乐的作品，他的《有鱼的静物》中流淌着明亮的色彩；《海边奔跑的女人》中两个夸张的人物，是一种幽默、怪诞的新人体透视法的典型代表。

快乐不能持久。毕加索漠视婚姻的责任。他对女人的渴望永不满足，现在丈夫的身份却要求他安分守己。他迁就奥尔加的喜好去疗养胜地，而不是他喜欢的荒凉海岸，在巴黎还得配合她安排得十分紧密的社交生活。有一次，毕加索在博蒂埃街公寓的工作室门上挂了一块牌子，上面写着："我不是一个绅士。"随着婚姻关系的瓦解，毕加索找到了可以投入到绘画中的新情绪。这种情绪在一定程度上是自传性质的，通常反映了他生命中的女人，无论是好是坏。

毕加索的不满足在 1927 年达到了顶峰，一天，走在蒙帕纳斯的街上，他上前跟一个高挑、性感的金发女郎搭讪，女孩只有 17 岁，很吃他这一套。她的名字叫玛丽-泰蕾兹·沃尔特，跟母亲住在巴黎，同年她就成了毕加索的情人和兼职缪斯，跟他在一间秘密公寓幽会。

客观上，玛丽-泰蕾兹太年轻了，所以他们的幽会保密了许多年，这让毕加索省掉了可能需要的律师费。无论如何，她爱上了他，服从他的命令；他让她读萨德侯爵的书，以便了解他的性口味；夏天当他和奥尔加去里维埃拉度假时，他送她去参加附近的"青年营"。毕加索保守这类秘密的能力让人叹为观止——奥尔加在巴黎知道的一切只是，他有第二间工作室，时常去那边，毕加索的朋友们也没有起过疑心。终于，

‖ 毕加索的"母性"系列是他回归古典主义的代表作,包括这幅《母与子》(1922)。

玛丽-泰蕾兹怀孕了。1935年她生下了一个女孩,他们给她取名康塞普西翁(毕加索夭折的小妹妹的名字),不过他们都叫她玛雅。

他20世纪20年代末的作品分别讲述了他与奥尔加和玛丽-泰蕾兹的故事,不过这还不是全部。布勒东发起超现实主义运动时——他的宣言是在1924年发表的——马克斯·恩斯特等画家正在实验"生物形态"和把各种奇怪的物品组合在一起的拼贴画。独立于这些发展,毕加索创造了他自己的"超现实主义",后来他只允许给它贴上这样的标签。

有了他的女人们和他自己的超现实主义,这十年中毕加索的油画刷和蚀刻笔下诞生了三种类型的绘画。

第一种是轻松愉快的。这些作品出现在他认识玛丽-泰蕾兹之后,贯串于他为她画的肖像画中,典型代表是明亮、丰满、快乐的女性形象。他的愉快作品通常带有一点超现实主义色彩。这种愉快的情绪也出现在毕加索接下来带窗户的静物画中。1925年夏天在昂蒂布完成的《有石膏头像的画室》就是如此。毕加索看着他儿子的玩具剧院画了这幅画,不过画中毫不相干的物体以奇怪的方式排列在一起,色彩丰富,妙趣横生,具有明显的超现实主义色彩。

如果说毕加索对玛丽-泰蕾兹的爱有超现实主义形式的表达,那是一种简化的、圆形的女性形态。以玛丽-泰蕾兹为原型的《镜前少女》就是这类作品的典型代表,这幅作品是1932年春天在诺曼底博瓦吉庐的别墅完成的,毕加索和年轻的情人在那里过着田园牧歌一般的秘密生活。

第二种类型是紧张的。如果没有玛丽-泰蕾兹,毕加索将只能用他的超现实主义去描绘一个阴郁的世界,反映他和奥尔加的战争。他们之间的紧张关系从20年代中期,甚至在玛丽-泰蕾兹出现之前就开始了。毕加索坚持他安达卢西亚的生活方式,奥尔加的反应越来越神经质,最

1928年，时年约47岁的毕加索登上了他的权力顶峰。

后演变为在公众场合声嘶力竭地大喊大叫。1925年在蒙特卡洛，毕加索画了《舞蹈》，被认为是他第一幅真正的超现实主义作品。但这不是一幅愉快的作品，它表现了梦魇般的焦虑。

这时布勒东出版了一份新杂志——《超现实主义革命》，为了完成他1925年秋天的文章《超现实主义与绘画》，他发表了两幅毕加索最扭曲的作品：《舞蹈》和《亚维农少女》。1925年底，毕加索改变了他不参加群展的习惯。他允许布勒东在他第一次官方超现实主义展上展出自己的一幅作品——《弹吉他的男人》（1912）。展览于1925年11月在巴黎的皮埃尔·勒布画廊举办。毕加索现在在超现实主义者的保护之下受到正式的欢迎。事实上，1929年，当布勒东在愤怒与痛苦中发表他的第二次超现实主义宣言时（此时他的追随者纷纷弃他而去），毕加索跟他更亲近了，至少大方地把自己的作品借给他使用。

到20世纪20年代末，毕加索的超现实主义实验越走越远，表现为幽默、魔法、暴力以及厌女症。如果说毕加索曾经的海滨浴者是迷人的扭曲人体，那么现在他们成了怪物。这是他第二种类型的绘画，更多由主题来定义——海滩上的浴者——不管是愉快的还是紧张的。从奇怪的漫画风格的《玩球的浴女》（1929），到幽灵般的《坐着的浴者》（1930）和《海边的人》（1931），其中都有这种浴者的形象，都表现了强硬、丰满、骨骼突出的女性形象，有着锋利的边缘、刀子一样的舌头和锯齿一样的牙齿。有些看起来像一大堆器官和骨头。1930年毕加索也开始为奥维德的《变形记》创作古典主义的系列插图版画，与之平行的海滨怪兽创造了一个属于他自己的、不可思议的变形人体的世界，有时候也称为他自己的"变形记"。

在长着锯齿状牙齿的女性身上，毕加索的解读者看到了他面对奥尔加的痛苦，如果不是面对所有女性的话。他超现实主义的巅峰出现在

1930年。为了向马蒂亚斯·格吕内瓦尔德扭曲的十字架上的基督致敬，毕加索画了自己的《基督受难图》。这是一幅大型油画，可能是他未来将要选择的道路的第一步：用超现实主义或综合立体主义的风格重新演绎古典大师的作品。

|| 毕加索的超现实主义在《基督受难图》（1930）达到了高潮，这是一幅参照欧洲艺术中传统的基督受难图创作的板面油画。

* * *

虽然国际象棋占据了杜尚的很多时间，但艺术品交易、艺术展，以及他多姿多彩的女性关系的暗流仍然在拉扯着他的生活。这三件事情都需要经常旅行，他一边坚持下棋一边精心安排时间。这十年里，杜尚成了这种四元生活的大师。1926—1936年间，他三次横渡大西洋去美国参加艺术活动，制作和出售艺术品，周旋在至少三个难缠的女人之间，而且提升了自己在法国国际象棋界的排名。

他始终专注于自己的事情，远离更具侵略性的、集体主义的达达运动，曼·雷解释说，杜尚"从不当众讲话"。[29]达达主义者和超现实主义者并不禁止艺术品交易。布勒东大半生都在买卖艺术品。在巴黎，杜尚以罗丝·瑟拉薇的名义举行了一场拍卖会，出售80件毕卡比亚的作品。在美国，杜尚也成为他在巴黎的朋友和酒友——康斯坦丁·布朗库西的雕塑作品的主要代理商。

至于用来出售的新作品，杜尚主要是为年迈的收藏家雅克·杜塞做的。杜尚说服杜塞，他以前的《旋转的玻璃盘》是光学在现代艺术中的严肃应用，所以从1924年初，杜尚开始为杜塞制作一件新的光学设备。在国际象棋锦标赛的间隙，他完成了设计草图。这是一个旋转的半球形，上面画着螺旋状的花纹。这个半球立在一个带底座的支架上，摆在地上大约齐胸高，由一个小马达远程驱动。杜尚把这件作品命名为《旋转的半球》（1924）。

杜尚用杜塞的钱雇用工匠和电工制作这个装置。这是一台相当简单的机器，却花了将近一年才完成。"我几乎完成画好条纹的球与第一层平台的装备工作了，"1924年底，项目开始7个月后，杜尚给杜塞写信说，"下周我们就可以进行一次旋转实验。"[30]把这个装置交给杜塞以后，杜尚随即又给杜塞写信提出了相当苛刻的要求。他坚持这件东西不能作为艺术品展出。"所有的绘画或雕塑的展览都让我讨厌，"他对杜塞说，"我宁可不去招惹。如果有人把这个圆球看成是'光学'之外的其他什么东西的话，我会感到遗憾的。"[31]

然后他请杜塞支持他的另一个项目。这时候，杜尚喜欢冬天到尼斯去下棋。附近就是蒙特卡洛的赌场。杜尚对轮盘赌很感兴趣。他开始着手创作一个关于轮盘赌和艺术品投资的达达笑话。作为一名技艺精湛的制图员和印刷工,杜尚制作了一张题为"蒙特卡洛轮盘赌"的债券,上面是他自己的照片(他用刮胡膏给自己做出了犄角和胡子)。债券由杜尚和罗丝·瑟拉薇签名,面额是如果杜尚在轮盘赌上赢了钱,持有者可以分得20%。他印制了数量有限的债券,让他的朋友们——包括杜塞——买来作为一种投资(当时只是个玩笑,不过后来,如果这件题为《蒙特卡洛债券》的达达艺术品在艺术市场上出售,绝对是有利可图的)。

作为恶作剧的一部分,杜尚说他愿意拿他在轮盘赌桌上赢来的钱向投资者支付分红。事实上,在蒙特卡洛,杜尚在研究轮盘赌系统。作为一个以诈术取胜的专家,他认为能够掌握轮盘赌的概率——就像法国数学家帕斯卡在掷骰子游戏中那样——从而赢钱。据统计,杜尚在赌桌上能够做到不赔不赚,他自有一套下注的方法,不管是出于数学还是本能。

在简单的赌胜负之后,杜尚进入了一个更加虚幻的境界,他开始思考轮盘赌这种碰运气的游戏能否模拟国际象棋中的逻辑步骤,强行用数字来表示。可能连阿尔伯特·爱因斯坦都会被这种问题难倒,不过对于杜尚,这只是他"戏谑物理学"的一部分,而不是真正的科学。他只是突发奇想,觉得自己能够把轮盘赌和国际象棋棋盘合二为一。

不管杜尚的真实意图是什么,他把这种念头传达给了杜塞,热情地宣扬他在蒙特卡洛的成就。杜尚说,他不仅能在轮盘赌上做到保本,还能像控制棋子一样控制赌场的转盘。"这一次我相信我能够消除运气这个词,"他说,"我想我把轮盘赌变成了国际象棋。"[32]杜尚可能在跟这个老人开玩笑,但是杜塞满怀兴趣地追随他。《蒙特卡洛债券》甚至在格林威治村的先锋派圈子中都小有名气。

* * *

1923年回到巴黎后，杜尚在蒙帕纳斯附近的左岸找到了格林威治村的替代品。他住进了位于第一田园大街29号的伊斯特拉酒店。这家酒店被艺术家、模特和其他20年代巴黎自由性爱的拥护者当作某种波希米亚式的公社。达达—超现实主义者在城市另一端——蒙马特的咖啡馆聚会，因为布勒东住在那里。实际上，从1922年直到去世当天，布勒东都住在喷泉街42号的公寓，那里成了一间超现实主义图书馆和博物馆。

有一天，在咖啡馆来来往往的顾客中，杜尚认出了一张熟悉的面孔——年轻的美国寡妇玛丽·雷诺兹，他们在格林威治村就见过面。她原来跟丈夫住在曼哈顿，后来丈夫参军去了欧洲，并在那里死于流感。之后像其他美国人一样，她来到物价更低廉的法国，在巴黎买了一所小房子。她成了一位图书装帧设计师，为包括萨德侯爵、兰波、雅里及其他人在内的先锋派经典文集设计过封面。巴黎的波希米亚人都相信玛丽跟一个绰号叫作"蒙帕纳斯的国王"的放荡的美国艺术家和作家劳伦斯·韦尔订了婚。不过，出乎所有人的预料，1922年，韦尔忽然跟一个刚来到巴黎的美国女继承人佩吉·古根海姆结了婚。

一年以后，杜尚来了。在咖啡馆见面后，玛丽和杜尚成了情人。玛丽回忆说，他们在一起的这么多年里，杜尚对外一直隐瞒他们的关系，到了极端的程度。很久以后，巴黎的波希米亚人才知道她是杜尚的"美国情人"，特别是当玛丽开始在她哈雷街14号的花园每天举办晚会以后。她家就在蒙帕纳斯南边，杜尚是那里的常客，他帮助玛丽装饰了房子，并在那里展出他自己的烟斗收藏。[33]他们也很喜欢去咖啡馆，经常到"屋顶上的牛"去，这是右岸一家时髦咖啡馆，让·谷克多的圈子经常在那里聚会。同时，杜尚保留着自己简朴的公寓，里面到处摆放着他的棋盘。他和玛丽像一对奉行开放婚姻的夫妻一样相处，只不过没有结婚。并不是说杜尚极力反对婚姻。没过多久他就结婚了（不是跟玛丽），不过首先他要去美国参加一系列重要艺术活动，杜尚的家庭也发生了一些变故。

1925年，杜尚的双亲在结婚五十年后，在一个星期之内相继去世。父亲每月给他的生活费停止了，但是他继承了一笔约1万美元的遗产。这笔钱来得正是时候，因为第二年（1926）他到处旅行，参加国际象棋比赛，同时做一点艺术品交易。艺术界即将发生的一件大事是由德赖尔发起的，她的无名者协会已经大获成功，现在她要在布鲁克林艺术博物馆举办一次现代艺术展，这是纽约地区第二大艺术博物馆，也是传统艺术的大本营。

跟布鲁克林艺术博物馆签约后，德赖尔前往欧洲，大量购买当代绘画和雕塑作品。"我现在特别需要你，"她在给杜尚的信中说，"你知道人们非常需要现代艺术带给他们的东西。"[34]她于1926年5月底抵达巴黎，杜尚带她走访了当地的展览、画廊和工作室。他告诉她到德国去寻找什么，还跟她一起去意大利参观了威尼斯双年展。

三个月后，德赖尔走访了五个国家，整理出要在美国展出的最有代表性的欧洲艺术品。杜尚在巴黎安排了大部分托运工作，不过德赖尔也跟其他许多艺术家建立了联系，从莱热和蒙德里安到康定斯基和施维特斯。在这些圈子里，德赖尔听到沙龙立体主义者一致认为毕加索（和布拉克）背叛了现代艺术的目标。杜尚也敦促她避开毕加索，写信说她不需要"为市场这么好的东西白费力气"。[35]作为毕加索的代理商，德赖尔只选择了两幅早期的作品，都是十年前的分析立体主义作品。

为了解释毕加索这样一位杰出的现代主义者在布鲁克林展上的缺席，德赖尔在展品目录中写道，他是"一位中年绅士，一开始充满激情"，但是"当艺术世界发展到今天，已经选择退休过安定的生活了"。[36]

1926年上半年，杜尚的生活被国际象棋锦标赛填满了，不过到了秋天，他已经将日程表空出来，准备去美国协助布鲁克林展，并在芝加哥为布朗库西举办一个展览。10月18日，杜尚乘坐的法兰西号轮船在纽约靠岸。他有一个月时间，为即将在布鲁克林艺术博物馆展出的200件作品进行布展设计。他的《大玻璃》将第一次公开展出，自然被安排在一间特别展室，旁边是德赖尔喜欢的两位艺术家——蒙德里安和莱热的作品（因为蒙德里安和德赖尔一样，是见神论者，康定斯基也是）。布鲁克林展在感恩节前后如期开幕，并且大获成功。与《下楼的裸女》在军械库展上相反，杜尚的《大玻璃》完全无人问津，即使它的题目是光棍"剥光"了新娘的衣裳。[37]

然后杜尚去了芝加哥，协助布朗库西展的善后工作（将没有卖出去的艺术品托运回去），回巴黎之前，他又在纽约逗留了一段时间。他想参加约翰·奎因的收藏品拍卖会。奎因于1924年去世，留下了全美国最大规模的现代艺术私人收藏。[38]杜尚用继承来的1万美元买了少量毕加索的作品，以及奎因从沃尔特·帕克那里得到的他自己的作品。1927年2月，杜尚又漂洋过海回法国，下一个目标是春季国际象棋锦标赛。

这不是一次普通的航程，至少在即将成为纽约重要艺术品代理商的朱利安·利维看来是这样。年轻的利维刚刚在纽约认识杜尚，这个法国人就怂恿他去巴黎。利维是曼哈顿房地产大亨的儿子，曾在哈佛大学学习博物馆学，后来退学，对艺术品交易非常感兴趣。巴黎是一个纵容年轻人自由幻想的地方，利维对那里也很神往。实际上，在这次航程中，杜尚向利维解释了他自己的一个幻想，他希望有朝一日能够创作那样一件艺术品。

一天，他们坐在甲板上，杜尚手里摆弄着几根电线。利维问他是什么，杜尚说他在考虑制造一个真人大小、质地柔软的机器性玩偶，有一个能够自动润滑的阴道，利维回忆说，可以供一个男人"不用手地'机器手淫'"。[39] 堕落的性玩具在欧洲的黑市上不是什么新点子。在杜尚手中，这个主意增添了几分严肃的意味。如果他制作这样一个装置，将是平面的《大玻璃》中"新娘机器"所代表的东西的三维版本。

船到法国后，杜尚回到了国际象棋比赛的日常生活中，他感觉到一种罕见的存在危机：在路上度过了这么长时间之后——轮船、火车、旅店，靠一只手提箱生活——杜尚渴望安定，这意味着要有一份收入来源。就是在这时候，结婚这个选择冒了出来（不是跟长期饱受困扰的玛丽·雷诺兹）。

毕卡比亚心血来潮地决定给杜尚做媒人。他给杜尚介绍了一个适婚的女人——莉迪·萨拉赞-勒瓦索尔。杜尚 40 岁，莉迪 25 岁，是一个富有的法国工业家的女儿。她的父母很为谦虚低调的女儿的未来担忧。所以莉迪和杜尚同意结婚。德赖尔听到这个消息很沮丧，不过杜尚写信解释说："我已经对这种流浪汉似的生活有些厌倦了，想试试过一种相对安定的生活。"[40] 事实上，他就是没钱了。

就在婚礼前一天，杜尚听说莉迪可继承的财产份额实际上微乎其微。反过来，莉迪第一次听说杜尚没有工作。不管怎样，婚礼还是举行了，曼·雷为婚礼做摄影师。结婚头几天里，杜尚完全忽略了自己的新娘，潜心研究国际象棋问题。曼·雷回忆说，一天晚上，出于无奈，"莉迪跳起来把所有的棋子都粘在了棋盘上"。[41] 杜尚也经常玩消失，乘巴士去尼斯下棋。杜尚要求莉迪把脖子以下全身的体毛都刮掉以后才跟她做爱。1928 年初，莉迪提出了离婚，理由是被忽视。

杜尚知道德赖尔听到这个消息会很高兴。他"又开始每一分钟都享受起原来的自己了"，他写信告诉她，"国际象棋是我的毒品"。他用自己姓氏的首字母编了一句双关语,在信上签名时写道:"你亲爱的:离婚人士"。作为他原来的自己的一部分,杜尚又回到了玛丽·雷诺兹身边。他们一起生活了二十年,经历了咆哮的20年代,度过了大萧条,直到纳粹德国占领法国期间。杜尚对这段关系没有什么不满意的:他总是回到玛丽家。玛丽一直在跟酒精做斗争,杜尚从来不能让她特别开心。他"没有能力去爱",她告诉一个朋友。或者,像她对杜尚的文学伙伴罗谢说的那样,"杜尚很放荡"。[42] 罗谢认为在女人的问题上,杜尚总是充满幻想,从他的放荡、他的艺术和他的双关语就能够看出来。罗谢自己也是个资深的花花公子。他的评价是,杜尚想要多少女人就能得到多少,包括那些既富有又美丽的尤物。

不过,罗谢却说:"他更喜欢下棋。"[43]

注释

1. Quoted in Jack Flam, *Matisse and Picasso: The Story of Their Rivalry and Friendship* (Cambridge, MA: Westview Press, 2003), 114, 118.

2. Tzara quoted in Tomkins, *DB*, 216. From *Dada*3, 1918, the third issue of Tzara's publication.

3. Breton quoted in Mark Polizzotti, *Revolution of the Mind: The Life of André Breton*, rev. and updated (Boston: Black Widow Press, 2009 [2005]), 35.

4. Breton quoted in Motherwell, *DPP*, xxxiii.

5. Polizzotti, *Revolution of the Mind*, 86.

6. 在1920年的这次展览上,沙龙立体主义者包括布拉克、莱热、格里斯、格莱兹、梅青格尔、维永、马尔库西、洛特、埃尔班和费拉特。莱热高度立体主义——机械主义的大型布面油画《城市》被誉为立体主义复兴的证明。

7. Gide quoted in Wayne Andrews, *The Surrealist Parade* (New York: New Directions, 1990), 40.

8. Recital quoted in Georges Ribemont-Dessaignes, "History of Dada (1931)," in *DPP*, 109.

9. See "Introduction," *The Société Anonyme and the Dreier Bequest at Yale*

University (New Haven, CT: Yale University Art Gallery, 1984).

10. Full article quoted in Rudolf E. Kuenzli, ed. *New York Dada* (New York: Willis Locker and Owens, 1986), 139.

11. Quoted in Kuenzli, *New York Dada*, 140.

12. All quotes from Kuenzli, *New York Dada*, 141, 140.

13. Ray quoted in Neil Baldwin, *Man Ray: American Artist* second ed. (New York: Da Capo, 2000), 73 – 74. 关于"纽约达达"之前格林威治村的生活参见 Steven Watson, *Strange Bedfellows: The First American Avant-Garde* (New York: Abbeville Press, 1991). In Kuenzli, *New York Dada*, the editors note: "The problem of defining New York Dada is a serious one" (164).

14. See Anthony Blunt and Phoebe Pool, *Picasso: The Formative Years* (London: Studio Books, 1962), 14.

15. Duchamp letter to Florine Stettheimer, September 1, 1921, in Naumann, *AMSC*, 101.

16. Duchamp letter to Ettie Stettheimer, July 6, 1921, in Naumann, *AMSC*, 99 – 100.

17. Man Ray, *Self-Portrait* (Boston: Atlantic-Little, Brown, 1963), 108.

18. See Herbert R. Lottman, *Man Ray's Montparnasse* (New York: Abrams, 2001).

19. André Breton, "Marcel Duchamp," in *DPP*, 209, 210.

20. André Breton, "Marcel Duchamp," in *DPP*, 211; Breton quoted from *Littérature*, October and December 1922, in Jennifer Gough-Cooper and Jacques Caumont. "Ephemerides on and about Marcel Duchamp and Rrose Sélavy," in *Marcel Duchamp*, ed. Pontus Hultén (Cambridge, MA: MIT Press, 1993). See "October 1, 1922" and "December 1, 1922."

21. Duchamp quoted in Tomkins, *DB*, 250.

22. Duchamp letter to Jean Crotti, July 8, 1918, in Naumann, *AMSC*, 56.

23. Duchamp letter to Francis Picabia, November 1922, in Michel Sanouillet, *Dada in Paris* rev. ed. (Cambridge, MA: MIT Press, 2009), 482.

24. Duchamp letter to Jacques Doucet quoted in Arturo Schwarz, "Precision Play—An Aspect of the Beauty of Precision," in Schwarz, *CWMD*, 59. 《女学究》是莫里哀的一出喜剧,描写了三个"知识"女性极度崇拜一个所谓的学者,将他作为她们沙龙的偶像的故事。

25. Breton quoted in Polizzotti, *Revolution of the Mind*, 368.

26. Freud quoted in Polizzotti, *Revolution of the Mind*, 420. 弗洛伊德还给布勒东写信说："我还是没办法弄明白超现实主义究竟是什么，它想要什么。或许一个像我这样跟艺术遥不可及的人注定无法理解它。"(348).

27. Breton quoted in Daix, *PLA*, 179.

28. John Richardson, *A Life of Picasso: The Triumphant Years, 1917—1932*, vol. 3 (New York: Knopf, 2008), 231.

29. Ray quoted in Arturo Schwarz, *New York Dada: Duchamp, Man Ray, Picabia* (Munich and New York: Prestel-Verlag, 1974), 97.

30. Duchamp letter to Jacques Doucet, September 22, 1924, in Naumann, *AMSC*, 146.

31. Duchamp letter to Jacques Doucet, October 19, 1925, in Naumann, *AMSC*, 152.

32. Duchamp letter to Jacques Doucet, January 16, 1925, in Naumann, *AMSC*, 149.

33. Anaïs Nin, *The Diary of Anaïs Nin* (New York: Swallow Press, 1969), 356. 玛丽·雷诺兹的整个故事参见 Susan Glover Godlewski, "Warm Ashes: The Life and Career of Mary Reynolds," *Museum Studies* 22 (1996), 103ff.

34. Dreier letters to Marcel Duchamp quoted in Ruth Louise Bohan, "The Société Anonyme's Brooklyn Exhibition, 1926—1927: Katherine Sophie Dreier and the Promotion of Modern Art in America" (doctoral dissertation, University of Maryland, 1980), 104, 103.

35. Duchamp letter to Katherine Dreier, July 3, 1926. Quoted in Bohan, "The Société Anonyme's Brooklyn Exhibition," 117.

36. Dreier quoted in Bohan, "The Société Anonyme's Brooklyn Exhibition," 117.

37. Bohan, "The Société Anonyme's Brooklyn Exhibition," 127.

38. 1924年约翰·奎因死后，他收藏的超过2 500件油画、素描、印刷品和雕塑通过私人销售和拍卖分散到各处。这是1930年以前美国最重要的现代艺术收藏。沃尔特·帕克和亨利-皮埃尔·罗谢是他的主要顾问。为了家人的利益，他决定将其零散出售，没有考虑到美国艺术机构会把它当成一份重要遗产。See Judith Zilcher, "The Dispersal of the John Quinn Collection," *Archives of American Art Journal* 39 (1990): 35-40.

39. Julien Levy, *Memoir of An Art Gallery* (New York: G. P. Putnam's Sons, 1977), 20.

40. Duchamp letter to Katherine Dreier, June 27, 1927. Quoted in Marquis, *MDBSB*, 201.

41. Man Ray, *Self-Portrait* (Boston: Atlantic-Little, Brown, 1963), 237.

42. Reynolds quoted in Godlewski, "Warm Ashes." 103 – 104; and commenting to Roché, in Tomkins, *DB*, 258.

43. H. P. Roché, "Souvenirs of Marcel Duchamp," in Lebel, *MD*, 79.

第 11 章　　欧洲的棋盘

一段时间以来，杜尚就在跟他的朋友们写信说："我的野心是能成为一个职业棋手。"[1]不过，布勒东1923年关于杜尚已经放弃艺术转向国际象棋的文章，在先锋派的小道消息情报网中投下了一枚重磅炸弹。"杜尚现在除了下棋什么也不做，"布勒东在《文学》上写道，"如果愿意，他可以假扮艺术家，虽然从个人意义上鲜有作品，因为他只能如此。"消息传回纽约。1924年秋天的先锋派通讯《小评论》报道称："杜尚已经完全放弃了绘画，全身心投入国际象棋。"[2]

消息已经不新鲜了，但是神秘感挥之不去。放弃艺术是一种极端行为。著名的例子有阿蒂尔·兰波，他在青年时期创作力的短暂爆发之后放弃了诗歌。达达鼓吹每个人都应该放弃艺术。现实中，杜尚正在经历他的另一个生命周期。他在30多岁时开始下棋。在这个年纪，无论是国际象棋还是艺术，都是时候进入终局了。国际象棋是他的希望。艺术则是重要的候补，过去他一直默认属于艺术世界。所以他需要两个终局，一边一个。

当杜尚进入国际象棋的世界，所有的步法、问题和终局都已经被发现了。这些都可以从书中学到，是杜尚自学的主要内容。"杜尚绝对服从经典原则，"他的一个对手说，"他非常墨守成规。"[3]国际象棋的世界中也有许多反叛的例子。虽然像卡帕布兰卡这样的大师以终局著名，但他创新性的步法和策略总能给人带来惊喜。杜尚也尝试采用自己独特的方法。他从来没有解释那到底是一种什么样的方法，不过让他出名和成为谈资的，在于他是一位下棋的"艺术家"。观察者至少在一个问题上达成了共识："杜尚对终局有一种偏好。"[4]

杜尚第一次参加大赛——布鲁塞尔锦标赛时是 36 岁。此后，他加入了家乡鲁昂的地方代表队，然后入选法国国家队。1925 年，他在比赛中赢得了足够的积分，获得了法国国际象棋协会的"大师"称号。杜尚在国家队的亮相很精彩，应邀加入法国奥林匹克国家队。他于 1928 年登上国际舞台，然后参加了汉堡（1930）和布拉格（1931）的国际象棋奥林匹克竞赛，他最后一次参加国际象棋奥赛是在英国的福克斯顿。在汉堡他参加了全部循环赛。对阵美国冠军弗兰克·马歇尔，下成了平局，当然比输掉要强。在巴黎国际锦标赛上，他击败了比利时冠军，战平了那届比赛的第一名。

对于所有法国的国际象棋爱好者来说，他们的国家队不是一支常胜之师。即便如此，杜尚大概仍然是这个国家排名前 25 位的棋手，在不同锦标赛中取得接近顶级的好成绩。他成了国际象棋圈子里一张熟悉的面孔。他认识了卡帕布兰卡。作为法国奥林匹克代表队的五名棋手之一，他也认识了队长——出生在俄罗斯的亚历山大·阿廖欣。阿廖欣在 1927 年接过了卡帕布兰卡世界冠军的头衔。1931 年以后，杜尚开始担任法国国际象棋协会的官员和驻世界国际象棋联合会的代表。"他对国际象棋比过去对艺术要严肃得多。"德裔美国国际象棋大师爱德华·拉斯克（与世界冠军伊曼纽尔·拉斯克没有关系）说。[5]

不过，经过十年的努力，杜尚始终看不到山顶。"你当然想成为世界冠军，或者别的什么冠军。"杜尚曾说道。[6]

在国际象棋的世界里，棋手经常谈论棋赛之美，像数学家谈论公式之美一样。杜尚拒绝绘画之美，但他崇尚他的《大玻璃》之类的作品所体现出来的"精确之美"和"无差别之美"。随便哪一种——精确或无差别——都让他看到国际象棋之美。

关于精确没有什么好说的，因为国际象棋就是一种胜负的角力。至于无差别，在涉及国际象棋的问题时杜尚有些自相矛盾。一方面，他说国际象棋是竞赛，所有的元素都跟胜利带来的"虚荣心"有关。"国际象棋是一种体育运动。一种暴力的运动。"他曾说。他还说过国际象棋就是要杀死对手——跟无差别的冷静态度完全背道而驰。"要说（国际象棋）是什么，它是一种斗争。"[7]

其他时候，杜尚又说国际象棋就像现成品，是一件不带有任何情绪、信念或野心的物品。国际象棋"比绘画更纯粹，因为你不能通过国际象棋赚钱"。一个人画画，最后要把它装裱起来卖掉，而"下完一局棋你就把刚才画的东西全抹掉了"。换句话说，"国际象棋没有任何社会化的打算，这是下棋的最重要之处"。除此以外，他当然也非常渴望尝到世界冠军的滋味。总体而言，他在国际象棋方面有所建树，其中包括他关于国际象棋与艺术的思想——他在一些访谈和面向棋手的公开演讲中表达过这一思想——并且与人合作了一本关于国际象棋中罕见终局的学术著作。[8]

20世纪30年代中期，杜尚到了知天命之年，他自然懂得如何发挥自己的长处。[9]从年轻时代起杜尚就知道，他有一副一本正经的英俊面容，能够为他赢得朋友和对他人施加影响。他还掌握了一种不着痕迹地恭维他人的技巧。他总是能够说正确的话，特别是在他为自己选择的居住地美国。当他1915年第一次到纽约时，对采访他的报纸说出了这样的妙语："美国女人是当今世界上最聪明的——是唯一知道她要什么，并且能够得到它的人。"在职业生涯的最后，他对国际象棋界的同僚说了类似的话。"所有的棋手都是艺术家。"他在纽约州国际象棋协会的一次宴会上说。[10]

20世纪30年代，杜尚世界观中更玩世不恭、更带有猥亵意味的一面通过他的女性化身罗丝·瑟拉薇表现出来。杜尚让罗丝发表大部分有争议的言论，对他的达达作品的评论是："罗丝·瑟拉薇和我把有口皆碑的爱斯基摩人留下的瘀伤看得很宝贵。"罗丝的语言通常比这更下流。毕卡比亚的《391》上刊登过她的玩笑话："哦！再拉一次屎！哦！再冲一遍水！"[11]还有一次，杜尚和曼·雷到皮托去拍摄7分钟的短片《贫血电影》。这部短片展示了十个旋转的图案，画在圆形的卡片上，随着一个自行车轮旋转。每个圆盘上都有一个黄色笑话，曼·雷称其为杜尚的"旋转的独轮车，装饰着有趣的色情字谜"。[12]当圆盘转起来，笑话就消失了。

杜尚个性中另一个显著特点表现在他与艺术和商业始终模棱两可的关系上。原则上，他说自己避免将艺术商业化（或者用作谋生的工具），但他似乎又无法摆脱这种做法。

当杜尚需要钱时，他就去找些东西来卖，有他自己的一套办法让他制作的物品迎合市场。他第三次回归旋转的光学主题就是明显的例子。他用卡片制作了一套共计六个圆盘，可以放在一台留声机上旋转。每个圆盘的两面都有不同的设计图案。精确地绘制出这十二种图案的草图后，圆盘是委托一家平版印刷公司负责印制的。杜尚把它们叫作《旋转浮雕》。他甚至声称这是光学中的科学突破，在给德赖尔的信中称其为"一种未知的新形式，制造出浮雕一般的幻觉"。德赖尔试图帮助他在美国市场把它们当作玩具来销售。[13]

不过，杜尚起初在1935年的巴黎国际发明展上租了一个摊位来兜售它们，这是一个发明和家用设备的年度交易会。圆盘跟孩子们已经有的陀螺玩具非常相似。所以整整一个月杜尚只卖出了一套《旋转浮雕》。他给德赖尔写信说："这是商业上彻头彻尾的失败。"[14]不过，商业上的失败却可以看作艺术原则的胜利。超现实主义者为杜尚在国际发明展上的反商业表现喝彩。在杜尚跟德赖尔的通信中，他似乎也表达了同样的观点。当梅西百货订购了一套《旋转浮雕》用于评估时，他要求她降价出售。"它们只是印刷的卡片，没有任何原创价值。"他对她说。[15] 无论如何，杜尚的商业野心潜藏在表面之下。他计划在美国为《旋转浮雕》申请专利。

* * *

20 世纪 30 年代初，杜尚逐渐放弃了对国际象棋的野心，不冷不热地回归了达达艺术的怀抱。与之形成鲜明对照的是，毕加索迎来了他的标志性时期。大萧条在欧洲创造了一种新的文化，在贫困中消遣总是受欢迎的，公众的欣赏水平也有所提升。这影响了夜总会生活，使其走到一个新的极端，超现实主义者充满幻想的追求得到了放大，这些人跟杜尚和毕加索都有着稳定的联系。

在喧嚣的氛围中，毕加索仍然有办法在巴黎鹤立鸡群，杜尚不得不注意到这一点。尽管大萧条沉重地打击了艺术市场，但毕加索的作品仍然具有收藏价值，未来肯定会升值。许多艺术家就此沉沦，不过，"毕加索可以等"，他以前的代理商康维勒说。[16]

这时候毕加索也开始真正进入史册。1931 年，他的助手之一、希腊艺术爱好者克里斯蒂安·泽尔沃斯第一次出版了系列多卷的毕加索作品全集，艺术品专家称其为一个艺术家的"图录"（每一幅作品都配有单独的说明）。毕加索图录的第一卷涵盖了 1895—1906 年的作品（最后总共出版了 32 卷）。与此同时，第一部关于毕加索生平的专著也出版了。有三位画商为毕加索写了书，包括康维勒以毕加索为核心的立体主义简史、威廉·乌德的《毕加索和法国传统》，以及法国画商安德烈·勒韦尔的另外一部著作。超现实主义诗人、布勒东的门徒路易·阿拉贡

第 11 章 欧洲的棋盘　221

也出版了《反抗的绘画》,对毕加索大加赞扬。

毕加索认为这是在巴黎举办他的首次回顾展的好时机。从他青年时代的斗牛作品和蓝色时期开始,到《三个音乐家》、新古典主义、超现实主义的《基督受难图》,以及以玛丽-泰蕾兹为原型的作品。巴黎的展览结束后,又到另外几座欧洲城市做了巡回展出。在苏黎世,心理学家卡尔·荣格发表了著名的评论,称毕加索作品中的碎片是精神分裂症的典型特征。[17]

巴黎的新闻报道铺天盖地。不过普遍观点是毕加索的作品以其"打破传统的愤怒"制造了一场"艺术危机",另外一些传统的卫道士向他非凡的多样性和大胆脱帽致敬。"这里有这么多种不同的(绘画)类型,"评论家和画家雅克-埃米尔·布兰奇写道,"每一种风格、毕加索所走的每一步都要求评论家调整他们的立场。"他说毕加索用熟练的技艺创作出了"令人兴奋的、独创性的和诗意的作品","他什么都能做,什么都知道,而且尝试的每件事情都成功了"。[18]

历史里的那个毕加索进入了欧洲艺术的主流殿堂,不过,他当下的作品无疑是超现实主义的。这是他个人的选择,但是布勒东将他跟超现实主义运动联系起来,绝对进一步提高了他的声望。布勒东现在发表了第二次更加激进的宣言,宣布自己是超现实主义的领袖,但是现在的先锋派运动已经四分五裂,成员各行其是。其中之一,图书馆员和民族志学者乔治·巴塔耶的专长是超现实主义色情文学。在他精美的彩色出版物《文档》中,他把整个1930年都献给了毕加索。另一份新的先锋派出版物《强势报》通过工作室和作品的照片,带读者展开了一次"毕加索之旅"。

这些刊物的资金来自瑞士或法国的主要出版商。不管巴塔耶和布勒东怎么讨厌对方,一份瑞士出版商的投资协议让他们成了高质量的彩色出版物《牛头怪》的合作编辑。杂志预定于 1933 年出版。就在出版前几天,超现实主义摄影师"布拉塞"(朱尔斯·豪拉斯)来到毕加索家,请他为杂志设计封面。毕加索创作了一幅拼贴画,图案是牛头怪拿着一把刀。布拉塞为其拍摄了照片。此后,毕加索和他的牛头怪(典型形象是在追逐少女)名声大噪。第一期《牛头怪》让毕加索的高度超现实主义进入了公众的视野。这代表了他的海滨怪兽或"变形记"的后续,在那 30 幅作品中,女人被变换成奇形怪状的集合体。

并不是所有的宣传都受到毕加索的欢迎。他毕生都在为自己辩护,他与女人的关系不需要理由,而且也不关任何人的事。不过在 1933 年,费尔南德·奥利弗发表了不同意见。她出版了自己的回忆录——《毕加索和朋友们》,内容涵盖了他们在蒙马特共度的九年时光。显然,马克斯·雅各布在她写书过程中帮了忙,这本书是历史学家了解毕加索早期生活的最佳素材。毕加索聘请了律师,试图阻止书的出版,但是失败了。这本书的发行也让奥尔加对她丈夫的行为忍无可忍。同时,格特鲁德·斯泰因还没有写完她的《艾丽斯自传》,其中有一些关于毕加索的记述,她相信这能够巩固她立体主义作家的声誉。现在,担心费尔南德会抢在她前面爆料,格特鲁德开始在她的沙龙中朗读手稿。奥尔加又嫉妒又尴尬,气得冲出门去。毕加索只是耸耸肩,说:"那都是很久以前的事了。"[19]

* * *

杜尚看着毕加索,痛苦地意识到自己缺少代理商、传记作家或者助手来讲述他的故事。没有证据表明他嫉妒毕加索,不过很明显他没有对毕加索着迷。例如,他没有试图说服美国艺术界的代表人物德赖尔去欣赏毕加索,这个拥有"如此畅销的作品"的巴黎名流。[20] 但是看到毕加索,杜尚意识到他自己应该做什么。如果杜尚想要在艺术界有所成就,他必须推销自己。大约在这时候,杜尚为他的艺术家人生构思好了终局:他要创造他自己的回顾展和博物馆。它们应该是达达风格的,但是要以他一丝不苟的精确方式来执行。

这时候,《大玻璃》萦绕在他心头已经好几年了。1931年春天,德赖尔的另一次欧洲之行中,他们在法国里尔共进午餐,德赖尔宣布了坏消息。《大玻璃》在布鲁克林风风光光地展出之后,被装上卡车运到一处仓库保存起来,结果发现玻璃震裂了(不知道是运输途中的颠簸所致还是在存放期间碎裂的)。杜尚以若无其事的轻松态度接受了这个事实,不想让已经很忧虑的德赖尔更难过。

后来,1936年,他去美国,在康涅狄格花了两个月时间把《大玻璃》的碎片拼起来(用另外两块玻璃板把它夹在中间,并用新的框子固定住)。它被正式安装在德赖尔家的图书室里。"我喜欢那些裂纹,喜欢它们展开的方式。"杜尚后来说。再后来他还说:"有了这些裂缝更好,好一百倍。"[21]这次在美国逗留期间,杜尚去洛杉矶拜访了爱伦斯伯格,讨论如何将杜尚所有早期作品整合在一起的问题,一些作品掌握在不同收藏家手中。

要开始整合他的全部作品,最简单的方法是挖掘他1912—1915年在最初设计《大玻璃》的日子里所做的笔记。他出于某种原因一直保留着它们。现在它们成了构建他自己的图录的基础。后来,杜尚说他一直计划重新复制这些笔记,把它们"像西尔斯-罗巴克①的商品目录一样"组织起来。[22]换句话说,像在鲁布·戈德堡的漫画中一样,他的笔记将新娘和光棍机器在它们复杂精密的性行为中的动作分解成一个接一个的步

---

① 西尔斯-罗巴克公司是美国一家以邮购起家的零售公司,1925年开始进入百货商店的经营,其连锁店遍布欧美各大城市。——译者注

骤；或者从另一个角度，最好能跟列奥纳多·达·芬奇的手稿相类比。

在人生中的这个阶段，处于毕加索和失败的国际象棋职业生涯的阴影下，杜尚必须发挥他的优势。这些优势就是《下楼的裸女》、《大玻璃》和他的现成品概念。他也喜欢印刷。他刚刚完成了一本昂贵的国际象棋书籍，封面装帧用了最高级的材料，毕竟他曾经接受过印刷工的专业训练。未来他将设计和印刷更多的画廊目录。

不过，要把所有这些优势整合起来，需要从他杂乱无章、日积月累、破旧泛黄的个人笔记开始，现在这成了他人生终局的起点。他把它们摊在桌子上，挑选出跟《大玻璃》的主题、隐喻和目的直接相关的。剩下杂七杂八的笔记被搁在一旁；它们是关于数学和四维空间的，这些思想现在被挤到了一个秘密的角落里。

在做最后选择的时候，杜尚面前有94页纸（实际上，是83页笔记和11幅照片），内容五花八门，从横格作业纸到碎纸片，再到他在收据背面留下的记录。[23]他现在要拿这些东西做的事，跟他在《1914年的盒子》中所做的一样。他做得一丝不苟。他跑遍了巴黎，寻找每一种跟他以前用过的一模一样的纸张。因为这些纸——不管是碎纸片还是从便笺簿上撕下来的——的形状很不规则，他把这些形状刻在锌板上，然后比着撕，保证复制品跟原来的纸片一模一样。

后来，杜尚把自己写在碎纸片上的手稿拍成照片，制作了一组商业复制版。他把每张碎纸片铺在硬纸板上。然后他找来一些装相纸的盒子，每一个都用绿色的皮面包好，给人一种包装精美的感觉。为了给每个盒子加上标题，他用针在皮面上刺出小洞，组合成白色的字母。然后他在每个盒子里放进一整套94页印刷品（83页笔记和11幅照片）。瞧！他把这件作品称为《绿盒子》。他一共做了300套投放市场（最初的计划是500套）。

全部《绿盒子》都是限量版，这是增加产品价值的标准技巧，但他还单独列出了20个"豪华版"——一种他可以要价更高的高档版本，全都是为了收回他支出的成本。他把盒子卖给他的老主顾们，比如爱伦斯伯格、斯蒂格利茨、德赖尔和其他人。他也把盒子卖给著名的超现实主义者，比如布勒东，他会为《绿盒子》写文章；还有英国超现实主义者罗兰·彭罗斯，他会把杜尚介绍到英国。杜尚还给《纽约时报》寄了一套《绿盒子》以供评阅，一位评论家一语中的地称其为"年度最奇怪的图书"，是把"一堆费解的碎片倒在一个盒子里"。[24]杜尚一共卖出了10套豪华版和35套标准版，但总之盒子的销路不怎么好。

他没有退缩，给德赖尔写信说他还想走得更远：他想把毕生的全部作品收集在一本所谓的"书"中。《绿盒子》不是他毕生作品的回顾，像泽尔沃斯的多卷本和毕加索在巴黎的展览那样。然后他灵光一现，决定制作一个微缩的便携式博物馆，其中包括他所有"精选集"的复制品，也就是说，从他的早期绘画到《大玻璃》、色情双关语和旋转雕塑。于是《手提的盒子》诞生了。杜尚的作品很少，所以他可以在一个小盒子里装下他几乎所有作品的微缩版。

《手提的盒子》是杜尚做过的最复杂、最旷日持久的作品，甚至超过了《大玻璃》。他花了八年时间来"完成"《大玻璃》。他花了三十年（最后，在约翰·凯奇的妻子克塞尼娅·凯奇及其他朋友和姻亲的帮助下）才制作出《手提的盒子》最新的商业化版本：限量300套，一个可折叠的盒子（16×15×4英寸）就是一座迷你博物馆，每个盒子里装有69件杜尚作品的复制品。当杜尚第一次告诉德赖尔他的计划时，他要求她保密，因为"简单的创意很容易被盗用"。[25]制作这个小型博物馆的技术挑战很大，为此，杜尚动用了他的专业技术，以及他对全巴黎生产工艺和供货商的了解。[26]

马塞尔·杜尚的《手提的盒子》(1935—1941)，包含了69件杜尚的艺术作品和小物件的微缩复制品。其中包括国际象棋主题的油画（前景）、长胡子的《蒙娜丽莎》，以及挂在盒子里的一个微缩小便池，原型是他的《泉》(1917)。他1912年的油画《新娘》（微缩版，左上）是《大玻璃》中新娘的原型。

这个盒子成了一种三维的马塞尔·杜尚"图录"，同时，与国际象棋的类比始终萦绕在他的心头。通过整理他的作品，杜尚完成了开局。按照国际象棋中的说法，他现在是在中盘阶段。这应该是运用他最精明的策略的时候。不过他时刻都在思考的还是终局。杜尚全神贯注于他自己的小世界，就好像坐在宇宙的棋盘边，这可能是在巴黎那么多先锋派人物中，只有他没有出现在那一年最重大的艺术活动中的原因之一。

这项活动就是巴黎迄今为止规模最大的一次超现实主义艺术展。展览于1936年春天在皮埃尔画廊举行，毕加索举办了他自己的回顾展。开幕式是新旧艺术家的名人录。画家马克斯·恩斯特和胡安·米罗都去了。出乎所有人的预料，连毕加索都现身了（为了庆祝保尔·艾吕雅的超现实主义诗歌的诞生）。杜尚仍旧没有参展。他一生中大部分时间都拒绝参加开幕式，甚至是他自己组织的活动的开幕式。

考虑到布勒东，他本来可能参加，因为这次展览是布勒东组织的，但事实上他没有。布勒东比杜尚年轻，虽然个性专横，却很听杜尚的话。在巴黎，杜尚仅有的媒体报道都出现在布勒东的出版物中。布勒东把他的色情双关语当作诗歌发表。在杜尚的国际象棋著作出版后，布勒东在他最新的出版物《为革命服务的超现实主义》（将超现实主义和马克思主义结合起来）中摘录了其中的段落。1933年，布勒东从杜尚收集在《绿盒子》中的笔记里抽取了一页印制宣传单。《绿盒子》完工后，为《大玻璃》提供了"理性的"基础，布勒东写了一篇文章盛赞杜尚的成就。

这就是布勒东1934年的文章《新娘的灯塔》，他说《大玻璃》是"理性和非理性之间关系"的终极解决方案。布勒东很清楚《大玻璃》是一架手淫机器，但是不管怎样，这正是现在超现实主义文学的核心主题。为了寻找灵感，超现实主义参考了从萨德侯爵到巴黎脱衣舞俱乐部的一切，二者仅仅是个开始。早在1920年，画家格莱兹就注意到，达达主义者"心灵受到性瘾和淫秽色情的折磨，他们病态的幻想就没有离开过两性的生殖器"。[27]这时候美国流亡作家亨利·米勒等人也在巴黎，将超现实主义精神与文学中的色情描写结合起来。米勒创作了《北回归线》（1934），揭露了巴黎的波希米亚生活放荡的一面，并向美国先锋派介绍了巴黎的风情。

不管怎样，布勒东为杜尚关于他的手淫机器的笔记而欢欣鼓舞。"没有人见过如此深刻的创意，从一种绝对的否定中得出如此明显的结果。"布勒东用比他一贯的华丽辞藻更夸张的风格写道。关于《大玻璃》，他坚持"它应该被竖立在聚光灯下，让它的光芒引导未来的航船穿越濒死文明的暗礁"。[28]

杜尚读到这篇文章或许会窃笑。当时，他正在有选择地参加艺术世界中的战斗。一方面，他敦促他的收藏家朋友们不要把他的作品送去展览——因为他的至高原则是反艺术的，反对这种传统的艺术实践。其他时候，他又渴望展出他的作品，甚至野心勃勃地争取机会，推销《绿盒子》和《手提的盒子》就是证明。当他1936年去美国时，首要目标是修复《大玻璃》，以便在现代艺术博物馆展出（虽然最后没有实现，因为它太脆弱了，无法移动）。这次美国之行中杜尚经常坐火车旅行，他去洛杉矶拜访了爱伦斯伯格，还去了克利夫兰，他很高兴那里为他的《下楼的裸女》举办了一次特别展。1937年2月，他支持芝加哥艺术俱乐部举办了他第一次个人作品展，展出了爱伦斯伯格拥有的9件作品。[29]

在美国，杜尚保证宣传的规模不要超越布勒东在巴黎的小型出版物。2月在芝加哥展览期间（他没有参加），《芝加哥每日新闻》的艺术评论家以前见过这个法国人，恰如其分地称赞杜尚说，不像严肃的布拉克、格莱兹或毕加索，"杜尚是所有立体主义者中最举重若轻的"，"杜尚在芝加哥的环线和在纽约的百老汇都很惬意，至于毕加索，你可以想象发掘埃及法老的陵墓或者古罗马地下墓穴的情景"。[30]

在纽约，毕加索和杜尚都是名人，毕加索处于明显的领先位置。现代艺术博物馆以创纪录的价格买下了《亚维农少女》，期待着有一天纽约将取代巴黎成为现代艺术的中心。1936年过去之前，现代艺术博物馆又举办了两次包括毕加索和杜尚在内的主要展览——这是两人首次共同亮相。第一次是"立体主义和抽象艺术展"，包括了杜尚的油画《新娘》，第二次是12月举行的规模更大的"幻想艺术、达达、超现实主义展"。通过这次展览，达达和超现实主义在美国的艺术世界赢得了官方地位。

就现代艺术博物馆而言，毕加索已经是现代艺术的国王，博物馆的收藏就以他的立体主义作品为主。不过，"幻想艺术、达达、超现实主义展"也将特立独行的杜尚奉为了圣徒。他古怪的现成品——《三个标准的终止》、《旋转浮雕》、《药房》、《瓶架子》（照片）、《蒙特卡洛债券》等——都在11件展品之中，现代艺术博物馆的馆长阿尔弗雷德·巴尔本来打算展出《大玻璃》，但它太脆弱了，无法离开德赖尔的书房。杜尚虽然随心所欲地把博物馆称作陵墓，却在美国官方博物馆中赢得了自己的位置，这就好比在美国的卢浮宫举办过展览。

这个例子也说明，杜尚认为任何宣传——即使是负面宣传——对达达艺术家也是有益无害的。现代艺术博物馆到最后一刻终于决定，在"幻想艺术、达达、超现实主义展"中接受儿童和疯子的艺术作品，跟杜尚的作品一起展出。德赖尔气坏了。她召开了一个新闻发布会，谴责这样一种对达达和超现实主义的公开"嘲弄"。但是，杜尚却建议她，"无论支持还是反对，宣传的数量跟文章的长度都是成正比的"，而宣传总没有错。[31]

对于杜尚在美国的声誉，爱伦斯伯格和德赖尔居功至伟。现代艺术博物馆的馆长阿尔弗雷德·巴尔也为杜尚增加了另外一笔财富。起初，巴尔和杜尚都不喜欢对方，巴尔觉得杜尚是个骗子，杜尚觉得这个美国人是个野心勃勃的闯入者，想要用他的钱偷走现代艺术（因为1929年现代艺术博物馆的成立实际上取代了德赖尔的无名者协会）。不过第一印象并不长久，特别是在巴尔在信中盛赞《大玻璃》之后（"它给我的印象太深刻了"）。[32]更重要的是，巴尔会让杜尚成为艺术史的一部分。巴尔作为知识分子，用图解的形式追溯了现代艺术的演进过程，就像一棵生命树。他把不同的画家放在各个树枝和分叉点上，以黑格尔的"行进式的"方式总结了艺术精神的演进过程。感谢1936年由巴尔组织的现代艺术博物馆艺术展，杜尚发现自己堂堂正正地出现在艺术史的行进中，就在毕加索的旁边。

1936年在美国的三个月中，杜尚设法没去参加芝加哥和纽约的展览。不过在回巴黎之前，他又有了点别的事。他以官方姿态告诉美国发行量最大的刊物之一——《文学文摘》的记者，绘画是卑劣的。"对于我来说，绘画已经过时了……是浪费精力，既没有工业价值，也没有实用性。"文章的标题"拼贴1000块玻璃碎片，偶像破坏者马塞尔·杜尚再现其作品"巧妙地捕捉到了杜尚多年来的困局（一边反艺术，一边从事艺术）。不管怎样，杜尚以一种得体的30年代式的姿态挥别了美国和绘画："现在我们有了摄影、电影，那么多表现生活的方法。"[33]

* * *

在巴黎，不管毕加索对他的成功有多么满意，都被女人的问题搞得一团糟。他的窘境与定义艺术无关，而跟他安达卢西亚式的行事方式有关。1935年底，玛丽-泰蕾兹·沃尔特生下了他的女儿玛雅，与年轻情人七年的秘密关系浮出了水面：奥尔加起诉离婚，毕加索拒绝了，因为这意味着要将一半的财产分给她。在这场婚姻危机的顶峰，毕加索试图稳住玛丽-泰蕾兹和新生儿，转向他的西班牙同胞寻求帮助。

尤金妮亚·埃拉苏里斯向他伸出了援手，埃拉苏里斯已经75岁了，她无疑站在同情毕加索的一方。与此同时，毕加索请求他在巴塞罗那的老朋友海梅·萨瓦特斯放下手边的一切来给他当秘书。从短期看，萨瓦特斯在帮助毕加索打理复杂的、经常是秘密的生活；从长期看，曾在新闻界工作过的萨瓦特斯，凭借其才能成了毕加索的编辑和理想化传记的作者。1935年11月他来到毕加索身边。考虑到这个时间，萨瓦特斯自然而然地跟玛丽-泰蕾兹和玛雅站在了一起，因为此时毕加索的画中突然出现了一个新的情人，这对玛丽是一个痛苦的考验。毕加索的新情人也说西班牙语。

在法国南部这些年间，毕加索像磁石一样吸引了一群新的诗人聚集在自己周围。布勒东自视甚高，不会成为追随者，不过他早期的两个门徒——路易·阿拉贡和保尔·艾吕雅——在与布勒东逐渐疏远的过程中成了毕加索的追随者，并且最终与布勒东分道扬镳。在超现实主义者——特别是巴塔耶、恩斯特、艾吕雅和彭罗斯等人——中间，性实验是一种生活方式。作为毕加索的朋友，艾吕雅和彭罗斯热情地跟他分享他们的乐事,甚至他们的伴侣。一天他们给毕加索介绍了一个新朋友:名叫多拉·马尔科维奇的年轻的超现实主义摄影师,大家都叫她多拉·马尔。多拉一头黑发,年轻而迷人,她在阿根廷长大,会说西班牙语。毕加索第一次在一家超现实主义者聚会的咖啡馆见到她时,她正在玩一个超现实主义者的赌博游戏,把手放在桌子上,用刀子快速在各个指缝间戳来戳去,看谁先失误。

在海滨度假胜地戛纳,一个温暖芬芳的夜晚,艾吕雅和彭罗斯为他们两人安排了约会;毕加索和多拉在海滩散步,然后一起去了一座别墅。她很快就成了毕加索的新情人。多拉在巴黎跟她父母住在一起,在大奥古斯丁街7号为毕加索物色了一间新工作室后,她有时候也过去跟他同居。多拉不是天真的小女孩。她曾经是巴塔耶的情人,巴塔耶即便不是萨德侯爵,在文学道路上也与之相去不远。作为启蒙者,他带多拉进入了自己激进的性爱世界和激进的政治世界,巴塔耶亲切地说她是"为风暴而生的——伴随着雷霆和闪电"。[34]

在接下来十年里,多拉·马尔逐渐公开成了毕加索的女人,同时在私下里——毕加索圈子里的大多数人都不知道——是他孩子的母亲,玛丽-泰蕾兹仍然是他的秘密情人。可怜的萨瓦特斯作为玛丽-泰蕾兹的监护人,经常觉得多拉·马尔是闯入者。毕加索再也找不到比他的老朋友更好的辩护人了。萨瓦特斯为毕加索的出轨行为找借口,将其归结为无法避免的不幸:"他冲动而盲目地一头扎了进去。"[35]

于是,第二次世界大战爆发时,毕加索的画中除了玛丽-泰蕾兹,又出现了多拉的形象。这两个女人截然不同,玛丽-泰蕾兹金发、温柔、不谙世事,多拉黑发、性感、热衷于谈论艺术和政治。由于毕加索的两处房产——博蒂埃街的公寓和博瓦吉庐的别墅——卷入了他与奥尔加的纠纷,毕加索现在需要为玛丽-泰蕾兹和多拉各找一处新住所。他在两个地方分别为她们作画。他为玛丽-泰蕾兹在巴黎以西的特朗布莱叙尔莫德尔找了一所别墅，也是在这里毕加索创作了许多彩色静物画，与玛丽-泰蕾兹圆润、柔美的曲线组合在一起。

与这种柔和相反，多拉·马尔的形象（通常是在大奥古斯丁街画的）从一开始就是锋利的。他第一次画她是在 1936 年 9 月。此后，她长长的红指甲和深褐色的头发就成了她的标志。后来她的头发变成了色彩斑驳的粗线条。毕加索给予多拉一种独特的目光（有时候两只眼睛出现在她同一侧的脸上）。1937 年夏天是他的多拉时期，这个时期许许多多她的脸孔占据了他的作品。

长期穿梭在两个女人之间需要付出代价。一开始，多拉不喜欢毕加索在博蒂埃街的家，萨瓦特斯在那里管事（而且奥尔加的气息萦绕不去）。多拉只去大奥古斯丁街，在那里她和毕加索能够暂时逃避生活的压力。跟奥尔加分手时，毕加索的画中出现了一个"尖叫的女人"的形象。很快，多拉的脸出现在画中，代表"哭泣的女人"。这些女人的脸孔——尖叫的和哭泣的——迟早会被写入艺术史。

对于毕加索的西班牙家人，哭泣才刚刚开始。1933 年，在多年的独裁统治之后，西班牙通过一次不流血的政变废除了君主制，现在作为共和国准备举行 1936 年的大选。在那以前，毕加索就满怀胜利的喜悦，回到解放了的西班牙。他跳进司机驾驶的希斯巴诺-苏莎超级跑车，带家人一路漫游到巴塞罗那，住的至少是丽兹级别的酒店。很快，当地公共博物馆决定拍卖他的作品，以显示西班牙对现代化的贡献。

很快，西班牙"人民阵线"与被废黜的军政府和独裁者发生了政治对抗。随着大选的临近，进步力量抓住可能的一切推动西班牙朝共和国发展。1936 年 1 月，"现代艺术之友"组织了一个毕加索的艺术展，展览在巴塞罗那开幕，巡回到马德里。

第 11 章　欧洲的棋盘　　233

毕加索没有参加，但是巴塞罗那的开幕式丝毫不缺少毕加索风格的华丽。萨瓦特斯朗诵了毕加索的诗。萨尔瓦多·达利现在已经是最著名的超现实主义画家，朗诵了一篇贺词。作为巴黎先锋派的代表，保尔·艾吕雅到场做了关于毕加索成就的演讲。人民阵线在接下来的几个月中赢得了大选，但是还没等他们组织好人马到马德里上任，以弗朗西斯科·佛朗哥为首的军阀就发动了一场全国范围的政变——这就是西班牙内战的开始。

左派和右派、共产主义和法西斯主义之间的斗争已经在欧洲酝酿了十多年，但西班牙是第一个爆发战争的国家。西班牙内战成为许多欧洲知识分子中轰动一时的大事件。许多作家、诗人和艺术家加入了"国际纵队"，与佛朗哥派展开武装斗争。法西斯德国和意大利资助佛朗哥，苏联资助人民阵线。西班牙共和国也求助于世界闻名的毕加索，宣布他担任普拉多博物馆的（缺席）馆长，他们希望这个象征性的举措能够赢得全世界更广泛的支持。

不过，当艾吕雅开始围绕西班牙的斗争写诗时，布勒东的反应很强烈，因为超现实主义诗歌应该是潜意识的，不以历史事件为转移。在年轻时代，布勒东和艾吕雅都赞同达达和超现实主义"快乐恐怖主义"的目标。现在他们因为政治观点的分歧而决裂。布勒东很清楚：他的友谊是以正确的意识形态，而不仅仅是个人感情为基础的。不仅超现实主义的反美学到了危急关头。在莫斯科，约瑟夫·斯大林刚刚举行了"审判秀"，迫使托洛茨基为了保命逃亡墨西哥（他在那里遭到暗杀），最终季诺维也夫、加米涅夫、布哈林和基洛夫等著名革命者以"背叛"马列主义革命的罪名被处决或判刑。

左派的每个人都必须选边站，包括超现实主义者。布勒东选择了托洛茨基，1938 年去墨西哥拜访过他（他们在那里起草了一份艺术和革命宣言)。不过,艾吕雅、彭罗斯和阿拉贡相信苏联是进步力量的救星。这意味着选择斯大林。"全世界无产阶级在西班牙受到了攻击,"彭罗斯说,"西班牙人——以及许许多多外国革命者——正在保卫人类的未来。"[36]艾吕雅和阿拉贡曾经一度抗拒入党,现在则不畏艰险,成了坚定的法国共产党员。阿拉贡忠诚地宣布"社会现实主义"是唯一正确的视觉艺术。

幸运的是,毕加索早就学会了置身于政治斗争之外。不管怎样,艾吕雅是他现在最亲近的诗人朋友。艾吕雅现在的位置过去是雅各布、阿波利奈尔和谷克多的。不过作为诗人,艾吕雅还是毕加索的第一个政治顾问。而且是他把多拉·马尔带进了毕加索的生活,通过这个最紧密的小圈子,毕加索了解了西班牙的事态。多拉的西班牙语很流利,经常熬夜等着从边境传来的消息。

得知西班牙内战中的暴行后,毕加索的第一反应是创作了一系列讽刺佛朗哥的版画系列漫画,《佛朗哥的梦想与谎言》用超现实主义和粗俗的"怪物"形象把这位将军表现为一个变节者和小丑。这充其量是一些讽刺漫画,不过很快就为毕加索的大项目——表现西班牙内战的壁画尺寸的巨幅油画帮上了忙。共和国政府还据守在马德里和其他主要城市,一些日常事务仍然需要继续进行。1937年的世界博览会将在巴黎举行,需要亲共和国的艺术作品来装饰西班牙馆。政府求助于毕加索,毕加索虽然讨厌委员会,但还是接受了这项工作。

好几个月以来,毕加索都无法为这幅壁画设定明确的愿景。相反,他已经习惯了在一两个星期之内就完成大规模的剧场布景设计。同时,他在从方方面面听取建议:例如,他可以参考弗朗西斯科·戈雅反对拿破仑独裁、表现行刑场面的《5月3日》。毕加索举棋不定。然后发生了震惊民主世界的头条新闻。在佛朗哥的帮助下,4月26日,纳粹德国空军第一次使用其新型斯图卡俯冲轰炸机，轰炸了西班牙小城格尔尼卡，屠杀了大量平民。

在多拉的支持下，毕加索抓住这一暴行作为他壁画的主题。几天后，人们在法国共产党的《今晚报》（阿拉贡担任编辑，有趣的是，杜尚在为这份报纸撰写国际象棋专栏）上第一次看到这幅表现瓦砾、火光和暴行的图画。毕加索开始将新闻照片跟他过去的许多经典形象结合起来：公牛、马、尖叫的女人、提灯的少女、新闻纸的拼贴画等。他画下了45幅草稿，从他最近的《牛头怪》系列版画中借用形象，这幅画描绘了一个提灯的少女引领失明的牛头怪从一匹濒死的马旁边经过。然后，在五六月间，他完成了这幅题为《格尔尼卡》的巨幅油画。在《格尔尼卡》最终所有的元素中，提灯是一开始就画下的。

|| 从20世纪30年代起，神话中牛头人身的怪物弥诺陶洛斯开始出现在毕加索的作品中，包括他的著名版画《牛头怪》(1935)，有多个印刷版本。

多拉意识到这是一个历史性的时刻,她为毕加索的工作室和他工作的不同阶段拍摄了照片。[37]这像是一种真正的创作活动,有时候照片中的毕加索穿着西装打着领带在作画。多拉自己也是一个熟练的画家,在最后的绘制工作中协助了大块区域的上色,特别是代表新闻报纸的背景中的黑色小字。这些小字告诉观众《格尔尼卡》是真实的新闻:它正在发生。

|| 1937年,毕加索创作了《格尔尼卡》,这里是在巴黎大奥古斯丁街他的工作室展出时的情景。他的情人多拉·马尔为整个创作过程拍摄了照片。

世界博览会于7月12日开幕,西班牙馆不仅包括《格尔尼卡》,还有毕加索的青铜雕塑《女人头像》(1932)和《女人与花瓶》(1933),二者都是以玛丽-泰蕾兹为原型的。对《格尔尼卡》的评论褒贬不一。最令人惊讶的批评来自政治上的左派。他们接受了苏联的美学,欣赏英雄主义的"社会现实主义"。他们批评《格尔尼卡》散发着悲剧和失败的臭气,而没有歌颂无产阶级的胜利。甚至在西班牙,左派也说这幅超

现实主义作品"是反社会的，完全不符合无产阶级的健康形象"。[38]（托洛茨基主义的艺术评论家克莱门特·格林伯格也对《格尔尼卡》持否定态度，但是有他自己的理由。）像往常一样，毕加索处之泰然。世界博览会和西班牙内战后很久，毕加索很高兴地看到公众越来越欣赏这幅谜一般的巨幅油画。现在他只对批评做出了一些个人的简单反驳。然后他就去了里维埃拉，在戛纳以北几英里的小城慕瞻消夏。

战争的阴云都不能平息巴黎关于现代艺术的永恒争论，更何况《格尔尼卡》，现在先锋派和传统主义者双方都陷入了各自的困境。1937年世界博览会期间，先锋派举办了两场针锋相对的展览，争论谁才是真正的先锋。传统主义者方面可能更糟糕：他们指控立体主义和抽象主义破坏了法国文化，在纳粹德国，阿道夫·希特勒也说了同样的话，现代艺术在破坏德国文化。他的政权举办了著名的"颓废艺术展"，在慕尼黑展出了100多件作品。展览在全德国巡回，有200万民众参观。展览中有精神病院病人的作品，也包括了贝克曼、恩斯特、基希纳、克莱、考考斯卡和蒙德里安这些名字。展出的三幅毕加索蓝色和玫瑰时期的作品肯定不是他最好的。

先是纳粹，后来是苏联对现代艺术的攻击引起了美国人的强烈注意。当全球意识形态的战争日趋白热化，一些美国政治家开始将现代艺术与民主画上等号。这将产生非常深远的影响。现在，1939年，作为世界巡展的一部分，《格尔尼卡》来到美国，美国艺术机构和大众媒体向它敞开了怀抱。展览包括了多拉在创作过程中拍摄的照片。展览在纽约、洛杉矶、芝加哥和旧金山举行。毕加索的朋友、超现实主义摄影师布拉塞为《生活》杂志拍摄了广为流传的照片。

纽约现代艺术博物馆更是不遗余力。1939年11月，它举办了有史以来最大规模的毕加索回顾展："毕加索：艺术40年"，包括了344件作品。这个展览也在全美巡回。1939年的事件让毕加索的形象在美国深入人心,就像在一个已经被遗忘的时代里,《下楼的裸女》让杜尚深入人心一样。

在巴黎,布勒东已经对法国在世界博览会上的艺术展感到厌倦,这位超现实主义的领袖也放弃了体系,无论是共产主义的还是民主主义的。他1929年发表的第二次宣言呼吁政治行动。八年后,他只坚持个人的革命,将第一次宣言中作为超现实主义核心的社会改革挤到了一边。他曾在第一次宣言中说:"只有神奇性才是美的。"后来布勒东说:"我们只有给予它们完全的自由,才能靠幻想为生。"[39] 所以布勒东通过超现实主义艺术展给予幻想、性和潜意识完全的自由。

布勒东跟杜尚一样,不可能彻底反对搞一点兼职。1937年初,一位巴黎商人雇用布勒东管理著名的圣日耳曼德佩修道院附近的一家新画廊。布勒东将其命名为格拉迪瓦画廊(得名于1903年的一部德国爱情幻想小说《格拉迪瓦》,弗洛伊德曾经分析过其中的梦境)。布勒东请杜尚设计画廊的入口。杜尚在门口安装了一块大玻璃板,上面画着一对男女手挽着手穿过玻璃板的剪影。布勒东也说服毕加索为画廊设计了信笺抬头。

但是还没到年底,画廊就倒闭了,布勒东和艾吕雅(两人的关系仍然友好)又接触到巴黎艺术世界中一个更强有力的人物。他就是高端画廊代理商乔治·维尔登斯泰因,经营着享有盛誉的艺术画廊,很多客户是巴黎的上流社会人士。在艺术评论家朋友的建议下,维尔登斯泰因寻求进入最新的市场。所以他请布勒东和艾吕雅组织一次"国际超现实主义艺术展"。

双方达成了协议。接下来,布勒东和艾吕雅请杜尚、达利、恩斯特和曼·雷帮助设计画廊空间。布勒东对设计拥有控制权和否决权,但他

第11章 欧洲的棋盘

将杜尚奉为绝对权威。虽然在忙着制作《手提的盒子》,不过杜尚喜欢从头开始创造全新的画廊空间这个想法,就像毕加索设计戏剧布景一样。在纽约,杜尚在无名者协会展上偏爱使用纯白的房间。不过在30年代的巴黎,夜总会美学让一切都倾向于更加情色和怪诞。总的说来,大萧条培养了人们对奇观的偏爱。对于超现实主义者,蜡像和人体模型成为受欢迎的对象,特别是玩偶似的裸女模型,或者比利时超现实主义画家保罗·德尔沃笔下四肢僵硬的裸女。布勒东和杜尚决定他们要比这些更进一步。

|| 萨尔瓦多·达利(左)和曼·雷,1934年在巴黎。

1938年1月17日展览开幕的日子很快就要到了,他们选定了一个基本主题,要在室内复制一个户外的环境。画廊要有一条长长的门廊,通向一个宽敞的中央空间。这个空间像洞穴一样凉爽而黑暗。为了制造

这种效果，杜尚在天花板上悬挂了 1 200 个塞满旧报纸的麻袋，地板上撒满枯叶，点缀着水坑和芦苇状的植物，中央有一个火盆，里面的灯泡闪烁着电光（模拟户外的篝火）。门外入口处，摆放着达利的《雨中出租车》，一个穿着礼服的女人体模型坐在后座上，在一堆植物中间，雨水（从车顶的管子里）浇到她身上。后来，蜗牛也开始在她身上爬。

回到展厅内，入口的门廊两边摆放着 15 个女人体模型，就是时装店里用来招徕顾客那种。每个模型都由一位立体主义艺术家来装饰，通常都很怪异。门廊还有路牌："嘴唇街"、"输血街"、"魔鬼街"。杜尚装饰的人体模型除了大衣和帽子什么也没穿戴，大衣口袋里还有一盏闪烁的"红灯"。他在模型的胯部签上"罗丝·瑟拉薇"的名字。为了进一步营造淫秽的气氛，洞穴的四个角落摆着四张妓院里那种大床，华丽而凌乱。为了增强效果，展厅里播放着精神病院里病人狂笑声的录音，空气中弥漫着烤咖啡豆的气味。开幕式当晚，一个半裸的歌舞杂耍演员冲进来，在一张床上抱着一只公鸡跳舞，当她离开时跺着脚把地上的脏水溅到观众们身上。

尽管光线昏暗，噪音刺耳，留下来的观众（一些人受不了冲了出去）实际上领略了欧洲最全面的超现实主义艺术展：来自 14 个国家、60 位艺术家的 230 件作品。杜尚展出了他的光学设备《旋转的玻璃盘》。

报纸毫不留情地讽刺这次展览："当达达变成疯子"，"恶作剧学派"，"超现实主义的垂死挣扎"，"超现实主义死了，展览也快了"。[40] 历时一个月的展览的参观人数相当可观，但主要是青少年和凑热闹的人。在许多方面，这次展览标志着超现实主义运动的高水位线，布勒东和艾吕雅制作的展品目录实际上成了"超现实主义的简明字典"，有 368 个词条，大部分都是荒谬或幽默的。1 月 17 日开幕式当晚，布勒东心情很糟糕，所以口才很好的艾吕雅穿着燕尾服，朗读了布勒东的欢迎词。像往常一样，哪里都没看见杜尚的人影。

那天，杜尚和玛丽·雷诺兹乘火车转搭轮船去了伦敦。当时，杜尚也在为美国画商佩吉·古根海姆工作，她可比动不动就濒临破产的布勒东富有多了。古根海姆是个美国女继承人，正要在伦敦库克街33号开办她的第一家艺术画廊——古根海姆·热纳画廊，她请杜尚来担任馆长并筹划第一次展览。大约在1937年初，杜尚曾在玛丽家里见过古根海姆。几年前，玛丽曾经的情人选择了跟古根海姆结婚，当然是为了她的钱。不过那些事都过去了，玛丽和佩吉·古根海姆仍然是朋友，现在，事实上到处留情的佩吉·吉根海姆跟杜尚也有私情。她在自己的回忆录《世纪之外》中写道："巴黎的每个女人都想跟他上床"，并且说自己有这份荣幸。[41]

无论真相如何，她雇用杜尚挑选和组织第一次伦敦展览的素材是事实。奇怪的是，杜尚选择了诗人让·谷克多的绘画，而在巴黎，每个有名有姓的人都会"画画"。自从1930年以后，谷克多的名字主要出现在法国先锋派电影中。杜尚和玛丽到伦敦去布展。古根海姆的首个画廊预定在1938年1月24日开业（她年迈的叔叔、矿业巨头所罗门·R·古根海姆在纽约的非客观绘画博物馆将在下一年开业）。[42]她的运气不比布勒东的格拉迪瓦画廊好多少。不过，这次尝试开启了她与杜尚未来若干年收获颇丰的合作伙伴关系。"他教会我区别什么是超现实主义，什么是立体主义，什么是抽象画。"她说。[43]"我根本分辨不出各种现代艺术作品。"

在大西洋两岸，先锋派画廊的市场都呈上升之势，众所周知，一种化学反应在其中起着作用。投资者需要艺术方面的专家来告诉他们购买什么、展出什么、出售什么。杜尚就是这样一个艺术方面的专家，当他意识到这里面的潜力，他开始把他艺术人生的终局看得更清楚了。德赖尔希望得到杜尚的注意。另外两个美国画商也是如此。朱利安·利维在越洋航行中认识了杜尚，现在回到曼哈顿，迫切地想要垄断超现实主义市场。富有的服装零售商西德尼·贾尼斯也希望进入先锋派市场。贾尼斯试图（结果失败了）说服德赖尔和爱伦斯伯格将他们丰富的杜尚作品收藏合并，交给洛杉矶的一家现代艺术博物馆。

当贾尼斯的设想落空时，杜尚正在巴黎为古根海姆工作。一年后，她关闭了伦敦的画廊，雇用了英国艺术史学家赫伯特·里德帮她建立一座现代艺术博物馆。作为起步，里德需要准备一份博物馆所需的艺术品清单。让他生气的是，毫无疑问，古根海姆接受了清单，但是放弃了伦敦：她改变主意要在纽约开博物馆了。她马上把清单拿给了巴黎的杜尚。她有4万美元来做这件事情，让杜尚帮她购买能够找到的每一件东西，大部分在巴黎。战争的阴云为古根海姆的疯狂抢购增添了几分紧迫感。

*　*　*

西班牙落入了佛朗哥手中，希特勒正在稳步前进，毕加索继续着他的日常生活，在巴黎有两处住所，夏天到里维埃拉去度假。有一年夏天，他住在曼·雷的公寓。那是1939年，他创作了这一紧张时期最迷人的作品：《安提布夜钓》，安提布是里维埃拉的度假胜地之一。毕加索对当地渔夜的景象很着迷，渔夫们用灯光吸引鱼，然后既用鱼钩钓鱼也用鱼叉捕鱼。他用这种戏剧性的夜曲反映遭受战争创伤的世界在他眼中的样子——光明与黑暗、生命与死亡像万花筒一样千变万化。作为这个时代的另一个象征，他在海滩上捡到一个变白了的牛头骨。这个东西派上了用场：他在战争期间创作了许多包含头骨的作品。

在他周围，毕加索的诗人朋友们在彼此交战。布勒东作为法国"文

第 11 章　欧洲的棋盘　　243

化使团"的一员去墨西哥旅行了三个月，1938年底回来时成了积极的托洛茨基分子，攻击亲苏联的艾吕雅和阿拉贡。"毕加索保持中立。"艾吕雅说，他对毕加索说了不少苏联的好话。[44]然后左派的毁灭性打击降临了：1939年，斯大林宣布和希特勒签署互不侵犯条约，将波兰作为战利品加以瓜分。这是马克思主义的超现实主义者的噩梦。好长一段时间，他们原本活跃的舆论遭遇了冰冷的沉默。

为了做最坏的打算，毕加索让他的两个情人搬到了一起，自己努力专注于工作。对于巴黎的许多艺术家，大西洋沿岸法国海岸线一半处的海滨城市鲁瓦扬被视为逃离正在逼近的战争的避风港。所以毕加索把玛丽-泰蕾兹和玛雅带到那里，让她们住在一家旅店，交给萨瓦特斯照顾。过了几个月，他又让玛丽-泰蕾兹和玛雅搬到鲁瓦扬的一个小村庄。他和多拉住进旅店，他还租下了海滨一幢房子的三楼作为工作室。他的一些作品中出现了壮观的海景。但毕加索大部分时间还得待在巴黎。"我在工作，在画画，我已经厌倦了。"他给萨瓦特斯写信说，"我想去鲁瓦扬，但是每件事情都太费时间了。"[45]

最后，毕加索终于去了鲁瓦扬。1939年9月法国向德国宣战时他到了那里。突然，第一次世界大战时作品被没收的噩梦又回来了。他和多拉乘下一班火车去巴黎。他检查了巴黎银行保险库里的艺术品。他也确认了自己的居留文件仍然有效。毕加索大部分高价值的艺术品都在巡展途中，或者在同盟国的画廊里。也有一些作品散布在轴心国势力占领的地区，命运未卜。

短暂的巴黎之行后，毕加索和多拉回到鲁瓦扬，等待和观望。他的素描簿和作品中满是当地的景色，比如渔夜和一幅油画中的《鲁瓦扬咖啡馆》。第二年，德国占领了法国。超现实主义者圈子中的许多人提前几个星期逃往法国西海岸，例如，毕加索和布勒东在鲁瓦扬，杜尚和他妹妹苏珊以及玛丽·雷诺兹在波尔多以西的海滨。法国沦陷的消息传来时，他们都坐在收音机旁听着。毕加索在鲁瓦扬待到 1940 年 6 月 23 日，那天德军开进了这座城市。就在他家隔壁的隔壁，德军接管了一座海滨旅馆作为总部，他们挂起了红色的纳粹旗帜，在海风中迎风招展。两天后，法国新维希政府与德国签署了停战协议。停战日当天，毕加索跟其他人一样无助：他为五岁的小女儿玛雅画了一幅正面肖像。

现在，德军控制了法国北部，包括巴黎，但南部被认为是自由地带，至少表面上如此。最后，毕加索回到巴黎。他和多拉先走，硕大的希斯巴诺里装满了他的艺术品。他们搬进了大奥古斯丁街的工作室。毕加索在亨利四世大道找到另一间公寓，让仍然留在鲁瓦扬、跟玛丽-泰蕾兹和玛雅在一起的萨瓦特斯把她们带过来。毕加索让博蒂埃街的豪华公寓空着，以备不时之需。占领的第一年，德国军方评估了毕加索的资产。他们查看了巴黎银行的保险库。一天，他们还拜访了大奥古斯丁街。据毕加索回忆，一个德国军官拿起一张《格尔尼卡》的明信片问道："这是你弄的吗？"毕加索回答道："不，是你弄的。"

幸运的是，德国人知道毕加索的国际声望。他们认为掠夺他没有任何好处。他们只是禁止维希政府展出他的作品。毕加索和马蒂斯都接到了美国的邀请，墨西哥也愿意为毕加索提供庇护。但是他们都不愿意离开法国，1940 年 9 月，马蒂斯给他在纽约的儿子写信说——以让杜尚嗤之以鼻的自我为中心的艺术家派头——"如果每个人都像毕加索和我一样做自己该做的事，这一切都不会发生。"[46]

尽管有一天法国抵抗运动会承认毕加索是他们的一员，实际中他一直很低调。留在被占领的巴黎已经是一种英雄行为。食物、绘画工具，甚至煤炭都短缺，毕加索仍然想方设法释放他的艺术能量。左翼艺术家没有别的事情可做。到目前为止，美国保持中立，苏联跟希特勒还是盟友。

* * *

"该来的总是会来。"1939年9月战争爆发时杜尚在写给德赖尔的信中说。[47]跟许多法国人一样，杜尚听到消息就离开了巴黎。玛丽在法国南部消夏，他到南部去找她。到了12月，海边已经没人了，于是杜尚和玛丽回到巴黎，这时候真正的战火还没有点燃。他有两个并驾齐驱的大项目。虽然古根海姆在1939年春天离开巴黎去了瑞士，但她仍然依赖杜尚来完成一些最后的采购工作。她已经将大部分艺术品运往格勒诺布尔博物馆藏了起来。不久以后这些艺术品被装箱，贴上"家居用品"的标签。这样，这些板条箱才得以绕开出口限制，于1941年春天从马赛运往纽约。

杜尚第二次离开巴黎是在1940年5月16日。6月中旬巴黎沦陷，之后，他和玛丽就留在西海岸。9月他们又回到首都。他们俩似乎都不急于离开这个被占领的国家。一方面，杜尚回忆说，玛丽不想离开她的房子和她的猫。另一方面，杜尚也在着手制作《手提的盒子》。他需要整理到目前为止所有的作品。他在美国的朋友们很为他担心。德赖尔发疯似的想办法营救他。爱伦斯伯格自己采取了行动。"你需要帮助吗？"1940年6月20日，他给杜尚拍了一封电报。[48]电报里还附了125美元。最后杜尚会需要帮助，不过现在，首要的是《手提的盒子》——他毕生的总结。

1939年战争爆发前，《手提的盒子》中第一批大约50幅小照片的复制品已经完成了。1940年9月，英国上空的空战陷入白热化，杜尚还在跟巴黎的工匠一起工作，他们刚刚完成小型的固体物件，比如微缩版的小便池。现在他有了制作50个盒子所需的全部69件作品（他将在美国完成这项工作）。他也知道他的命运在哪里，所以1941年1月，他完成了第一个盒子，作为一件特别礼物送给他经济上的赞助人佩吉·古根海姆。这是一个豪华版的盒子，他把它交给亨利-皮埃尔·罗谢，后来由罗谢转交给她。

到 1941 年春天，德国和维希政府的旅行限制收紧了。为了把制作《手提的盒子》的原材料运往南部，杜尚假扮成一个运送食品配给的送奶工。这些原材料被包装成奶酪的样子，分三次安全地送到了他妹妹苏珊在小城萨纳里的家。附近的马赛是现在法国唯一还在通行的自由港，后来古根海姆把杜尚的货物跟她的"家居用品"一起装船。这些小东西上路前往纽约了。

永久离开巴黎后，杜尚在萨纳里住了 11 个月。他在等待他的护照、出境签证和美国的移民文件。这一切都是暗中进行的，而且障碍重重。杜尚年过五十，已经厌倦了再一次在战争中出逃。虽然这似乎是最好的选择。近年来，爱伦斯伯格一直在劝他去洛杉矶，担任他的弗朗西斯·培根基金会主席，这个基金会主张英国政治家弗朗西斯·培根才是莎士比亚作品的真正作者。杜尚表现得若无其事。现在，爱伦斯伯格、德赖尔，甚至阿尔弗雷德·巴尔争相努力让他离开被占领的法国，他自己却有些无精打采。

为了启动这项进程，1940 年 8 月 22 日，爱伦斯伯格正式邀请杜尚去美国。他向杜尚保证他会派一名律师去华盛顿，"亲自向联邦当局提交申请"。[49] 在通信中，爱伦斯伯格说钱的问题可以通过由他购买更多杜尚的作品来解决。杜尚让他们把所有文件寄到萨纳里附近的马赛的美国领事馆。

许多超现实主义者渴望离开法国，滞留在马赛附近的旅馆里，布勒东是他们名义上的领袖。杜尚更喜欢独立。他跟罗谢见面，去蒙特卡洛，还去过日内瓦（去收欠款）。他偶然发现了能够下棋的咖啡馆，因为"他需要国际象棋就像婴儿需要奶瓶一样",罗谢说。[50]这时候,杜尚生命中的另一位赞助人出现了。他就是弗兰克·胡巴切克,是芝加哥一位富有的律师和艺术赞助人,也是玛丽·雷诺兹的义兄。胡巴切克跟爱伦斯伯格共事,募集了杜尚越洋旅行的旅费。

最后,杜尚的法国护照和出境签证终于跟美国的入境签证配上套了,后者直到最后一分钟才到手。几天后,1942年3月14日,杜尚离开马赛,登上一艘开往摩洛哥的卡萨布兰卡的小型汽轮,在那里停留了18天。然后坐飞机飞往里斯本,乘坐中立国葡萄牙的轮船塞尔帕·平塔号,到达纽约前在百慕大群岛停留了一周。杜尚的运气一直不错。旅行中他唯一的行李是《手提的盒子》的69件作品的珍贵原型。这是他第13次横渡大西洋。这是一次逃亡,不过在异国情调的船上,这是"最棒的旅行,旅程极其愉快,船上灯火辉煌,旅客们天天在甲板上跳舞"。几个星期后,《时代》杂志称,杜尚"舒适地住进了女赞助人佩吉·古根海姆位于东41大街440号的豪华公寓"。[51]

注释

1. Duchamp letter to Francis Picabia, February 8, 1921, in Michel Sanouillet, *Dada in Paris* rev. ed. (Cambridge, MA: MIT Press, 2009), 204.

2. André Breton, "Marcel Duchamp," in *DPP*, 210-211; *Little Review* quoted in Marquis, *MDBSB*, 203. 实际上,虽然有这些报道,杜尚却从未停止创作,后来他也经常反对他为国际象棋"放弃"了艺术的说法。

3. 国际象棋棋手弗朗索瓦·勒利奥内(他认识达达的创始人们) quoted in Ralph Rumney, "Marcel Duchamp as a Chess Player and One or Two Related Items," *Studio International* (January/February 1975): 24. 相反,雷蒙·基恩认为杜尚追随离经叛道的国际象棋大师亚伦·尼姆佐维奇,而且他的确将国际象棋看作一种"灰色物质"的较量,而不是一种视觉审美。See Raymond Keene, "Marcel Duchamp: The Chess Mind," in *Duchamp: passim*, ed. Anthony Hill (Langhorne, PA: Gordon and Breach Arts International, 1994), 122-123.

4. Arturo Schwarz,"Precision Play—An Aspect of the Beauty of Precision," in *CWMD*, 58.

5. Lasker quoted in Calvin Tomkins, *The Bride and the Bachelors: Five Masters of the Avant-Garde* (New York: Viking, 1965), 51.

6. Duchamp quoted in Tomkins, *DB*, 289. 杜尚最后总结说，他的国际象棋野心是"没有希望的，再尝试也没有用"。Quoted in Schwarz, "Precision Play," in *CWMD*, 59. 爱德华·拉斯克说，杜尚是个很强的棋手，但是可能没有达到世界级的水平："他总是为了下出漂亮的棋而冒险，而不是严肃谨慎地去赢得胜利。"Lasker quoted in d'Harnoncourt, *MD*73, 131. 杜尚在他 1935 年开始参加的国际通信象棋联盟巡回赛中连续四年获得了冠军。

7. Quoted in Schwarz, "Precision Play," in *CWMD*, 70. 克利夫·格雷回忆杜尚曾对他说："当你下棋时，感觉就像在画写生，或者制造一架关系到胜负的机器。竞争的部分并不重要……"但是杜尚又对汉斯·里希特说："汉斯，如果你不够有竞争性，就不可能成为一个好棋手。你必须想要粉碎你的对手，想要置他于死地！"See Cleve Gray, "Marcel Duchamp: 1887—1968," *Art in America*, July 1969, 21-22.

8. Quoted in Schwarz, "Precision Play," in *CWMD*, 69. 将国际象棋和艺术联系在一起，杜尚说国际象棋的步法就像"钢笔画"，或者国际象棋的步法"表现了它们抽象的美，就像诗"。不过，没有哪种观点在国际象棋、艺术、诗歌或美学方面有特别深刻的意义。Quoted in Schwarz, "Precision Play," in *CWMD*, 68. 1932 年，杜尚与俄裔法国棋手维塔利·哈尔贝施塔特合作了国际象棋方面的著作《对立和相邻格的和谐》，分析了一种棋盘上只剩下两个王的罕见残局。

9. 通常杜尚的个性"力量"被总结为逃避冲突的能力、答应别人的要求、不易动怒（如果曾经有过的话）、对女人无动于衷、他的耐心和离群索居，以及他的文书能力。他没有真正的敌人。

10. Duchamp quoted in the *New York Tribune*, September 12, 1915, cited in Tomkins, *DB*, 151; Duchamp's 1952 speech to the chess association in Schwarz, "Precision Play," in *CWMD*, 67.

11. Duchamp quoted in Marquis, *MDBSB*, 188, 189.

12. Man Ray, "Bilingual Biography," *View*, March 1945. 这是一系列曼·雷关于杜尚的回忆录。

13. Duchamp letter to Katherine Dreier, January 1, 1936. Quoted in Marquis, *MDBSB*, 226.

14. Duchamp letter to Katherine Dreier, September 6, 1935. Quoted in Marquis, *MDBSB*, 226.

15. Duchamp letter to Katherine Dreier, December 7, 1935. Quoted in Marquis, *MDBSB*, 226.

16. Kahnweiler quoted in Daix, *PLA*, 211.

17. 关于荣格的文章参见 Patrick O'Brian, *Pablo Ruiz Picasso: A Biography* (New York: W. W. Norton, 1994 [1976]), 488-492.

18. Blanche quoted in Daix, *PLA*, 223.

19. Picasso quoted in Daix, *PLA*, 227.

20. Duchamp letter to Katherine Dreier, July 3, 1926. Quoted in Ruth Louise Bohan, "The Société Anonyme's Brooklyn Exhibition, 1926—1927: Katherine Sophie Dreier and the Promotion of Modern Art in America" (doctoral dissertation, University of Maryland, 1980), 117.

21. Duchamp quoted in *SS*, 127; and Cabanne, *DMD*, 75.

22. Duchamp quoted in Katherine Kuh, *The Artist's Voice: Talks with Seventeen Modern Artists* (Cambridge, MA: Da Capo Press, 2000 [1962]), 83.

23. 杜尚不确定究竟要选择哪些作品：在选定这94件之前（1934年2月20日），他给爱伦斯伯格写信说正在考虑"大约135页笔记和几十幅摄影作品"。See Linda Dalrymple Henderson, *Duchamp in Context: Science and Technology in the Large Glass and Related Works* (Princeton: Princeton University Press, 1998), 267n31.

24. "Lo, Marcel Duchamp Himself Descends the Stair," *New York Times*, June 30, 1935, X6.

25. Duchamp letter to Katherine Dreier, March 5, 1934. Quoted in Marquis, *MDBSB*, 220. 有20个盒子是"豪华版"（包含特别物品，并且装在真正的"手提箱"或小旅行箱里，这些是标准版没有的）。

26.《绿盒子》中的大部分复制品是照片或彩色印刷品，不过杜尚还是雇用了泥瓦匠、裁缝和木匠来制作迷你小便池、打字机罩、《三个标准的终止》和玻璃药瓶。

27. Albert Gleizes, "The Dada Case (1920)," in *DPP*, 301.

28. André Breton, "Lighthouse of the Bride," in Lebel, *MD*, 89, 94.

29. 关于杜尚修复《大玻璃》的动机参见 "Introduction," *The Société Anonyme and the Dreier Bequest at Yale University* (New Haven, CT: Yale University Art

Gallery，1984），18. 芝加哥艺术俱乐部的主席是爱丽丝·鲁利埃，她有一半法国血统，每年都去巴黎，20 世纪 20 年代认识了杜尚。当她 1926 年举办布朗库西展时，杜尚到美国担任了策展人。

30. C. J. Bulliet，*Chicago Daily News*，February 5，1937.

31. The episode，and Duchamp's advice，in "Introduction，" *The Société Anonyme*，18.

32. Barr letter to Marcel Duchamp，May 8，1936. Quoted in Tomkins，*DB*，309. This appeal was for the December 1936 MOMA exhibit，"Fantastic Art，Dada，Surrealism."最后，纽约现代艺术博物馆得到了 8 件杜尚的作品，通常有一间展室专门用来展出这些作品。

33. Duchamp quoted in "Restoring 1,000 Glass Bits in Parcels；Marcel Duchamp，Altho an Iconoclast，Recreates Work，" *Literary Digest*，June 20，1936，20.

34. Bataille quoted in Daix，*PLA*，243.

35. Sabartés quoted in Daix，*PLA*，238.

36. Penrose quoted in Daix，*PLA*，247.

37. Picasso quoted in Ashton，*POA*，143.

38. Spain's "political Left" quoted in Daix，*PLA*，251-252.

39. André Breton，"Manifesto of Surrealism (1929)，" in André Breton，*Manifestos of Surrealism*，ed. and trans. R. Seaver and H. R. Lande（Ann Arbor：University of Michigan Press，1969），14，18.

40. Headlines quoted in Mark Polizzotti，*Revolution of the Mind：The Life of André Breton*，rev. and updated (Boston：Black Widow Press，2009 [2005])，406.

41. Peggy Guggenheim，*Out of This Century：Confessions of an Art Addict* (New York：Macmillan，1960)，50.

42. 佩吉·古根海姆是古根海姆兄弟中本杰明·古根海姆的女儿，本杰明在 1912 年死于泰坦尼克号失事。她继承了 45 万美元遗产，不算特别巨大，但在当时相当可观。她的叔叔所罗门 1939 年在纽约创办了非客观绘画博物馆，后来又创办了古根海姆博物馆，由弗兰克·劳埃德·赖特设计，于 1959 年开馆。

43. Guggenheim，*Out of This Century*，47.

44. Éluard quoted in Daix，*PLA*，257.

45. Picasso quoted in Daix，*PLA*，261-262.

46. Matisse letter to his son in September 1940 quoted in Daix，*PLA*，262.

47. Duchamp letter to Katherine Dreier, September 26, 1939. Quoted in Marquis, *MDBSB*, 233.

48. Arensberg cable to Marcel Duchamp, June 20, 1940. Quoted in Marquis, *MDBSB*, 233.

49. Arensberg letter to Marcel Duchamp, August 22, 1940. Quoted in Marquis, *MDBSB*, 234.

50. Roché quoted in Lebel, *MD*, 84.

51. Duchamp quoted on his trip in "Artist Descending to America," *Time*, September 7, 1942, 100, 102.

第 12 章　　先锋派的飞行

　　巴黎的第一个寒冬透露出即将出现的物资匮乏的迹象。整个战争期间毕加索都住在大奥古斯丁街的工作室,从这里走路到巴士底附近玛丽-泰蕾兹和玛雅的公寓只需要十五分钟。他每个周末都会去看她们。他每周还去看一次奥尔加和保罗,他们住在香榭丽舍大道。在大奥古斯丁街居住的这段日子,多拉·马尔仍旧热衷政治。毕加索的一些朋友跟法国抵抗运动有关,比如艾吕雅,他重新加入共产党,转入了地下。毕加索的犹太朋友马克斯·雅各布被迫戴上了黄星,在被送进集中营之前就病逝了。

　　"我没有描绘战争,因为我不是那种像摄影师一样出去寻找主题的画家。"毕加索后来说。[1] 如果像毕加索这样的艺术家都要受到谴责,或者更糟,那么其他人——比如诗人谷克多和画家莫里斯·弗拉芒克——就更不用提了。他们与维希政府妥协,因为维希政府一方面呼吁传统和民族主义艺术,一方面又以实用主义的姿态给先锋派留下了一些余地。[2] 事实上,维希政府治下的艺术活动非常活跃,但是欧洲长期的艺术争论将古典主义和"社会现实主义"放在一切形式的抽象主义的对立面。法西斯主义和马克思主义是敌人,但是它们都反对抽象主义,对艺术中的"现实"有着共同的偏好。相反,流亡的超现实主义者,比如安德烈·布勒东则提倡"神奇性",意味着幻想。

　　毕加索对这种公开的政治争论没有特定的立场,他继续守在画架旁(后来他的兴趣转向了雕塑)。毕加索的画布上出现的主要是女性脸孔、扶手椅中的女人、静物和偶尔出现的巴黎地平线。战前，多拉的脸成为他的新模板。他经常用粗糙的、条纹状的线条来描绘她的脸，这成了代表多拉的符号——费尔南德、埃娃、奥尔加和玛丽-泰蕾兹都各有自己的代表符号。战争期间他的作品不是愉快的，但是通过用漫画的手法将不同物体的形状相互组合——例如，人和鱼——经常闪现出一点黑色幽默的味道。涉及战争或朋友之死，毕加索经常用牛头骨来表现。战时的标志性作品之一《静物与牛头骨》（1942），是一幅诡异的大型油画（约3英尺高，4英尺宽），运用了黑色、紫色、蓝色、品红色来衬托惨白的骨头。

在毕加索将兴趣转向雕塑的时期，他在巴黎的朋友帮助他冒险取得了创作用的青铜。主要的成果是战后完成的，即象征艺术与抵抗运动、真人大小的《男人与羔羊》（1944）。毕加索在大奥古斯丁街的浴室里用黏土和石膏完成了这座雕塑。然后他的朋友们把铸模送到一家非法走私青铜的铸造厂。完成的作品在夜色的掩护下悄悄运回毕加索的工作室。毕加索从1942年7月就开始为这座雕像画草稿。它复兴了一个古老的流派，即古典人本主义，表现了一个保护着一只羊的男人，就像被称作"好牧人"的耶稣基督。雕塑完成后被重铸了许多次，成了一座著名的青铜雕像。

毕加索经常像个哲学家一样，说艺术应该破坏文明。现在，在这个动荡时期，《男人与羔羊》则刚好相反："有创造力的艺术家应该在混沌边缘稳定人心。"有报道称他这样说。[3]另一方面，战争和其他紧急情况使他在两个极端之间摇摆。所以当他创作《男人与羔羊》时，他也完成了漫画—超现实主义的《牛头》（1942），这件作品是将他在垃圾堆里看到的一个自行车座和一副车把组合而成的。

1944年6月盟军在诺曼底登陆，成为德军被驱逐出巴黎的序曲，毕加索在他的工作室招待他的西班牙追随者。他们在为解放做准备，尽管没有人预料到解放来得这样快。街头巷战的几个星期里，毕加索跟玛丽-泰蕾兹和玛雅在一起。一夜之间，毕加索成了巴黎抵抗运动的象征。美国大兵蜂拥到他大奥古斯丁街的工作室照相。8月，他创作了第一幅带有春天气息的作品；他也创作表现暴力的作品，但是这些作品大多富于古典主义绘画中的英雄气概。

在62岁的年纪，毕加索的行为仍然是安达卢西亚式的，尽管这对他没有什么好处。一天他在咖啡馆跟一个学艺术的女学生、21岁的弗朗索瓦丝·吉洛调情，然后没有阻止她来拜访他。他的年纪有她三倍大，但是他们相互吸引。开头的一年多时间里，弗朗索瓦丝有些踌躇。后来她觉得跟这个伟大的男人在一起是她命中注定的。1946年春天，毕加索让她搬到大奥古斯丁街常住。

当然，多拉对此一直很愤怒。她说弗朗索瓦丝只不过是个"女学生"，连大学生都不是。玛丽-泰蕾兹一如既往地待在暗处，比以前更加感觉被抛弃了。她几乎每天都心烦意乱地给他写信。多拉最糟糕。她的超现实主义者老朋友们，特别是艾吕雅，完全不能原谅毕加索对待多拉的方式。不仅如此，超现实主义者深受弗洛伊德精神分析学说的影响。多拉的悲痛演变成精神崩溃。所以毕加索的私人医生、将弗洛伊德理论应用于艺术的超现实主义精神病学家雅克·拉康负责照顾多拉。他对多拉使用了电击治疗。

"哭泣的女人"多拉从毕加索的画中消失了，弗朗索瓦丝的新符号出现了，虽然在毕加索所有的缪斯当中表现她的画是最少的。他先是把她画成简单、精致、抽象的花朵［《女人—花》（1946）］。后来她的形象演变成细长的身体、丰满的胸部和圆形的头。他把她的头发画成散射的阳光。起先，毕加索在地中海的海滨城市向弗朗索瓦丝求爱。他带她去

第12章 先锋派的飞行 255

尼斯的雷吉纳酒店见上了年纪的马蒂斯。他们一起在印刷厂学习平版印刷术，参观了当地的瓷窑。一天在巴黎，他带弗朗索瓦丝去了他在蒙马特的老房子。在那里，把她介绍给一个牙齿都掉光了的老妪——曾经的美人热尔梅娜，卡萨吉玛斯为之自杀的女孩。美貌是不能长久的，他对年轻的情人说。

弗朗索瓦丝曾经是激进的女权主义者，但是很快就给毕加索生下了两个孩子。第一个孩子克劳德于1947年5月降生，两年后，名叫帕洛玛的第二个女孩也出生了。生下帕洛玛后，弗朗索瓦丝的身体非常虚弱。她恢复得很慢。毕加索依旧我行我素，当他的女人生病时，他就消失了。战争期间，他曾经接受过共产党学生报纸派来的一个年轻女记者的采访。她叫热纳维耶芙·拉波特。现在毕加索又找到她，热纳维耶芙求之不得。1953年弗朗索瓦丝离开毕加索时，他已经70多岁了，还跟热纳维耶芙在一起。

用所有这些女人的心碎换来的，是毕加索的很多女人都写回忆录——费尔南德、弗朗索瓦丝，甚至热纳维耶芙·拉波特——将许多关于他的生活和艺术的秘密细节向世人公开。（杜尚跟他的朋友和情人的回忆录也有同样的"问题"。）毕加索试图阻止费尔南德和弗朗索瓦丝的回忆录出版，但是都失败了。毕加索爱情生活的混乱在他的艺术中得到了补偿。每段恋情萌芽的时候，他的作品都表现出一种新鲜的活力，即使在一段关系的废墟中，也有一些有趣的东西在画布上出现。

* * *

1944年8月巴黎解放，两个月后，艺术领袖们组织了一次胜利沙龙，这是秋季沙龙伟大传统的复兴，不过现在叫作"解放沙龙"了。组织者在宣言中解释说，沙龙"在敌军占领期间就在筹备，是在战斗中组织起来的"。[4]组织者在大皇宫给毕加索安排了单独的展室，主要展出他在德国占领期间的作品，共计 74 幅画和 5 座雕塑。

除了一些朋友，没有人真正看到过毕加索自《格尔尼卡》之后的作品。《女人与洋蓟》和《椅子与剑兰》是他最大的油画作品，他还展出了怪异的《静物与牛头骨》。还有许多多拉、玛丽-泰蕾兹和玛雅的肖像。事实证明，作品中的灰暗情绪既没有取悦左派的艺术评论家，也没有取悦右派的。像对《格尔尼卡》一样，左派认为毕加索没有表现对法西斯主义的胜利。右派仍然认为他的立体主义是对法国传统的腐蚀。普通大众在四年的敌占区生活后觉得这些作品太压抑了。

在法国街头，暴力清洗仍然在等待着维希政府的支持者。与此同时，抵抗运动中的共产党员填补了政治上的巨大真空。法国共产党突然间成为新的解放政府中最有影响力的势力之一。许多人欢迎共产主义，但是更多的人不喜欢它。在这场角力中，艾吕雅和阿拉贡不断向毕加索灌输他们的思想，这也进一步解释了毕加索的展览在秋季沙龙遭到冷遇的原因。就在沙龙开幕前两天，共产党报纸《人道报》宣布毕加索入党了。"我在等待西班牙重新接受我的那一天，法国共产党向我张开了双臂。"毕加索说。他高度赞美了"8 月那些日子里在路障旁边认识的所有巴黎反抗者的面孔"。[5]

* * *

1942 年春天杜尚到达纽约时，已经看不到什么路障了。他看到的是曼哈顿新的艺术画廊迅速涌现，里面都是从欧洲运来的艺术品。他也被法国来的流亡者包围了，他们当中很多人都是在昙花一现的美国知识分子援助委员会的帮助下，最后一刻从马赛逃出来的。很多人的旅费是由佩吉·古根海姆支付的，其中包括布勒东和他的妻子，以及不幸的德国画家马克斯·恩斯特（两次从集中营逃了出来），为了方便办理移民手续，他现在是古根海姆的丈夫。

杜尚在古根海姆家短暂逗留，其间开始结识流亡者和年轻的纽约先锋派，包括音乐家约翰·凯奇。然后杜尚回到了老地方格林威治村，马歇尔国际象棋俱乐部在那里的"辣味浓汤"餐馆聚会。他在西14大街210号一幢房子的四楼租下了一间简朴的公寓，这个地址后来成了传说。

在曼哈顿郊区，现代艺术中两个重要事件正在酝酿。在两个事件中，仍然以超现实主义领袖自居的布勒东都是核心人物。回到欧洲后，古根海姆在新的现代艺术博物馆大厦北边几个街区、西57大街30号建立了她的本世纪艺术画廊。开幕展览预定于1942年10月20日举行。[6] 古根海姆的计划虽然依赖欧洲的建议和艺术品，但无疑是一个美国事件。另一个事件是由流亡者和法国救济协会协调委员会组织的。古根海姆、德赖尔和爱伦斯伯格等收藏家提供了帮助，还有现代艺术博物馆的詹姆斯·斯威尼和超现实主义画廊代理商朱利安·利维、皮埃尔·马蒂斯和西德尼·贾尼斯。法国救济协会的活动标题是布勒东设计的，叫作"超现实主义的最初文本"，巧妙地暗喻了移民者需要办理的文件。

1942年秋天，许多高水平的作品参加了这两次展览。实际上，所有未来纽约先锋派艺术巨头都冒了出来。大约在这个时候，古根海姆设法召集了13位流亡艺术家拍摄合影，照片可能是在她家的起居室拍的，被称为"流亡中的艺术家"。大脑袋的布勒东坐在正中间（古根海姆也出现在照片中）。杜尚侧身站在后排。坐在前排、系着蝴蝶领结的是犹太建筑师弗雷德里克·基斯勒，他在维也纳接受过展览和剧场设计的专业训练，现在是奥地利裔的美国人。1942年秋季的艺术事件中，杜尚和基斯勒是最值得关注的两个人。

在曼哈顿共事之前，杜尚和基斯勒曾经在欧洲见过面。1925年在巴黎，现代工业世界博览会上，基斯勒展出了一件几何风格雕塑（跟蒙德里安的画相似）——他设计的理想"太空城市"。在这次展览中他认识了杜尚。第二年，基斯勒移民到纽约，凯瑟琳·德赖尔雇用他（跟杜尚一道）为无名者协会1926年在布鲁克林艺术博物馆的展览设计未来主义的展室。基斯勒是个雄心勃勃的小个子——他的雄心之一就是为杜尚做宣传——最后他在哥伦比亚大学谋得了一个教职。1937年，基斯勒在《建筑实录》的一篇文章中盛赞《大玻璃》，使其成为主流的一部分，他说《大玻璃》是受空间限制的绘画的杰出范例："抽象主义、结构主义、真实、超级、以及不受影响的超现实主义，任何描述都不适用于它。它就是它自己。它是建筑、雕塑和绘画的结合体。"[7]

现在，40年代，杜尚和基斯勒重逢了，杜尚很高兴接受基斯勒夫妇的邀请，去做他们的房客，在基斯勒第七大道的顶层公寓租了一个房间（杜尚有独立的浴室和出入的门）。从1942年10月开始，杜尚在那里住了一年。事实上，也是在10月，基斯勒和杜尚开始致力于纽约艺术画廊的设计。几个月前，布勒东向古根海姆推荐了基斯勒，来为她的本世纪艺术画廊设计两间展室，基斯勒将油画和雕塑以奇特的角度摆放在墙壁和地板上。同时，杜尚结束了1938年成功的超现实主义艺术展后，布勒东请他继续设计"超现实主义的最初文本展"，这次展览因为杜尚用一根"一英里"长的绳子在整个画廊里编织出一张巨大的蜘蛛网而著名。

两个展览背靠背地举行，开幕时间仅相隔六天，不过当一切尘埃落定后，杜尚似乎赢得了最多的关注。这跟他1915年初到曼哈顿时的情形很相似，但他现在已经是传入美国的欧洲超现实主义的中心。例如，他到达三个月后，《时代》杂志刊登了一张杜尚跟他的便携式博物馆《手提的盒子》的照片。同年年底，他的一英里长的绳子又登上了报纸的头条新闻。虽然这些错综复杂的线绳让观众感到困惑，有时候甚至挡住了路使他们无法接近展品,但这张网也提供了"能够想象的最矛盾的清晰边界",《纽约时报》称。这无异于一种"咒语"。[8]

看起来,杜尚正在逐渐成为一个布景设计师,一个人工环境的制造者,像剧院后台的工人,而不再是所谓现成品的普通物品的制造者。上城的两个活动的开幕式他都没有参加。但是设计展室环境显然很中他的意,或许就像毕加索被三维的戏剧布景制作所吸引一样。

在小规模上,《手提的盒子》也是一种三维的表现形式,现在已经在杜尚简陋的工作室里开始制作。而且,基斯勒给他提供了一些点子。基斯勒作为建筑师,尝试画廊展室设计已经有一段时间了。他的创造之一是一种透过窥视孔观看展览的装置:观众一边朝洞里看,一边转动墙上一个像船上的舵轮一样的装置,使得眼前的展品在转盘上转起来。1942年底,在古根海姆画廊的一次"动态艺术展"上,基斯勒用这种转轮展出了杜尚《手提的盒子》,其中的69件微缩展品就像放在流动自助餐台上的食物一样。

两只眼睛的"窥视孔"的商业化应用久已有之,比如让观众观看色情的私人电影,享受偷窥的刺激。杜尚接受了这个创意。在"超现实主义的最初文本展"上,他制作了一幅单个窥视孔的拼贴画。他心里想的是窥淫癖,在一张覆盖着锡箔纸的卡片中间挖了一个洞,卡片背后是一张女性胸部的照片,图案是从保罗·德尔沃的超现实主义油画《破晓》(1937)中截取的。这位比利时画家的专长是四肢僵硬的裸女画(德尔沃说,他的灵感来自生动的解剖学展示)。杜尚的快速拼贴画的题目是《德尔沃的方式》。之前在1927年,杜尚曾向艺术品代理商朱利安·利维提议制作一个真人大小的女性机器;现在他的计划变成了使用窥视孔和人体模型。杜尚丰富的想象力描绘的是人偶静静地躺在一套舞台布景或博物馆陈列品中间,而不单是一个巨大的机器人偶。

布勒东在曼哈顿的日子里，身处一个他并不喜欢的城市，他似乎把凡事都往坏处想。他拒绝学英语。当孤独的街道变得愈加孤独——因为这里没有咖啡馆文化——布勒东向年长的杜尚寻求建议和慰藉。他也在美国之音的法语部门找了一份工作。他和杜尚在他们能够找到的唯一一家法国咖啡馆碰面，在他能够聚集起来的少数立体主义者面前，布勒东展示了他对杜尚的崇敬。不过，布勒东政治上的理想主义，所谓他的马克思主义消失了。他对任何政治体系的忠诚都成了过去。现在他深信，只有性才是唯一具有"神奇性"的东西。作为一个超现实主义者，他需要一个替代的神话，他找到了弗朗索瓦·傅立叶（1837年去世）的乌托邦作品，其中描写了一个自由性爱的社会。布勒东虽然是无神论者，却很容易接受神秘教义。他曾经谈到人类周围的宇宙中有更高层次的存在。

至少，布勒东出版了一本新书，这是一个值得庆祝的理由。应布勒东的要求，杜尚设计了一个书店橱窗，展示刚到货的布勒东新作《神秘17》，一本关于自然、塔罗牌和他自己的新罗曼史。橱窗位于布伦塔诺的书店。杜尚摆出了一个全裸的女人体模型，旁边是一幅描绘男女交媾的超现实主义油画（作者是智利流亡画家罗伯托·玛塔）。纠察队勒令布伦塔诺把它拿下来。所以杜尚和布勒东将展示地点转移到了哥谭书店，这里因为在美国的审查制度下引进了巴黎忧郁文学，比如米勒的《北回归线》而著名。为了平息抱怨，哥谭的店主在合适的位置摆放了一张写着"已审查"的小卡片。

橱窗设计很不错，不过幸运的是，杜尚还有更宏大的项目要参加。这些项目构成了他生命的终局，用聚光灯永远地照亮他的作品自选集，保证了他在艺术世界中的位置。

他已经50多岁了，时间还在流逝。他的赞助人凯瑟琳·德赖尔也不再年轻。她经营无名者协会二十年，举办了 83 次展览，取得了骄人的成就。协会收藏［独立于她的个人收藏，其中包括杜尚最后的油画《你使我》(1918) 和《大玻璃》］了 23 个国家、169 位艺术家的 616 件作品。一些博物馆希望获得她的收藏，结果最有说服力的是耶鲁大学艺术画廊，就在她康涅狄格州西雷丁的家宅所在的那条路上。

1941 年，她同意将协会藏品捐赠给耶鲁大学，这些藏品构成了耶鲁大学艺术画廊现代艺术收藏的核心。艺术画廊的负责人说，这是"美国教育机构中研究现代艺术运动的第一批文献资料"。[9]

自然，德赖尔坚持让协会主席（以及她的遗嘱执行人）杜尚在捐赠事宜中扮演重要角色。所以 1943 年，杜尚开始为所有的作品和艺术家编制带注释的目录，他自己写了毕加索的词条。毕加索"能够拒绝印象主义和野兽主义学派的遗产，使自己免受任何直接影响，这是毕加索对艺术的主要贡献"，杜尚写道。

> 在他源源不断的大师之作中，从未显示出任何衰弱或重复的迹象。唯一贯串他作品始终的是一种强烈的抒情，随着时间的推移，这种抒情甚至变得残酷。世界常常需要寻找一个可以盲目信赖的个人——这种崇拜可以跟宗教诉求相媲美，可以超越理性。今天成千上万寻求超验审美情感的人找到了毕加索，而毕加索从没令他们失望。[10]

简言之，毕加索的主要罪名是迎合大众（在其他评论中，杜尚还指责过他重复）。[11]这份目录中还包括了关于杜尚家人的词条，他们也将遗产捐赠给耶鲁大学，耶鲁很快成为常春藤盟校中现代艺术的枢纽。1945 年，耶鲁大学举办了第一次"杜尚兄弟展"，以表达对德赖尔—杜尚联盟的感谢之情。为此，馆长乔治·赫德·汉密尔顿坐火车去曼哈顿买了一把雪铲,代替马塞尔·杜尚 1915 年做的那件现成品。"在那种情况下,雪铲重新出现在艺术世界,不是'原始'的那把,而是另外一把新的、真正的雪铲,精心地仿照第一把写上文字。"汉密尔顿说。此举将杜尚引入了美国学术界。[12]

住在基斯勒的公寓和搬到他自己第 14 大街的著名公寓之间这段时间,杜尚频繁造访美国艺术界,参观了许多画廊,出席了许多艺术派对。总体而言,他喜欢待在欧洲人中间。这是有原因的。纽约的美国画家对长期以来的欧洲统治感到不满,早在战前的 1936 年,当萨尔瓦多·达利登上《时代》杂志封面,从此成为美国人心目中超现实主义的权威时,就开启了一种全新的诡异画风(美国人从来不知道超现实主义在巴黎实际上是一场文学运动,也不知道布勒东已经自封为超现实主义的权威了)。

1940 年,纽约画家就抗议过现代艺术博物馆只展出欧洲现代艺术作品(偶尔也包括杜尚的作品)。到了 40 年代末,抽象表现主义者以一种统一的身份,抗议大都会艺术博物馆否定他们对艺术的贡献。1951 年 1 月,《生活》杂志刊登了广为流传的美国反叛分子的照片,即著名的"暴躁的一群"。[13]

值得称道的是,40 年代初,古根海姆就在她的本世纪艺术画廊中展出了一些美国抽象派画家的作品。其中之一是罗伯特·马瑟韦尔,这位曾在常春藤盟校接受教育的画家成为后来兴起的纽约抽象派的官方发言人和编辑。后来,她开始直接向一些画家提供资助。最著名的是杰克逊·波洛克,事实证明这笔投资相当划算。[14]除了马瑟韦尔,美国人中没有人真正注意到杜尚,在他们看来他只不过是又一个欧洲流亡者罢了。

作为一个反画家,杜尚也没有在美国人身上浪费感情。他们对大型画布、焦虑的姿态和浓重的色彩表现出一种兴奋。一位评论家给他们贴上了"行动画派"的标签,说他们的画是"英雄主义"的,并且追求"更深刻的真理"。所有这些跟杜尚三十年前在沙龙立体主义者那儿听到的夸夸其谈没有什么两样。他觉得纽约画家的表现主义是"杂技表演",他也不相信自己正在见证一场新的"绘画的解冻"。[15] 后来,杜尚不得不承认20世纪四五十年代的纽约是艺术史上非常重要的一环,但直到那时,他仍然把流亡者的影响比作面包中的酵母。

他也愈发怀念过去的美好时光。回顾1915年他第一次到纽约时的情景,杜尚说那时曼哈顿的艺术更"愉快"、更有创新性。在那些日子里"艺术是实验工作,现在已经被稀释,变成公共消费"。像其他上了年纪的人一样,杜尚喜欢拿过去的太平盛世跟现在的误入歧途做对比。"今天的抽象主义者只是视网膜层面上的,"他在1953年的一次采访中说,"他们只知道重复,这没有一点好处。重复做同一件事跟一个老女佣没有什么区别。"[16]

纽约艺术界中仍然有一股亲欧的强大势力。其中之一就是詹姆斯·斯威尼,曾经在现代艺术博物馆的绘画和雕塑部门做了七年主管,杜尚到纽约时他就在担任这一职务。斯威尼是土生土长的布鲁克林人,是个体格健壮的大块头,曾经在剑桥学习文学,编辑过一份巴黎评论,像之前其他爱尔兰裔的人们(比如约翰·奎因)一样,是詹姆斯·乔伊斯的支持者,并协助出版过他的著作。斯威尼喜欢乔伊斯,当然也喜欢达达,这意味着他也会喜欢杜尚。

斯威尼的一项计划是采访"在美国的十一位欧洲艺术家",撰写系列文章,其中就包括杜尚。斯威尼在关于杜尚的文章上花了许多心思,他收集了大量采访录音,希望写作关于他的第一本书(结果没有实现)。无论如何,在战后这些年里,斯威尼是艺术家中的国王制造者。特别是在1952年以后,他担任古根海姆博物馆(由佩吉的叔叔所罗门创建)

馆长长达十年的时间里。斯威尼对抬升杜尚的地位功不可没。他在纽约的重要展览中加入杜尚的作品,并在1956年让杜尚走进了全国的电视节目。在美国全国广播公司拍摄的系列片"智慧:对话我们时代的智者"中,斯威尼在杜尚作品的环绕下采访了他。[17]

除了古根海姆,还有好几个画廊主人看重杜尚的友谊,特别是他对欧洲艺术品投资的建议。西德尼·贾尼斯就是重要的一位,他是个富有的衬衫制造商,战前就想用他的钱建设一座现代艺术博物馆。现在他已经是纽约展览中的名人,而且颇有学术眼光。在贾尼斯心目中,杜尚是最有趣的欧洲艺术家。首先,他能够告诉贾尼斯哪些东西是最热门的。"杜尚有一种天生的自信心,这种自信心我只在另外一位画家蒙德里安身上看到过,"贾尼斯后来说,"杜尚和蒙德里安都喜欢与众不同的东西。他们不需要捍卫自己的观点,一向如此。"[18]

跟爱伦斯伯格和德赖尔谈过以后,贾尼斯在后来的传记作家们总结之前就意识到了杜尚的成就。早在1945年,贾尼斯和他妻子哈丽雅特就写过一篇文章分析杜尚作为"反艺术家"的学术贡献。这篇文章发表在超现实主义杂志《视域》上,1945年这份杂志为杜尚出版了一期专刊(布勒东看到了这期专刊,用它来证明杜尚是立体主义和超现实主义之间的历史性桥梁)。[19]未来十年中,杜尚帮助贾尼斯发展他的画廊,帮他设计了主题展览,如1953年的"达达1916—1923年展"及展品目录。

初到美国的几年中,曼哈顿郊区画廊的发展在决定杜尚未来的人生道路中发挥了重要的作用。并不奇怪,命运的转折可能早在1943年就在其中一间画廊里到来了。当时杜尚遇到了一位活力四射的巴西艺术家,正在纽约跟蒙德里安联合展出她的超现实主义雕塑作品。她的名字叫玛丽亚·马丁斯,是巴西驻美国大使的妻子,也是个出名的蛇蝎美人。她是流亡雕塑家雅克·里普希茨的情人，传说她也跟纳尔逊·洛克菲勒有染（因为不知怎么回事，她的三件雕塑作品成为纽约现代艺术博物馆的永久收藏，而洛克菲勒是纽约现代艺术博物馆董事长）。

显然，马丁斯——通常使用"玛丽亚"这个笔名——喜欢自己的声誉。她喜欢将自己的个性融入巴西传说中吞噬猎物的河流女神之中。她在一首关于可怜的里普希茨之死的诗中表现了这种危险的神秘感，里普希茨抗拒自己的激情，逃离她的闺房回到婚姻的怀抱。玛丽亚在诗中写道：

> 即使在我死后很久
> 在你死后很久
> 我还要折磨你
> 我要让你对我的渴望
> 像火蛇一样盘绕在你的身体
> 却不烧死你
> 我要看到你迷失，窒息，错乱
> 在由我的欲望编织成的
> 黑暗的阴霾中
> 对于你，我要长长的不眠之夜
> 充满咆哮的暴风雨的鼓声
> 遥远的，无形的，未知的
> 然后，我要对我的怀念
> 让你瘫痪[20]

安德烈·布勒东喜欢写出这些诗句的玛丽亚。他也喜欢她鬼魅般的雕塑。他同意为她的八件超现实主义青铜雕塑撰写展品目录，这些作品于 1943 年 3 月 22 日在曼哈顿的瓦伦汀画廊展出。杜尚是在这次展览的开幕式上遇见玛丽亚的。无论当时的情形如何，两人生命中的巧合占据了他的心。玛丽亚继续在华盛顿的外交官圈子里小心翼翼地扮演着颇有名望的女主人，她的丈夫和三个十几岁的女儿住在华盛顿，但她自己经常以经营雕塑工作室为借口去纽约，制作和贩卖她的珠宝首饰，在曼哈顿的艺术界和外交界扮演交际花。

1941—1942 年冬天，她来到纽约，在第 58 大街的公园大道 471 号租了一间有三个卧室的两层套房，一楼有一间天花板很高的工作室。她和杜尚可能在 1943 年就相恋了，杜尚跟她在郊区的公寓约会，一住就是好几天。"我开始梦见 471 号，我们在那里度过了最幸福的时光，回味那段时光更是加倍的幸福。"她离开后，他给她写信说。[21] 玛丽亚也去过杜尚在第 14 大街的简陋的工作室。后来他强烈要求她离开家庭跟他在狭小的工作室同居，通过这种方法说明她的"命运"是跟他在一起的，做两个与世隔绝的艺术家。

杜尚和玛丽亚的故事本来可能像"公主与乞丐"的童话故事一样，有一个幸福的结局。但是事情从一开始就有点复杂。显然，他们两个人都不适合忠诚的伴侣关系，杜尚过去的其他女人还跟他纠缠不清。1943 年 4 月，杜尚与玛丽亚坠入爱河时，他的过去就搅了进来——玛丽·雷诺兹突然出现在纽约。在战时的法国，玛丽帮助过抵抗运动。她的代号是"温柔的玛丽"。盖世太保发现她之后，她徒步翻越比利牛斯山，经过八个月的艰苦旅程逃到了西班牙。古根海姆和德赖尔也都对他倾注了感情，杜尚如何处理这些风流韵事是一个谜。在这种时候，他著名的"漠不关心"就派上用场了。在接下来的两年里，玛丽在纽约休养，她在战略服务部门做一些语言方面的工作，战争结束一个半月后，她起程回蒙帕纳斯，杜尚到码头去给她送行。

在曼哈顿，杜尚和玛丽亚·马丁斯交替在两人各自的住所同居。在这个过程中，玛丽亚发现杜尚在计划创作一件伟大的艺术品，规模跟《大玻璃》一样，甚至更大。杜尚还在创意阶段的新项目带有罗密欧与朱丽叶的感觉，至少在杜尚看来是这样，显然他从跟玛丽亚的关系中得到了灵感。杜尚的创意是搭建一个剧院布景，像博物馆的实景模型一样，其中有一个张开双腿的裸女模型。[22]

他有一搭无一搭地考虑这个主意已经有一段时间了。自从1938年的"国际超现实主义艺术展"之后，有裸女模型的剧院布景就成了杜尚的专长之一，包括他为布勒东设计的书店橱窗。他也喜欢窥视孔的主意。为了推进他的新计划，他说服玛丽亚帮忙，用她的身体给他当模特。她对杜尚用她的裸体作为铸模的原型感到很兴奋。

所以他们去找了一个玛丽亚在自己的工作中认识的铸模专家，请他教会他们怎样为身体铸模。杜尚最后为玛丽亚的胯部和腿做了铸模，她两腿张开，摆出杜尚所谓"我那露出阴部的女人"的姿势，他的人体模型就需要这个姿势。[23]玛丽亚和杜尚像顽皮的孩子一样开心。作为一个生活在财富、社交和现代艺术中心的女人，她被杜尚的神秘感所吸引，巴黎人杜尚过的是一个真正的波希米亚艺术家的生活。

*　*　*

那时候，一点波希米亚式的神秘感开始在杜尚周围盘旋。他被描述成艺术的隐士，甚至"僧侣"，在他第14大街朴素的阁楼里过着自甘堕落的生活，全身心地投入到艺术和国际象棋的"灰色物质"中去。当然，现实并没有这么残酷。杜尚在基斯勒舒适的公寓住了一年。遇到玛丽亚后，在她的豪宅度过了许多时光。不过，当新闻媒体来访时，他在自己的阁楼接待他们。《生活》杂志的一位作家把他描写成一个上了年纪的"高雅的"圣徒，家里只有一张棋盘，却在竞争激烈的社会中"以智取胜"。"他知道得很清楚,野心是个陷阱,可能将他卷入竞争,威胁到他的独立性。"《生活》报道称。[24]

杜尚的确更喜欢一种简单轻便的生活。他对波希米亚生活的评价很高。他想当贱民;艺术家必须"对其他人类完全视而不见——在最大程度上以自我为中心"。[25]虽然经常衣冠楚楚,打扮得像个巴黎的花花公子,但他有着波希米亚人清瘦的外表。据说,他每顿饭只吃几粒豌豆和一小碗面条;他的公寓里只有几块咸饼干和巧克力。有记者问他时,杜尚承认他只靠跟一个僧侣差不多的薪水过活。"我有的资本只是时间,不是钱。"他说。在给赞助人的一封信中,他谈到自己的日常生活令人厌倦和制作《手提的盒子》是一件苦差事。[26]

波希米亚生活也有另一面。对钱的问题他似乎想过不少,实际上做得也不坏。在给赞助人的信中,他经常谈到收入。杜尚在1944年给德赖尔的信中说,他很惊讶自己可以成为纽约艺术世界中的"明星",却"连过普通生活的钱都挣不到"。[27]无论如何,杜尚抽得起古巴雪茄,晚上出门喝得起双份马提尼。只有一点杜尚说对了,像他这样的艺术家注定要像弗朗索瓦·拉伯雷笔下"淫荡的僧侣"(拉伯雷记述了这些僧侣享受美酒、女人和音乐的趣味历险故事)一样。[28]

事后他承认,自己在纽约和其他地方的波希米亚生活"带点虚饰,你愿意的话还可以说是奢华的"。[29]

杜尚遇到玛丽亚之前,她也享受着奢华的生活。作为艺术家她也得到相当高的认可,被誉为重要的拉丁美洲新雕塑家。1940年,她的大型象征性雕塑之一在费城艺术博物馆首次亮相,这是一座八英尺高的亚马逊河神话传说中的河流女神(石膏像,涂成青铜的颜色)。很快这座雕像被制成青铜像,博物馆将其买下,放在东游廊永久陈列,由此,玛丽亚在费城艺术博物馆获得了永久性的地位。这家博物馆像雅典卫城一样坐落在山顶，外观也像一座巨大的希腊神庙（未来这里也将收藏杜尚的作品）。

作为艺术家，杜尚开始通过为玛丽亚创作艺术品来表达对她的感情（她显然也为他创作，或者至少从他们的恋情中得到了灵感）。[30] 1946 年，60 岁的杜尚在给她的第一件礼物中将精液涂在一块塑料片上，在上面盖上另一块塑料片（像双层修复的《大玻璃》一样），用黑色天鹅绒衬托然后装上框子。他为液体变干后旋转的形态起名《有缺陷的风景》，寄给了跟家人暂时回到巴西的玛丽亚，玛丽亚收到这件礼物很高兴，可能根本不知道杜尚是用什么做的。

不过，跟这些"小玩意"相比，既然玛丽亚同意让他用自己的身体来创作有裸女的实景模型，杜尚想要用更大的作品来向她致敬。他曾把那个人体模型称为"我们的欲望女士"，因为他跟玛丽亚开玩笑说，他们两人把外面的世界抛在脑后，在世俗的修道院——他的工作室同居。无论他本来的想法是什么，这个实景模型成了给玛丽亚的情书，他相信在他认识和渴望的所有人中，只有她会离开家庭跟他一起过波希米亚式的生活。但他的希望落空了。1948 年，大约在他们的曼哈顿恋情维持了五年后，玛丽亚跟随丈夫去了巴黎，执行最后一次外交任务。1950 年她就跟退休的丈夫一起回了巴西。

临近玛丽亚回巴西的日子，杜尚感到非常无助。他试图唤醒玛丽亚的同情心。"我越来越相信绝对的遁世。"他写道。一种绝望的状态从 1950 年下半年开始延续。杜尚给她写信说他"现在完全迷失了方向，因为我们彻底相互隔绝"，第二年他又说因为他们的分手，"盲目的愤怒占据了他的心灵"，但主要还是因为她拒绝了跟他一起做个真正的波希米亚艺术家的"命运"。

"我们幸福的日日夜夜哪儿去了？"他问道。

1951年底玛丽亚回了一趟纽约,重新燃起了杜尚的希望,但是爱情欺骗了他。玛丽亚走后他写道:"我越来越相信我们的处境是绝望的。"他渴望一个奇迹,一种方法去体验"幸福的假象"。[31]最后,玛丽亚从画中消失了——但是那个实景模型有了自己的生命,将以一种新的、未知的方式延续下去。

* * *

这是杜尚在战争期间的一段风流韵事,1945年第二次世界大战结束时,他和毕加索都需要把这些事情放到一边,应对战后的艺术世界。布勒东也是如此,他在战争期间跟第二任妻子离婚,娶了第三任妻子。1946年4月,布勒东和新妻子回到巴黎。在巴黎的法国艺术家中间,跟政治结盟有关的苦涩感觉挥之不去,一些人是跟维希政府,另一些人是跟共产主义。杜尚回来后,似乎设法完全回避开他们。布勒东可不是这样,他想在超现实主义的大本营重建自己的领导权,他相信这毫无疑问是一场法国的文学艺术运动。

一天早晨,在里维埃拉一座海滨城市的街头,布勒东偶遇毕加索,毕加索向他伸出了手。[32]布勒东相信毕加索站在斯大林主义一边,拒绝跟他握手。他甚至要求毕加索对共产党员的身份做出解释。毕加索对他说:"我的观点是从我的经历中来的。至于我个人,认为友谊比政治更重要。"[33]布勒东却把超现实主义的意识形态看得比友谊更重,他转身离开,没有原谅毕加索。在布勒东看来,莫斯科只不过把先锋派当成有利用价值的白痴和牺牲品。

战争期间,布勒东和杜尚在曼哈顿唯一的法国咖啡馆度过了很多下午,聊天消磨时间。战后他们分别回到巴黎,很容易又聚在一起。他们共同计划了一项新的艺术活动,在巴黎举办"1947年超现实主义展"。杜尚1946年5月到巴黎,带玛丽亚简单地游览了一番。杜尚自己只待了六个月，主要是为了续签美国签证。玛丽亚走后，杜尚见到了玛丽·雷诺兹，他们一起去瑞士度了五个星期的假。有一段时间是在半山腰一家能够俯瞰日内瓦湖的旅店度过的。杜尚在那里发现了一处迷人的风景——福雷斯德瀑布。杜尚还没有决定在他的实景模型中，要把裸体模型放在什么样的环境中。当他看到这道瀑布时，无疑想到了玛丽亚，他想，或许他应该做一个有瀑布的风景。

1947年1月杜尚离开巴黎时，他同意在纽约继续做"1947年超现实主义展"的缺席组织者，同时让雄心勃勃的基斯勒去巴黎帮助布勒东设计布展。展览的核心区是一个洞穴，盖着白布，称为"迷信大厅"。另一间大厅里摆着一张台球桌。收集各方面意见后，展览在玛格画廊开幕，展出了来自24个国家的87位艺术家的作品。回到纽约，杜尚设计制作了大约1 000份展品目录。他和助手在每一份目录封面上用胶水粘上一个泡沫做的"假乳房"，用红笔给乳头涂色，并加上标题"请触摸"。然后把这些目录装船运往巴黎，送给布勒东。

对于"1947年超现实主义展"这样一项活动——某种献给无政府主义、弗洛伊德主义和马克思主义的荒谬颂歌——巴黎的气氛跟几年前纽约的气氛截然不同。巴黎正深陷财政危机，并且受到维希政府时期几股政治势力的撕扯。独立沙龙激起了人们对毕加索黑暗作品的失望。现在，超现实主义展不仅看起来幼稚得可笑，而且令人厌恶，在巴黎的美国通讯记者珍娜·福兰纳称其为"战争开始以来第一次精神变态美学展"。在《巴黎日报》上，福兰纳接着说："在文明的危机中，知识界的超现实主义者们仍然在从他们专属的缪斯——萨德侯爵、马基雅维利、马尔多罗、那喀索斯、玛门和莫斯科的组合——身上汲取灵感。"[34]这位记者准确地总结了超现实主义引以为傲的灵感来源。这次展览不是一次复兴，反而成了超现实主义最后的喘息。无论如何，巴黎对杜尚来说已经属于过去了。"1947年超现实主义展"暗淡收场后，他开始申请美国国籍。

*　*　*

杜尚很高兴回到玛丽亚身边，也很高兴不用留在巴黎，在那里艺术已经成为一个政治雷区。这是毕加索需要应对的问题。不仅毕加索的伙伴泾渭分明地分成了支持托洛茨基和支持斯大林的两派（前者主要包括布勒东，后者包括艾吕雅和阿拉贡），而且现在莫斯科正在武断地规定什么才是艺术的正确形式。

莫斯科认为毕加索的艺术是腐朽的、资产阶级的，但是又说毕加索这个人是工人阶级的朋友和"天才的同志"。他的名声为苏联的宣传提供了帮助。与此同时，莫斯科时不时传来正统艺术的官方声音，画家亚历山大·格拉西莫夫就指责毕加索不纯洁。"难以想象苏维埃的社会主义艺术会对形式主义思维的典型代表——法国画家马蒂斯和毕加索颓废的资产阶级艺术抱有任何同情。"他1947年在《真理报》上写道。[35]即便如此，艾吕雅仍然在法国党报《人道报》上盛赞自己的老朋友，1950年莫斯科向毕加索颁发了斯大林和平奖（毕加索1962年再次获得改名为列宁和平奖的这个奖项）。

现在法国共产党成为战后的主流，在国民议会中有许多代表，它开始在法国艺术的历史上寻找自己的根源。它也在两个年度沙龙上推出党的官方艺术家。例如，党报指出法国现实主义先锋（不像"颓废的"马奈）和巴黎公社成员、卡尔·马克思的拥趸居斯塔夫·库尔贝，为共产主义美学埋下了伏笔。不过，也有人对库尔贝持不同意见，杜尚批评他是法国"视网膜"艺术的罪魁祸首。（当然，共产党根本没有听说过杜尚。）为了现在的目标，党又为擅长描绘工人阶级重大历史事件的社会现实主义学院派画家安德烈·富热龙造势。他也为《人道报》画插图。

在富热龙和毕加索的对立逐渐演变为私人恩怨后，毕加索私下里开玩笑说，他应该教教富热龙怎样正确地画手和脚——人体绘画中最难的部分。

不管怎样，毕加索在党内没有扮演什么重要角色。1945年5月全党召开战后第一次代表大会时，毕加索为法国共产党领导人莫里斯·多列士画了一幅现实主义肖像。与此同时，代表大会宣布希望艺术采取一种"歌颂工人阶级的现实主义"风格。[36]相反，毕加索没有改变自己的作品去迎合任何意识形态的审美。这些年他最引人注目的作品是一幅类似《格尔尼卡》的超现实主义情景画《太平间》（1945）。这幅画表现了一个家庭的死亡悲剧，可能是毕加索对听说的大屠杀暴行做出的反应。

第二年，毕加索的《太平间》在纪念法国抵抗运动的"艺术与抵抗运动展"上展出，展览在巴黎新的国家现代艺术博物馆举行，许多共产党员因为他仍然坚持非现实主义而苦恼。很快，法国共产党不得不在审美上做出妥协，因为党干部罗杰·加罗迪辩称，虽然毕加索的艺术不适合共产主义文化的目标，但是"一个共产主义者有权喜欢和欣赏毕加索的作品，也有权喜欢和欣赏反毕加索的作品"。[37]在毕加索的老朋友中，教条主义的社会现实主义者阿拉贡不同意这个观点，艾吕雅则保留着自己的趣味，他喜欢法国人让·迪比费模仿涂鸦和儿童画的"堕落"、天真的艺术。

随着冷战愈演愈烈，毕加索越来越多地把时间花在里维埃拉的暖风中，夏天和冬天都带弗朗索瓦丝和他们的两个孩子到那里去，并且喜欢上了一个叫瓦洛里的小村庄。在瓦洛里，他开始对动物画着迷，其中包括猫头鹰和鸽子，他以版画的形式来表现它们。1949年初，阿拉贡在巴黎看到一幅毕加索的鸽子版画，请求将其用作即将在巴黎举行的世界共产主义和平大会的海报。毕加索欣然同意，尽管事实上，鸽子是一种非常好斗的鸟，关在同一个笼子里的两只鸽子会互相残杀。

尽管如此，毕加索的第一只鸽子不仅在共产主义"和平"运动中，而且在全世界的大众媒体上一举成名。未来几十年里，鸽子开始到处出现，从20世纪60年代愤怒的反战横幅到欢乐的圣诞纸牌。不过一开始，第一只鸽子的形象开启了毕加索与亲苏联团体之间的艺术谈判，他们都想尽可能地控制毕加索。他们省悟到毕加索不是一个顺从的艺术家，不过，1953年3月5日斯大林去世，为他画像的问题浮出了水面。

作为亲共产党的《法兰西文学》的编辑，阿拉贡很快请毕加索提供一幅斯大林的画像以表示悼念。毕加索翻看了这位被顶礼膜拜的伟人青年和老年时期的照片，他没有意识到这件事情的敏感性，选择了1903年的一张相对年轻的照片。到截稿日，阿拉贡收到了相当风格化的画像。第二天共产党很不高兴。毕加索，全世界最著名的艺术家，画了一幅好像卡通面具的年轻斯大林的肖像。党想要的是伟大政治家的英雄般的头像。没有办法，法国共产党公开谴责了这幅画像，不过补充说，"无论如何，这并没有让人怀疑伟大艺术家毕加索的感情，他对工人阶级的热爱是众所周知的"。[38]

与此同时，除了工人阶级，毕加索还感到现代艺术世界的注意力已经转向纽约的抽象表现主义者，美国必要的资金——以及许多流亡画家——让巴黎不再是现代艺术的枢纽了。不过，最让他烦恼的是，虽然人们仍然对他的作品感到满意，甚至平庸的作品毕竟也是"一幅毕加索"，但他们不再把他看成一个革命者了。前沿已经离他而去。他成了一座爬满了藤蔓的古老神庙。"我做了什么，人们要这样对待我？"他对一个朋友说，"为什么他们待我像一座历史纪念碑？"[39]

一个可能的答案是毕加索已经70岁了。即使是他自己也在寻找一种更稳定的状态。他在法国南部找到了，那里有地中海的炎热、瓷窑和别墅。战争结束后不久，安提布博物馆的馆长让毕加索将城堡一样的格里马尔迪宫当作工作室使用，计划把这座别墅打造成该地区的毕加索博物馆。在不远处的瓦洛里，毕加索买下了一座原来的仓库，改造成两间工作室，一间用来制陶，一间用来画画。他的秘书萨瓦特斯1946年出版了《毕加索：肖像和回忆》，这是第一本关于他在毕加索身边生活的回忆录。萨瓦特斯长期负责后勤工作，例如，把毕加索的所有东西搬到大奥古斯丁街的工作室，留意其他与毕加索相关的东西的去向。毕加索还需要另外一件情感上的东西：一个新的"毕加索帮"在周围保护他，在接下来十年里这个毕加索帮出现了，像往常一样，有一些老朋友，还有一些新朋友。

瓦洛里的市长是个共产党员，最后，1950年，毕加索被接纳为荣誉市民。市政官员们把他的青铜像《男人与羔羊》竖立在城市广场。他们还给他一座废弃的天主教礼拜堂，装饰成他的"和平神庙"。（马蒂斯在旺斯装饰过一座使用中的天主教礼拜堂，毕加索看到后一直很感兴趣。）1952年底，毕加索开始创作两幅巨大的壁画——《战争》与《和平》，1954年它们被安放在和平神庙。

尽管温暖的南方气候怡人，也有一些艺术消遣活动，但毕加索生活的其他方面却在逐渐瓦解。1952年他的朋友艾吕雅去世了。他是毕加索最后一位顾问诗人，再也没有别人填补他的位置。同时，由于房屋短缺，巴黎政府强制毕加索放弃他长期的住所——博蒂埃街的公寓。艺术界的朋友们试图干预，但是没有成功。不过，毕加索最糟糕的问题还是他自己的安达卢西亚式的冲动造成的。几年后，弗朗索瓦丝对他的不忠忍无可忍，离开了他。

* * *

在纽约，杜尚也在设法厘清自己过去和现在跟女性的关系。1950

年，杜尚得知玛丽·雷诺兹已经到了癌症晚期。她独自居住在巴黎。不巧的是，消息传来时杜尚对玛丽亚绝望的痴情刚好达到顶点（因为她要回巴西，再也不回来了）。玛丽的哥哥弗兰克·胡巴切克请求杜尚去巴黎看望她。杜尚回答说他的"钱不够——对于艺术家这是个普遍现象"，所以胡巴切克给他寄了旅费。[40]杜尚回到玛丽身边时，她已经住进了纳伊的诊所，四天后就陷入了昏迷。他唯一去拜访的朋友是亨利-皮埃尔·罗谢。在他生命中的这个时期，杜尚把法国的老朋友们称作"巴黎的鳄鱼"。[41]

玛丽的葬礼在巴黎举行之后，杜尚处理了她的财产，包括两处房产。她留下了一些艺术品，比如她的图书装帧，以及大量达达和超现实主义在巴黎的日子里的纪念品。他把这些东西装船送给了玛丽在芝加哥的家人，玛丽留下的历史记录捐给了芝加哥艺术研究院。在这个过程中，他销毁了他与玛丽多年的往来通信，以及玛丽可能保存的跟他有关的一切个人资料。胡巴切克深深感激杜尚多年来对妹妹玛丽的友谊，所以此时他给杜尚提供了金钱上的帮助，实际上是一笔艺术家的终生年金。[42]

回到美国，杜尚的心思从玛丽家人所在的芝加哥艺术界转向了另一个艺术圣地——费城艺术博物馆。如果说毕加索抱怨自己变成了一座纪念碑，在费城，杜尚则开心地欢迎同样的事情发生在自己身上。

故事开始于20世纪40年代，当时纳粹在欧洲大肆掠夺艺术品，很多现代艺术藏品在此时从欧洲流出，美国的大型艺术博物馆看到美国在这场竞争中的优势，开始相互争抢这些艺术藏品。（众所周知，卢浮宫将全部藏品藏在法国南部，逃过一劫。）这时候，一些机构盯上了年迈的沃尔特·爱伦斯伯格——他于1954年去世——的艺术收藏，希望得到他的遗产。谁得到了爱伦斯伯格的藏品，也就得到了作为他毕生收藏核心的杜尚的大部分原创作品。

爱伦斯伯格在好莱坞的家距离著名的中国剧院只有五个街区，他将自己收藏的大量现代艺术品和前哥伦布时代的艺术品——主要是陶器——陈列展出，允许公众预约参观。不过参观者很少。经过大萧条和战争，爱伦斯伯格夫妇失去了双方继承的部分财富，但爱伦斯伯格的妻子也由此变得节俭多了。爱伦斯伯格跟杜尚通信帮助他逃离法国并获得美国国籍时，他们也讨论艺术品交易。杜尚帮助爱伦斯伯格得到了一些毕加索的作品，以及一些他自己的作品，比如立体主义风格的《下棋者的肖像》，当时沃尔特·帕克正在出售这幅画。

不过，爱伦斯伯格的收藏没有沉寂太长时间。战争结束后不久，一系列名副其实的大牌博物馆开始向老爱伦斯伯格献殷勤。爱伦斯伯格没有子嗣。有超过30家机构想要获得他的艺术收藏，其中包括华盛顿国家艺术画廊、纽约现代艺术博物馆、波士顿美术馆、哈佛大学的福格艺术博物馆、洛杉矶艺术博物馆、旧金山荣誉军团博物馆，以及加利福尼亚大学、明尼苏达大学和斯坦福大学。他们很快发现，无论哪家博物馆得到他的遗产，一个不容商量的条件就是为杜尚的作品建立一座永久纪念碑。早在1944年，爱伦斯伯格就答应将收藏赠予加利福尼亚大学。但是受赠人看到方案中包括要以杜尚的作品为中心，他们取消了协议，爱伦斯伯格说，因为"保守派的受赠人恨这些东西"。[43]其他博物馆没有这么谨小慎微。爱伦斯伯格的母校哈佛也挤了进来，国家和加利福尼亚的博物馆提供了诱人的条件，比如用新的建筑物来保存藏品。随着讨好爱伦斯伯格的人越来越多，他们的谄媚开始变得烦人。芝加哥艺术研究院现代绘画部门的负责人私下里抱怨说，爱伦斯伯格在谈判中"让（他的）受害者们残酷无情地相互争斗"，不过1949年研究院还是举办了一个"20世纪艺术：露易丝和沃尔特·爱伦斯伯格收藏展"来向爱伦斯伯格献礼。不过，其中最积极的是费城艺术博物馆的馆长菲斯克·坎贝尔。

对于爱伦斯伯格和杜尚来说，是时候碰个面了。杜尚作为专家团成员参加"西部现代艺术圆桌会议"（他在这次会议上发言，提出了"美学回应"，即欣赏艺术是一种宝贵的个人天赋的观点），在旧金山待了三天，然后取道好莱坞，去参加爱伦斯伯格的一个高层会议，还拜访了同样在加州定居的曼·雷（退休后回到法国）。[44]费城看起来是个很不错的选择。它向爱伦斯伯格提供了一份永久展览的平面图。没过多久，杜尚写信说，"总而言之，（费城）永久展览的气氛不错"，但是爱伦斯伯格又将他的决策搁置了整整一年。[45]

当杜尚给出倾向于费城的建议时，他显然想到了玛丽亚·马丁斯装饰在博物馆东游廊的青铜雕像。一种新的终局进入了他的视线。他能把自己毕生的作品摆进同一座博物馆，甚至跟玛丽亚的作品面对面——让两个秘密情人出现在艺术史的同一座纪念碑上吗？杜尚是一个恋爱中的男人，至少是一个神魂颠倒的艺术家，这个前景看起来太诱人了。而且因为没有人对爱伦斯伯格有杜尚那么大的影响力，选择费城似乎已经是个既成事实了。1950年底，坎贝尔到爱伦斯伯格家吃圣诞晚餐。空气中仍然充满着不确定的气氛。爱伦斯伯格的脾气很糟糕。最后，1950年12月27日，他签署了法律文件，对坎贝尔说："我的感觉就像吻别自己的孩子。"[46]

爱伦斯伯格购买前哥伦布时期的艺术品完全是出于个人爱好，但是他其他的收藏是受杜尚影响的，杜尚是他过去35年来最主要的顾问。爱伦斯伯格明确告诉杜尚他遗赠的目的。"因此，在某种意义上，选定的博物馆等于就是你的一个纪念碑……向世人指出你独自一个人对于20世纪艺术的贡献。"他在事情过去很久以后给杜尚的信中说。[47]

第12章　先锋派的飞行　　279

正如爱伦斯伯格和杜尚合谋把小便池提交给1917年的艺术展一样，现在他们合谋了杜尚的终局——为他的反艺术哲学树立一座纪念碑。正如传记作家卡尔文·汤姆金斯所说的，杜尚"在（费城的）决策中扮演了关键角色，现在准备安排自己的遗产了"。[48]

爱伦斯伯格的藏品总计有大约1 000件，其中超过200件是绘画，包括毕加索、莱热、布拉克、塞尚、马蒂斯、雷诺阿和莫迪利亚尼的重要作品。其中还包括了布朗库西雕塑最大规模的单体收藏，因为杜尚和罗谢是布朗库西在美国的独家代理人。当然，在这一切的中心，是一个占支配地位的艺术家：马塞尔·杜尚，他有53件作品展出，从绘画和现成品到他在纸上草草写下或印刷的笔记。与费城艺术博物馆协议的条件是爱伦斯伯格的藏品——以杜尚的作品为核心——要在完全布置好后原封不动地展出25年。（1954年这些藏品的价值估计在200万美元。）

由于有过多次经验，杜尚已经是布展的专家。费城的布展工作需要很长时间。博物馆为爱伦斯伯格的展览留出十个天花板很高的房间，其中最大的一间用来展出杜尚的作品。整个过程中唯一重要的例外就是杜尚的《大玻璃》，因为它不属于爱伦斯伯格，而属于凯瑟琳·德赖尔。德赖尔1952年去世时，杜尚像一个忠实的儿子应该做的那样处理了她的遗产，他们之间也达成了默契。德赖尔将《你使我》赠给耶鲁，但是他们都希望把《大玻璃》放在费城。杜尚给爱伦斯伯格写信说了这件事，因为爱伦斯伯格可能需要给费城方面施加一些压力，不仅让他们接受《大玻璃》，还要将其作为永久陈列。"一块碎玻璃很难被一家'博物馆'接受。"杜尚在给爱伦斯伯格的信中说。[49]爱伦斯伯格告诉杜尚不用担心。

比他想象的更快，杜尚就到费城去监督这件最伟大的概念艺术作品——或者艺术史上最大的恶作剧——落户一家美国博物馆的安装工作了。"我们必须小心别把它弄掉了，会割到什么人的脚。"他当时说。大玻璃有9英尺高，如果它有眼睛，就可以说它正透过一扇大玻璃门凝望着玛丽亚·马丁斯在东游廊的青铜雕像，因为杜尚的展厅就在东翼。宽阔的展区有一间小小的前室，展出瓦西里·康定斯基的作品，他被认为是抽象画之父。为未来做打算，杜尚测量了康定斯基展室的面积。这刚好就是他有裸女的实景模型的大小。他想，有一天康定斯基可能要挪挪地方。

有几年杜尚忙着往费城跑，监督整个爱伦斯伯格展览的建设、照明和布置。遗憾的是，爱伦斯伯格夫妇没能看到自己藏品的最后归宿。露易丝死于1953年11月25日，不久以后，1954年1月29日，爱伦斯伯格也随她而去。杜尚向他保证他们共同的伟大计划会圆满成功。爱伦斯伯格展盛大的开幕式于1954年10月15日举行。据说这是杜尚第一次参加开幕式。就在前一晚，飓风艾德娜席卷过境。在接待处，人们谈天气比谈艺术还多。

注释

1. Picasso quoted in Daix，*PAL*，267.
2. See Michèle C. Cone，*Artists Under Vichy：A Case of Prejudice and Persecution* (Princeton，NJ：Princeton University Press，1992)；Julian Jackson，*France：The Dark Years，1940—1944* (Oxford University Press，2003)，the chapter "Intellectuals，Artists，Entertainers，" 300 - 326.
3. Picasso paraphrased in Ashton，*POA*，148. 他也直接说过："艺术中更多的自律和更少的自由，在这样一个时代是艺术家的防卫和保护。"
4. Quoted in Daix，*PLA*，279.
5. Picasso quoted in Daix，*PLA*，277. 毕加索向美国共产主义杂志《新大众》做了完整的陈述，这里是《人道报》的转载。
6. 佩吉·古根海姆的本世纪艺术画廊于1942年10月20日开放，1947年关闭。此后，她搬到威尼斯的别墅，在那里建立了她的收藏。20世纪70年代，威尼斯的收藏被收入了更大的古根海姆博物馆体系。

7. Frederick J. Kiesler, "Design-Correlation," *Architectural Record*, May 1937, 53-59.

8. Edward Alden Jewell, "Surrealists Open Display Tonight," *New York Times*, October 14, 1942, 26.

9. George Heard Hamilton, "In Advance of Whose Broken Arm?" in *MDP*, 74.

10. Marcel Duchamp, "Pablo Picasso: Painter, Sculptor, Graphic Artist, Writer," *SS*, 157. 杜尚写了无名者协会展品目录的170个词条中的29个，主要是第一次世界大战之前立体主义时代里他在巴黎认识的人。德赖尔写了杜尚的词条，写得很长。See Yale University Art Gallery, *Collection of the Société Anonyme: Museum of Modern Art 1920* (New Haven, CT: Associates in Fine Arts at Yale University, 1950).

11. See Francis M. Naumann, *Marcel Duchamp: The Art of Making Art in the Age of Mechanical Reproduction* (Ghent: Ludion, 1999), 286. 杜尚在跟贾斯珀·约翰斯的谈话中说："我喜欢毕加索……除了他重复自己的时候。"《时代》杂志也在1949年称，杜尚说毕加索"早就灵感枯竭了"。See "Be Shocking," *Time*, October 31, 1949, 42.

12. Hamilton, "In Advance of Whose Broken Arm?" in *MDP*, 74.

13. "Irascible Group of Advanced Artists Led Fight Against Show," *Life*, January 15, 1951, 34.

14. Tomkins, *DB*, 362.

15. "Art Was a Dream," *Newsweek*, November 9, 1959, 118-119; Duchamp letter to Yvonne Lyon, January 8, 1949. Quoted in Tomkins, *DB*, 367.

16. Marcel Duchamp, "The Great Trouble with Art in this Country," *SS*, 123; Duchamp quoted in "Interview by Dorothy Norman," *Art in America*, July 1969, 38.

17. See "Marcel Duchamp," *Wisdom: Conversations with Wise Men of Our Day*, ed. James Nelson (New York: Norton, 1958), 89-99.

18. Sidney Janis quoted in Tomkins, *DB*, 378.

19. Harriet and Sidney Janis, "Introduction, Anti-Artist," *View* 5 (March 1945). Reprinted in Masheck, *MDP*, 27-40.

20. Martins quoted in Taylor, *MDED*, 26.

21. Duchamp quoted in Taylor, *MDED*, 31.

22. 关于杜尚实景模型项目的创作历史和过程参见 Michael Taylor, *Marcel Duchamp: Étant donnés* (Philadelphia: Philadelphia Museum of Art, 2009).

23. Duchamp quoted in Taylor, *MDED*, 31.

24. Winthrop Sargeant, "Dada's Daddy," *Life*, April 28, 1952, 108, 111.

25. Duchamp quoted in Alexander Liberman, *The Artist in His Studio* (London: Thames and Hudson, 1969 [1960]), 207.

26. Duchamp quoted in Sargeant, "Dada's Daddy," 108; Duchamp letter to Katherine Dreier, June 16, 1944. Quoted in Marquis, *MDBSB*, 246.

27. Duchamp letter to Katherine Dreier, November 4, 1942. Quoted in Marquis, *MDBSB*, 243.

28. Duchamp quoted in Liberman, *The Artist in His Studio*, 207.

29. Duchamp quoted in Cabanne, *DMD*, 58.

30. 玛丽亚创作了一个有很多尖刺、看起来很危险的雕塑，名字叫《不可能》，可能寓意着她与杜尚的关系。他们非常不同。See Taylor, *MDED*, 29-30.

31. Duchamp letter to Maria Martins, June 6, 1949; March 19, 1950; October 25, 1951. Quoted in Michael Taylor, *MDED*, 31, 32.

32. 正如布勒东的传记作家马克·波利佐蒂指出的，关于布勒东和毕加索如何结束他们长达25年的友谊"众说纷纭"。我采用了波利佐蒂认为更富意识形态色彩也更有趣的说法，源自弗朗索瓦丝·吉洛的回忆录《与毕加索一起的生活》。波利佐蒂提出过另一种说法，布勒东和毕加索保持了友好关系，不做政治争论。See Mark Polizzotti, *Revolution of the Mind: The Life of André Breton*, rev. and updated (Boston: Black Widow Press, 2009 [2005]), 494.

33. Picasso quoted in Françoise Gilot with Carlton Lake, *Life with Picasso* (New York: McGraw-Hill, 1964), 137-138.

34. Janet Flanner, *Paris Journal 1944—1965*, vol. 1 (New York: Atheneum, 1965), 79-80.

35. Gerasimov's statement was made in an August 11, 1947, article in *Pravda*, "The Russian Painters and the School of Paris." Quoted in Daix, *PLA*, 299.

36. The congress quoted in Daix, *PLA*, 283.

37. Garaudy quoted in Daix, *PLA*, 295. 关于欧洲共产主义、冷战和现代艺术的复杂故事参见 Gertje Utley, *Picasso: the Communist Years* (New Haven, CT: Yale University Press, 2000); David Caute, *The Dancer Defects: The Struggle for*

Cultural Supremacy During the Cold War (New York: Oxford University Press, 2005), the chapter "Picasso and Communist Art in France," 568 - 588; and Serge Guilbaut, *How New York Stole the Idea of Modern Art: Abstract Expressionism, Freedom, and the Cold War* (Chicago: University of Chicago Press, 1983).

38. French Communist Party quoted in Daix, *PLA*, 309.

39. Picasso quoted in Daix, *PLA*, 285.

40. Duchamp quoted in Marquis, *MDBSB*, 259.

41. Duchamp letter to Arensberg, September 7, 1950. Quoted in Tomkins, *DB*, 376.

42. 作为芝加哥艺术学院的理事,胡巴切克将玛丽关于巴黎艺术世界的记录和纪念品捐赠给了瑞尔森图书馆。为了给杜尚提供一笔终身年金,他建立了一项25万美元的家庭信托基金,每年产生6 000美元的利息支付给杜尚,为他提供"一种最低生活保障",本金将来归还给胡巴切克的两个孩子。Hubachek quoted in Marquis, *MDBSB*, 259. 杜尚说这笔钱"让我能够自由地生活,虽然不太正统,但胜在稳定持久"。Duchamp letter to Hubachek, January 23, 1962. Quoted in Marquis, *MDBSB*, 259.

43. Arensberg quoted in Mary Roberts and George Roberts, *Triumph on Fairmount: Fiske Kimball and the Philadelphia Museum of Art* (New York: Lippincott, 1959), 256.

44. 四期"西部现代艺术圆桌会议"在旧金山艺术博物馆举行(1949年4月8—10日),这可能是杜尚与学术界最亲密的接触。会议期间(其中一期会议是公开的),他提出了"美学回应"的观点——理解艺术是一种只有少数人才能掌握的罕见的、精英化的能力。参加会议的还有:哲学家George Boas,建筑师Frank Lloyd Wright,作曲家Darius Milhaud和Arnold Schoenberg(后者只通过声明),艺术史学家Robert Goldwater和Andrew Richie,艺术家Mark Tobey,文化人类学家Gregory Bateson,文学批评家Kenneth Burke,以及《旧金山纪事报》评论家Alfred Frankenstein。See Also Arturo Schwarz, *The Complete Works of Marcel Duchamp* (New York: Abrams, 1969), 504.

45. Duchamp letter to Walter Arensberg, May 8, 1949. Quoted in Marquis, *MDBSB*, 263.

46. Arensberg quoted in Roberts and Roberts, *Triumph on Fairmount*, 274 - 275.

47. Arensberg letter to Marcel Duchamp, January 11, 1945. Quoted in Tomkins, *DB*, 372.

48. Tomkins, *DB*, 373.

49. Duchamp letter to Walter Arensberg, May 8, 1949. Quoted in Marquis, *MDBSB*, 264.

第 13 章　　反抗的艺术

马塞尔·杜尚在费城艺术博物馆被封神之夜,在美国,像达达一样的新一代艺术开始从看不见的角落里悄悄露头。杜尚不知道这些,他倾向于抗议战后的美国艺术充斥着抽象表现主义的视网膜艺术,而缺少反叛意识。"这里没有反叛的精神——年轻艺术家中没有产生新的创意。"他说。[1]

尽管杜尚没看到,但 20 世纪 50 年代的确诞生了一种美国本土的反叛形式,被称作"新达达"。它最早出现在 1953 年——似乎是杜尚长胡子的蒙娜丽莎的翻版——28 岁的罗伯特·劳森伯格擦除了抽象表现主义画家威廉·德·库宁一幅完成的素描,将空白的画面命名为《抹掉的德·库宁素描》。

新达达根植于美国,作为先锋派的第二梯队兴起。因为没有资金支持,跟已经在曼哈顿上城的博物馆和画廊确立地位的先锋派相比,它只是个孱弱的小弟弟。杜尚已经成为上城的一部分,还有抽象表现主义、立体主义,以及一个仍然把目光投向欧洲的博物馆馆长、评论家和画商组成的圈子。很快就有人提出了"黑领结达达"的称谓——一个燕尾服和晚礼服、艺术节和画廊收据的世界。

作为贫穷的小弟弟,新达达先锋派的世界有着完全不同的根源,是从曼哈顿下城、旧金山、洛杉矶和偏远的北卡罗来纳实验艺术学院——黑山学院成长起来的。[2] 50 年代,在纽约之外的艺术界,黑山学院是最值得注意的。

这所北卡罗来纳的艺术学院是1933年依据约翰·杜威的学习理论（主要是从实践中学习，以及由学生自己评价和管理教学课程）建立的，开始在蓝岭山脉中一个青年会的小木屋集会，后来有了自己的房子，穿过山谷搬到了森林环抱的湖畔。从一开始，它的绘画课程就由移民美国的德国包豪斯学院的前院长约瑟夫·亚伯斯负责。亚伯斯离开后，黑山学院被耶鲁大学选中，朝着更加激进、反美学的方向发展。最后，两个重要人物——音乐家约翰·凯奇和视觉艺术家罗伯特·劳森伯格又推了它一把。

凯奇是两人中相对年长的，已经开始创作反美学的音乐。1938年，他发明了"加料钢琴"，在钢琴弦中间插入各种物品，以产生特殊的声音效果。凯奇曾是著名的无调作曲家阿诺德·勋伯格的学生，他想要走得更远，如雅里所说的："连废墟也要破坏掉。"跟达达艺术或荒诞派戏剧的反美学一样，凯奇想要以随机的声音为基础制造反音乐。

从1948年起，凯奇开始在黑山学院任教，他在那里遇见了劳森伯格，1957年学院关闭之前，劳森伯格已经升任驻校的首席艺术家。劳森伯格成了凯奇的艺术顾问。他们都去了纽约后，凯奇当上了教授，这增强了他的艺术影响力。他成了年轻艺术家的指挥。他在曼哈顿的社会研究新学院任教，新一代的视觉艺术家聚集在他周围。[3]凯奇主张真正的"艺术"建立在无政府主义的基础上，但他并没有巴黎人雅里或杜尚那么玩世不恭。凯奇将自己的艺术无政府主义建立在《易经》和禅宗的基础上，二者都认为宇宙处于一种充满偶然和变化的状态之中。相对而言，劳森伯格更像雅里。1958年，《艺术新闻》在描述劳森伯格和他破破烂烂的艺术——他对街头垃圾的"融合"——时发明了"新达达"这个术语。

杜尚1942年到纽约时，凯奇已经加入了曼哈顿先锋派的圈子。

第13章 反抗的艺术　　287

1942年他跟杜尚在古根海姆的社交活动上见过面。私下里,凯奇从远处欣赏杜尚,但值得注意的是,他和杜尚直到20年后才进行了第一次认真的讨论(关于国际象棋,而不是艺术)。凯奇教授对纽约新达达和后来的波普艺术的影响力比杜尚大得多。50年代,杜尚有别的私事要忙。他在清理自己的生活,那是他的终局。

杜尚的主要赞助人——德赖尔和爱伦斯伯格——都去世了。他跟玛丽·雷诺兹的关系走到了尽头,玛丽亚·马丁斯离开他回到丈夫身边。他的主要艺术作品也在费城找到了归宿。1952年《生活》杂志给他戴上了"达达之父"的桂冠,他的主要活动似乎就是为上城的画廊提供咨询,或者在媒体上露面。[4] "美国媒体慑于杜尚的权威,把达达当作一个调皮而可爱的孩子来看待。"苏黎世达达的创始人之一理查德·胡森贝克说。[5] 杜尚见证了现代艺术,也是它的幕后操纵者。

纽约的抽象表现主义者中,只有罗伯特·马瑟韦尔拿杜尚当回事,主要是把他当作历史知识库。1951年,当他编纂自己的达达选集《达达画家与诗人》时,将杜尚作为主要的顾问。[6] 玛丽死后不久,她的哥哥弗兰克·胡巴切克见到杜尚,胡巴切克是芝加哥艺术学院的理事,他对杜尚的印象与其他人不同。胡巴切克认为,杜尚"将更多地被当作一位哲学家,而不是艺术家"。[7] 杜尚没有正式学过哲学,但他曾表达过跟古希腊怀疑主义者皮浪相同的观点。作为一个年轻人,他被科学吸引,但是后来被说服,相信科学穷尽了各种困难的方法,最后只是同义反复。

为哲学家杜尚引路的是法国先锋派文学。他喜欢许多诗人,包括雅里和他奇妙的语言风格。他最喜欢的两个法国作家是让-皮埃尔·布里塞和雷蒙·鲁塞尔。两人都喜欢文字游戏和双关语,也都是幻想家。布里塞分析过法语和"青蛙语"的关系。他在巴黎搞过一场恶作剧,将自己评选为"思想家王子",直到媒体揭穿这场闹剧之前到处接受宴请。

"艺术就应该朝这个方向发展：一种理性的表现，而不是动物性的表现。"杜尚评价这两位作家说。这种文字的趣味性让艺术成为"文学"，他认为绘画应该是为心灵服务的。他说："我讨厌'蠢得像个画家'这种说法。"[8]只有思想和语言能让艺术变得富于智慧。

不过，杜尚说的不是普通的文字和逻辑。跟他的"戏谑物理学"一样，他的语言哲学也是戏谑的（因为，归根结底，他的结论是文字也是无用的）。[9]20世纪中叶，杜尚有理由对文字感到迷惑，甚至对它们的准确性失去信心。从50年代起，学院派哲学家开始谈论"语言学转向"①。哲学家不再追问"现实"。相反，他们开始关注善变的文字关系：现实仅仅是由表面上的文字制造出来的。

这种语言学争论有一个英裔美国版本和一个对立的法国版本。前者从逻辑实证主义开始：试图让每一个单词准确地描述一件东西。杜尚对这种实证主义涉猎不多，但是承认"我无法理解一个单词"。[10]最后，逻辑实证主义者不得不承认他们的要求是不可能的，是他们的自己人——英国哲学界的领袖路德维希·维特根斯坦——直言不讳地宣布语言是不断变化的。语言是一场"游戏"，维特根斯坦说。每个语系，无论是文化的还是专业的，都有自己的游戏规则。

法国哲学在进行自己的语言学革命。说法语的语言学家和人类学家也在语言中寻找秩序，他们宣布找到了一种普遍的"结构"，但是很快受到了来自法国文学中超现实主义传统的挑战。[11]第二代准超现实主义者追随布勒东的脚步，说语言是相对的，文字被利益集团当作武器使用，这些人包括作家雅克·德里达等。一旦学术世界接受维特根斯坦和

---

① "语言学转向"是用来标识西方20世纪哲学与西方传统哲学之区别与转换的一个概念，即集中关注语言是20世纪西方哲学的一个显著特征，语言不再是传统哲学讨论中涉及的一个工具性的问题，而是成为哲学反思自身传统的一个起点和基础。——译者注

德里达提出的语言的相对性,视觉艺术家接受同样的观点就只是时间问题了。

视觉艺术类似一种语言文字的观点爆发了,一个早期案例出现在伦敦当代艺术学院,紧随维特根斯坦之后。20世纪60年代末,一些英国艺术家创办了一份杂志《艺术与语言》。它主张,因为艺术就像语言,因此艺术本质上是关于"思想"的。比起说艺术本质上就是"思想",这只前进了一小步。有了思想或语言,艺术就不再需要对象。跟杜尚一样,这些理论艺术家想让艺术为心灵服务。概念艺术由此诞生。

概念艺术是"哲学之后的艺术",正如美国哲学家约瑟夫·科苏斯在1969年的一篇基础性文章中解释的那样。对于概念艺术家中的视觉艺术家来说,他们需要在欧洲艺术史上留下足迹,因为维特根斯坦和德里达都不是画家。科苏斯引用了逻辑实证主义者和维特根斯坦的观点。不过,在论证视觉艺术的本质是"艺术即思想"而可以完全脱离艺术品时,他转向了杜尚:

> 马塞尔·杜尚第一个独立完成的现成品让在艺术中"说另一种语言"还能让人听懂成为可能。通过独立完成的现成品,艺术将自己的焦点由语言的形式转向了所说的内容本身。这意味着将艺术的本质由形态学的问题转向了功能的问题。这种转变——从"外观"到"概念"——是"现代"艺术和"概念"艺术的开端。(杜尚之后)所有的艺术(本质上)都是概念的,因为艺术只是一种概念性的存在。[12]

科苏斯是在纯粹"艺术理论"的世界中做出他的断言的。对于几代受过大学教育的艺术家来说,理论是基本读物。通过理性的方法,理论使得阿尔弗雷德·雅里的"连废墟也要破坏掉",或者特里斯坦·查拉的"摧毁性的、否定性的伟大工作"的反艺术性具有更积极的意义。根据理论，传统的艺术对象可以被毁灭，但是"思想"被保留下来。

杜尚的哲学观具有更强烈的个人色彩。作为一个将艺术和生活结合在一起的波希米亚人，他一生随波逐流，对事物"漠不关心"，除了"呼吸"之外没有更大的野心。[13] 事实上，他敦促年轻艺术家转入"地下"，以逃避社交界和艺术市场。[14] 对一个对生活采取漠不关心的态度的人，杜尚的忠告是，生活没有提出任何哲学问题，所以也不必去寻找"解决方案"。为了过上这样一种生活，他说，应该放弃所有布尔乔亚的累赘——职业、财产、艺术品交易和家庭。例如，婚姻"迫使你放弃自己真正的理想，去拿这些理想和家庭所具有的东西交换，和社会及一切这样的行头交换"！[15]

但是杜尚越来越老，他自己也承认，他喜欢否定自己。20 世纪 50 年代过去之前，他结婚了。这让他回到了"地上"，而且带给他许多布尔乔亚的好处。整件事情开始于 1951 年的一天。画家马克斯·恩斯特和他的第四任妻子多萝西·坦宁邀请杜尚去做一天的短途旅行。他们去了新泽西州与宾夕法尼亚州交界处，欧德维克的一座占地 55 英亩的农庄。这里是阿莱希娜·"蒂尼"·萨特勒的家。如同杜尚隐藏着关于玛丽亚的伤痛一样，阿莱希娜也受过感情的伤：她正在从离婚的痛苦中恢复，前夫是著名的纽约画商皮埃尔·马蒂斯——著名画家马蒂斯的儿子。

过去数年中，杜尚和阿莱希娜在纽约艺术界共同出席过一些社交活动。她的回忆则要更久远。她在 20 年代的巴黎就见过杜尚。阿莱希娜是辛辛那提一个显赫家庭的女儿，年轻时曾在巴黎学习艺术和语言。温文尔雅的杜尚是当地派对上的大众情人，他出现的地方"兴奋度会直线上升"。[16] 1929 年她嫁给了皮埃尔·马蒂斯，1924 年老马蒂斯派儿子去纽约出售自己的作品。在纽约和巴黎,阿莱希娜帮助丈夫管理运作重要的艺术交易。她还生育了三个女儿。

当她和杜尚在欧德维克的短途旅行中相遇时,他是个 63 岁的单身汉,没有工作收入、退休金和社会保障。她是个 45 岁的母亲,经济独立,依靠出售她从离婚中得到的大量艺术品获得的收入来养家。从那时起杜尚和阿莱希娜开始见面,不久以后,杜尚搬进了她在曼哈顿设施完备的住所。他们本可以就这样继续下去:作为两个上了年纪的波希米亚人过着同居生活,因为杜尚原则上反对婚姻。但是他让步了。他说这是为了他妻子的孩子们的缘故。而且,这段婚姻也让他最后获得了美国国籍,他已经提出申请很多年了。他在最后给沃尔特·爱伦斯伯格的信中这样说:"当我越来越老,隐居变成了折磨。"[17] 所以,1954 年 1 月 16 日,他和阿莱希娜·萨特勒结了婚。

阿莱希娜会说法语,跟先锋派和富有的收藏家相处起来如鱼得水。杜尚把自己实景模型的计划告诉她,她帮助他完成了它,不过当然是不紧不慢地进行的。

杜尚想用玛丽亚·马丁斯身体制作的铸模制作一个贝壳状的人体模型,有着真人一样的皮肤。他用了小牛皮。阿莱希娜了解到,杜尚从 1948 年就有了关于这个实景模型的基本计划,当时他确定了裸女模型要用斜靠的姿势。一些铸模来自玛丽亚的身体;一些是他用黏土做的。最后,阿莱希娜让杜尚用她的手臂做铸模,完成了这件作品。

另一方面,细节发生了变化,不断推陈出新。起初,杜尚想在斜靠的女模特手里放一面镜子。当观众透过窥视孔看到女人的裸体时也会看到他们自己,暗示他们是"窥淫者"。(后来他改变了主意,在她手里放了一盏他年轻时代记忆中的煤气灯,也可能是来自法国煤气灯公司的一张流行海报。)杜尚起先想用衬托玛丽亚肤色的黑色假发,现在改成了阿莱希娜的金发。当阿莱希娜参与进来时，其他细节也各归其位。他们一起收集了作为背景的细枝和枯叶，人体模型就躺在上面。

这是一段美满的婚姻，以一个共同参与的项目为中心，而且杜尚保持了他恰到好处的幽默。他说自己"跟一个已经到了不会生孩子的年纪的女人结了婚，我个人从来不想要孩子……为了节约开支"。他把三个继女称作他的"现成品家庭"。事实上，阿莱希娜随即扩大了这个家庭，她催促已经步入暮年的丈夫去法国寻找并见到了 1911 年在巴黎抛弃的小女儿。（她的名字叫伊冯娜，由一位疼爱她的继父抚养长大，成了一位艺术家。）[18]

杜尚和阿莱希娜几乎立刻就成了纽约艺术界颇有影响力的一对新婚夫妻。不过，杜尚取得美国国籍的道路却不像他和阿莱希娜想的那么容易。作为一位有争议的艺术家，他的申请遇到了不少障碍。这是麦卡锡时代，怀疑笼罩着欧洲艺术家，他们当中许多人，像毕加索就宣誓效忠共产党。参议员约瑟夫·麦卡锡完全不能理解像杜尚这样完全非政治化，甚至无政府主义的核心艺术家。国务院只知道一些艺术家，比如马克斯·恩斯特，跟美国公民（佩吉·古根海姆）结婚就是为了获准进入美国。不管怎样，阿尔弗雷德·巴尔出面干预，请求纽约现代艺术博物馆董事长纳尔逊·洛克菲勒促成批准杜尚入籍一事。

杜尚晚年拥有相当牢固的经济基础。如果说过去十年中第 14 大街的工作室是他唯一的长期住所，现在他成了阿莱希娜的家庭成员。婚礼之前，他们搬到了上城的时髦地区，接手了东 58 大街 327 号比克曼坊附近，马克斯·恩斯特和他妻子住过的公寓。他们出售了阿莱希娜拥有的土地，包括 55 英亩土地和上面一座古老的大房子和谷仓。像对玛丽亚一样，他送给阿莱希娜一些自己做的艺术品，开玩笑说这就是结婚戒指。[19]

第 13 章　反抗的艺术　293

阿莱希娜回忆说，为了他的实景模型，他会"工作15—20分钟，然后抽支烟，或者研究国际象棋问题，或者做些别的事"。[20]他教她下棋。每周三晚上他们一起去上城的伦敦泰伦斯国际象棋俱乐部。"国际象棋是我们生活的一部分，"她说，"我们不去电影院或餐馆，而是去国际象棋俱乐部。"[21]

* * *

最后，20世纪50年代的一些年轻艺术家开始给达达的元老杜尚写信咨询。瑞典艺术家蓬图斯·胡尔滕和瑞士艺术家让·丁格利从欧洲大陆跟他取得了联系。[22]他们对杜尚的机械美学感兴趣，特别是活动的旋转装置。新的"动态艺术"门类正在兴起。胡尔滕打算在1955年巴黎的动态艺术展上展出一件杜尚的作品，但没有成功，不过胡尔滕和他的朋友们没有灰心。他们发现了曼·雷的《贫血电影》的拷贝，这部短片拍摄了一些写有色情双关语的螺旋。他们还发现了一套杜尚的旋转浮雕圆盘，看到了他对"偶然性"在艺术中角色的一些评论。不久以后，这些年轻的大陆艺术家主张杜尚不仅是动态艺术的主要创始人，而且是"多版本"艺术和"偶发"艺术的创始人。

与此同时，在法国，研究生米歇尔·萨诺利特完成了第一篇关于达达（和毕卡比亚）的博士论文，稍早前，马瑟韦尔于1951年出版了选集《达达画家与诗人》。萨诺利特意识到，在同时期的视觉艺术家当中，杜尚可能是最有引用价值的。杜尚的《1914年的盒子》和1934年的《绿盒子》在市场上出售，一些他给收藏家的信现在是公开档案。而且，杜尚在美国接受过大量采访，还做过几次简短的公开演讲。此外他还给无名者协会的艺术收藏编写过词条。所以在1958年，萨诺利特用法文出版了《卖盐的人：马塞尔·杜尚选集》。在序言中，他对杜尚的赞誉甚至比布勒东把《大玻璃》称为文明的"灯塔"还要夸张。杜尚"知道如何摧毁我们的艺术、文学和教条的基础，所以连我们的日常生活都体现出他偷袭的结果。"萨诺利特说。(他在预印版阶段就把这篇文章寄给了杜尚。)[23]

法语的障碍将这些发展局限在欧洲，除了少数例外，没有传入美国。[24]这就是为什么需要一个由英国波普艺术家理查德·汉密尔顿牵头的英语项目，来吸引纽约年轻艺术家的注意。这花了一些时间，最后汉密尔顿给杜尚写信才推进了这个项目。虽然杜尚拖了一年才回信，但是这次接触第一次把杜尚和他的《大玻璃》带进了更广阔的英语世界。

在英国，汉密尔顿对于找出《大玻璃》隐藏的秘密非常感兴趣。他第一次看到它是在1952年，由馆长詹姆斯·斯威尼（一个杜尚的热心采访者）组织的古根海姆博物馆"20世纪大师之作"巡展在伦敦的泰特美术馆展出，其中包括了《大玻璃》的图片。汉密尔顿被《大玻璃》迷住了。他很快兴奋地得知，他的艺术教师之一罗兰·彭罗斯拥有一个《绿盒子》。学习平面艺术的汉密尔顿被杜尚在印刷厂制作的奇妙的笔记复制品所吸引。笔记是用法文写的，但是杜尚画的草图很容易看懂。

汉密尔顿也对性和机器感兴趣。在同一时期，他是在当代艺术学院聚会的年轻艺术家之一，"波普艺术"这个词，意思是"流行消费艺术"，就是1954年从这里的热烈讨论中诞生的。两年后，在英国的"这就是明天"展览上，汉密尔顿创作了现在公认的第一件波普艺术作品。这是一幅拼贴画，是对20世纪50年代消费主义的嘲弄。作品的题目叫《到底是什么让今天的家庭如此不同，如此吸引人？》，展示了一个现代化家庭的内景，有性感裸体的妻子、家用电器和穿比基尼、肌肉发达的丈夫。显而易见，汉密尔顿对性与机器如何在广告中发挥作用感兴趣。他认为，《大玻璃》或许提供了一条思路。像米歇尔·萨诺利特在法国一样，汉密尔顿也在寻找一个学术领域。关于杜尚的主题已经成熟，但是还远未收获。

所以汉密尔顿请一个懂法语的朋友翻译《绿盒子》。他也描绘出了《大玻璃》中每一件物体的精确轮廓，希望将它们逐个分解，就像分解一台鲁布·戈德堡的机器一样。不过，当他在当代艺术学院做一场关于《大玻璃》的演讲时，观众中有人说他被杜尚的法国恶作剧欺骗了。汉密尔顿有点气馁。他决定把自己的翻译连同图解一起寄给杜尚，以确定自己没有误解其中的内涵。

一年后，杜尚回信了。他喜欢汉密尔顿凭直觉的译文。他还进一步建议（英国的）汉密尔顿同（耶鲁大学的）乔治·赫德·汉密尔顿取得联系，合作完成《大玻璃》的官方翻译和图解。接下来三年里，英国的汉密尔顿创作了书中的图片，展示了笔记和《大玻璃》究竟是什么样子；耶鲁的汉密尔顿将笔记翻译成准确的英文（经过杜尚审校），按照与杜尚手写笔记相同的断行排版。对于英语世界，他们的著作——1960年出版时是同类书籍中的第一本——就像一本关于新发现的埃及金字塔的专著，以图文并茂的形式解释了象形文字。杜尚和阿莱希娜看到最后的成果时，他给汉密尔顿写信说："我们都为这本书而疯狂了。"[25]

这样的项目需要钱，幸运的是杜尚和英国的汉密尔顿找到了一位新的百万富翁赞助人，接替爱伦斯伯格和德赖尔的位置。他就是年轻的威廉·科普利，无疑属于新一代。1948年，尝试在贝弗利山开办艺术画廊6个月后，科普利决定自己当画家，同时也做先锋派的收藏家和赞助人。他很快被介绍给杜尚，杜尚很高兴认识这个年轻人，向他提供了一些购买艺术品的建议。作为科普利新闻集团的继承人，他在各种各样的艺术圈子里都很受欢迎。1951年他离开美国去巴黎生活，杜尚去为他送行，曼·雷也在那艘船上跟他同行（科普利的收藏不断增加，1954年，围绕他拥有的曼·雷和杜尚的作品成立了科普利基金会，总部设在芝加哥)。

有了曼·雷和杜尚的举荐,科普利又见到一些欧洲艺术家。最后他认识了年轻的理查德·汉密尔顿——波普艺术在英国名义上的领袖。得知他与耶鲁的汉密尔顿计划为杜尚的《大玻璃》写书,科普利很愿意承担费用。(他还雇用理查德·汉密尔顿编辑一系列当代艺术书籍。)1963年,科普利返回纽约,将他的基金会推向了艺术世界"狂野的60年代"的中心。他请杜尚加入基金会理事会,在决定资助哪些艺术家(顺便说一句,其中包括理查德·汉密尔顿和杜尚后来的助手约瑟夫·科苏斯)时征求他的建议。"疯狂比尔"科普利和杜尚在色情艺术中找到了共同点。幽默的色情画,无论以波普艺术还是卡通风格呈现,都是科普利的专长(他为《花花公子》的创始人休·海夫纳举办过一个展览)。

在科普利和妻子诺玛从巴黎回来后,他们投入了曼哈顿的社交生活,杜尚和阿莱希娜已经是这里近距离的观察者。20世纪50年代已经过去了,在曼哈顿的画廊和博物馆,新达达艺术家和波普艺术家开始登堂入室。这一切发生时,杜尚和阿莱希娜也被卷了进来。首先是1960年,成立于1909年的美国艺术联盟为了在全国推广艺术展,在纽约举办了一次大型的"艺术与拾得艺术品展"。这次展览不仅包括劳森伯格和他的朋友(和爱人)贾斯珀·约翰斯的集成作品,作为历史回顾的一部分,还有许多其他人,包括杜尚的一些作品。

第二年,依托现代艺术博物馆的全部资源,又举办了一个后续展览。展览的标题是"集合艺术展",这是一个新名词,指的是已经出现一段时间的拼贴艺术和雕塑。爱伦斯伯格也遗留下长期的影响。纽约现代艺术博物馆从毕加索1912年的《有藤椅的静物》开始了它的历史回顾展,在这幅画中,毕加索在画面上贴了一片印花的油布。这次展览展出了13件杜尚的作品。在众多由各种各样的物品——从家用电器到街头涂鸦——组合而成的奇怪而复杂的作品当中,几乎没有人注意到它们。

现在也到了杜尚该去认识这些新艺术家的时候。1960年的一天,希腊出生、巴黎出道的诗人尼古拉斯·卡拉斯带杜尚和阿莱希娜去了约翰斯和劳森伯格在福兰特街的工作室。约翰斯似乎对杜尚的思想最感兴趣。他买了一个《绿盒子》,请杜尚签名。劳森伯格对有关达达的内容更有兴趣。所以他出去买了一个瓶架子,请杜尚在上面签名,把它做成一件现成品。自然,两位年轻艺术家向这个被《生活》杂志称为"达达之父"的人表达了敬意。劳森伯格和约翰斯去参观了费城的杜尚博物馆。他们跟杜尚在曼哈顿的一家餐馆一起吃了圣诞大餐,而且很快就创作了致敬的作品。为此,劳森伯格——称他的集合作品为"融合"——创作了一件题为《奖杯Ⅱ》的作品,来向杜尚和阿莱希娜致敬。

约翰斯试图探索杜尚的思想。他在自己的一些新作中加入对杜尚的暗示(约翰斯的标志性图案是国旗和地图,这将他的作品划入波普艺术的行列;其他艺术家如安迪·沃霍尔的标志是绿色可乐瓶,罗伊·利希滕斯坦的标志是巨幅连环画)。约翰斯是唯一认真看待杜尚的"理论"并尝试阅读《绿盒子》的艺术家,事实上,他也是唯一为汉密尔顿—汉密尔顿的著作《新娘甚至被光棍们剥光了衣裳:印刷版》撰写评论的当代艺术家。约翰斯对《大玻璃》的性爱机器和笔记中"杜尚的超凡思想"大加赞赏。他特别提到杜尚使用的技艺和材料的精确性,不过最后还是回归到杜尚"对视觉、精神、语言焦点和秩序的极富创造性的诘问"。[26]

几年后,在被问及杜尚如何影响了他时,约翰斯说:"很难弄清楚我是否理解了杜尚的思想,但可以肯定的是,与他作品的接触增强了我对自己作品的信心。我认为在他身上体现了一个艺术家可以拥有跟通常谈论的不一样的思想。他是复杂的。说到'反艺术'……"关于这个问题，约翰斯说实际上杜尚喜欢极端视网膜式的莫奈的优美的法国绘画，他自己也是，作为一个波普艺术家，他是个彻头彻尾的视网膜艺术家。[27]

杜尚当然是复杂的。被问到关于波普艺术家的问题时，他说他喜欢这些年轻的后来者。他也发表过负面评论。他说相对于他在达达年代经历过的艰苦岁月，他们选择了"简单的方法"。诚然，他说，波普艺术家使用日常物品，就像他的小便池和他的雪铲。但是，他们认为它们是美的：他们向这些东西加入品味和美学。杜尚对此是持反对态度的：

> 我发现现成品的方式，是打算用它来消解审美的。而新达达们却拿起我的现成品并要在其中发现美。我把瓶架子、小便池甩在他们脸上作为挑战，现在他们却为了所谓美来赞扬起那些东西来。[28]

自从杜尚提起雪铲和小便池，他的朋友们便开玩笑地谈论起它们的美。无论是不是恶作剧，其中一些评论是认真的：作为一件光洁的陶瓷制品，小便池也有其自身的视觉美感。波普艺术的潮流开始席卷美国艺术界，杜尚最后也跟进了。他提出了自己智慧的忠告。他说，除了视网膜美学和赚钱能力之外，波普艺术还有一些附加价值。为了解释最近刚刚让安迪·沃霍尔一举成名的画有多个金宝汤罐头的画作的成功，杜尚说："如果你拿起一罐金宝汤罐头，重复画上50次……你感兴趣的就不再是视觉图像，而是把50罐金宝汤罐头放在画布上的概念。"[29]

最令他困扰的问题是钱。波普艺术赚了大把的钱。事实上，比现代艺术史上任何时候赚钱都快，波普艺术家们过着相当奢侈的生活。他们开始大量炮制作品供画廊出售。正如杜尚指出的，他与波普艺术家的区别在于"我从来不出售我的作品，所以从来不重复自己"。波普艺术家重复他们自己,"可怜的家伙,因为他们要靠这个谋生"。关于这个话题,他还在别处说过:"我来告诉你达达和波普之间的区别:达达在它那个时代里没有赚到一分钱。"无论如何,波普艺术的繁荣实际上对杜尚的职业生涯大有好处,现在他被称为"波普的祖父"。[30]

波普艺术家已经成为新的画廊体系和艺术市场的一部分。艺术品代理商里奥·卡斯泰利是其中的领导者。离开上城的画廊后,卡斯泰利搬到下城的格林威治村。他知道要将曼哈顿下城的波普艺术或集合艺术,或者新的概念艺术以高价卖给收藏家,他需要把这些作品放在历史的时间线中。连毕加索也说:"我们寻求正当的理由,寻找能够让我们在其肩膀上立足的先驱。"[31]在为新达达和波普寻找先驱的过程中,卡斯泰利找到了杜尚:达达之父和波普的祖父。他已经在艺术博物馆中拥有了固定的地位。当卡斯泰利被问到他是用什么标准来为画廊选择畅销的艺术家时,他回答说:"马塞尔·杜尚。"[32]随着波普艺术和概念艺术作品开始畅销,杜尚作为一个历史性人物——新达达时代的伦勃朗——财富也增加了。

这些力量在1963年首次交融。在西海岸,一群年轻的艺术博物馆策展人摆脱加州艺术界的打击乐和放克艺术①,开始热衷于概念艺术和波普艺术,决定为杜尚举办第一次回顾展。结果,杜尚介入更多泡沫的当代艺术世界并不是在纽约,而是在洛杉矶,在好莱坞明星的推波助澜之下,波普艺术正在这里掀起浪潮。事情发生在洛杉矶并不完全是巧合。爱伦斯伯格在好莱坞住了30多年。他在世时允许公众参观他的藏品,在他收藏的欧洲绘画和前哥伦布时代陶器当中就有杜尚的作品。

---

① 一种美国的音乐类型,起源于1960年代中期至晚期,是非裔美国音乐家将灵魂乐、灵魂爵士乐和节奏蓝调融合而成的一种有节奏的、适合跳舞的音乐新形式。——译者注

当时还在读高中的沃尔特·霍普斯就是参观者之一，他很快为波普艺术在南加州的商业繁荣打开了大门。霍普斯是医生的儿子，曾在斯坦福大学学习科学（因为色情艺术惹上了麻烦而退学），后来转到洛杉矶的加州大学，在那里认识了即将取得艺术史博士学位的他未来的妻子。霍普斯退学后创办了一家50年代画廊，展出最新潮的艺术（也组织爵士音乐会）。这就是费若斯画廊，曾经因为色情艺术被刑警队关闭而名噪一时。早期，霍普斯因行为出格而著名。有一次，他从旧金山拉回一拖车油画，把它们放在圣莫妮卡码头的一架旋转木马上展出。

尽管有他的热心督导，但费若斯画廊并不赚钱。所以，1961年，霍普斯在帕萨迪纳艺术博物馆找了一份馆长助理的工作。这座博物馆是一座宝塔式的老式建筑，接连举办的两次展览为它赢得了期待已久的关注：一次是库尔特·施维特斯（劳森伯格做的许多东西都参考了这位达达前辈）的回顾展，另一次是1962年秋季的"日常物品的再创作展"，后者被认为是第一次纯粹的波普艺术展。在这两次展览之间，1962年初，博物馆馆长请霍普斯安排一次马塞尔·杜尚的回顾展。

这远非易事。杜尚的作品是与费城博物馆联系在一起的。而且，这样一个展览也不便宜。所以霍普斯跟在纽约的科普利取得了联系，既为了请他给项目提供资助，也为了让他充当跟杜尚联系的中间人。对于霍普斯来说这是梦想成真（第二年他成了这座博物馆的馆长）。霍普斯喜欢加州新的打击乐和放克艺术，相信马蒂斯和毕加索已经过时了。对于刚刚过去的这段时间，杜尚和蒙德里安是他心目中的巨人。一次在科普利纽约的公寓会面时，杜尚和霍普斯达成了协议。费城和其他地方的相关艺术品被送到帕萨迪纳，霍普斯作为出色的展览设计师，按照年代和主题顺序在几个房间布置了展览。

安迪·沃霍尔突破性的金宝汤罐头在费若斯画廊展出是在霍普斯离

开之后，不过现在，1963年，沃霍尔回到了费若斯。他第二次展览的开幕式时间跟杜尚的回顾展重叠，围绕他们两人，洛杉矶的艺术界陷入了狂欢。据说在60年代，一年里可以发生很多事情。在杜尚—沃霍尔联盟之后，洛杉矶似乎从废墟中崛起，在好莱坞的金钱资助和新的加州艺术杂志《艺术论坛》的宣传下，成为当代艺术的中心。

杜尚的回顾展于1963年7月开幕，在帕萨迪纳博物馆举办了一场隆重的宴会。几天前，杜尚、阿莱希娜、科普利和理查德·汉密尔顿乘坐同一个航班从纽约飞往洛杉矶。因为到得较早，杜尚在帕萨迪纳博物馆的展会现场拍了一些照片。其中流传最广的一张最著名的非官方照片，是杜尚跟一位性感的裸女下棋。照片中的女孩是19岁的伊芙·巴比茨，如果不是霍普斯已经结婚的话，她应该是霍普斯的女友。[33]

展览展出了杜尚的114件作品，第一个房间展出他的早期绘画。第三个房间装饰有木镶板和彩色玻璃窗，展示杜尚的国际象棋用品。接下来是展览的核心：一个专门展出《新娘》和《大玻璃》的房间（经授权1961年在斯德哥尔摩制作的一件复制品，因为原件太脆弱了，不能离开费城博物馆）。最后两个房间用来展出杜尚的"光学作品"和《手提的盒子》，以及多年来他随手写下或签名的各种零零碎碎的东西。作为展出的一部分，杜尚有时候会坐在那儿下棋。观众怀着敬意轻手轻脚地从旁边经过。当他们来到展出杂项物品的房间时，一位观众发出感慨："他触摸过的每一件东西都变得重要……和著名了。"[34]

帕萨迪纳博物馆的晚间活动后，每个人都到格林酒店的舞厅去喝一杯，参加晚宴。全城的艺术收藏家都在那里，甚至还有一些小电影明星。作为艺术界的元老，杜尚坐在自己的宴会桌旁，阿莱希娜坐在他身边。安迪·沃霍尔和他的朋友们像"顽皮的小孩子一样在马塞尔·杜尚周围上蹿下跳"，请求他在桌布上签名。[35]然后，科普利带杜尚、霍普斯、汉密尔顿和其他一些人到拉斯维加斯去，继续庆祝回顾展的成功。

展览期间，在帕萨迪纳博物馆，实际上没有多少人是去"看"艺术展的。展览主要是给观众提供了一个读懂杜尚，或者思考当他创作各种各样的作品时都在想些什么的机会。了解杜尚"是一件跟阅读有关的事，而不仅仅是观看"，一位未来的杜尚专家说。[36]无论观看还是阅读，洛杉矶的年轻艺术家得到了启示。"作为局外人，洛杉矶的艺术家们看到同样是局外人的杜尚的成功，然后想：如果这个家伙能做到，我们也能。"一位研究杜尚的学者后来说。实际上，杜尚现在已经是一个纽约的局内人了，但是在1963年，这种微妙的差别并不重要。正如许多年轻艺术家回忆的那样，杜尚批准他们去做那些艺术中反叛的、疯狂的事情，他们经常说是杜尚给了他们"精神支持"。[37]

简言之，是洛杉矶，而不是纽约或费城，将杜尚投入了当代艺术沸腾的中心，实际上将他与20世纪60年代结束的"现代艺术"分隔开来，赋予了他新生。20世纪初认为艺术的本质是"有意味的形式"的信条正在土崩瓦解，概念作品和日常物品——像杜尚的现成品或沃霍尔的汤罐头——是视觉艺术关注对象的主张开始大行其道。不管怎样，1963年标志着杜尚在艺术名人堂最后的封神。

沃霍尔—杜尚引起的骚动超出了洛杉矶。洛杉矶1963年的展览后，一位杜尚的传记作家说，"整个国际艺术市场都在准备行动"。[38]1963年刚好是1913年的军械库展50周年，《下楼的裸女》就是那时在美国一举成名。为了50周年纪念，杜尚参加了在纽约州由提卡举办的一个官方重演活动。他在新闻媒体的照相机前下棋，广泛接受采访，在电视上露面。

在快速变化的形势下，艺术评论家在寻找联结点和转折点。他们通过模糊沃霍尔和杜尚、汤罐头和现成品的界线找到了这种关联。"每件

第13章 反抗的艺术

东西都需要向杜尚和他的第一个自行车轮致敬。"《艺术论坛》杂志说，"现在流行的金宝汤罐头直接来自他的'阿波利奈尔磁漆'（现成品）。这是一张磁漆的商业广告，杜尚在上面写了题词。"[39]

当然，并非所有先锋派圈子中的人都如此赞誉杜尚。纽约艺术评论家亚瑟·丹托认为杜尚更像一个反艺术的辩论家，他的现成品给艺术带来了消极的影响，相反，他认为沃霍尔是新的"反美学"的真正的救世主，赋予了日常物品一种积极意义。凭着《布里洛盒子》，沃霍尔成了"艺术史上出现的最接近哲学天才的人"。丹托说："他证明了没有一种视觉的标准能够达到定义艺术的目的，从而终结了（艺术）历史……"[40]沃霍尔的传记作家（现在转向了毕加索）同意这种观点："沃霍尔掀起了自毕加索的《亚维农少女》之后最有力的一场革命。"[41]

关于这些艺术家——凯奇、约翰斯、劳森伯格和沃霍尔——最精辟的总结来自非常传统的大都会艺术博物馆现代艺术部的负责人亨利·戈尔德扎勒（他是沃霍尔的朋友，向这些艺术家提供了许多自己的创意）。戈尔德扎勒说杜尚对沃霍尔的意义"并非一种直接影响"，而是提供了一种新的当代思潮的背景，这种新思潮很简单："我们选择把它当作艺术的东西就是艺术。"[42]

杜尚也用最简单的语言表达过同样的观点。1966年，一位记者在他的伦敦回顾展上问他："任何东西都可以是艺术吗？"

"没错，任何东西。"杜尚说。[43]

虽然杜尚的现成品开了风气之先，但任何东西都可以是艺术的观点是许许多多次反叛累积的结果。这不是全新的观点。[44]不过，在20世纪60年代，它恰好跟其他社会变革密切结合起来。60年代标志着一般意义上对旧美学的反抗，比如现代艺术"有意味的形式"的信条，或者仍然在谈论高雅的品味或画家和雕塑家的技艺的艺术鉴赏家。现在这一切已经被抛到窗外了，在60年代的氛围中，这是现代艺术灵魂的关键之战。事实上，这场战役已经结束了。粗略说来可以这样划分：现代艺术相信"有意味的形式"（直到大约20世纪70年代），后现代艺术则认为"任何东西都可以是艺术"（20世纪70年代以后）。

杜尚顺其自然。他的朋友和同盟曾经称他为最著名的"反艺术家"，但是最后，他似乎又不想扮演这么消极的角色了。他最亲近的学生之一——理查德·汉密尔顿最后认为，杜尚实际上跟大多数艺术家一样。他制作视觉上有趣的东西。汉密尔顿是这样说的："反艺术家个头。"[45]同样，《纽约时报》的艺术评论家约翰·卡纳迪也感到迷惑不解，因为每一种新的艺术趋势都急于把自己跟杜尚联系起来，即便杜尚是因为试图毁灭艺术而著名。"近年来几乎没有一场实验艺术运动不能沿着其族谱追溯到马塞尔·杜尚，把他当成自己的鼻祖。"卡纳迪写道。[46]

无论遭到了怎样的讽刺和误解，20世纪60年代，杜尚很高兴接受伟大先驱的新地位。"我想每一代人都需要一个楷模，"他说，"我当然愿意扮演这个角色。我都着了魔了。"[47]他花了毕生时间去撼动社会上利己主义的艺术家的地位。但是最后，他却承认自己也是其中的一员。"我敢肯定，我是个艺术家，别的什么都不是。"他在1963年英国广播公司的一次采访中说，"而且我很高兴这样……岁月会改变人的态度，我已经不再愤世嫉俗了。"[48]至于更重要的，艺术的社会角色，他最后说："艺术是一个人作为人类，证明自己能够超越动物性的唯一活动形式。"[49]

* * *

所有这一切毕加索可能都说过，而他从未对艺术有过任何怀疑。但是整个50年代，没有人说过毕加索是个哲学家。共产主义者赞美他是他们"天才的同志"，苏联"和平"大会的合影中好几次出现了他的身

第13章 反抗的艺术

影,最后一次是50年代初在英国谢菲尔德和罗马。冷战期间,伦敦皇家学院院长,可能还有温斯顿·丘吉尔等英国人,批评毕加索的现代艺术支持斯大林主义(实际上,布勒东愤怒地与亲苏联诗人决裂时也说过这样的话)。

不管怎样,很快斯大林逝世,苏联开始向东欧国家出兵,毕加索选择了缄默(不过有一次在关于匈牙利的抗议活动中签了名)。"他对政治没有兴趣。"毕加索的忠实记录者罗兰·彭罗斯说,"他把它们当成自己世界之外的一场游戏。"[50]他的另一位传记作家皮埃尔·戴解释说,毕加索对马克思主义从来都没有兴趣。"入党对毕加索来说是一种参与公民活动、参与社会的途径。"[51]

在一个跟欧洲冷战政治截然不同的世界,毕加索也是混合了艺术、电影、时尚和流言蜚语的法国名人文化的一部分。纽约现代艺术博物馆的阿尔弗雷德·巴尔认识到这个事实,他注意到毕加索是"上镜率最高的活着的艺术家"。[52]许多照片是在他的生日聚会上拍的。其中三张引起了全世界的关注:他的75岁、80岁和85岁生日。80岁那年,毕加索登上了《生活》杂志封面。

因为他的名声,毕加索面临着被认为过时的风险。他是八卦专栏谈论的话题,一会儿说他盛装出席戛纳电影节,一会儿说他开着白色凯迪拉克去看斗牛。它们不再把他描绘成艺术中的革命者。一些年来,毕加索忽视了(只有马蒂斯例外)同时代其他创造潮流的艺术家:康定斯基、蒙德里安、马列维奇或马塞尔·杜尚。即使在第二次世界大战之后,毕加索也没有把抽象表现主义、新达达或者初生的波普艺术当作艺术世界中的新兴力量,因此他看不到任何要与之战斗的东西。

实际上,他感觉到的是他的过去在渐渐消亡。他以一种爆发式的速度画画,像是在跟死亡赛跑,至少看上去是这样。身边的人逐渐离世，毕加索意识到他还活着，跟以前一样贪婪地抽着烟。1954年，亨利·马蒂斯去世了。第二年他的前妻奥尔加去世；几年后他的姐姐罗拉去世（1958）。然后在1963年，布拉克和谷克多也去世了。

这些年里，毕加索在巴黎仍然有一间工作室，但他大部分时间都在法国南部度过。他的第一个主要住所叫作"加州小屋"，是他在1955年买下的。这座房子位于戛纳附近、瓦洛里城外，他仍然是那里的荣誉市民。跟他所有的家一样，加州小屋的房间宽敞，采光良好。小屋距离举办陶瓷节和（法国）斗牛表演的地方不远，毕加索经常作为贵宾出席。在瓷窑的世界里，毕加索遇见了他生命中最后一个女人——杰奎琳·罗克。

他是在1954年，杜尚与阿莱希娜结婚的同一年遇见杰奎琳的。杰奎琳是个年轻的法国寡妇，有一个女儿，在瓦洛里周围山间的一间著名瓷窑做助手。杰奎琳第一次让毕加索为她画画之后，跟他一起回了巴黎，住进大奥古斯丁街的工作室。在她成了他的新模特后，毕加索的油画和素描史中又增加了杰奎琳的典型形象，包括古典主义的脸部、黑头发和宁静的大眼睛。他们最后结了婚，1961年3月，两人在瓦洛里市政厅举行了简单的仪式。

在加州小屋的画架上，毕加索画了杰奎琳的画像，也有《戛纳湾》这样的风景画。无论好坏，他开始了一个重要的项目，这将他暴露在众目睽睽之下，人们都在问这样一个问题：毕加索失去他的力量了吗？他接受了联合国教科文组织的委托，为这个联合国文化机构在巴黎的总部绘制一幅壁画。他在加州小屋完成了这件多屏作品（30×38英尺），在瓦洛里中学的操场上展出；1958年这件作品被安装到联合国教科文组织的办公地点。当评论家对最后的结果皱起眉头时，毕加索周围的小团体、他最忠诚的同盟开始现身，异口同声地为他辩护。他们是最后的毕加索帮：门徒、编年史作家和画商。

联合国教科文组织的壁画落成同年，朋友们告诉毕加索圣维克多山附近有一座老房子在出售，塞尚曾为这座山画过许多作品。这就是沃维纳格城堡，14世纪的结构让人觉得买下它很不明智。城堡有两座圆塔、高高的围墙，建在一座小山上，山上生长着柏树、松树和橡树。周围的景色非常荒凉，让毕加索想起比利牛斯山。到那里一看，毕加索就兴奋地把自己当成了这座别墅的主人。他很快买下了它，和杰奎琳搬了进去，带去了加州小屋的大部分艺术品。杰奎琳讨厌这座与世隔绝的别墅。对于毕加索，它却是欢乐的源泉和新的冒险。

有几年时间，毕加索往返于加州小屋和沃维纳格城堡，生活和工作，直到两个地方都失去了吸引力。加州小屋附近的戛纳在战后得到了飞速的发展。钢筋水泥的高楼大厦和狂欢的人流渐渐向加州小屋扩展。所以在1961年初，毕加索找到另一个更加远离现代的喧嚣的地方去生活和工作。

第一次世界大战前，他已经知道了小城慕瞻。这里与瓦洛里也有蜿蜒的山路相连。他在慕瞻找到了一座山顶上的乡村别墅，叫作"复活圣母院"。他没有卖掉加州小屋或沃维纳格城堡，它们仍然用来存放东西，或者作为去看斗牛表演途中的落脚点。

1961年6月中旬，毕加索和杰奎琳把所有东西都搬到了慕瞻的新别墅。在蜿蜒的山路顶端，穿过一道大门，别墅占地广阔，在参天松柏的环抱中，俯瞰城镇的屋顶和远处的戛纳湾。在这座被戏称为"我们的生活女士"的别墅，毕加索像个君王一样安排家里的设施，除了工作室，现在还有了现代化的装备——带来麻烦的电话机和提供娱乐的电视机。这里也成了他的新仓库，大量的画布、雕像和纪念品堆满了一个又一个房间。有一次，他还找来了黄色的工程起重机，在别墅旁边加盖了一间工作室。

慕瞻是毕加索最后的归宿。无论他住在法国南部什么地方,他忠诚的秘书萨瓦特斯都在巴黎替他照管着没完没了的后勤工作。毕加索的油画和其他作品循着一条常规路径在全世界巡回展出,随着他年龄的增长,这种模式越来越完善,让毕加索的神话愈加神奇。巴黎媒体开始称他为"慕瞻的隐士"。他在艺术世界的对手把复活圣母院看作毕加索运筹帷幄、控制现代艺术的地方。

不过,忠诚的毕加索帮仍然围绕在他身边,他们在 1964 年变得尤为重要。那一年,已与毕加索极度疏远的弗朗索瓦丝·吉洛出版了关于他们在一起的那段时间的回忆录。这本书首先以英文出版,是与美国艺术评论家查尔顿·莱克合作完成的,第二年被翻译成法文出版。毕加索立刻让他的律师采取了行动。他没能阻止书的出版,弗朗索瓦丝的许多爆料——书中也充满着有趣的逸事和语录——成为后来数不清的毕加索传记作者的资料来源。

这本书让强壮、黧黑、抽了一辈子烟的毕加索病倒了,这是他第一次像个老年人一样患上严重的疾病——某种严重的溃疡病。为了治病,毕加索匆匆住进了巴黎周边的富人区纳伊(许多年前,杜尚在那里创作了《下楼的裸女》,开始了《大玻璃》项目)的一家美国医院。这是毕加索最后一次去巴黎。这本全盘揭秘的书也在毕加索和他与弗朗索瓦丝的孩子——克劳德和帕洛玛之间划下了深深的鸿沟,因为他和杰奎琳拒绝他们到慕瞻的别墅去探望他。

尽管要在不同住处间搬来搬去,后来又有弗朗索瓦丝回忆录引起的骚动,但是毕加索仍将生活的重心放在绘画上。这个时期的离群索居使他的创作速度超越了生命中其他任何时期。他不断交出油画、素描、陶器、壁画、蚀刻版画、雕刻和石版画。他接受委托为许多图书和诗集画插图。在如此大量的作品中，质量良莠不齐，从技艺精湛的作品到看起来只是肆意的涂鸦都有。"在年轻艺术家放弃绘画的时候，毕加索先生仍然在上演着无人喝彩的喜剧，用刷子和颜料在画布或纸上表现火枪手、小丑、孕妇或色情场景。"毕加索的传记作家皮埃尔·卡巴内说。[53]

不管怎样，毕加索最后时期的绘画中有一种逻辑。他可能是在20世纪40年代末产生这种想法的，一次在参观卢浮宫时，馆长问毕加索，在伟大的文艺复兴、古典主义和浪漫主义画家当中，他希望将来有一天自己的位置在哪里。[54] 因此，毕加索最后的对手不是波普艺术，而是过去的大师们。正如传记作家戴所说的："在一个到处强调突破过去的艺术合理甚至必需的时代，毕加索的态度是最不同寻常的。"[55] 换句话说，毕加索的不同寻常在于，他将古老的绘画变成了新的源泉。

毕加索与古典大师的交战从巴黎开始。在大奥古斯丁街的工作室，他以欧仁·德拉克罗瓦的作品《阿尔及尔的女人》（1834）为基础创作了15幅油画和两幅石版画。几年后，他建设好了加州小屋，又选择了西班牙古典大师委拉斯凯兹。他花了几个月时间创作了他的名作《宫中侍女》（1656）的各种变形。毕加索的下一个目标是居斯塔夫·库尔贝的巨幅自画像《艺术家工作室》（1854—1855）。毕加索一边在法国南部的各处住所间穿梭往来，一边完成这些项目。例如，1961年6月，当他离开加州小屋和沃维纳格城堡去慕瞻时，他正在以马奈描绘野餐场景的风景人物画《草地上的午餐》（1862—1863）为基础，创作一系列变形。在慕瞻安顿下来后，他转向法国学院派画家雅克·路易·大卫的《劫掠萨宾妇女》（1799），用亚麻油毡板以木版画的形式重现了这幅作品。

作为一位正在老去的画家，他的复制时期另一个突出的主题是"艺术家和他的模特"。在这方面，毕加索很可能参考了库尔贝的《艺术家工作室》，或者想到了马蒂斯的作品，也可能只是凭空捕捉到了这个著名的主题。在艺术家和他的模特系列作品中，毕加索显示了他对线条画的一贯偏好——连续的线条，不使用其他工具。他还拿画家和他们的模特之间的色情意味开玩笑，讲了许多关于"肮脏的老男人"画家（比如马蒂斯、德加和现在的毕加索）和他们性感迷人的主题的黄色笑话。

随着博物馆和画廊越来越多地举办毕加索的展览，他的新作在巴黎举行了一次特别展。展览在由露易丝·莱里斯创办和经营的露易丝·莱里斯画廊举行，这位年轻女性在战争期间康维勒逃离德占区时负责康维勒画廊的运营。露易丝嫁给了超现实主义和共产主义诗人米歇尔·莱里斯。50年代初她开办了自己的画廊，每一季、每一年专门展出毕加索的最新作品。有时候，毕加索的最新展览会带来新启示。有时候，艺术评论家认为他的"最新作品展"只是一种沉闷的仪式。不管怎样，莱里斯画廊累积的作品展巩固了毕加索在战后的声誉。

克里斯蒂安·泽尔沃斯和他的妻子伊冯娜不变的关怀也巩固了他在艺术史上的地位。从20世纪30年代初开始，他们就在为毕加索毕生的作品整理出版权威作品集，到60年代已经出版了20多卷（总共31卷）。在毕加索60年代的创作高峰期间，他们的摄影和编目工作量也急剧增长。

* * *

60年代，当对现代艺术的反叛如火如荼，并为"当代艺术"或"后现代艺术"开辟了道路时，毕加索在人生记录方面已经遥遥领先于杜尚。当然，他不能控制这一切。他的朋友萨瓦特斯、戴和彭罗斯为他写的传记充满了溢美之词。与之相对，费尔南德·奥利弗和弗朗索瓦丝·吉洛的回忆录则表现了他不那么光彩的一面。至于他自己，各种形式加起来，毕加索一生只接受过四次采访，无论是关于他的艺术理论还是私生活。[56]他总是说出名言警句,这非常有效。泽尔沃斯按部就班地继续为他编制作品目录,至于一般意义上其他人编写的毕加索作品目录,还有不计其数。对于美国消费者,阿尔弗雷德·巴尔1946年出版的《毕加索:艺术50年》是将他介绍给更广泛的公众的重要作品。

相比之下,杜尚的生活被记录在案用了更长的时间。跟毕加索相反,关于他和他的作品的大部分记录来自无数采访,从1915年第一次到纽约直到去世,他一直在接受新闻媒体的采访。他逐步公开了关于《大玻璃》的神秘"笔记",但是这些笔记被当作艺术品,而不是自传。跟毕加索一样,杜尚也不能完全控制其他跟他有过亲密关系的人如何描写他。他生命中的一些女人——格特鲁德·斯泰因、加布丽埃勒·比费-毕卡比亚、比阿特丽斯·伍德、露易丝·诺顿、艾蒂·施特海默和莉迪·萨拉赞-勒瓦索尔——都在真实回忆录和揭秘小说中描写过杜尚。他的好朋友亨利-皮埃尔·罗谢两种都写过:真实的和虚构的。

不过直到1959年,关于杜尚生活和作品的全面综述才出现。这本书就叫作《马塞尔·杜尚》,是由加拿大研究达·芬奇和超现实主义的学者罗伯特·勒贝尔历时数年完成的。这本书同时以法文和英文出版,除了作为第一本杜尚的传记性综述之外,还列出了208件作品,基本涵盖了到1960年为止杜尚创作的全部"艺术作品"。(1957年,杜尚说他自己只创作过39~50件作品,但是在他的传记作家和收藏家手中,这个数字一夜之间就膨胀了数倍。)[57]正如那位参观画廊的观众所说的:"他触摸过的每一件东西都变得重要……和著名了。"

勒贝尔的书还总结了后来的学者们从杜尚的作品、文章和访谈中提炼出来的重要主题。许多主题被认为是由杜尚发现和引入现代艺术中的:艺术中的偶然性的观点、对艺术中的"思想"的强调、对观众干预艺术的认识、他的"光学"和机器作品、他作为罗丝·瑟拉薇的变装、他对生活的波希米亚式的"漠不关心"、他对博物馆的拒绝,以及最后但同样重要的,他对色情题材和黄色笑话的偏好。

勒贝尔试图把这些思想,或者至少是这些思想在艺术中的应用归功于杜尚,实际上所有这些以前都有人以这样或那样的形式提到过了。观众干预是一种古老的思想。1884年独立艺术家协会创办独立沙龙时就提出,要让艺术家"自由地展出他们的作品,接受公众的评判"。1912年的著作《立体主义》提到了观众的影响。关于这个问题,毕加索说过:"人们在画中看到你没有加入进去的东西。"关于《格尔尼卡》他说:"看到这幅画的公众一定会按照他们自己的理解去解释马和公牛的象征意义。"[58] 杜尚不是唯一对博物馆半推半就的批评者,毕加索也说过同样的话,而且毕加索也说过在艺术中"思想"是最重要的。[59]

实际上,唯一真正由杜尚原创的思想——他独一无二的学术贡献——是现成品。而这就够了,这将成为现代艺术中最棘手也最广博的概念。

注释

1. Duchamp quoted in "The Great Trouble with Art in this Country," SS,123.
2. 埃德加·爱伦·坡和沃尔特·惠特曼的作品是美国"地下"或波希米亚主义最早的杰出代表。巴黎现代主义的重要创始人夏尔·波德莱尔翻译了坡的作品,并且相信他是理想的艺术家。20世纪50年代最伟大的反文化诗歌是打击乐和放克艺术家艾伦·金斯堡的《嚎叫》,金斯堡的灵感不是来自苏黎世达达主义者(他们货真价实地"嚎叫")或阿尔弗雷德·雅里,而是来自惠特曼1855年的"在世界的屋脊上发出了粗野的喊叫声"(出自惠特曼《我自己的歌》)。当然,巴黎的文学影响实际上也传到了美国。早在1953年,旧金山的垮掉的一代就开办了艺术和诗歌的"愚比王画廊"。从巴黎传来的还有亨利·米勒的《北回归线》,讲述了20世纪30年代波希米亚艺术家生活的故事,后来最高法院裁定这本书"淫秽",不予引进(直到1964年才为其平反)。不过当时,影响60年代艺术家的是杰克·凯鲁亚克1957年的小说《在路上》。关于50年代以前各种类似达达的运动的例子,参见

Gina Renee Misiroglu, ed., *American Countercultures: An Encyclopedia of Political, Social, Religious, and Artistic Movements*, 3 vols. (Armonk, NY: Sharpe Reference, 2009).

3. See Irving Sandler, "The Duchamp-Cage Aesthetic," in Irving Sandler, *The New York School: The Painters and Sculptors of the Fifties* (New York: Harper and Row, 1978), 163-173.

4. Winthrop Sargeant, "Dada's Daddy," *Life*, April 28, 1952, 100.

5. Richard Huelsenbeck, *Memoirs of a Dada Drummer* (New York: Viking, 1974), 84. 1951年被问到杜尚的重要意义时，画家威廉·德·库宁说他是"一个人的运动"。

6. Robert Motherwell, ed., *The Dada Painters and Poets: An Anthology*, second ed. (Cambridge, MA: Harvard University Press, 1981 [1951]).

7. Hubachek letter to Barbara Burn, a publisher, June 1, 1971. Quoted in Marquis, *MDBSB*, 294.

8. Duchamp quoted in "The Great Trouble with Art in this Country," *SS*, 126.

9. 杜尚读过关于语言的逻辑实证主义著作后说："语言没什么用。"Quoted in Calvin Tomkins, *The Bride and the Bachelors: Five Masters of the Avant-Garde* (New York: Viking, 1965), 31. Also see Duchamp quoted in Tomkins, *DB*, 394: "I do not believe in language."

10. 杜尚熟悉逻辑实证主义："我曾经对一群英国哲学家感兴趣，他们说所有的语言都是同义反复，所以是没有意义的。我试着阅读了他们的著作《意义的意义》……我同意他们的观点，一个句子的意义是由感觉决定的。"Quoted in Calvin Tomkins, *The Bride and the Bachelors: Five Masters of the Avant-Garde* (New York: Viking, 1965), 31-32.

11. 瑞士语言学家费尔迪南·德·索绪尔提出了所有语言中通用语法结构的案例，法国人类学家克洛德·列维-斯特劳斯提出了普遍的文化结构。这种"结构主义"受到了维特根斯坦和起源于超现实主义作家的法国"后结构主义者"的挑战。关于英美语言学的争论参见 Richard M. Rorty, ed., *The Linguistic Turn: Essays in Philosophical Method* (Chicago: University of Chicago Press, 1992).

12. Kosuth quoted in *Art in Theory 1900—2000: An Anthology of Changing Ideas* new edition., ed. Charles Harrison and Paul J. Wood (Malden, MA: Wiley-Blackwell, 2003), 855-856. 最初分为三个部分出版，见 Joseph Kosuth, "Art after Philosophy, I," *Studio International* (October to December 1969). See also Mi-

chael Archer, *Art Since 1960*, new ed. (New York: Thames and Hudson, 2002), 78-81.

13. Duchamp, "The Green Box," *SS*, 30; Duchamp quoted in Tomkins, *DB*, 15.

14. Marcel Duchamp, "Where Do We Go From Here?" *Studio International* (January/February 1975): 28. A talk given at the Philadelphia Museum College of Art, March 1961.

15. Duchamp quoted in Cabanne, *DMD*, 76.

16. Calvin Tomkins, "Dada and Mama," *New Yorker*, January 15, 1996, 58.

17. Duchamp letter to Walter Arensberg, January 23, 1954. Quoted in Tomkins, *DB*, 389.

18. See Tomkins, *DB*, 439-441.

19. 这套结婚礼物现在被称为杜尚的"色情物品"。它们是用石膏和牙蜡做的,包覆着杜尚在他的人体模型胯部使用的湿牛皮(慢慢风干)。这些物品现在被认为是高价值的艺术品,题目是:《贞洁楔》("婚戒")、《女性的遮羞布》和《刺穿之物》。

20. Alexina Duchamp quoted in Tomkins, *DB*, 400.

21. 同上。

22. Dieter Daniels, "Marcel Duchamp: The Most Influential Artist of the 20th Century?" in *Marcel Duchamp*, ed. Museum Jean Tinguely Basel (Berlin: Hatje Cantz, 2002), 26.

23. Michel Sanouillet, "Introduction," *SS*, 4.

24. 主要的例外是普林斯顿大学艺术史专业的学生小劳伦斯·D·斯蒂菲尔,他第一次严肃地分析了杜尚的《从处女到新娘的过渡》和《大玻璃》。1956年他采访了杜尚。在后来的通信中,杜尚向这个年轻的采访者承认,他已经忘记了《大玻璃》的大部分机械原理细节。

25. Marcel Duchamp letter to Richard Hamilton, November 26, 1960. Quoted in Tomkins, *DB*, 415.

26. Jasper Johns, "The Green Box," Masheck, *MDP*, 110-111.

27. Johns quoted in "From Aunt Gladys to Duchamp," *Artnews*, Summer 2011, 30.

28. Duchamp quoted in Hans Richter, *Dada: Art and Anti-Art* (New York: McGraw-Hill, 1977), 207-208.

29. Duchamp quoted in Rosalind Constable, "New York's Avant-Garde and How It Got There," *Sunday (New York) Herald Tribune Magazine*, May 17,

1964, 10.

30. Duchamp quoted in Dana Adam Schmidt, "London Show Pleases Duchamp and So Do Museum's Patrons," *New York Times*, June 19, 1966, 15; Grace Glueck, "Duchamp Opens Display Today of 'Not Seen and/or Less Seen,'" *New York Times*, January 14, 1965, 45.

31. Picasso quoted in Ashton, *POA*, 154.

32. Castelli quoted in Francis M. Naumann, "Minneapolis: The Legacy of Marcel Duchamp," *Burlington Magazine*, February 1995, 137. 卡斯泰利的评论来自与罗伯特·罗森布卢姆的公开访谈，New York University School of Continuing Education, Bobst Library, October 19, 1994.

33. Eve Babitz, "I Was a Naked Pawn for Art," *Esquire*, September 1991, 164-166.

34. Exhibit visitor quoted in Rosalind G. Wholden, "Duchamp Retrospective in Pasadena," *Arts*, January 1964, 65.

35. Warhol friend Gerard Malanga quoted in Tony Scherman and David Dalton, *Pop: The Genius of Andy Warhol* (New York: Harper, 2009), 176.

36. Anne d'Harnoncourt, "Introduction," in d'Harnoncourt, *MD73*, 36.

37. Duchamp scholar Dickran Tashjian quoted in Hunter Drohojowska-Philp, *Rebels in Paradise: The Los Angeles Art Scene* (New York: Henry Holt, 2001), 15.

38. Duchamp quoted in Calvin Tomkins, *The Bride and the Bachelors: Five Masters of the Avant-Garde* (New York: Viking, 1965), 10.

39. Paul Wescher, "Marcel Duchamp," *Artforum*, December 1963, 20.

40. Arthur Danto, *Encounters and Reflections: Art in the Present Historical Moment* (New York: Farrar, Straus, Giroux, 1990), 287.

41. Scherman and Dalton, *Pop: The Genius of Andy Warhol*, 438.

42. Geldzahler quoted in Scherman and Dalton, *Pop: The Genius of Andy Warhol*, 40.

43. Duchamp quoted in "London Show Pleases Duchamp," 15.

44. 英国艺术哲学家罗宾·科林伍德在《艺术原理》中说："我们每个人说的每句话、做的每个动作都是艺术。"不过科林伍德说的是自我认知和真实性，而不是杜尚所说"无差别"。Quoted in Gordon Graham, *Philosophy of the Arts: An Introduction to Aesthetics* (London: Routledge, 2000), 34.

45. Richard Hamilton, "Duchamp," *Art International* 7 (December 1963 –

January 1964),22. 杜尚回顾展的评论。

46. Pierre Cabanne and Pierre Restany, *L'Avant-garde au XXéme siècle* (Paris: André Balland, 1969), 216. Translated in Marquis, *MDBSB*, 269.

47. John Canaday, "Iconoclast, Innovator, Prophet," *New York Times*, October 3, 1968, 51.

48. 杜尚的话引自1963年理查德•汉密尔顿和凯瑟琳•库为英国广播公司拍摄的访谈。Quoted in Tomkins, *DB*, 416.

49. Duchamp quoted in James Nelson, ed., *Wisdom: Conversations with Wise Men of Our Day* (New York: Norton, 1958), 99. 这是1956年1月詹姆斯•约翰斯•斯威尼在NBC的电视访谈《对话马塞尔•杜尚》。

50. Roland Penrose, *Portrait of Picasso* (New York: Museum of Modern Art, 1957), 92.

51. Daix, *PLA*, 375.

52. Alfred Barr, "Preface," in Penrose, *Portrait of Picasso*, 6.

53. Pierre Cabanne, *Pablo Picasso: His Life and Times* (New York: Morrow, 1977), 9.

54. Françoise Gilot with Carlton Lake, *Life with Picasso* (New York: McGraw-Hill, 1964), 202-203.

55. Daix, *PLA*, 336.

56. 传记作家卡巴内认为,在毕加索的 生中只有"三到四次采访或声明值得认真看待"。See Cabanne, *Pablo Picasso*, 10. 关于毕加索对艺术、艺术家和政治的评论参见 Ashton, *POA*.

57. See C. Baekeland and Geoffrey T. Hellman, "Talk of the Town: Marcel Duchamp," *New Yorker*, April 6, 1957, 26.

58. 在阿尔伯特•格莱兹和让•梅青格尔的《立体主义》英文版第一版(London: T. Fisher Unwin, 1913)第42页,作者强调观众的角色是根据他们自己的"创造性直觉""自由地形成"对立体主义作品的观点,而不是接受艺术家的指示。For Picasso's quote see Ashton, *POA*, 138, 15. 毕加索在其他地方说过:"无论完成还是没完成,所有的画都是我的日记……因此它们都是有用的。未来会选择它想要哪些幅,不需要我来做选择。"

59. Picasso quoted in Ashton, *POA*, 119.

第 14 章　现成品

关于杜尚在现代艺术中的原创性的争论在 1965 年的纽约开始浮出水面。曼哈顿的一间画廊举办了题为"还不曾看见的和/或很少看见的"杜尚作品展，展览展出了玛丽·西斯勒收藏的 90 件作品，西斯勒是杜尚早期素描和油画的买家（从亨利-皮埃尔·罗谢手中），还收藏了现成品的复制品和杜尚的一些杂项物品。

"这里的许多东西的确不曾见过。" 77 岁的杜尚在开幕式上说，"有许多早期作品是从巴黎买来的。"[1]

在帕萨迪纳的展览之后，这是杜尚在美国第二次大规模的回顾展。展览在科迪埃-埃克斯特龙画廊举行，开幕时举办了隆重的宴会，吸引了包括从波普王子安迪·沃霍尔到超现实主义的标志达利等艺术名流。既然杜尚的回顾展在纽约引起了轰动，借助杜尚在年轻艺术家当中不断增强的影响力，这正是从立体主义到抽象表现主义一脉的画家和雕塑家们为纽约现代艺术开宗立派的好机会。

在现代艺术的确立中，代表性的声音来自德高望重的《艺术新闻》的编辑托马斯·赫斯。他的文章《我控诉马塞尔·杜尚》因为科迪埃-埃克斯特龙画廊的展览而著名，很快开始随着巡展在全美国传播杜尚的福音。

赫斯的文章开篇说："多年来，马塞尔·杜尚出色地巩固了自己的位置，实际上严肃的批评无法撼动他。"赫斯试图解释为什么对这个特氟龙涂层保护下的法国人做出有效的批评是困难的。如果杜尚是在开玩笑，那么攻击他就显得"不识趣"了。（例如，杜尚在其他场合说过他的批评者"缺少率性"。）另一方面，赫斯说，如果一个批评者攻击杜尚作为职业艺术家缺少天赋，会被看成无知的人，就像外行攻击立体主义者是不够格的艺术家一样。[2]

不过，赫斯没敢涉及杜尚的现成品概念，似乎意识到它是一个比任何典型的艺术批评乐于涉足的领域都更加捉摸不定的危险地带。归根结底，现成品可能是杜尚对现代艺术唯一真正原创的贡献。超现实主义电影工作者和作家汉斯·里希特说现成品是杜尚的"知识分子的绝技"。[3]任何东西都可以成为现成品，也使得情况充满了变数。对于杜尚自己来说，这解释了为什么他毕生的"作品"数量能够凭空翻了几番，从50件到最多663件。[4]对于杜尚之后的艺术市场，几乎任何物品都可以被当作艺术品销售，他年轻的继承者们迅速掌握了这种方法。

自从1913年起，现成品就开始了一段传奇的历史，在整个过程中杜尚对它做过好几次改变。20世纪50年代，杜尚为随便"选择"一件物品的思想加入了好几个变种，包括"互补的现成品"、"调整的现成品"、"远程现成品"和"不幸的现成品"，最后是"现成品的意向"，出现在一件艺术品被不小心弄坏时。"我尊重它。"杜尚说一件艺术品在这样或那样的情况下会表现出自我破坏的"意向"。[5]

当然，杜尚不是傻瓜。60年代，他意识到现成品的定义会带来多大的问题，至少对于任何有逻辑的讨论都是如此。"现成品的有趣之处在于，我从来没能找到一个完全满意的定义或解释。"1961年3月，他告诉策展人凯瑟琳·库。[6]无论如何，现成品的精灵已经从瓶子里放了出来，杜尚自己也承认这是他个人的一项成就。他后来对库说：

> （现成品的）思想仍然具有魔力，所以我宁愿让它就这样保持下去，而不是试图把它局限在小圈子内。但是这里仍然有一些一般

第14章 现成品

性的解释可供我们讨论。比如说你使用一管颜料；你没有制造它。你买下它，作为现成品使用。即使你把两种红颜料混合在一起，也是两件现成品的混合。所以一个人是不可能从零开始的；他必须从像他的父亲和母亲这样的现成品开始……我不确定现成品的概念是不是我的作品创造的最重要的思想。

事实上，纽约艺术界很关注这个思想。库的采访7个月后，纽约艺术博物馆举办了"集合艺术展"。展览的艺术论坛有几位演讲者，包括杜尚。他在这里做出了关于现成品的最正式的简短陈述：

这些"现成品"从来不是为了审美的愉悦而选择的。选择现成品常常基于视觉的冷漠，同时要避开好和坏的趣味……事实上是完全的麻木。一个重要的特征是我无意中在现成品上写了一句简短的题词。这句话不是像标签一样描述物品本身，而是用语言唤起观众的其他思考……

我很快意识到任意重复这种表现形式的危险，决定每年只制作有限的现成品。那时候我知道，艺术是一种习惯成自然的毒品，对观众比对艺术家更甚，我要保护我的现成品不被玷污。

现成品的另一个特征是缺乏独特性……一件现成品的复制品可以传达同样的信息；事实上从传统意义上来说，今天现存的每件现成品都不是原创的。[7]

他得出结论：因为颜料管是生产出来的，所以所有的绘画都是"现成品辅助的"或者"集合作品"。在一些听众看来，杜尚在拿艺术世界开玩笑，但是处在他的神圣地位，他的话必须被认真对待。一种方法是遵循杜尚的无限回归逻辑，不断向后回溯，判断一件东西是不是"制造"的（虽然还没有人追溯到连科学家都不太确定的宇宙大爆炸）。

杜尚已经让球滚起来了。他曾经潦草地写下:"为伍尔沃斯大楼题词。把它当成现成品。"[8] "如果把一把雪铲称为雪铲就能让它成为艺术品,那么整个纽约都能。"艺术家阿兰·卡普罗说,他是约翰·凯奇的学生和美国"偶发"艺术的创始人(杜尚同意这是一种"无聊"的现成品艺术)。[9] 意大利艺术家皮耶罗·曼佐尼不甘落后,他把一个基座倒置在地上,签上名,说地球是他的现成品。超现实主义画家萨尔瓦多·达利以其一贯的嘲讽态度解释了这种潮流将通往何方。"等到有那么一天,当所有存在的东西都被认为是现成品的时候,就没有现成品存在了。"他说,"然后由艺术家动手制作的作品反倒成为原生的东西了。"[10]

一生中大部分时间,杜尚都喜欢精确和明晰。这适用于数钱、赶火车或轮船、参加国际象棋锦标赛,或者给《大玻璃》粘贴铅丝,角度和线条都要精确。他对自己的文件也非常精确,作为公证人的儿子,他经常帮助朋友筹办出版物或者处理房产。但是在说明现成品的问题时,他只能默认地用"魔力"来解释,或者干脆含糊其词,而不是诉诸精确的思考。

现成品是从杜尚相对模糊不清的一面中诞生的。这一面也体现在他对语言和哲学中的歧义的偏爱上。对他来说,韵文和押韵的双关语优于散文或诗歌,幽默优于逻辑。"我总是为了'娱乐'去做事情。"他说。[11] 他的知识背景很丰富,从古希腊的怀疑论到阿尔弗雷德·雅里和雷蒙·鲁塞尔的幻想文学。有了这些资源,杜尚的批评者意识到与他进行逻辑论战是没有用的。简言之,一位友好的观察者说,他"毕生都在给理性的头脑设陷阱"。[12]

1967年杜尚的知识领域得到了进一步的展示,当时纽约艺术家克利夫·格雷将《大玻璃》之前的最后一批"笔记"翻译出版。这些笔记是1913—1916年间草草写下的,作为一个题为《不定式》(语法中的术语)的系列,被复制装盒卖给收藏家,即 1967 年的《白盒子》。

《白盒子》中包含的笔记与众不同,是杜尚关于四维空间的数学思考。笔记显示杜尚一度抱着严肃的态度探究他那个时代的新几何学等科学,但是只有很短的一段时间。他阅读了关于这些问题的书籍和杂志,记下了笔记。但是这些问题太难搞清了。结果,《白盒子》(1967)中的科学笔记并不比他《1914 年的盒子》和《绿盒子》(1934)中的笔记更容易理解。不过,相对于另外两个盒子,杜尚更不情愿公开 1967 年的材料。在翻译过程中他对格雷说:

> 我的意思是,这有意义吗?你知道我不想看起来像傻瓜……这些东西是很久以前写的了,今天数学已经成为一个复杂的专业领域,或许现在我不应该介入。[13]

无论如何,《不定式》的出版被认为是一个重要的艺术事件。在杜尚的晚年,他摒弃了数学等科学,倾向于虚无主义。"我看不出我们为什么要如此推崇科学,因此,我要给出另一种证伪,"他这样解释自己成熟期的方法,"我全部的所作所为就是在证伪,这就是我的个性。我就是不能对生活抱一本正经的态度,但是,让一本正经带上幽默的色彩,倒是很有趣。"[14]

不过,成为一名真正的虚无主义者的尝试却不容易成功(不能自杀)。结果就是在矛盾中生活,比如杜尚经常排斥艺术中的"品味"和"重复",然后又经常表现出自己的品味和重复自己。"没有人是完美的。"他说。[15]对于一个像杜尚这样的人,还有其他幽默的类比。"比起跳板,杜尚更像流沙。"理查德·汉密尔顿曾说。[16]年轻艺术家仍然前赴后继,费尽心思地想要弄懂杜尚的意思。可惜,理性的探索是无用的,人们几乎能听到杜尚穿越艺术史的窃笑,他说:"你能让人们相信任何事。"就像他以前说过的那样。[17]

即使现成品是个笑话,它造成的哲学困境也不容易消失。最后,艺术界举行论坛,更深入地研究杜尚的现成品思想。首先,有人主张现成品是一件好东西。例如,它是"思想艺术"的先驱。它也将艺术家从他们的自我和野心中解放出来。而且,作为平凡的、没有价值的物品,现成品不会被资本主义的艺术市场绑架,或者至少它的初衷是这样的。

这里有一种深刻的突破——现成品拒绝商品化。马克思主义的现代版本指出,艺术品在市场中很容易发展为卡尔·马克思谴责的"商品拜物教"。[18]早期的马克思主义者会对现成品如何反抗资本主义感到迷惑不解。但是一些新左派喜欢这个观点,这需要经过一番头脑体操。即:如果一件现成品是瓦砾,对任何人都没有可以想象得到的价值,那么它就不会成为一件商品。但是这里还有一个问题。如果有人认为一件没有用的现成品是"美的"——比如一个陶瓷小便池,那么它立刻就成了一件商品。事实上,波普艺术就是这么一回事。它把日常物品变成收藏家买卖的商品。波普艺术是纯粹的商品拜物教。

不过,有一种终极解释可以从正确的角度解释现成品、日常物品和波普艺术。这就是"讽刺的"视角。从讽刺的角度,现成品的销售实际上可以看作对资本主义的批评。从这个角度看,波普艺术消除了马克思主义所说的市场中的"虚假意识"①,因此,波普艺术削弱了资本主义。

当然,还有许多东西需要解释,因为波普艺术家、画廊主人和收藏家都从现成品销售中赚得盆满钵满。自然,对现成品的批评方法也在艺术论坛中出现了。一种方法是仅仅把现成品当作一种荒谬的东西来接

---

① "虚假意识论"认为,意识形态就是一种虚假的、虚幻的或想象的、表象的思维和意识形式。——译者注

受,从正确的角度看,荒谬是既有趣又迷人的。不过,大部分艺术史学家希望把现成品当作有表面价值的物品,就像对其他艺术品所采用的分析方法一样。

这不是一件容易的事,例如,试图给杜尚自己的作品分类就是证明。研究杜尚的学者安妮·德·哈农库特认为,在杜尚的"艺术品"清单中,对于他的现成品,普通的概括都不适用。她熟知杜尚毕生的作品(包括素描、油画、口头笑话、机械装置和现成品)。"在杜尚所有的创作中,现成品是最无法分类和并入某个主题的。"她说。[19]

虽然有困难,艺术界的另外两位学者还是试图用一种主题方法定义现成品,主要关注一件物品作为艺术品,对人们的心灵产生的影响。在杜尚给出关于现成品经典定义的"集合艺术展"上,文学史学家、巴黎先锋派专家罗杰·沙特克提出了关于现成品的最简洁解释之一,将现成品与杜尚提到的同一件事物——绘画——相比较。

沙特克认为对于一幅塞尚或毕加索的画,观众可以反复观看,每次都找到新的感觉、情绪或思想。现成品不是这样。现成品的目的不是"引起思考或艺术的情绪",而是一次性的震惊,某种反艺术的动摇。"这种震惊是不可重复的。"沙特克说。在第一次的震惊之后,现成品就失去了它的力量。"它们不再有任何反艺术的功能,只有实际功能了——把小便池安装好,投入使用。"[20]

若干年后,2006年,杜尚的《泉》再次登上报纸头条,证明小便池仍然既有造成震惊也有唤起陈词滥调的能力。美联社从久负盛名的蓬皮杜国家艺术文化中心发回的报道说:

> 一位76岁的行为艺术家因为用锤子破坏马塞尔·杜尚的《泉》(一座陶瓷小便池)而被捕……嫌疑人是普罗旺斯人,具体身份没有透露,1993年就曾肆意破坏过这件作品。《泉》在法国南部的尼

姆展出时,他曾向其中小便……在讯问中,该男子称其周三的破坏行为是一种达达艺术家会欣赏的行为艺术……据估计,《泉》现在的价值高达 360 万美元。[21]

其他形式的滥用或误解伴随着现成品在艺术史上的崛起。杜尚的《雪铲》在第一次巡回展出期间,明尼阿波利斯博物馆的门卫把它从展厅里拿走,准备去清理门外的积雪。[22] 同样的事情也发生在杜尚的追随者身上。派对达人、英国艺术家达米恩·赫斯特的《派对时间》(一组烟蒂和空啤酒罐的展示,这些东西代表了"六个人物")就遇到过类似的意外,他在伦敦的爱斯特洛姆画廊布置好展品后,夜班保安将其扔掉了。"那儿乱七八糟的,"保安说,"所以我把它们装进垃圾袋扔了出去。"[23]

像沙特克一样,艺术评论家唐纳德·库斯比也试图分析现成品为什么如此难以理解,超越了门卫的常识。库斯比将现成品定义为杜尚的优越感,一种拿普通人开玩笑的消极形式。"现成品没有固定的身份。"库斯比说,"它被当作艺术,又自发地向非艺术靠拢。观众把它当作艺术认真看待的那一刻,它就堕入平庸;而当观众把它看作日常物品时,它又严肃起来。"

这种"荒谬而没有品味"的物品只有一个目标,库斯比总结道:"一句话,杜尚的现成品就是为了嘲弄和打败观众而存在的。"[24]

如果库斯比是对的,那么杜尚就不可能相信观众对艺术的干预了:现成品将其带来的困惑凌驾于观众之上,违反了杜尚关于观众干预的原则。矛盾还在于,现成品通常是美的(视网膜的)、有目的的、畅销的,甚至反映了艺术家的自我——这些都与杜尚的原话截然相反。千变万化的现成品就像弗兰肯斯坦博士的怪物,轻易背叛了杜尚,违背了他关于绘画、艺术家和视觉艺术评论的每一条原则。但是杜尚笑笑说:"没有

第 14 章 现成品

人是完美的。"

当现成品在美国制造困惑时,理查德·汉密尔顿则将杜尚强大的破坏力带到了英国。他还把玛丽亚·马丁斯带回到画面中来,这似乎冒犯了杜尚。1966年夏天,泰特美术馆举办杜尚回顾展,有"马塞尔·杜尚的几乎全部作品",汉密尔顿不仅制作了一个《大玻璃》的复制品(杜尚授权的第二个复制品),而且给在巴西的玛丽亚写信,请她提供一个抬起腿的裸女模型的微缩版(一幅石膏像的素描),就像杜尚为她做的那个一样。她同意了。杜尚很惊讶。当杜尚看到这件东西摆在泰特美术馆时,汉密尔顿唯一一次看到他生气了。

展览目录包括了242件作品,汉密尔顿写道:"还活着的年轻一代艺术家中,没有人能够超越马塞尔·杜尚的纪录。"[25] 在纽约,从赫斯到《纽约时报》的艺术评论家约翰·卡纳迪,现代艺术的批评者虽然不情愿,但不得不同意这个观点。

正如赫斯说过的,年轻艺术家误以为他们也能做杜尚做过的事,以自己的方式书写人生,并且功成名就:杜尚是从波希米亚的巴黎这个独一无二的时代,以及20世纪战时艺术的亚文化中生长起来的。当许多年轻艺术家试图在波普艺术的温室和当代艺术的崛起中制作各种各样的现成品时,那样的时代背景却不可复制。"杜尚对他的追随者所犯的错误没有责任,因为他们本应知道只有杜尚自己才是他的艺术品。"赫斯总结道,"当杜尚第一次做某件事情时,那也是他最后一次那样做。"[26]

* * *

从伦敦泰特美术馆的展览回到纽约后,杜尚还有其他原因想着玛丽亚·马丁斯。他的有玛丽亚裸体的实景模型快要完成了。他发现到年底之前他必须搬出第14大街的公寓,所以很快在东11大街80号找到另一间空工作室。把整个实景模型搬到新工作室之后,1966年头两个月都花在根据他准备的快照、草图和笔记重新组装它上面了。

新工作室离他的家不远。到目前为止，他和阿莱希娜已经在格林威治村住了7年。他们在西10大街28号底层有一间舒适的公寓。在实景模型项目最后的十年里，阿莱希娜断断续续地帮忙完成了它。

与此同时，国际象棋也成为他们生活中分享的一个部分，他们经常在马歇尔国际象棋俱乐部下棋。1959年，杜尚一度担任过美国国际象棋基金会的主席。在他度假的地方附近，比如蒙特卡洛，如果遇到年轻的美国棋手，他就充当他们的陪练。他还帮助美国国际象棋基金会募集资金。这个项目称为"马塞尔·杜尚基金"，杜尚的艺术家朋友捐献出作品，在科迪埃-埃克斯特龙画廊等地销售。

一些年来，他们的生活是国际象棋、展览、休闲、名人和旅行的集合。杜尚做过两次前列腺手术，但没有治愈（阿莱希娜始终没有告诉他医生发现了癌细胞）。从1959年起，他们每年春天或夏天去欧洲旅行。1963年杜尚的妹妹苏珊去世后，在巴黎逗留期间他们就住在她在纳伊的家。

每次旅行，最后的目的地都是艺术家的聚居地——西班牙的卡达克斯。杜尚在那里会碰到萨尔瓦多·达利或曼·雷等老朋友，曼·雷此时已经回巴黎定居（1975年在那里去世）。达利早就被超现实主义运动驱逐，但是杜尚跟毕加索一样，把友谊置于将他同时代的艺术家分为各个派别的政治分歧之上。在西班牙和法国期间，杜尚拍摄了许多森林的景色。他和达利把这些照片拿到冲印店洗了很多份。后来，杜尚把这些森林的照片剪成碎片，粘贴成一幅拼贴画，做成了有玛丽亚裸体的实景模型的背景。

也是在西班牙，他和阿莱希娜最后挑选出了这件艺术品的其他部分。他们找到了一扇古老的谷仓大门，又在别处找到一个古老的砖石拱门,组成了实景模型的"入口":这是一扇古董式的大门,砖砌的门框雕刻精美,木门上有两个窥视孔供人向里看。到了生命中的这个时候,钱对杜尚来说不再是问题。他将砖块和沉重的木门运到纽约,再让工人把它们运到他的工作室,然后在他的指导下把门和门框重新组装起来。

整个过程阿莱希娜一直陪伴在他身边,但是实景模型的完成仍然深深扎根于过去——他与玛丽亚·马丁斯的苦恋。早在1948年,杜尚就完成了作为实景模型基本框架的裸女模型。他用小牛皮解决了制造仿真人体模型的基本材料问题(实际上,他把小牛皮的反面涂成粉色,使其透出与真实皮肤一样的颜色)。但是当玛丽亚离开后,杜尚几乎失去了兴趣,实景模型停滞不前。然后他遇到了阿莱希娜,作为他们婚姻的一部分,这也成了她的项目。杜尚的目标感又复活了,开始思考最后的步骤和环境中的点缀——他为它注入了新的故事情节,其中不再有玛丽亚。

无论实景模型隐晦的"故事"情节究竟是什么,其中包括来自杜尚的过去的两处重复性元素。第一处是他放在背景中的瀑布,配有拼贴照片和闪烁的电灯。这是他与玛丽·雷诺兹一起,在瑞士第一次看到的瀑布。另一处是模特举起的手中的老式煤气灯。很明显,"瀑布"和"煤气灯"这两个词不仅出现在《绿盒子》笔记的开头,而且被杜尚放在实景模型的标题中,写在人体模型右边的肩膀上:《给定:1. 瀑布,2. 煤气灯》。

实景模型完成后再也没有改变,后来在博物馆的展品目录中是这样描述它的:

> 在这个逼真的人造场景中,一个真人大小的裸女张开双腿,躺在枯枝和落叶铺就的床上。她举起的左手中提着一盏老式煤气灯,她身后的背景中,茂密的树林一直延伸到地平线。被灯光照亮的背

景是一幅由玻璃版印刷术精制而成的拼贴画，描绘了葱郁的山林、朦胧的蓝绿色天空和棉絮般的云朵。这组怪诞的静止景观中唯一的活动元素是一道闪闪发光的瀑布（由一台看不见的引擎驱动），倾泻进一个薄雾笼罩的小湖。[27]

实景模型完成后，只有很少的人知道这件事。直到1966年春天，杜尚最后给科普利打了一个电话，大门才敞开了。又用了十年时间，杜尚想方设法将实景模型放进《大玻璃》旁边的小房间，这个小房间原来是展出画家康定斯基的作品的。现在杜尚需要科普利帮忙把实景模型，或者他对科普利说的"大型雕塑—建筑"送进费城艺术博物馆。谁也没有把握。连阿莱希娜都相信这件作品的色情暗示过于露骨，无法通过审查。科普利接到电话便直奔杜尚第10大街的公寓，看了它，"一言不发"，他后来回忆说。

杜尚和科普利愉快地达成了协议。科普利安排他的卡桑德拉基金会以6万美元的价格买下实景模型（以分期付款的形式），这个价格也包括了将其运到费城和重新装修博物馆空间的费用。然后科普利将其作为礼物送给博物馆。比起由杜尚动用他的地位和爱伦斯伯格的影响力把它硬塞进著名的费城博物馆，由一个慈善组织捐赠显然更合适。事实上，他把自己基金会的名字改成卡桑德拉基金会，连他妻子都大吃一惊，这样一来实景模型这件礼物看起来就不是他的个人行为了。实际上这就是科普利和杜尚两个人的个人行为，但是无论如何，他们没有想到博物馆会拒绝它。1966年3月他们制订好计划之后，卡桑德拉基金会提出了收购，接下来两年，两个朋友展开了一场小小的游说战役。

最后他们需要说明这件作品到底好在哪里。没有照片，也没有现成的妙语警句，科普利尴尬地把实景模型描述成一架"鲁布·戈德堡的交配机器"。[28]最重要的观众是费城博物馆馆长埃文·H·特纳，他带来了他的工作人员和一位董事。杜尚的一些朋友被非正式地允许进入四楼的圣地参观：有音乐家约翰·凯奇、杜尚的代理商埃克斯特龙、艺术家克利夫·格雷、摄影家丹尼斯·布朗·哈尔和博物馆馆长沃尔特·霍普斯。玛丽亚·马丁斯也在第 10 大街看到了它最后完成的样子。整个过程都很低调。杜尚让他的传记作家勒贝尔对这个项目保密。同时杜尚从来没有告诉他的另一位传记作家阿图罗·施瓦茨这个项目的存在。

在科普利和杜尚开始与博物馆方面接触时，杜尚在纽约的名声随着波普艺术的浪潮继续攀升，现在几乎直接跟达达联系在了一起。当安迪·沃霍尔邀请杜尚去参观他的工作室"工厂"时，杜尚怎么可能拒绝？沃霍尔拍摄了一段 25 分钟的杜尚吸烟的影片，题目叫《屏幕测试：马塞尔·杜尚》。这是沃霍尔早期单调到令人无法忍受的电影短片之一。这段影片远比沃霍尔明亮、鲜艳和极度视网膜化的波普绘画和丝网印刷更接近达达。无论如何，这段古怪的影片进一步巩固了沃霍尔是杜尚传人的印象。有人主张，"沃霍尔是杜尚真正的继承者"——发掘出杜尚思想中全部的经济意义。[29]沃霍尔将反市场的现成品彻底改变了。他将现成品变成大规模制造的可供销售的艺术品，享受它们的视觉效果，沃霍尔说它们是"美的"。

这时候，沃霍尔在欧洲还没有名气。令人惊讶的是，杜尚也一样，甚至在法国都是如此。如果说到"杜尚家族"，他哥哥们的名气要超过马塞尔·杜尚。虽然杜尚活得比他的兄弟们都久，但是杜尚家族作为法国艺术遗产的一部分受到关注，还要感谢他的两个哥哥——雅克和雷蒙。他们的绘画和雕塑现在被博物馆和私人收藏家收藏，他们在皮托的工作室在让路给房地产开发之前一度成为地标性建筑。在杜尚的一生中，他唯一得到明确认可的作品是被法国国家现代艺术博物馆收藏的 1911 年的《下棋者的肖像》油画。

1967 年春天，鲁昂城市美术馆决定为杜尚家族举办纪念展，杜尚应邀去参加 4 月 15 日的开幕式。杜尚家族的展览共展出了三兄弟和他们的妹妹苏珊的 82 件作品。除此之外，这座城市还在他父母居住过的砖房外摆放了一块青铜牌匾。在一个小型仪式上，杜尚为这块牌匾揭幕。在采访中，他向一位记者发表了一系列机智、出格的评论，他后来说："有什么关系呢？他希望我那样说。"[30]

更让迅速老去的杜尚感到高兴的是晚年在美国得到的承认。这来自几个方面，但特别是来自约翰·凯奇和贾斯珀·约翰斯等人，他们自认为是他的达达继承者。除此以外，杜尚打破了许多跟性有关的社会习俗，包括他的女性替身罗丝·瑟拉薇。同性恋艺术家，比如沃霍尔、劳森伯格、凯奇、约翰斯等人，以及一些女权主义者都对此表示了欢迎。

在多伦多，凯奇第一次组织了向杜尚致敬的活动。这是一次"偶发"事件，凯奇将电线连接到国际象棋的棋盘上，每走一步棋都会发出声音。这次活动名为"重聚"，2 月一个寒冷的晚上 8 点 30 分，在怀雅逊中学礼堂举行。满满一屋子人来看凯奇，他的无音乐演奏会已经非常著名。这次活动与众不同：目的在于通过随机的声音和大段的空白分享棋子移动的过程。整个礼堂一片黑暗，只有一道聚光灯的光束照着舞台上坐在棋盘边的凯奇和杜尚。活动直到午夜才结束，观众起先感到好奇，随后在演出过程中渐渐无聊至极，纷纷起身离席。一个月后，凯奇的情人、编舞梅尔塞·坎宁安在水牛城组织了另一个向杜尚致敬的活动。这是一台名为《时光漫步》的芭蕾舞剧。贾斯珀·约翰斯为舞台布景设计了七个巨大的透明立方体，上面画着《大玻璃》中的图案。

这两次活动现在都载入了 20 世纪 60 年代偶发艺术的史册，不过在当时，却被杜尚有生之年最后一次大型展览抢去了风头。在毕加索的大本营现代艺术博物馆，毕加索专家和现代艺术博物馆馆长威廉·鲁宾组织了"达达、超现实主义和他们的遗产展"。展览于1968年3月底开幕,展出了杜尚的13件作品(因为纽约现代艺术博物馆幸运地拥有其中一些)。一生中为数不多的几次之一,杜尚参加了开幕式;这是一场为他举办的盛大宴会,虽然他拒绝发表评论。作为一位艺术史学家,鲁宾追溯了杜尚"从'反艺术家'到'工程师'的历程",杜尚提出了一种"对艺术巧妙的虚无主义",讽刺的是,一些超现实主义者和新达达主义者却以"肯定美学的绘画形式来回应"。[31]

在1968年春天这个重要时刻,杜尚在做跟毕加索同样的事:重新演绎古典大师们的艺术。他以法国古典主义艺术家安格尔和库尔贝等人为基础,创作了一组9幅色情图画"情人",由专业镌版师制版印刷,准备拿到艺术市场上卖给收藏家。

然后杜尚和阿莱希娜像每年夏天一样去巴黎。事实上这次旅行中发生了许多重要的事情。在纳伊安顿下来后,巴黎爆发了"五月风暴"学生运动,接着是全国范围的工人罢工。5月23日,罢工在蔓延,杜尚和阿莱希娜开着一辆大众汽车,穿过巴黎的车流和路障前往瑞士。这时候,反对派宣布"没有商量的余地",一周之内戴高乐宣布举行大选,名义上结束了他的政权。学生通常由诗人、无政府主义者和煽动性的标语口号作者领导,也要求性解放,这是从杜尚的艺术虚无主义和"色情"信条中撷取来的。正如他多年前说的:"我很相信色情,因为它是一种真正具有世界性的事,是每一个人都理解的事……这是个把一向隐藏着的东西——因为有社会的法则的缘故——带到光天化日之下的一种方式……是一切事情的基础,而且没有人谈到它。"[32]

到目前为止,巴黎恼人的交通和破坏还没有损害一次愉快的假期。他们的第一站是琉森,在那里待了两个星期。然后他们开车到日内瓦湖,杜尚很高兴再次看到福雷斯德瀑布。如果说毕加索是用绘画吓退了死亡，那么杜尚靠的是旅行。那年他 81 岁了，坚持旅行的频率还相当惊人（尤其是考虑到他还动了两次前列腺手术）。6 月 5 日，他和阿莱希娜从苏黎世飞往伦敦。他们参加了阿图罗·施瓦茨在当代艺术学院的演讲，某种意义上是他的巨作《马塞尔·杜尚作品全集》的预发表会。演讲重申了施瓦茨有失偏颇的弗洛伊德理论，认为杜尚的早期作品揭示了他对妹妹苏珊的乱伦欲望。杜尚很难堪，中途离开了演讲，说它是"垃圾"。他试图保持冷漠。[33]

在伦敦待了三天后，他和阿莱希娜已经等不及要去下一站西班牙了。他们飞到苏黎世，取了他们的大众车，开车到热那亚，从那里坐船去巴塞罗那，然后去了海滨小城卡达克斯。这是他们在那里度过的第 11 个夏天，他们很快接到曼·雷夫妇的邀请。7 月 28 日，他们一起庆祝了杜尚 81 岁的生日。虽然尝试过，但是反艺术家杜尚无法停下脚步：他在为施瓦茨的法国"豪华版"《马塞尔·杜尚作品全集》制作小东西，希望增加销量。作品全集第一版问世时，列出了 421 件与杜尚有关的（对于艺术史和收藏家来说）值得注意的物品。到 1997 年的第三版，物品的数量增加到了 663 件。

杜尚夫妇计划在 9 月初返回纳伊的房子，但是杜尚病了十天。他们一直等着他康复到可以旅行的程度，很快回到巴黎安静的家中。巴黎的"五月风暴"革命在几个月前平息，现在只剩下回忆。起义是早期达达主义者和超现实主义者可能喜欢的东西，实际上，示威中很多年轻的巴黎文人和马克思主义者投入了超现实主义的主流。这不是杜尚的风格。他不想跟政治抗议等事件产生联系。

在纳伊的家中，杜尚计划飞往芝加哥，参加 10 月 17 日开幕的"达达、超现实主义和他们的遗产展"，在纽约现代艺术博物馆展出后，展览巡回到了芝加哥。9 月 22 日他给玛丽·雷诺兹的哥哥弗兰克·胡巴切克写信，胡巴切克的信托基金仍然在支持他。在信中杜尚热情地表达了回到风之城①的愿望，他在那里一直受到礼遇。

一个星期二的晚上，曼·雷夫妇和罗伯特·勒贝尔都在城里，杜尚夫妇邀请他们来吃晚餐。杜尚苍白而安静。他们走后，杜尚走进另一个房间，打开一本双关语的书开始阅读。有一句双关语特别有趣，他读给了阿莱希娜听。他们磨蹭到大约凌晨1点，杜尚去浴室洗漱准备睡觉。看到他一直没出来，阿莱希娜进去查看。她的丈夫蜷曲着身体躺在地板上，享年81岁。

杜尚家在他们的家乡附近有一块墓地，在一棵俯瞰着塞纳河的大松树下。杜尚曾要求不举行葬礼。他的骨灰很快就送到了他的雕刻师外祖父、父亲、母亲、两个哥哥和妹妹苏珊身边，有三块龟裂、长满苔藓的朴素石碑作为标记。杜尚指定了自己的墓志铭，来自16世纪法国随笔作家米歇尔·德·蒙田的一句话："死去的一直是别人。"[34]这句话太特别了，甚至需要得到市政官员的批准。

讣告反映了杜尚在世界各地的地位。在欧洲，报纸和杂志表现得好像不知道有这么个人。在法国，《费加罗报》把他的讣告登在国际象棋版面。意大利媒体没有提到现成品的思想。[35]曼·雷很快发表评论向他的朋友致敬："他会大笑……没错，死亡的悲剧就像国际象棋的终局。"

显然，杜尚之死证明他在美国有朋友，特别是在芝加哥，现代艺术爱好者们深情地怀念他。跟其他不那么优秀的艺术家不一样，杜尚拒绝"用视觉上的真实和精神上的空洞来束缚艺术的一切"，《芝加哥每日新闻》的社论称。因此，在一家美国报纸的编辑部看来，杜尚已经成为一个"精神"领袖。《生活》杂志一向喜欢标新立异，将杜尚视为"本世

---

① 芝加哥的别名。——译者注

纪最有影响力的艺术家之一"。《纽约时报》刊登了两则讣告，一则在头版，艺术评论家约翰·卡纳迪在悼词中说，以杜尚在艺术世界的权威，他可能是"历史上最具破坏性的艺术家"。[36]

最后毕加索得知了杜尚的死讯。据说，对于杜尚的反艺术观点，毕加索的最终评价非常简单："他错了。"[37]

注释

1. Duchamp quoted in Grace Glueck, "Duchamp Opens Display Today of 'Not Seen and/or Less Seen,'" *New York Times*, January 14, 1965, 45. 理查德·汉密尔顿为为期一个月的展览撰写了展品目录。《艺术新闻》称展览包括了超过100件展品：油画、素描、笔记、现成品原件、现成品的限量版复制品、纪念品、印刷品和艺术家职业生涯各个时期的照片。同年《纽约客》发表了一篇关于杜尚和卡尔文·汤姆金斯的书（《新娘和光棍：五位先锋派大师》）的特写，将杜尚推上了当代艺术"大师"的位置。

2. Thomas Hess, "J'Accuse Marcel Duchamp," in Masheck, *MDP*, 115.

3. Hans Richter, "In Memory of a Friend," *Art in America*, July 1969, 40.

4. 1957年，杜尚说有39件（或者大约50件）东西"实际上是我全部的作品"。Duchamp quoted in C. Baekeland and Geoffrcy T. Hellman, "Talk of the Town: Marcel Duchamp," *New Yorker*, April 6, 1957, 26. 画商阿图罗·施瓦茨1969年第一版的《马塞尔·杜尚作品全集》罗列了421件（艺术史上和收藏家手中的著名作品），第三版（1997）增加到了663件。

5. Duchamp quoted in "Marcel Duchamp," *Wisdom: Conversations with Wise Men of Our Day*, ed. James Nelson (New York: Norton, 1958), 90.

6. Duchamp quoted in Katherine Kuh, *The Artist's Voice: Talks with Seventeen Modern Artists* (Cambridge, MA: Da Capo Press, 2000 [1962]), 90, 92.

7. Marcel Duchamp, "Apropos of 'Readymades,'" SS, 141-142. A talk delivered at the Museum of Modern Art, October 19, 1961.

8. Marcel Duchamp, "A l'Infinitif," SS, 75.

9. 关于杜尚在偶发艺术中的重要性参见 Anne d'Harnoncourt, "Introduction," in d'Harnoncourt, *MD73*, 41; "Interview by Colette Roberts," *Art in America*, July 1969, 39.

10. Allan Kaprow, "Doctor MD," in d'Harnoncourt, *MD*73, 204 - 205. Dali quoted in Cabanne, *DMD*, 14. 与之类似，马克斯·科兹洛夫1964年说："杜尚说过生活中的每件东西都是现成品。" Quoted in Masheck, *MDP*, 141.

11. Duchamp quoted in Herbert Molderings, *Duchamp and the Aesthetics of Chance* (New York: Columbia University Press, 2010), 2.

12. Lawrence D. Steefel, Jr., *The Position of Duchamp's Glass in the Development of His Art* (New York: Garland, 1977), 5.

13. Duchamp quoted in Cleve Gray, "Marcel Duchamp: 1887—1968," *Art in America*, July 1969, 21.

14. Duchamp quoted in Tomkins, *DB*, 445.

15. Duchamp quoted in Robert Morris, "Three Folds in the Fabric and Four Autobiographical Asides as Allegories (or Interpretations)," *Art in America*, November 1989, 150. 杜尚反品味的经典言论是这样的："这是一种习惯。同样的东西再三重复就成了品味。如果你拒绝模仿自己，我的意思是当你完成一件东西，然后就把它放到一边。但是如果你重复上许多次，这就成了一种品味，一种风格。" See Nelson, *Wisdom*, 94.

16. Hamilton letter to Anne d'Harnoncourt and Walter Hopps, July 10, 1969. Quoted in Taylor, *MDED*, 15.

17. Quoted in Marquis, *MDBSB*, 308. Original quote in French in Raymonde Moulin, *Le Marché de la peinture in France* (Paris: Éditions du Minuit, 1967), 471.

18. Karl Marx, *Capital, Volume I: A Critique of Political Economy* (New York: Penguin Classics, 1999), 187.

19. Anne d'Harnoncourt, "Introduction," in d'Harnoncourt, *MD*73, 36.

20. 沙特克的评论由汉斯·里希特引述，见 Hans Richter, *Dada: Art and Anti-Art* (New York: McGraw-Hill, 1977), 208.

21. *The Associated Press*, January 6, 2006.

22. 关于明尼苏达的展览参见 George Heard Hamilton, "In Advance of Whose Broken Arm," in *MDP*, 74.

23. 关于赫斯特参见 Warren Hodge, "Art Imitates Life, Perhaps Too Closely," *New York Times*, October 20, 2001, A13.

24. Donald Kuspit, *The End of Art* (Cambridge, UK: Cambridge University Press, 2004), 23.

25. Richard Hamilton, "Introduction," *The Almost Complete Works of Marcel*

Duchamp, exhibition catalog, Tate Gallery, June 18 - July 31, 1966 (London: Arts Council of Great Britain, 1966).

26. Thomas Hess, "J'Accuse Marcel Duchamp," in Masheck, *MDP*, 120.

27. Taylor, *MDED*, 23.

28. Copley quoted in Taylor, *MDED*, 130.

29. Calvin Tomkins, *DB*, 460.

30. 杜尚在鲁昂的所作所为引自 Marquis, *MDBSB*, 296.

31. William S. Rubin, *Dada, Surrealism, and Their Heritage* (New York: The Museum of Modern Art, 1968), 23, 185.

32. Duchamp quoted in Cabanne, *DMD*, 88.

33. Duchamp quoted in Tomkins, *DB*, 247. 阿莱希娜·杜尚敦促她的丈夫驳斥施瓦茨的乱伦理论。还有一次，杜尚拒绝在一份（由安德烈·布勒东发起的）请愿书上签字，内容是抗议一群法国画家（反杜尚派）创作了一幅嘲笑杜尚的衰落和死亡的大型油画。

34. Epitaph quoted in Marquis, *MDBSB*, 299.

35. See Marquis, *MDBSB*, 301.

36. John Canaday, "Iconoclast, Innovator, Prophet," *New York Times*, October 3, 1968, 51; "Duchamp and the Rest of Us," *Chicago Daily News*, October 5, 1968. 其他讣告参见 Marquis, *MDBSB*, 301.

37. Picasso quoted in "Letter From Paris," *New Yorker*, November 2, 1968, 173.《纽约客》将"*Il avait tort*"翻译成"He was mistaken"，但更加通行的翻译是"He was wrong"。

第 15 章　　毕加索的最后时刻

20世纪60年代，巴勃罗·毕加索一方面声名显赫，另一方面也被边缘化了。全世界的艺术博物馆，特别是法国的，都建立在他的遗产之上。同时，躁动不安的年轻一代艺术家将这位西班牙老人看作传统势力。毕加索仍然是"现代艺术"思想的掌门人，但是这也越来越靠不住了，艺术中的新观点正在逐渐发展。这就是所谓的"当代艺术"，很多时候，其成员更多的是杜尚和"思想艺术"的追随者，而不是毕加索和绘画的。

不过，毕加索的声望在60年代非常稳固。1966年，整个世界都在庆祝他的85岁生日。法国举办了盛大的庆祝活动，但是在所有的国家中，法国和它的西班牙养子之间的关系最复杂。在战后的法国，毕加索和他这一代的艺术家和诗人由于参与了抵抗运动，现在统治了这个国家。他们试图找到毕加索在法国文化遗产中的位置，在一个民族主义的时代这并不容易。对于法国的小报和八卦专栏，毕加索拥有另一种魔力。他们更关心的是他是个上了年纪的名人，他死后留下的巨额遗产会落到谁手里。法国也受到西班牙的谴责，作为毕加索的祖国，西班牙骄傲地宣称应该由自己来为他庆生。尽管有这些纷纷扰扰，巴黎还是抓住了这个机会，计划举办有史以来最大规模的毕加索回顾展。

现在这类毕加索作品展已经成为常规。1957年和1960年，纽约现代艺术博物馆都举办过大型回顾展，罗兰·彭罗斯在伦敦也组织过一次。不过，毕加索在法国的朋友希望在巴黎举办一次规模最大的。他们计划将全世界他的作品重新收集到一起。他们开始向新的文化部部长安德烈·马尔罗施压，马尔罗曾是法国先锋派成员，但是现在效忠于戴高乐的民族主义。马尔罗不喜欢毕加索著名共产主义者的身份，也不喜欢他在慕瞻乡间别墅隐居的高高在上的姿态。起初，马尔罗拒绝支持举办关于毕加索的大型活动。毕加索此时已经到了慕瞻，连他本人也拒绝了这项提议。

然后，毕加索40年代起的老朋友，记者、策展人和教授让·莱马里参与进来。随着宣传的扩大，政府的表现似乎是在拒绝它自己的现代艺术遗产，莱马里受命打破这个僵局。最后，主办机构从政府中剥离，1966年1月，莱马里成为其领导人。他到慕瞻去说服毕加索。然后又去往纽约、苏联、伦敦和其他地方，按照一份理想清单去搜集毕加索最伟大的作品，主要是绘画。

巴黎的喧嚣唤起了毕加索记忆中那些往事，令他感慨万千。1900年，他到巴黎时才19岁。在他年轻的双眼中，这座城市，特别是为了举办世界博览会最新翻修的两座建筑，像纪念碑一样不朽。它们就是大皇宫和小皇宫。现在莱马里将这两座建筑都预订下来（另外还有法国国家图书馆），作为11月19日（在毕加索10月25日的生日之后几个星期）开幕的"致敬毕加索展"的会场。一切事情都进展顺利，自然，马尔罗礼节性地出席，为展览揭幕。

大皇宫总共展出了284幅毕加索的油画，国家图书馆展出了171件平面作品：插画、蚀刻版画、雕刻和石版画。小皇宫除了展出205件素描之外，还揭示了毕加索相对不为人知的一面：雕塑和陶艺。这些三维实验作品大多收藏在他的工作室中，现在被聚集到一起，数量相当庞大（508件陶器和392件雕塑）。

对于一些艺术评论家和爱好者，"致敬展"是一场关于毕加索的庆典；对于其他人，他的立体主义和超现实主义倾向的雕塑比绘画更具侵略性。无论如何，为期近三个月的展览载入了史册。估计参观人数在85万到150万人之间，既有年轻人也有老人，包括法国共产党组织集体参观的工人。这是欧洲历史上最大规模的艺术展，也是最拥挤的艺术展，就像攻占巴士底狱，一位美国评论家说，一个人要想凑上前看一幅画，比挤上一班纽约地铁还难。[1]作为一个群体性事件，公众感兴趣的是毕加索这个人，一个活着的传奇。康维勒代表他出席了盛典，毕加索自己却不知何故没有现身（他通常是会出席这类展览的）。

在慕瞻，毕加索对法国政府很不满。庆典进行期间，住房部要收回他在大奥古斯丁街的房子。法国面临着住房短缺，而他从1955年起就没有在那里居住了。政府里的朋友试图从中斡旋，但是他们告诉毕加索，连马尔罗也没办法劝阻当局。失去大奥古斯丁街的房子——诞生了《格尔尼卡》的工作室，毕加索又失去了属于过去的一个部分。60年代，又有一些老朋友去世了——乔治·布拉克（1963）、让·谷克多（1963）、安德烈·布勒东（1966）、他的秘书海梅·萨瓦特斯（1968），还有他的初恋费尔南德·奥利弗（1966），只有过去的蒙马特帮的另一个成员爱丽丝·德兰参加了她的葬礼。

隐居在慕瞻使得毕加索比生命中其他大部分时期更加高产。他被自己的"宫廷"包围着，内臣就是他的妻子杰奎琳。他与外界的联系主要通过新的黑白电视机。毕加索看到在卢浮宫外为布拉克举行的国葬，场面很隆重，他却感到厌恶，相信他的老朋友一定会反对这样做。布拉克被授予了法国荣誉军团勋章的"高等骑士勋位"。接下来，马尔罗想要授予毕加索更高级别的"大军官勋位"。1967年得到了（给外国人授勋需要的）总统批准，但是当马尔罗联系毕加索时，他却拒绝了。他说他很感动，但是"我的职业是画画"。[2]其实马尔罗也有同感。他没有把毕加索看作法国新未来的一部分。

显然，隐居在慕瞻，通过电视和报纸，毕加索并不知晓年轻的艺术家们说1966年的毕加索回顾展像一块给巴黎艺术界投下阴影的巨石。他们说毕加索过时了。与此同时，在英吉利海峡对岸，杜尚的回顾展"马塞尔·杜尚的几乎全部作品"正在泰特美术馆举行，吸引了不少关注，特别是在年轻的英裔美国观众群体中。波普艺术刚刚开始大放异彩，年轻艺术家留长发、穿喇叭裤，创作色彩鲜艳明亮的作品。在大西洋两岸，美术都与大量的广告融合起来。1967年《生活》杂志拿"夏日恋曲"做封面，就是瞄准了年轻一代对迷幻般的海报艺术的全新视觉品味。

透过这样迷幻的有色眼镜，曾经打破传统的毕加索现在变得传统了。他是旧艺术赖以建立的基石，而且住在一座名副其实的石头城堡里。根据现在已经传播到世界各地的法国传统，先锋派的定义意味着它必然会用倒退来攻击它的前辈。毕加索也曾经那样做过，现在轮到新一代了。连只比毕加索晚一二十年的纽约抽象表现主义，也试图取代他的地位。为了保持抽象画的前沿位置，有影响力的艺术评论家克莱门特·格林伯格时不时地就要评价一下毕加索的地位。例如，在巴黎回顾展这一年，他说，自《格尔尼卡》之后，毕加索"不再是不可或缺的"。他的作品"对主流艺术的持续发展不再有贡献；尽管它仍然能够唤起生动的感情，但不再有挑战和扩展它的能力"。[3]

无论如何，那些认真了解毕加索的人能够看出，许多所谓最新的趋势对他来说都是旧的。可以证明，意大利的"贫穷艺术"或者法国让·迪比费的"粗糙艺术"的新趋势，都是毕加索自己在拼贴画和雕塑中运用碎石、薄厚不均的颜料或者儿童画似的图形等方法的支流。所谓"新现实主义"是波普艺术的欧洲版本，他们使用日常商品的尝试毕加索也做过，比如有一次把汤匙粘在苦艾酒瓶上。战后还有一种趋势是回归"象征性的"素描和油画，特别是以表现主义的涂鸦或连载漫画的形式。毕加索的佛朗哥讽刺漫画（和其他系列）可以说是其本源。

简言之，毕加索尝试过的艺术形式太多了，很少有哪种新趋势能够跳出他已有的实验之外。一些毕加索学者，确切地说是他的坚定支持者，相信这个西班牙人已经预言了 60 年代大爆发前后的几乎每一种艺术形式：结构主义、极简主义、集合艺术、超现实主义、达达和波普艺术："毫无疑问，立体主义催生了每一场主要的现代主义运动。"传记作家约翰·理查德森说。[4] 另一位毕加索的传记作家皮埃尔·卡巴内说："而且，难道立体主义不是第一种概念艺术吗？"[5]

无论如何，60 年代中期，对"优先"和"起源"——谁最先做了某件事以及什么是真正原创的——的这些精心诠释都被抛在了一边。在表面价值上，毕加索失去了革命性。甚至还不如说，他成了下一波艺术家迎来自己时代的障碍。他是个千万富翁，说来也奇怪，也是旧左派的象征。新马克思主义艺术史学家，如英国的约翰·伯格（在他 1965 年的著作《毕加索的成功与失败》中）开始批评保守派对毕加索的赞美，说苏联称他为"天才的同志"主要是为了宣传。新左派嘲笑这种顺从，在巴黎的"五月风暴"中，法国共产党反对学生和工人运动就是证明。

* * *

进入 20 世纪 60 年代，在莱里斯画廊常规展出的毕加索作品很少登上新闻标题，或者吸引法国和其他地方年轻艺术家的兴趣。无论如何，在他自己最后的艺术之旅中——某种与古典大师和怀旧主题的对话——毕加索保持着一个匆忙的年轻人的创作力。1960—1970 年间的数据可以说明他最后的创作速度和选择的主题。毕加索的朋友说他的最后时期是力量的狂欢。他的批评者没有这么道貌岸然，他们看到的是一连串的自我放纵，有数量没质量。

这十年从毕加索重新演绎马奈的《草地上的午餐》开始，这幅名画描绘的是两个男人和两个女人——女人都是裸体的——在林间野餐。1960年初夏，毕加索创作了诸多类似构图中的第一幅，他的画呈现出一种凌乱的漫画效果。然后在1962年，他转而复制大卫的《劫掠萨宾妇女》。到1964年底，他为艺术家和模特的主题创作了一系列版画和大约100幅油画，通过各种粗糙、欢闹和色情的场景去表现它。第二年他还在继续这个主题（仅在1965年3月这一个月中就创作了30幅作品）。

只有他的溃疡手术才能让他停下来。接着是一个休息和恢复的时期，但是1968年春天，巴黎爆发骚乱的那段日子，毕加索认为他已经战胜了疾病，甚至可能战胜了死亡。他带着幽默的喜悦回归了：他重拾火枪手的主题，画中充满了尖尖的胡子、卷曲的胡须、羽毛帽子、花边衣服和宝剑。

为了给一本书画插图，毕加索一度沉浸在莎士比亚的主题中，这还不是他的火枪手时期的最直接来源。为此，他参考了伦勃朗。他特别注意伦勃朗笔下17世纪衣着华丽的卫兵。伦勃朗也是版画大师，像个幽灵一样在毕加索最后的日子里徘徊，告诉他要在铜版上雕刻出完美的线条。

无论油画还是版画，毕加索的一贯做法都跟马塞尔·杜尚截然相反——他给作品加上最简单、最平凡的标题。在他最后二十年的作品中，很少有哪个标题脱颖而出。《戛纳湾》、《猫和龙虾》、《抽烟斗的骑士》和《吻》可能是例外。但是大部分标题过于普通，以至于很容易混淆。至于重新演绎古典主义大师的作品，他则简单地沿用原作的标题（例如，1955年的《阿尔及尔的女人，来自德拉克洛瓦》）。他其他的作品中还有数不清的熟悉的名字：工作室、坐着的女人、戴帽子的人、裸女、扶手椅、艺术家与模特、火枪手、风景和杰奎琳的画像。

对于许多画过的主题，毕加索也创作了高质量的雕刻。它们再一次显示了他在线条画方面的精湛技巧。最后，抱着戏谑的目的，他把火枪手放进了艺术家的工作室，穿戴整齐的士兵坐在画架前，迷惑地盯着裸体的模特。在色情方面，毕加索还可以更进一步。他重拾早年曾经画过的妓院场景。为此，他又找到了一位古典主义大师安格尔。他再一次模仿安格尔的《土耳其浴女》，这幅画曾经给他 1907 年的《亚维农少女》带来灵感。所有这些作品还是被加上相似、普通的标题，未来毕加索的鉴赏家们都难以区分它们，通常只能依靠编号和日期。

1968 年 3 月到 10 月间，毕加索创作了后来最著名的系列作品之一"组曲"：尺寸和技法各异的 347 幅版画，大部分描绘的是浴室和工作室的声色场景。组曲中也包括马戏团、斗牛和滑稽剧院（可能是毕加索在电视上看到的）的怀旧场景；自然还包括彩衣小丑和小丑皮埃罗。这些画似乎是按顺序排列而有情节的，就像分期连载的漫画。然后，故事突然间向四面八方做螺旋运动。新的人物出现又消失。

《组曲 347》在露易丝·莱里斯画廊展出。由于这些精致的线条给人留下了深刻印象，1969 年，《组曲 347》巡展到了苏黎世、汉堡、科隆、斯德哥尔摩、名古屋和多伦多。最后，毕加索在素描方面的精湛技巧弥补了他油画方面的明显衰退，应该说这是一种共识。英国收藏家、毕加索最坚定的支持者之一道格拉斯·库珀注意到这种对比，他说毕加索的作品在他去世之前十年已经死亡了，只有素描和版画的大爆发例外。[6]

* * *

如果说在法国快速变化的文化和政治背景下，毕加索是一个复杂的变量，那么在西班牙也是如此。毕加索最后一次去西班牙是在 1933 年。

在他生命的最后 15 年中，法国南部的气候和文化——比如斗牛——唤醒了他对祖国的回忆，毕加索的心回到了西班牙。有很长一个时期，毕加索在他的工作室重新演绎了委拉斯凯兹这个来自西班牙绘画黄金时代的人物，以各种综合立体主义的风格重现他的名作《宫中侍女》（1656）。毕加索的西班牙性格还体现在其他方面，从他的色情版画中的戏谑的大男子主义到他对各种法律文书的厌恶。他说有一天当他的继承人整理他的遗产时，"会比所有人想象的更糟糕"。[7]

毕加索仍然记得 1933 年到巴塞罗那的凯旋之旅。共和国政府刚刚赢得大选。在佛朗哥军队的威胁之下，共和国努力寻求各方支持，并宣布毕加索为世界著名博物馆之一普拉多博物馆的名誉馆长。那是他一生中最后一次去西班牙。1960 年西班牙的现代艺术支持者开始向他招手。起初，毕加索敦促他终生的朋友和秘书萨瓦特斯向巴塞罗那市议会提出申请，开办一家官方的"毕加索博物馆"。萨瓦特斯已经在 1953 年将他的私人收藏捐给了这座城市。要向巴塞罗那输送更多艺术品，以及委托他人创办一座官方博物馆，需要周密的部署，因为毕加索在佛朗哥政权下的西班牙仍然是不受欢迎的人。在马德里，毕加索被看作共产主义者和加泰罗尼亚后裔。所以与创办博物馆有关的一切都是以土生土长的巴塞罗那人萨瓦特斯的名义进行的。

谁会拒绝一座重要的毕加索博物馆？1960 年 7 月市议会通过了决议。这座城市有几座古建筑可供选择，毕加索私下从中选择了一座 15 世纪的哥特式建筑，位于蒙特卡达大街的阿吉拉尔宫。在处理毕生的艺术合约的过程中，毕加索做过一些书面工作，但是文件的数量——记录、法律文书、签名遗嘱——像滚雪球一样越来越多，跟一个艺术家完全不成比例。从最初萨瓦特斯向巴塞罗那市的捐赠开始，在此基础上不断增加：最后，毕加索或他的继承人需要整理出他在法国各地的工作室堆放着的 4 000～5 000 幅油画（还有几千件素描和雕塑）。萨瓦特斯的捐赠数量有限：574 件作品。1963 年，博物馆以"萨瓦特斯收藏"的名义揭幕。为了避免触怒佛朗哥政府，处理得相当低调。

这些年萨瓦特斯患上了中风，但他一直在坚持，毕加索也是：他们两人都出生于 1881 年。然后萨瓦特斯先倒下了。在他去世的 1968 年，毕加索做了更多捐赠。为了向他的老朋友致敬，他把蓝色时期画的萨瓦特斯在咖啡馆的画像（萨瓦特斯说这幅画开启了蓝色时期），以及他的近作中跟西班牙关系最密切的，委拉斯凯兹的《宫中侍女》的 58 幅变形作品送给了巴塞罗那。

毕加索渐渐认识到还有多少东西需要送出去。第二年，他让律师写下一份类似遗嘱的东西，没有提到他的死亡，而是说在他"消失"以后。这更像是一份声明，而不是明确的遗产清单，不过至少毕加索做到了这一步：西班牙传统中是根本没有遗嘱的。对于一个拥有巨额财产和众多亲属——婚生和非婚生子女——的人来说，这会造成相当大的混乱。毕加索的态度仍然十分暧昧。他也没有去征询他们的意见，不过杰奎琳起了很大作用。

在这种复杂的家族关系中，毕加索开始表明自己的目的，第一个举措就让他在西班牙的亲属感到震惊。1970 年初，他将存放在巴塞罗那家人那里、由他母亲和妹妹萝拉保管的全部作品捐献给萨瓦特斯收藏展。这些作品数量颇丰，有大约 900 件。主要包括他早期在西班牙的作品（现在非常值钱了）和季阿吉列夫剧院时期的作品。馆长来到慕瞻，跟毕加索一起翻阅所有展品的照片，请他在每件东西上签字。大笔等待变现的财富就这样从他的西班牙继承人的手中溜走了。

逐条列举从他母亲家拿走的遗产很好地说明了在伟大艺术家心目中，哪些东西算是"艺术品"。最明显的是总共有 82 幅布面油画和 21

幅其他载体的油画。还有691幅素描、色粉画或水彩画。如果算上17本笔记本和素描簿的每一页，这个数字还要增加；同样还有毕加索在书页空白处写下的潦草笔记。还有许多他制作或改造的纪念品。在这第一次捐赠之后，巴塞罗那博物馆收到的杂项物品的数量激增，展品的存放空间一度扩展到了另外两座古建筑。毕加索接到了巴塞罗那的邀请，但是推迟了行程，开玩笑说他不得不戴上假发和胡子变装。

毕加索要求在1970年12月18日巴塞罗那的揭幕式上不要举办大型庆典。他对太多的浮华已经厌倦了，或者只是在表示礼貌的矜持。在这些事务的中心——也是他1969年"遗嘱"的中心——是《格尔尼卡》的命运，这幅名作现在挂在纽约现代艺术博物馆。毕加索说过，当民主回归，《格尔尼卡》一定会回到西班牙，意思是这将伴随着佛朗哥的离开（事实上，佛朗哥于1975年去世）。1970年，即使佛朗哥还在任，西班牙也在发生变化。毕加索将家族遗产捐给巴塞罗那的同一年，这个国家开放了马德里的现代艺术博物馆，距离普拉多博物馆不远。对于那些谈论《格尔尼卡》回归西班牙的人来说，新博物馆和普拉多是两个明显的可供选择的目的地。现在，有人说毕加索所有的作品都应该进入普拉多时，他是持嘲笑的态度的。

* * *

或许出乎所有人的意料，1971年世界迎来了毕加索的九十大寿。前一次活动如此大费周章，这一次人们想要搞点规模较小但更精致的东西。这是法国选择的方式，法国总统乔治·蓬皮杜政府新的文化部部长不想让这件事情触礁。

让·莱马里又被召来，另外还有一位高层人士。在卢浮宫，大画廊清理了几幅18世纪法国作品，为8幅毕加索最著名——和最少争议——的作品腾出空间，做为期10天的展示。这是大画廊第一次展出活着的艺术家的作品。在典礼上,蓬皮杜说毕加索是一座"火山",即使这 8 幅作品不是诞生于他最强烈爆发的时期。"不管他画女人的脸还是彩衣小丑,都迸发出同一种年轻的活力。"蓬皮杜总统说,为了给法国政治中一个重要的代际主题提供助力。[8]

卢浮宫的揭幕式在 10 月 25 日,毕加索生日当天举行,信件和电报传到慕瞻,共产党为他们"天才的同志"在巴黎和小城瓦洛里(他们期待毕加索到那里去,结果失望了)举行了庆祝活动。各方代表到他家去道贺,但是全都吃了闭门羹,得到的答复是"先生不在这里"。

西班牙又是另一番景象,佛朗哥又一次失去了耐心。在巴塞罗那,警察驱散了反政府的"向毕加索致敬展"。佛朗哥政权的极端支持者也参与了行动。一些人闯入了马德里的一间画廊。他们破坏了"沃拉尔组曲展"中的 24 幅作品,展览包括一系列共 100 幅版画(主要是牛头怪和艺术家与模特系列),是毕加索在 20 世纪 30 年代为画商安布罗斯·沃拉尔创作的。一伙反马克思主义者捣毁了一个叫毕加索工作室的小展厅。即使作为出版者,宣扬赞美毕加索的东西也是危险的。在其他地方,人们以和平的方式向毕加索致敬。他出生的城市马拉加为一座雕像揭幕。在拉科鲁尼亚,他上第一所艺术学校的地方,庆祝者组织了一次文学活动。

1971 年卢浮宫低调的活动不能逃避毕加索的坚定支持者的大声疾呼:这座城市需要一座大型、官方、世界级的毕加索博物馆,他们说。巴黎让毕加索成了"荣誉市民",但是拒绝进一步的行动:决定不设立雕像或纪念碑。自从建立毕加索博物馆的提议开始传播,国家和市政府都说正在考虑。不过,关于毕加索的话题,政府官员总是在进行政治计算,探测公众舆论和支持者的情绪。还有一些实际的问题。离开卢浮宫时,新闻媒体抓住蓬皮杜总统追问在巴黎建设毕加索博物馆的事。他说："我会很高兴看到这座博物馆。"但他又补充说："但是我们要往里面放什么呢？"[9]

时至今日，学生和工人示威游行的"五月风暴"动乱已经在巴黎来了又去，这个过程中造就了一代更加激进的年轻艺术家。对这些人来说，1971年，一个像毕加索这样打破传统的艺术家进入卢浮宫，绝对值得载入史册。不过，这也是在庆祝已死的过去。1970年，马塞尔·杜尚去世两年后，许多巴黎的年轻艺术家开始以他的名义集结。在他们看来，杜尚代表着他们要定义新的传统破坏者的诉求：未来的艺术应该是"思想"艺术、反美学艺术，甚至新达达精神。

对于这个群体，毕加索是障碍。在最糟糕的情况下，卢浮宫的展览只会巩固"对主流意识形态有用的传奇之一"，一位年轻艺术家说。其他人将其解释为一段过去的结束，有了结束才能继续前进。"毕加索站在大屠杀的遗址上终结了古希腊的遗产。"巴黎超现实主义和波普艺术家埃尔韦·泰来马克说，"此时此刻杜尚的意义更大。"当时不少人呼应了他的观点。"毕加索用绘画的愉悦混淆了创造力。"新现实主义领袖马夏尔·雷斯引用马塞尔·杜尚的手稿说，"杜尚和蒙德里安是坚持走创新道路的人。"[10]

* * *

1970年5月，毕加索在蒙马特的旧工作室洗衣船在火灾中夷为平地，他生前最后阶段的作品在亚维农现在用作世俗用途的教皇宫公开展览。展览包括167幅油画和45幅素描，是由伊冯娜·泽尔沃斯组织的，她在展览开幕前几个月去世了。前来参观的人很多，许多色调明亮、风格粗犷的巨幅油画挂在天花板高挑的圣堂的古老石墙上，人们很喜欢这种视觉氛围。展览使用的房间包括克莱门特六世的大礼拜堂和公证大厅。这些作品是毕加索在1969—1970年间完成的，这个时期是他创作力最强的阶段之一。公众和新闻媒体对毕加索在88岁高龄还有这样的耐力感到惊讶。活着的传奇仍然使人着迷。即便如此，在许多人看来，亚维农的展览也揭示了他最后的衰落。在许多油画中，他们看到了"噩梦般的质量"以及毕加索开始沦落到"胡乱涂抹"的境地。[11]

比胡乱涂抹更严重的问题是，毕加索的色情过于露骨了：他最近的一些版画无法公开展出。显然，在毕加索行将离开人世时，满脑子都是色情的念头。一开始还相对温和，表现为粗俗的地中海狂欢主题。最后，他对妓院中动物式的性行为的细节表现已经没有留下什么想象的余地了，毕加索的记录者不得不设法解释这种最后的痴狂。一些人说，萨德侯爵的精神传人阿波利奈尔带毕加索领略的声色犬马在他晚年又回来了。毕加索试图成为先锋，这是他的脑细胞为他提供的素材。归根结底，伟大的波德莱尔也说"现代生活的画家"应该描绘妓院（或者马车旅行）。一些批评者没那么宽容，他们说毕加索就是个"肮脏的老男人"。这正是毕加索眼中其他艺术家的形象，从坏脾气的德加到放荡的马蒂斯，在他漫画式的"艺术家与模特"素描中都是这副样子。

其他人说毕加索在向60年代做出回应：新闻中总在谈论性解放。他从电视上看到了。西班牙老人不想错过这次浪潮。一如既往，他的支持者、法国共产党记者皮埃尔·戴为毕加索的选择找到了理由。作为法国人，戴摒弃了盎格鲁-撒克逊式的假正经，说他们对毕加索狂野、露骨、具体的妓院场景怀有"对老年人性生活的维多利亚式的恐惧"。[12]连毕加索的朋友都有些退缩。看起来，他们的英雄也不能对古老的腐化堕落免疫。仰慕毕加索的传记作家帕特里克·奥布莱恩怀着"困扰和难过"的心情离开了亚维农展览。他痛惜地说，毕加索最后还是成了一个与世隔绝的骄傲的有钱人。毕加索不喜欢这种评价，他相信"他用自己私人的速记法，简单、潦草地记下某个稍纵即逝的思想，这是一种与真正重要的东西的有效沟通方式"。[13]

不管怎样,毕加索的展览没有到此为止。1973年初,另一个他的近期作品展在教皇宫举行。这次展览包括他在过去8个月中完成的大约200幅油画。这一次,毕加索不再冷眼旁观。他和杰奎琳秘密造访了这座繁荣的古建筑,参观了展览,然后匆匆返回慕瞻。这些晚期作品,或者其他时期常见的黑暗、冷酷的作品,到底哪一个才反映了真正的毕加索?他的朋友们还在努力寻找正确答案。

20世纪60年代,由英国艺术委员会赞助、在泰特美术馆举办的毕加索第一次英国大型回顾展试图回答这个问题。这次展览是由罗兰·彭罗斯组织的,使用了270件作品(其中100件是毕加索从他的私人收藏中选择的),彭罗斯为毕加索塑造的形象是一个伟大的人道主义者,而不是自恋狂。在泰特美术馆,通过图片和文字,毕加索被表现为一个为普世价值代言的画家。年轻时,毕加索也曾放荡不羁,但是最后,在泰特美术馆的描述中,他成了受人爱戴的古典大师。相反,亚维农展就和这个形象背道而驰。亚维农展上未经人为挑选的作品显示,毕加索还是放荡不羁的:画中堕落的色情和凌乱的色彩让观众不由得想到,这对社会有什么价值呢?连毕加索自己也说:"一个人应该敢于粗俗。"[14]

1972—1973年初冬,毕加索患上了流感。虽然身体虚弱,卧床不起,但他还是通过尽可能地坚持画画来跟病魔做斗争。据当时去拜访过他的戴说,1973年初春,他在画自画像,好像戴着死亡的面具。他最后的自画像因为其阴冷的面容而著名。毕加索用就事论事的态度平静地对戴说:"你看,这次我是真的病了。"[15]

作为毕加索的管家,杰奎琳的任务远比她丈夫努力坚持画画更加困难。家庭已经成为一个等级森严的封闭圈子,外人称其为"宫廷"。杰奎琳做了她唯一知道如何做的事:她把毕加索隔绝起来,保护他不受所有可能的麻烦或食客的骚扰。在毕加索晚年,他们的人数不断增长。慕瞻整天大门紧锁,有看门狗,偶尔还要叫警察来保护。她告诉一位访客:"我在全心全意地为我的大师服务。"[16] 她的丈夫顽固而骄傲,即便失聪,原本强壮的身体也开始萎缩,还是决心坚持创作。

与此同时,关于"慕瞻的隐士"的流言蜚语和媒体炒作毫不留情。有人说,在慕瞻的秘密城堡里,毕加索的圈子正在怂恿他在死前尽可能多炮制一些艺术品——因为它们的价值会一飞冲天。甚至那些仰慕他的人,在看了他的色情图画和晚期作品后,也担心毕加索最后会被"自我放纵的腐败"压垮,他已经退缩到自己的小世界里去了。[17]

1973年的一个春天,毕加索接到了戴打来的电话,这是一个受欢迎的支持者的声音。"我的身体不太好,"毕加索说,推迟了见面的约定,"这一切对我来说太难了。"[18] 4月7日他邀请几个朋友来吃晚餐。到临睡前他开始喘不上气来。当地的医生发现了明显的肺感染和心脏病的症状,通知一位巴黎的心脏病专家搭乘早班飞机赶过来。在病床上,毕加索向心脏病专家展示了一些最近的作品。他的意识时而清醒时而糊涂,对所有的医疗装置表示出兴趣,不过,这些装置显示,他的时间已经不多了。当毕加索进入无痛苦的谵语状态时,他提到了阿波利奈尔。他告诉医生,一个法国单身汉:"你不结婚是错误的。婚姻很有用。"[19]

1973年4月8日星期日,正午前一会儿,毕加索的心脏停止了跳动。最先得到通知的是亲属。当地的理发师来给毕加索整理了遗容,杰奎琳给他盖上了一件黑斗篷。下午3点,法国和其他地方的广播电视台得到了消息:毕加索去世,享年91岁。

* * *

狗仔队的时刻来到了。在慕瞻,新闻记者和电影摄制组蜂拥而至,警察不得不设置了路障。在春日的蒙蒙细雨中,瓦洛里降了半旗。祝福者开始在山坡上的栅栏边敬献花束。连毕加索的家人都进不来。西班牙的亲属被告知不要来法国，只有长子保罗作为官方代表前来。"我们被包围了。"他在电话中说。[20]

在此之前，市政厅进行了死亡登记。经过考虑，葬礼安排在两天后的4月10日，埋葬地点定在沃韦纳尔盖，这是一座古老的别墅，坐落在塞尚笔下著名山丘的阴影里。杰奎琳对这个地点很失望。法律禁止在慕瞻的土地上埋葬死者。对于这样一位名人，公共墓地显然不在考虑的范围内。沃韦纳尔盖的别墅是最好的选择。让西班牙人愤怒的是，法国人又一次宣布毕加索是属于他们的。文化部部长说："法国成为他的愿望开花结果的土壤，毫无疑问是因为在这里能够呼吸到自由的空气。"[21]

葬礼当天飘起了粉末似的细雪。一位牧师和一位共产党官员都参加了小小的私人葬礼，不过在整个过程中负责主持的还是教堂方面。墓穴位于别墅入口处台阶下的花园露台中。1937年的世界博览会上展出的青铜半身像《女人与花瓶》标记了墓穴的位置。葬礼那天，另一家人来到了沃韦纳尔盖：他的情人玛丽-泰蕾兹和他的孩子们——玛雅、克劳德和帕洛玛。跟许多好奇的看热闹的人一样，他们也在大门口就被拦住了。于是他们向当地的墓地敬献了鲜花。

毕加索走了，但展览还在继续。一周后，亚维农的教皇宫又举办了一个纪念展。展览的气氛变了，因为现在世上只有毕加索的幽灵，而不再有活着的传奇了。展览展出了1970—1972年的201幅油画，是毕加索在世时自己挑选的。在全世界，博物馆和收藏家都举办了各种各样的纪念展。通常人们都会说些死者的好话，不过时间不长；随着时间的推移，毕加索成了历史，他最后的作品就成了批评的对象。评论家对亚维农纪念展的评价很糟糕。这是一场毫无希望的展览，最后，毕加索的死似乎成了阿谀奉承的借口。连毕加索的信徒们都出人意料地保持沉默。

没有拥挤的人群。但是公众似乎非常宽容。他们似乎在说，即使毕加索最后的艺术没有那么伟大，你能期待从一个 91 岁高龄仍然拒绝退休的老人身上得到什么呢？

无论如何，一个著名艺术家的死亡会在其他地方创造新的生命，这就是艺术市场的生命。一夜之间，毕加索作品的价格飙升。但是毕加索的死为他最亲近的人蒙上了一层阴影。人人都说他死得很安详，所以这算不上一个悲剧性的结局。但是在那之后，他的家人就没那么幸运了。金钱和遗产继承的问题成为他身后留下的诅咒。[22]

他留下的遗产数量很快就震惊了世人。据说，梅隆基金会斥资 100 万美元买下了他 1910 年的一幅油画，放在华盛顿的国家美术馆。毕加索的故居估价 2.4 亿美元，他的家人虽然不知道具体数字，但是都知道这件事跟自己利益攸关。葬礼两天后，保罗一家爆发了激烈的争吵，以至于 4 月 12 日，毕加索的孙子帕布力图企图喝漂白剂自杀。在医院抢救了三个月之后，还是没能挽回他的生命。毕加索去世时玛丽-泰蕾兹 63 岁，她被他抛弃已经 30 年了。她又等了四年，1977 年，她在安提布角结束了自己的生命。毕加索的妻子杰奎琳度过了 12 年艰难的时光，在毕加索离开后感觉越来越枯竭和空虚。她于 1985 年自杀。

尽管毕加索的两位伴侣遭受了这样的命运，他的孩子们——却敏锐地适应了现实世界和他们的命运——立刻联合起来提出对遗产的要求。传记作家奥布莱恩说，"一场令人难以置信的肮脏的遗产争夺战爆发了"，这场战争持续了四年。[23] 之前他们已经采取了第一步行动，当时法国政府裁定玛雅、克劳德和帕洛玛有合法权利冠以鲁伊斯·毕加索的姓氏；1974 年，又进一步裁定他们是毕加索的"非婚生子女"。这让他们跟长子保罗和遗孀杰奎琳一样有权继承遗产。有了这项权威认证，孩子们向法院提起诉讼，要求得到毕加索的完整财产清单。

1974年7月,各方律师翻遍了毕加索的宅子,以确定这份财产清单。不管最后的遗产数目有多少,法国政府要征收20%的遗产税(杰奎琳以艺术品的形式支付了这笔税赋,这些作品后来成为未来的法国毕加索博物馆的藏品,该博物馆1985年在巴黎揭幕)。但是从一开始,杰奎琳就站在孩子们的对立面。她没有积极对待他们的请求。在她自己的律师的帮助下,跟他们就财产份额的问题争论不休。当法国艺术部的官员和巴黎市最终决定建设一座毕加索博物馆时,她同意了。但是孩子们不同意,理由是财产清单还没有最后完成。

1977年法国法院对遗产继承做出了裁决。长子保罗已经在两年前去世,所以他没有看到这一天。其他六人平分财产:毕加索的三个非婚生子女(玛雅、克劳德和帕洛玛),保罗的两次婚姻留下的两个孙子,以及杰奎琳。她拒绝这个判决,但判决还是生效了。1977年9月,所有人都在判决书上签了字。

虽然在遗产继承的争端中经历了许多不愉快,杰奎琳(和保罗)还是规规矩矩地实现了毕加索的一个遗愿。他把自己私人收藏的37位现代画家——包括勒南、沙朗、柯罗、库尔贝、德加、塞尚、雷诺阿、卢梭、马蒂斯、德兰、布拉克、格里斯和米罗——的作品捐给了法国的博物馆。条件是这些藏品必须留在一起。在一些鉴赏家看来,这些藏品虽然独特(而且对于毕加索有感情价值),但不能代表这些艺术家的最高水准;一些作品的真实性也值得怀疑。无论如何,毕加索开出的条件还是被接受了。

关于毕加索财产的家庭战争爆发的同年,西班牙政府也委派了一组律师,去商谈将《格尔尼卡》带回西班牙的条件,因为毕加索曾经含糊地以书面形式表达过这个意愿。在美国方面,现代艺术博物馆馆长、研究毕加索的专家威廉·鲁宾等人并不否认这是毕加索的愿望。"多年来毕加索在许多场合清晰地表达过这样的意见，事实上他去世前不久亲口跟我说过，当一个真正的西班牙共和国重新成立时，'格尔尼卡'应该被送回西班牙。"鲁宾在 1975 年的《纽约时报》上写道。[24]

在毕加索最重要的作品的命运还摇摆不定的时候（直到 1981 年，《格尔尼卡》回到西班牙才终于尘埃落定），费城做出了一项关于马塞尔·杜尚遗作的决定。

注释

1. John Canaday, "Art: Picasso Sets Off a Paris Culture Explosion," *New York Times*, November 21, 1966, 54.

2. Picasso quoted in Pierre Cabanne, *Pablo Picasso: His Life and Times* (New York: Morrow, 1977), 539.

3. 当时在法国，格林伯格的评论发表于 Georges Courthion, "Picasso," *Gazette des Beaux Arts* (1967): 261.

4. Richardson, *LP2*, 106.

5. Cabanne, *Pablo Picasso*, 530.

6. Douglas Cooper cited in Cabanne, *Pablo Picasso*, 569. 库珀说："毕加索的创作十年前就结束了，版画例外。"

7. Picasso quoted in Cabanne, *Pablo Picasso*, 567.

8. Pompidou quoted in Cabanne, *Pablo Picasso*, 559.

9. 同上，560.

10. Télémaque and Raysse quoted in Cabanne, *Pablo Picasso*, 559.

11. Patrick O'Brian, *Pablo Ruiz Picasso: A Biography* (New York: W. W. Norton, 1994 [1976]), 474.

12. Daix, *PLA*, 360. 关于 60 年代参见 Carsten-Peter Warncke and Ingo F. Walther, ed. *Picasso* (Cologne, Germany: Taschen, 2002), 650: "毕加索露骨的图画是 60 年代革命的一部分。"

13. O'Brian, *Pablo Ruiz Picasso*, 477.

14. Picasso quoted in Cabanne, *Pablo Picasso*, 513.

15. Picasso quoted in Daix, *PLA*, 369.

16. Jacqueline quoted in Cabanne，*Pablo Picasso*，544.

17. O'Brian，*Pablo Ruiz Picasso*，477. 杜尚最后的作品《给定》也遭遇了类似的批评，被认为是倚老卖老。《艺术论坛》前任编辑约瑟夫·马谢克1975年说："这件东西惊人的粗俗和业余。它彻底沦为一种老年人的业余爱好，加上一种私人的心理满足，即使在朋友看来也是不恰当和毫无吸引力的。" Masheck，*MDP*，23.

18. Picasso quoted in Daix，*PLA*，370.

19. Picasso quoted in O'Brian，*Pablo Ruiz Picasso*，479.

20. Paulo Picasso quoted in Daix，*PLA*，370.

21. Minister for Cultural Affairs quoted in Cabanne，*Pablo Picasso*，565.

22. 关于毕加索之死给他家人带来的连锁反应参见Deborah Trustman，"Ordeal of Picasso's Heirs," *New York Times* (*Sunday Magazine*)，April 20，1980，11.

23. O'Brian，*Pablo Ruiz Picasso*，464.

24. William Rubin，"On Returning Picasso's 'Guernica,'" *New York Times*，letters，December 1，1975，30.

第 16 章　杜尚派

1969年1月15日，初雪刚刚落在马塞尔·杜尚的墓碑上不久，费城艺术博物馆的最高委员会召开了会议。杜尚还给博物馆留下了一项需要做出的决定。通过威廉·科普利的卡桑德拉基金会，杜尚向博物馆捐赠了他的实景模型，它的官方名称是《给定》（一个数学证明中使用的术语）。为此，主席埃文·H·特纳召集博物馆执行委员会，讨论决定是否要推荐理事们接受杜尚的这份"礼物"，这意味着要在博物馆中展出它。

当天，委员会投出了赞成票，特纳提醒委员会成员一旦博物馆接受这件色情露骨的作品，就必须"坚决支持和公开表达这个决定"。[1]与此同时，官方决定不召开新闻发布会，实景模型的揭幕只做最少的宣传。幸运的是，阿莱希娜·杜尚和科普利的态度为这种低调的做法提供了一块遮羞布。他们"不希望它的首展引起任何轰动"，特纳解释说。这跟"艺术家创作这件作品时的安静"是一脉相承的。[2]而且，杜尚坚持不允许为这件作品拍照。当时，博物馆为拍照设置了15年的禁令。

似乎每个人都同意特纳所说的，杜尚的实景模型是"他在《大玻璃》中探索过的思想的高潮"。[3]另一方面，杜尚没有留下任何解释。[4]回顾20世纪40年代，他可能把它看作自己和玛丽亚·马丁斯之间的私事，作为《大玻璃》的衍生物只是第二位的。虽然科普利在书面材料中说它无疑是《大玻璃》的理论扩展，但私下里他也说它可能只是杜尚关于性机器的另一个鲁布·戈德堡式的恶作剧。

仅凭语言，很难向公众解释《给定》到底是怎样一件作品，事实上，在这个当口，博物馆和阿莱希娜都坚信仅凭"语言"很容易歪曲这件作品。人们必须亲眼"看到"它。但是控制口头新闻的努力注定要失败。1969年7月7日，预定的揭幕日期之前，《给定》的消息就走漏了。英国的资深媒体人理查德·汉密尔顿把他知道的为数不多的信息告诉了《伦敦星期日时报》的艺术评论家约翰·拉塞尔。拉塞尔在1969年5月11日的文章中想当然地描述了人体模型（一个"爱情女神"）。但是一个新的杜尚神话诞生了："过去20年里他一直在完全保密的状况下致力于这件作品"。最有预见性的是，拉塞尔说实景模型是一件极度视网膜化的作品，推翻了杜尚作为反艺术家的整个职业生涯。"上周，关于现代艺术的一个爆炸性的关键事实呈现在我们面前，"拉塞尔说，"鄙视艺术创作的伟大艺术家的神话破灭了。"[5]

宣传的水闸又过了几个星期才打开。6月23日，《美国艺术》发行了一期关于杜尚的特刊，其中一篇新闻稿称，"刚刚披露的马塞尔·杜尚最后的大师之作在《美国艺术》首次曝光"。[6]这期杂志的主要文章《伟大的旁观者》由克利夫·格雷撰写，格雷曾经翻译过杜尚最后的《不定式》盒子中的笔记。格雷的直言不讳令博物馆非常不快。他发明了"色情托儿所"这个词，坦率地说"还没有哪件作品把性表现得这么露骨"。[7]他还提醒博物馆作为言论自由的大本营，应该宣布这个展览是少儿不宜的——博物馆态度强硬地拒绝了。事实上也没有必要设置限制。老式西班牙木门上的窥视孔位置很高，连老太太都够不着，特纳说这是"应对少儿不宜的最伟大发明"。[8]

《美国艺术》的文章引起了媒体的关注，大众媒体开始出现在费城艺术博物馆的门前。博物馆对铺天盖地的宣传很反感，最后的防线是在其《公报》上发表的一篇学术文章，将实景模型放在更广阔、更复杂的艺术背景下审视。在接受这件作品时，博物馆的一位艺术史学家就告诉理事们杜尚跟波普艺术的联系，所以为《给定》安排一个展室会把当代思潮带到费城。1969 年，波普艺术以艺术世界见所未见的速度腾飞，全国的艺术博物馆都想跟上这股潮流，也包括博爱之城[①]。

不出所料，大众平面媒体对《给定》的评价毁誉参半。《纽约时报》说，尽管人人都说杜尚是艺术的颠覆者，他最后却用老派的实景模型技巧创作了一件华而不实的、饱含性暗示的老古董，这看起来"有点反先锋派"。相反，《时代》认为这件作品是杜尚艺术生涯的"胜利大结局"，是一个"无比迷人的悖论"。《时代》的文章极尽溢美之词，以至于特纳为它"甜得发腻的语调"感到脸红。[9] 接下来，《村声》将其作为反主流文化转折点，表达了朦胧的敬畏。实景模型：

> 一部分是寓言，一部分是神话，一部分是色情，一部分是形而上的几何学，一部分是赞美诗，还有一部分是打在脸上的耳光——对其他一切艺术、艺术史和愚蠢到会被引诱进多重含义的迷宫的观众的批评。[10]

在《时代》谈论大结局的时候，曼哈顿以外，甚至格林威治村以外的美国人大多不知道杜尚，更不用说他的职业生涯的最终"胜利"了。提到杜尚名字的新闻标题都是关于媒体争论的。这些报道挥之不去，就像 1913 年军械库展时，杜尚的《下楼的裸女》为 1913 年 2 月寒冷、慢热的展览划着了一根火柴一样。56 年后，杜尚的神话又在大众媒体上复活了，这一次，他的名字频繁地出现在大标题上。本地报纸《费城问询报》这样总结开幕当天的主题："杜尚遗作是一场真正的偷窥秀"。[11]

---

① 费城的别称。——译者注

在其他地方,更多的大标题提到了他的名字:

>   杜尚的大师之作被发现:博物馆得到秘密作品
>   这里有杜尚的"秘密"作品
>   杜尚——艺术家和喜剧演员
>   新艺术对杜尚一点都不新鲜
>   费城偷窥秀揭露杜尚的裸体,先睹为快
>   费城博物馆展出杜尚遗作
>   艺术博物馆举办杜尚的"地下"雕塑展

当然,博物馆最想听到的是后来的新闻:"杜尚的裸体模型让艺术博物馆的参观人数增加了３倍"。特纳对最后的结果相当满意,总算能长出一口气了。在博物馆内部,他开玩笑说他们面临的最大问题可能是老太太不满窥视孔的高度,偷走博物馆的电话簿(或者搬椅子)来垫脚,好看看杜尚所说的他那"露出阴部的女人"。[12]

* * *

除了损坏电话簿,关于杜尚遗作的真正危机发生在艺术世界内部。艺术世界的每个人都与杜尚留下的惊喜利害攸关,而这超出了任何人的控制。

对于那些喜欢杜尚颠覆视网膜艺术的方式的人,《给定》是令人失望的。作家约翰·拉塞尔谈到过原因:杜尚的神话在概念艺术的面前破灭了。连约翰·凯奇都说他的老朋友江郎才尽了。如果杜尚还活着,他肯定有办法从困境中脱身,即说明他为什么要对这件作品保密。这个女人在做什么?为什么他要用一个由美丽风景和传统材料组成的实景模型来结束自己的职业生涯?为这次展览牵线搭桥的费城博物馆馆长安妮·德·哈农库特亲切地说,已故的杜尚"现在仁慈地免除了我们的所有疑

问"。[13]

对杜尚的声誉至关重要的两位传记作家感觉自己被排斥在外了,其中一人更是完全不知情。罗伯特·勒贝尔忠实地保守着秘密,但是早先他去参观这件作品的请求遭到了拒绝。"在我看来,"他之前写道,"在大门关闭以前,杜尚的亲密朋友应该知道并有机会去看看这件作品。"据说,看过展览之后,勒贝尔对杜尚的谢幕演出感到厌恶,后来,对于创作这个"粗俗和业余"的实景模型,亲杜尚的《艺术论坛》杂志前任编辑除了杜尚的衰老和个人精神偏好之外找不到别的解释。[14]

当杜尚的第二位传记作家阿图罗·施瓦茨听说《给定》时,被惊得目瞪口呆:他的巨著《马塞尔·杜尚作品全集》已经付印。阿莱希娜建议他补充一个勘误别册。她还请求他"写得越少越好……因为通过语言太容易扭曲真相了。"[15]施瓦茨匆忙赶往费城,透过窥视孔看了这件作品,然后给他的出版商寄去了几页补充文字。[16]

正如作家约翰·拉塞尔首次暗示的那样,杜尚摧毁了自己的神话。这个神话包括一系列他曾经倡导的坚定原则。从反视网膜和拒绝重复,到反对销售艺术品和主张观众决定艺术品的本质——意味着艺术家的意图根本不重要。他还说偶然性应该支配艺术过程,让缝线自由地落在平面上。

所有这些原则看起来都与他的遗作《给定》相反。克利夫·格雷在《美国艺术》上强调了这一点。"通过纯粹、理性的抽象和费解的介质,杜尚向戏剧现实主义做了180度的大转弯。"格雷写道。[17]研究杜尚的专家们试图寻找《给定》背后复杂的思想脉络,它似乎证明杜尚只是在重复自己(策展人则称之为对相同元素的"交叉引用"和"超级加强版")。[18]为了实现一个决定这件作品未来命运的特别计划,杜尚将它卖了6万美元。一位博物馆馆长说,一旦实景模型安装好,它就"严格控制了观众的行动"。[19]这似乎违反了杜尚认为观众应该控制艺术品的信条。违反他信条的还有,他亲口说不允许通过摄影复制这件作品。

最后,经常把博物馆斥为墓地的杜尚(毕加索也这样做过),花了生命最后三十年的时光争取把自己送进一座博物馆,成为受人崇拜的偶像。这不是一个流浪的希腊哲学家、一个因为自由和淡泊而著称的波希米亚人的生活:这是一个棋手的生活。杜尚把美国的艺术博物馆体系将死了(正如在另外一局棋中,他把艺术学院派也将死了)。"国际象棋和艺术之间有很大的相关性。"杜尚六年前说过,"他们说国际象棋是一门科学,但是通过人与人的对抗来进行的,这就是艺术出现的地方。将军。"[20]

实景模型的面世几乎立刻激励策展人和评论家们去寻找杜尚造成的"影响"。这是 20 世纪 60 年代,艺术史正在发生一场革命。新的问题是:一个像杜尚这样的革命性人物是否应该透过艺术史上旧模式的透镜去解释,这个模式倾向于寻找一个对后继者产生影响的"天才"(或创始人)。多年以后,在一个"杜尚的影响"学术论坛上,一位著名艺术理论家解释说,现在(大约在 1994 年)书写艺术史时,真正的作家—创始人远不如围绕在他周围的社会力量来得重要,因此,"一切试图围绕创始人书写的历史……都是完全无用的,从方法学上就不能接受"。[21]无论如何,总有人把毕加索或杜尚看作一个脱离社会制约或"社会建构"的非凡天才和某种新事物的创始人。

于是,出于谨慎考虑,在 1969 年《给定》揭幕时,杜尚的老朋友沃尔特·霍普斯试图在他关于杜尚的原创性与艺术世界的关系的文章中小心翼翼地寻找一条中间路线。在博物馆《公告》中,他在谈论《给定》时指出了新达达和波普艺术——两者都有舞台背景类型的作品——中的一些同类作品,但是只用了模棱两可的语言。另一方面,霍普斯不认为杜尚对20世纪50—60年代美国艺术的兴起有直接影响。同样，杜尚也不是60年代美国艺术的模仿者。杜尚的作用是不同的。他的"作用是一种精神支持，一种仁慈但并非没有批判性的许可，让艺术家勇往直前去做自己想做的一切"。[22]他是当代艺术的广义的教父。正如霍普斯的预言，在未来几十年中，一众当代艺术家说杜尚实际上给了他们想做什么就做什么的"许可"。

如果说霍普斯得出了审慎的结论，杜尚更多是一种象征和名人，而不是直接手把手教的老师，大众媒体则不像他这么闪烁其词。他们想要找到戏剧性的联系，特别是支持60年代美国艺术家的证据。一些流行作家说杜尚复制了60年代艺术家的最新尝试——惊人的舞台布景艺术。这种舞台布景风格最有代表性的例子是爱德华·金霍尔茨的舞台造型（例如一个精神病院病房的恐怖场景）和乔治·西格尔将白色石膏人体放在餐厅柜台或公园长凳上创作的舞台造型。

杜尚在完成《给定》的三四年前看过金霍尔茨和西格尔的作品；公众也看过——金霍尔茨登上过《生活》、《时代》和《新闻周刊》。杜尚跟这个年轻的美国新秀很亲密。"了不起的流行艺术家，"他评价金霍尔茨说，"我喜欢他的作品。"[23]但是杜尚显然在多年以前就有自己的想法了。欧洲媒体对《给定》的新闻报道强调了那些源自欧洲的早期影响。欧洲评论家理所当然地将《给定》与裸体玩偶和人体模型的超现实主义作品联系起来，特别是大萧条时代那些追求轰动效应的带亵渎意味的作品。包括从汉斯·贝尔默肢解玩偶的系列照片（1935—1938）和马克斯·恩斯特的解剖学拼贴画，到萨尔瓦多·达利的《雨中出租车》舞台造型（1938）和保罗·德尔沃的四肢僵硬的裸女画（1937）。

不管怎样，杜尚本人现在成了历史。处在那个神圣的地位，他在日渐重要的艺术评论家和艺术史研究生那里开始获得新生。在接下来几十年里，许多概念艺术家复兴了杜尚和他的现成品，将其作为新艺术和艺术史的重要源泉。为了向杜尚致敬，概念艺术家布鲁斯·瑙曼给自己拍了一张嘴里喷水的照片，加上标题《泉的自画像》(1967)，由此把自己牢牢地嵌入了当代艺术的基因链中。随着"挪用"艺术的兴起，业内人士谢丽·莱文也做过类似的事：她制作了一个镀金的铜小便池，《泉/来自马塞尔·杜尚》(1991)。到1989年，杜尚的《泉》已经有许多模仿者，休斯敦著名的梅尼尔收藏博物馆（顺便提一句，是由沃尔特·霍普斯掌管的）以泉/小便池为主题举办了一场专门展览。[24]

几个世纪以来，艺术家借鉴或者重复以往著名艺术家的成就是光明正大的，特别是如果做得很巧妙或者很聪明的话。杜尚的模仿之作纷纷出炉。与此同时，"影响力"的问题仍然困扰着艺术专家。明确影响力，即弄清楚谁是第一个，是为了证明谁是最伟大的。杜尚真的发明了关于当代艺术的一切——现成品、波普艺术、概念艺术、装置艺术、过程艺术，以及将艺术看作讽刺、思想、恶作剧等以至无穷吗？

在专业艺术世界，用一位评论家的话来说，这种微妙的问题被称为"影响力的钓鱼游戏"。[25]在这场游戏中，一个聪明的艺术史学家完全有可能发现实际上根本不存在的影响力。在艺术市场上也一样，代理商喜欢让他们的艺术家拥有影响力（而不是受别人影响），因为这有助于促进销售。正如在现当代艺术中经常看到的那样，一位著名艺术评论家或艺术史学家的一篇关于直接"影响力"的文章就可以决定一个艺术家在艺术市场的成败，无论是活着的还是已故的。

杜尚死后不久旋即复兴，艺术史学家露西·利帕德主张对杜尚的热衷应该加以节制。她说大部分美国当代艺术有着独立于杜尚或欧洲达达的自己的根源。对这种影响力的追根溯源是"一个痛处"，"马塞尔·杜尚显然是艺术史上一个重要的历史渊源，但是大多数艺术家并不认为他的作品多么有意思。"她说。她将杜尚划归更虚无缥缈的"历史渊源"。不过，她指出当时的艺术史学家处在承认杜尚创始人和教父地位的压力之下。"作为负责任的评论家，我们不得不提及杜尚这个先例。"[26]

在学术圈外，不只是大众媒体想寻找一个有故事的天才。许多年轻艺术家也在寻找他们的北极星，一个先锋派的成功范例。1952年，《生活》杂志称杜尚为"达达之父"，几十年后，关于杜尚如何影响下一代有影响力的人物的口头历史不断积累，成就了多重的"杜尚效应"。[27]

杜尚效应也被称为艺术的"非物质化"，这是一种艺术家追求思想或行动，而不是艺术品的"终极概念艺术"。[28] 概念艺术家阿兰·卡普罗是凯奇的学生，曾一度因为杜尚一生的行为已经窃取了每一个当代艺术家一鸣惊人的机会而感到绝望：在杜尚之后，再也不可能有什么东西是"新的"了。其他人寻找杜尚的盲点。"马塞尔·杜尚已经做了能做的一切——除了视频。"韩国概念艺术家白南准说。瞧！视频艺术。[29]

* * *

虽然在杜尚死后他的追随者和批评者对实景模型展开了不少讨论，但作为遗愿他本人只留下了一条清楚明白的指示：他不希望任何人给实景模型拍照。他把这个指示告诉了科普利。因此，《给定》面临的第一个危机不是舆论的批评，而是给杜尚遗作拍照的要求。最先坚持要求拍照的是施瓦茨和新闻媒体。他们都要求至少得到"局部"的，比如西班牙木门的照片。一幅西班牙木门的黑白照片出现在1969年出版的《马塞尔·杜尚作品全集》的第一版中。到了第二版，施瓦茨在截止日期之前更加顽固地请求："请一定、一定、一定要给我照片。"[30]

就在这时候，芝加哥的一家小出版社准备打破禁止照相的禁令。《艺术画廊》杂志上刊登了一幅加拿大艺术家莱斯·莱文私自拍摄的实景模型的照片。他打算用它们来重新制作一幅以杜尚的《给定》为背景的拼贴画。[31]阿莱希娜对莱文未经许可的行为感到愤怒，她仍然认同特纳早期的观点："任何复制品都倾向于歪曲艺术家的意图。"[32]不过，既然杜尚完全抛弃了艺术家意图的观点，所以这也不能算是很有力的论据。作为一个杜尚派，莱文认为自己的再创作并不比给《蒙娜丽莎》画上小胡子更糟糕。

阿莱希娜无从争辩，她改变了主意。她的丈夫"讨厌任何类型的禁令"，她承认。[33]当莱文的作品于 1970 年初面世时，表达《给定》的原始意图的困难就清楚了：公开发表的照片破坏了杜尚想要达到的让人震惊的效果。他想让人们透过窥视孔看到一个张开双腿的裸体女人，感觉自己像个偷窥狂。他想让他们体验惊讶、尴尬和从一个无辜的旁观者转变为下流的窥淫癖者的复杂感觉。[34]

1977 年，摄影的问题又一次出现。前一年，国际知名的博物馆馆长蓬图斯·胡尔滕请求在欧洲有史以来规模最大的杜尚回顾展上展出《给定》的完整图片，展览将在他管理的当代艺术博物馆——蓬皮杜国家艺术文化中心举行。胡尔滕坚持要求《给定》内部的大幅彩色照片，立体地呈现双眼透过窥视孔看到的效果。费城博物馆决定，与其让胡尔滕使用低质量的非法照片，还不如做出让步，允许专业摄影师来拍摄这些照片。科普利听说这件事情觉得被出卖了，因为杜尚"告诉我他不想要复制品"。[35]科普利立刻断绝了与费城博物馆的一切关系。15 年的规定破产了，不过后来又悄悄恢复了。

20 世纪六七十年代，《给定》的照片并非关于原初和真实的艺术品的复制品的争论中唯一的核心。这是"挪用"艺术的时代——一种非授权地使用其他人作品的委婉说法。在文学界、学术界和出版界这可以称为剽窃、侵犯版权或非法翻印。但是在视觉艺术中，复制无处不在，特别是在波普艺术和**概念艺术**（"挪用"艺术是它的一个分支）当中。新技术让复制变得非常简单，安迪·沃霍尔在他大量的图像制品中展示了这一点，他从其他人那里"借用"图像，然后通过摄影模板和丝网印刷大量复制。

在杜尚的时代没有这些关于剽窃的担忧，他可以勇往直前。例如，他从来没有将现成品归功于其制造者。在沃霍尔之后，现成品被大规模制造。新的摄影和印刷技术让复制变得越来越容易。复制品充斥了市场。对于沃霍尔和其他一些人，这些物品的价值迅速增长，就像股票和债券一样。终于有一天，一件沃霍尔作品是"真品"还是"复制品"成了重要的问题。

对于杜尚，他的瓶架子和雪铲都是复制品，因为他的口头批准或者在不同物品上的签名而变得"真实"。例如，他曾经与施瓦茨的米兰艺术画廊达成过一项罕见的商业协议，为13件著名现成品制作复制品，一式八份（总共104件，每套13件售价25 000美元）。施瓦茨看好这些东西的市场价格。作为协议的一部分，杜尚自然会获得分成。[36]事实上，施瓦茨在米兰的所作所为成了日后杜尚艺术市场的源泉。正是施瓦茨让杜尚的作品列表从不到200件激增到600多件。

随着时间的推移，复制的模式渐渐失控。杜尚派的商业化行为逃脱了法律纠纷——虽然有些夸张的噱头擦边球打得相当惊险——沃霍尔的市场就没有这么幸运了。[37]最后，必须由律师和辩论专家对沃霍尔的"真品"做出裁决，其价值可能高达上百万美元。显然，易手的假的沃霍尔作品不在少数。

甚至杜尚的积极支持者胡尔滕也被卷进了沃霍尔复制品的大漩涡。结束在法国著名的蓬皮杜国家艺术文化中心担任馆长的任期后，他投身画廊事业。1990年，他炮制了105个假的沃霍尔的《布里洛盒子》，冒充1968年的"原作"。赝品被发现了。当时胡尔滕已经去世（2006），留下了一场关于当代艺术中金钱和欺骗的痛苦争论,这份苦涩的遗产从杜尚、沃霍尔最后延伸到他们两个人的支持者胡尔滕。[38]

挪用艺术的世界也遭遇了类似的命运。艺术家开始起诉其他艺术家偷窃他们的作品和创意。美国联邦法院援引了商业利益大规模复制和在评论(自由演讲)中引用知名作品之间的区别,普遍上做出了有利于"原创"艺术家的裁决。[39]根据美国联邦法律,在不以营利为目的的公开场合演讲中提及其他人的作品,属于"合理使用"。

不过关系到赚钱的问题时,法律出于良好的本意提出的这些细微差别很快变得高度技术化,并且带来各种问题,因此遭到挪用艺术家(或者希望发布各种艺术形式的互联网提供商)的质疑。杜尚曾经出于个人幽默感提出了现成品艺术的思想,他肯定想不到有一天它会被送到法官和陪审团面前。随着现成品思想的传播,它给艺术品市场制造了空前的混乱。原创艺术家不得不小心翼翼。连"杜尚基金会"也必须对跟杜尚的生平和作品有关的一切实施严格的版权控制。[40]

* * *

在杜尚扮演完自己的角色之后,一些杜尚派的艺术家则认为他走得还不够远。在欧洲,随着"五月风暴"抗议活动的觉醒,一些人指责杜尚半途而废。他没有把现成品革命带到传统博物馆的四壁之外。在最后发生的杜尚派革命中,画廊和博物馆必须被消除,这是一种连阿尔弗雷德·雅里都会印象深刻的"连废墟也要破坏掉"。这意味着将"思想"艺术引向街头。或者,这也可以意味着让街头进入画廊(有时候意味着让画廊里充斥着令人瞠目结舌的街头垃圾)。[41]

这项活动的先驱主要在欧洲(在美国有"偶发"或"激浪"等形式的体现),社会运动和街头抗议成了艺术的新定义。[42]艺术和生活之间的界线变得模糊了。新生代艺术家带着头脑中的"艺术思想"走上街头,由此将他们的行动变得"艺术",至少从哲学上看如此。但是,大多数社会已经脱离了街头,各种各样的思想催生了各种各样的社交生活。普通人有许多名字来称呼他们的社交活动,比如政治游说、节日、青少年帮派或者传教,背后都有各自的观点驱动。他们称之为生活,而不是艺术。后杜尚派提出了一种更恰当的观点,主张艺术思想为这种街头生活加入了某种难以言喻的更高层次的东西,使其更加丰富。这是杜尚派革命的最后阶段。杜尚的雪铲被从画廊的墙上取下来,回到了街头。

所有这一切发生时,现成品也在概念艺术家之间引起了竞争。艺术家跟其他人一样,对谁的观点最有趣、谁的理论最精彩之类的问题争论不休。一些人开始彼此交战,比如20世纪80年代崛起的两位新星——杰夫·昆斯和辛迪·舍曼。1980年,昆斯创作了一件现成品,将两个现成的真空吸尘器装在一个树脂玻璃箱里,题目是《新吸尘器:豪华洗发水抛光机》。他找到一家当代艺术画廊来展出它(多年后,这件作品在索斯比拍出了260万美元的高价)。昆斯获得了承认,他认为杜尚是他的前辈。[43]他也很认真地看待杜尚所说的让公众感到"震惊"的需要。"这个世纪有毕加索和杜尚,"昆斯在1990年说,"现在我要带大家离开20世纪。"所以昆斯跟他当时的妻子——一位意大利色情片明星合作了露骨的大尺度色情艺术。[44]

昆斯的色情艺术在1989—1991年间推出,为他赢得了广泛的关注,这也是舍曼名气最大的时候,她觉得昆斯的作品太过分了。舍曼因为化妆自拍,复制老电影中的经典场景而著名。不过,为了与昆斯斗争,舍曼在1992年中止了常规的自拍创作,开始了她的"性图片"系列,这是一系列带有强烈性暗示的彩色照片,用的是无头的塑料人体模型(医学院解剖用的假肢),类似于汉斯·贝尔默30年代的超现实主义玩偶。普遍认为"性图片"是舍曼对昆斯发起的市场挑战。[45]谁能够最成功地脱离毕加索和杜尚的世纪,又是谁最让人震惊?

舍曼说过她不是一个女权主义者。不过,新一代女权主义艺术家开始仰慕杜尚。部分原因是他曾经男扮女装,化身罗丝·瑟拉薇。对于这些女权主义者,更重要的是,以正确的眼光看来,杜尚对女性裸体的迷恋没有任何问题,这就是"讽刺的"眼光。他们相信杜尚的色情作品对"窥淫癖"做出了进步的评价。换句话说,他不雅的艺术让社会不得不面对如何看待女性的问题。对于有马克思主义倾向的女权主义者,杜尚的现成品似乎是对资本主义的批判,因为这些现成品很可能不会成为马克思的"商品拜物教"所指涉的罪恶的艺术品。

女权主义者对杜尚的喜爱绝不是普遍的。涉及《给定》的实景模型,杜尚也被看作另一个为了一己之私利用女性裸体的男人。女权主义艺术家汉娜·威尔克——事实上她曾是已婚的理查德·汉密尔顿短期的情人——曾经创作了响应杜尚的摄影艺术作品,她在《大玻璃》前拍摄自己性感撩人的裸照(得到了博物馆的允许),还在卡达克斯海滩(杜尚和汉密尔顿夏天的度假地)拍摄了类似的照片。用《村声》曾经评价杜尚的实景模型的话来说,威尔克的色情照片是打在创作有裸女的实景模型的人"脸上的一记耳光"。威尔克的摄影艺术是一种女权主义声明,或者只是由来已久的对荡妇的嘲弄,就像玛丽亚·马丁斯在她的诗中说的:"我还要折磨你/我要让你对我的渴望/像火蛇一样盘绕在你的身体/却不烧死你。"[46]

* * *

幸运的是,一些真诚、谨慎的杜尚学者开始着手平息风波、驱赶火蛇。传记作家勒贝尔和施瓦茨完成了主要工作,其他还有安德烈·布勒东的文章和耶鲁的乔治·赫德·汉密尔顿的翻译。在1963年帕萨迪纳的回顾展上,沃尔特·霍普斯和英国的理查德·汉密尔顿捍卫了杜尚。

霍普斯编撰了展品目录，汉密尔顿做了相关演讲。当时，霍普斯列举的他认为可以信赖的研究杜尚的学术权威不过六人。

这个队伍还会扩大，在很多方面可以追溯到一个当时刚刚在艺术博物馆崭露头角的年轻女性。她就是安妮·德·哈农库特，《给定》作为礼物送给费城博物馆时她是那里的馆长助理。安妮是出生在澳大利亚的勒内·德·哈农库特伯爵的独生女，她的父亲在纽约现代艺术博物馆做了近20年的主管。他是艺术界的领袖，对安妮产生了深刻的影响。他最初是一位古董和墨西哥艺术专家，后来成为公共教育家，主持电台节目"美国艺术"，并给艺术赞助人纳尔逊·洛克菲勒提供建议。遗憾的是，安妮在伦敦的考陶德艺术学院获得研究生学位、回到美国开始职业生涯之后的第一年，她的父亲就在一次车祸中丧生，原因是对方醉驾。那是1968年，她刚刚开始关注马塞尔·杜尚。

当埃文·特纳第一次走进杜尚陈旧的曼哈顿工作室见到《给定》时，他是带着安妮·德·哈农库特一起去的。因此，特纳将搬运和安装实景模型的后勤任务交给了她，她很熟悉情况。尽管众所周知，安妮拥有广博的艺术知识，特别是现代艺术知识，但她很快自称是一个骄傲的"杜尚派"，这是一个她发自内心赞同的说法。她甚至亲自谒见过这位伟人。在他去世前，也在礼物事件之前，她曾在纽约就爱伦斯伯格藏品的历史渊源采访过他，其间也谈到了他自己的作品。在她20多岁时，安妮被这位80多岁的"幕后操纵者"说服，相信他的现成品思想是了不起的，她称之为"他最令人兴奋的信条，即任何东西都可以成为艺术"。[47]

在她关于杜尚的第一篇文章中引用了"杜尚的神话"。四年后，在另一篇文章中，她说"他的死是一个现代神话的终结"。[48] 1969年杜尚遗作展出季之后不久，勤奋的安妮正在向成功进发。她受雇于芝加哥艺术学院，担任 20 世纪艺术部门的负责人。与此同时，费城博物馆也在评估自己的下一步。它拥有几乎全部杜尚的主要资产，希望凭借这种艺术世界中的垄断地位进一步扩张。所以它将目光转向了芝加哥，安妮刚刚在那里结婚。费城博物馆很轻松地说服她回到费城，担任 20 世纪艺术部门的主管。她的第一个任务是举办一个有史以来最大规模的杜尚回顾展。展览于 1973 年 9 月开幕，持续了近 5 个月，包括在纽约和芝加哥的巡展。

在这个过程中，安妮完成了杜尚作品的收集和归档工作。1973 年回顾展时，杜尚派的圈子得到了适度的扩展。除了费城博物馆的杜尚藏品之外，展览列出了 61 个个人和机构捐赠者。总共包括了 292 件展品和 18 幅杜尚的肖像。另外，实际上有 51 件展品是与杜尚有关的书籍、目录、期刊和海报。

而且，杜尚在美国人中得到了高度认可，展览部分是由美国纳税人通过国家艺术基金会资助的。（在杜尚去世前的 1960 年，他在美国获得了另外一项荣誉，入选美国艺术暨文学学会，对于像毕加索这样的斗牛爱好者来说这是完全不可能的。）在美国，杜尚成了青年人的导师。费城博物馆和现代艺术博物馆（作为联合发起人）说，鉴于"杜尚对年轻一代艺术家的影响"，1973 年的杜尚回顾展是一个审时度势的重要时刻。[49]

作为杜尚回顾展的主要策展人，安妮的任务是确保他在艺术史上的地位。她将他还原为一个人。展览更多地围绕着他的生平，而不是艺术，她说："我们试图看到（杜尚的）生活本身，就像看到他的艺术家意图一样。"她认为，诚然，杜尚创作了一些重要的油画，但是，他"不是一个画家，而是个万事通，或许还是个诗人"。同样不能回避的是：他"对色情有着天生的关注"，她在 1973 年的回顾展目录中写道。

第 16 章　杜尚派　373

杜尚的藏品现在都在博物馆的四壁之内。但是杜尚试图通过他费解的双关语和模棱两可的"开放性"在这些墙外发出声音。他的物品、装置和出版物都很难适用普通的艺术定义，但是归根结底，"他试图消除对艺术定义的需要"。[50]

作为名副其实的纽约现代艺术之女，高贵典雅的安妮·德·哈农库特很擅长自己的工作。1982年，她成为整个费城博物馆的馆长（后来是首席执行官）。她的视野很开阔。但她也谈到了杜尚展厅如何让费城成了"朝圣地"。[51]虽然纽约和华盛顿的许多大博物馆希望招募她，但她扎根于费城，没有离开。从一开始，她的募款技巧就令人惊叹。有时候她自己都想不到能够做得那样好。1996年她组织的塞尚回顾展吸引了80万参观者。作为博物馆馆长，这是一段相当忙碌的岁月，但是安妮一次又一次地想起玛丽亚·马丁斯的青铜亚马逊女神雕像。这座雕像陈列在希腊神庙式的博物馆建筑的东游廊已经有一段时间了。

玛丽亚于1973年去世，没有人了解她和杜尚故事的全貌。关键材料是杜尚在他们情史的中期到结束写给玛丽亚的35封信。多年来，博物馆和杜尚基金会请求玛丽亚的女儿提供这些信。最后，2006年，马丁斯基金会拍卖了这些信，杜尚基金会是出价最高的。接下来，杜尚家族允许费城博物馆将其出版和归档。换句话说，在静默了40年后，《给定》的实景模型又有新故事要讲了。它的40周年纪念活动在2009年启动，博物馆决定重新为《给定》公开揭幕，这一次要举办一个大型回顾展，呈现关于这件作品所有可能的细节。

2009年《给定》回顾展是博物馆馆长的一项主要任务，特别是考虑到安妮正在为博物馆开展一项500万美元的募款活动，为包括扩建馆舍、扩充藏品、招募新员工，以及未来举办更大规模的艺术展在内的宏伟计划募集资金。然后悲剧降临了。2008年6月1日星期日晚上，安妮在家中死于心力衰竭。第二年举行的《给定》纪念展也是对杜尚最了不起的宣传者之一，享年64岁的安妮·德·哈农库特的纪念。

最初激励了年轻的安妮·德·哈农库特的、杜尚的"最令人兴奋的信条，即任何东西都可以成为艺术"，现在广为流传。它在艺术家中横向传播，并且纵向进入了艺术学术界。杜尚的遗作《给定》似乎打破了他明确表达过的每一条规则。在摧毁了500年的传统艺术之后，他似乎在说："我只是在开玩笑。"许多当代艺术学者，比如耶鲁艺术学院院长罗伯特·施托尔指出，不管他嘴上怎么说，杜尚是一个完美的匠人，使用多种多样的材料，制作高度精确的作品，而且经常依赖视觉（即视网膜）效果来呈现他的作品。

无论如何，施托尔说，占上风的似乎是杜尚的理论。"杜尚对'视网膜'艺术（比如绘画）和一般意义上的知觉艺术的谴责，加上主流媒体地位的提升，推动了概念艺术的非物质化。"施托尔2009年时表示。[52]此外，在杜尚对视网膜艺术的谴责进入艺术学术界后，它就不再有过去的激进意味了。"他的例子广泛传播，"施托尔说，但是很快补充道，"这成了学术研究。"[53]

感谢杜尚派，公证人的儿子成功地跻身艺术史的万神殿。例如，2004年，英国一项由面向年轻艺术家的特纳奖发起的关于20世纪"最有影响力"的艺术品调查显示，被艺术领袖——主要是左翼的当代艺术——提及最多的是杜尚的作品。他们没有选择他最好的立体主义油画、他关于"偶然性"和缝线的实验，或者由电动马达驱动的光学装置。他们选择了杜尚的《泉》——他的小便池，恶作剧和胆大妄为的产物。毕加索的《亚维农少女》名列第二，接下来是沃霍尔的玛丽莲·梦露的联张丝网印刷照片。[54]

至少到目前为止，艺术的世纪之战还发生在杜尚和毕加索，或者毕加索和杜尚之间，取决于你问谁——甚至到 21 世纪仍然如此。

注释

1. Turner quoted in Taylor, *MDED*, 149.
2. 同上。
3. 同上。
4. 作为说明，杜尚留下了一个三孔文件夹，内容是如何组装实景模型各个部分的指示：包括固定部件、移动部件和电力部件。
5. John Russell, "Riches in a Little Room," *London Sunday Times*, May 11, 1969, 54. Quoted in Taylor, *MDED*, 169. 拉塞尔来到费城，并在 10 月撰写了一篇评论，将杜尚与提香、鲁本斯和库尔贝相提并论。后来，杜尚的盟友以一种温和的态度向他全面出击。See Taylor, *MDED*, 176-177.
6. Press release quoted in Taylor, *MDED*, 170.
7. Cleve Gray, "Marcel Duchamp: 1887—1968," *Art in America*, July 1969, 20.
8. Turner quoted in Taylor, *MDED*, 173.
9. John Canaday, "Philadelphia Museum Shows Final Duchamp Work," *New York Times*, July 7, 1969, 30; "Peep Show," *Time*, July 11, 1969, 58. Reports quoted in Taylor, *MDED*, 174; *Time* quoted, 175. Turner quoted in Taylor, *MDED*, 175.
10. John Perreault, "The Bride Needs New Clothes," *Village Voice*, September 11, 1969, 16.
11. Quoted in Taylor, *MDED*, 177. 其他"杜尚"的大标题参见第 188 页和注释 243，244，241，247，248，262，265。
12. Quoted in Taylor, *MDED*, 188 n 258; 188 n 173; 31.
13. Anne d'Harnoncourt and Walter Hopps, *Étant donnés: 10 la chute d'eau, 20 le gas d'éclairage: Reflections on a New Work by Marcel Duchamp* (Philadelphia: Philadelphia Museum of Art, 1987), 7. 这是博物馆的《艺术公告》的第二次修订版(1969 年 4—9 月)。
14. Lebel quoted in Taylor, *MDED*, 131. See Tomkins, *DB*, 455. 勒贝尔发现这跟杜尚的原则相斥，凯奇认为这是杜尚原则的逆转，参见 Joseph Mascheck, "Introduction," in Mascheck, *MDP*, 23: "这不是任何形式的。"

15. Alexina letter to Arturo Schwarz quoted in Taylor, *MDED*, 155.

16. Alexina quoted in Taylor, *MDED*, 156. 被排除在这个秘密之外让施瓦茨非常尴尬, 不过作为一个弗洛伊德主义者、神秘主义者和超现实主义者, 他说自己曾经在梦中看到过这件作品来加以掩饰。

17. Cleve Gray, "Marcel Duchamp: 1887—1968," *Art in America*, July 1969, 20.

18. D'Harnoncourt and Hopps, *Étant donnés*, 27.

19. 同上, 23.

20. Duchamp quoted in Harold C. Schonberg, "Creator of 'Nude Descending' Reflects After Half a Century," *New York Times*, April 12, 1963, 20.

21. Benjamin H. D. Buchloh, "Introduction," *The Duchamp Effect*, ed. Martha Buskirk and Mignon Nixon (Cambridge, MA: The MIT Press, 1996), 3.

22. Walter Hopps, "Postscript," in d'Harnoncourt and Hopps, *Étant donnés*, 46. 霍普斯的话显示了一种在建立联系中的敏锐能力: "杜尚已经成为这些(20世纪60年代)运动表面上的多样性背后一致的主要历史来源。"其他艺术家"在他们的作品中借鉴了杜尚派的东西", 但是在这样做时, 更像是从一个"远古的祖先"那里汲取营养, "更多是独立的而不是衍生的"。打个比方说, 60年代艺术家是"杜尚派现在的支流"。

23. Duchamp quoted in Walter Hopps, *Kienholz: A Retrospective* (New York: Whitney Museum of American Art, 1996), 3.

24. See the scholarly catalog, William A. Camfield, *Marcel Duchamp/Fountain* (Houston, TX: Menil Collection, Houston Fine Arts Press, 1989).

25. Art critic Max Kozloff quoted in Masheck, *MDP*, 144.

26. Lucy Lippard, ed. *Six Years: The Dematerialization of the Art Object from 1966 to 1972* (New York: Praeger, 1973), ix.

27. Martha Buskirk and Mignon Nixon, eds. *The Duchamp Effect* (Cambridge, MA: The MIT Press, 1996). 这本书中的会议论文包含一些受到杜尚影响的艺术家的访谈。

28. 艺术史学家露西·利帕德和约翰·钱德勒在1967年提出了"非物质化"的概念, 见 Lucy Lippard and John Chandler, "The Dematerialization of Art," *Art International*, February 1968. 他们指出"终极概念艺术"有两个分支——思想的和行动的。

29. Kaprow paraphrased in Dieter Daniels, "Marcel Duchamp: The Most Influential Artist of the 20th Century?" in *Marcel Duchamp*, ed. Museum Jean Tinguely

Basel (Berlin: Hatje Cantz, 2002), 27. Paik quoted in Irmeline Lebeer, *Chroniques de l'art vivant* 55 (February 1975): 35. See Daniels, *Marcel Duchamp*, 27.

30. Schwarz letter to Evan Turner quoted in Taylor, *MDED*, 159.

31. Taylor, *MDED*, 157-158, 200-201.

32. Turner quoted in Taylor, *MDED*, 155.

33. Alexina quoted in Taylor, *MDED*, 158.

34. See voyeurism and *Étant donnés* in Taylor, *MDED*, 24, 51, 100, 157.

35. Copley quoted in Taylor, *MDED*, 160.

36. On the Duchamp-Schwarz business dealings, see Tomkins, *DB*, 425-428.

37. 现在已经不存在的安迪·沃霍尔艺术鉴定委员会成立于1995年，是一家对沃霍尔作品做出权威认证的私人公司。由安迪·沃霍尔视觉艺术基金会赞助。委员会总部设在纽约，6位成员每年召开三次会议，对沃霍尔作品进行检测和鉴定（但不进行估值）。2011年底基金会宣布解散鉴定委员会。在画商、收藏家、博物馆和画廊的苛责之下，委员会对"真假"沃霍尔作品做出了一系列有争议的判定。基金会称其希望致力于促进艺术发展（而不是解决艺术市场中的争端、诉讼以及现成品和挪用艺术时期产生的问题）。See also Eileen Kinsella, "Warhol Inc." *Artnews*, November 2009, 86-93.

38. Eileen Kinsella, "The Brillo-Box Scandal," *Artnews*, November 2009, 94-99.

39. 杜尚从未因为将《蒙娜丽莎》用于谋取商业利益而被卢浮宫起诉，但是沃霍尔受到了《布里洛盒子》的原设计者和《现代摄影》杂志刊登的木槿花照片的摄影师的起诉，沃霍尔将这些照片直接用于1964年大规模生产的"花卉"系列丝网画（在卡斯泰利画廊创造了商业利益）。挪用艺术家杰夫·昆斯和谢丽·莱文被起诉在他们自己的作品中剽窃原创摄影作品，用于销售和谋取商业利益。在2011年的三起案件中，法庭认定挪用艺术家谢帕德·费瑞和理查德·普林斯以及电影人蒂埃里·古塔侵犯（即剽窃）了其他艺术家的著作权，以谋取商业利益。法庭依据的是"合理使用"条款，该条款规定艺术家可以将其他艺术作品用于戏仿或评论，但不能在以营利为目的的作品中剽窃他人的作品。安迪·沃霍尔基金会联合画廊和其他团体请求上诉法院推翻普林斯的判决，辩称"合理使用"法则允许在自由演讲中"挪用"艺术作品。

40. 马塞尔·杜尚基金会设在巴黎，在北美的代表是纽约的艺术家著作权协会，负责杜尚相关艺术复制品的授权使用和收取费用。

41. 艺术走向街头的革命的行动和"宣言"被称为"第四阶段"，现成品进入画廊是第三阶段。See Daniels, "Marcel Duchamp," 30-31.

42. See Michael Archer, *Art Since 1960*, new ed. (New York: Thames and Hudson, 2002), 69 - 72, 100 - 108.

43. See Calvin Tomkins, *Lives of the Artists* (New York: Henry Holt, 2008), 191. 汤姆金斯说"现成品是解读昆斯艺术的罗塞塔石碑①"。See also David Sylvester, *Interviews with American Artists* (New Haven, CT: Yale University Press, 2001), 353, 356.

44. Koons quoted in Tomkins, *Lives of the Artists*, 189. On "Made in Heaven," see Tomkins, *Lives of the Artists*, 193 - 197.

45. Tomkins, *Lives of the Artists*, 40.

46. 迈克尔·R·泰勒详细讲述了女权主义艺术家汉娜·威尔克的故事,见"A-Trophy in a Museum Case," in Taylor, *MDED*, 202 - 205.

47. Anne d'Harnoncourt, "Introduction," in d'Harnoncourt, *MD*73, 37.

48. D'Harnoncourt and Hopps, *Étant donnés*, 6; Anne d'Harnoncourt, "Introduction," in d'Harnoncourt, *MD*73, 34.

49. "Foreword," in d'Harnoncourt, *MD*73.

50. D'Harnoncourt, "Introduction," in d'Harnoncourt, *MD*73, 34, 35, 36, 38.

51. D'Harnoncourt quoted in Taylor, *MDED*, 17.

52. Robert Storr, "Dear Colleague," in *Art School: Propositions for the 21st Century*, ed. Steven Henry Madoff (Cambridge, MA: MIT Press, 2009), 60.

53. Storr, "Dear Colleague," 61.

54. "Duchamp's Urinal Tops Art Survey," *BBC News*, December 1, 2004.

---

① 罗塞塔石碑是一块制作于公元前196年的大理石石碑,是近代考古学家解读埃及象形文的意义与结构的重要依据。——译者注

第 17 章　　毕加索年，杜尚时代

2010 年，一幅巨大的横幅悬挂在了拥有马塞尔·杜尚主要作品的费城艺术博物馆希腊神庙式的正门前。横幅上写着："毕加索"。在博物馆里，"毕加索和巴黎先锋派展"涵盖了毕加索和杜尚同时活跃的时间段。在十间展厅里，毕加索无处不在，杜尚则占据了一处中心位置，这一幕差不多复制了 1912 年黄金分割展上《下楼的裸女》展出时的情景。

在 1912 年的黄金分割展和 1913 年的军械库展过去将近一个世纪后，毕加索和杜尚在艺术史上分庭抗礼。在巴黎沙龙的盛世和第一次世界大战之间，毕加索和杜尚以各自的方式将现代艺术送上了命运的轨道。他们被称为 20 世纪最有影响力的艺术家，典型的观点是毕加索统治了前半个世纪，杜尚统治了 60 年代之后的日子。

对于毕加索和杜尚二人来说，这是艺术家如何成为纪念碑和神话的故事。这个过程在他们去世后几乎立刻开始。他们的继承者迅速巩固和解释了毕加索和杜尚的遗产，特别是在博物馆系统中。他们的个性也与之相关。毕加索讨厌文书工作。他像西班牙的公牛一样勇往直前。"最后，一切都取决于自己，对于一个胸中燃烧着熊熊烈火的人来说，别的什么都不重要。"他曾说。[1]

最后，毕加索怀着胸中的烈火，没有成为一个哲学家，而是成了一名熟练的创作者，用视觉艺术的形式来重组现实。他留下了堆积如山的艺术品，以及让后来的艺术家，特别是画家望而却步的挑战，无论是匹敌他的技巧还是超越他的想象力，以及适应人类历史上的新时代、新背景和新观众。毫无疑问，毕加索是好莱坞的名人。但是除此之外，让他蜚声全世界的是有他签名的艺术品。

如果说毕加索用视觉给世界留下了深刻印象，那么杜尚为自己设置了某种更高的标杆：他试图用理性给世界留下印象。通过现成品，杜尚发明了"一种否认定义艺术的可能性的形式"，给新一代艺术家提供了一种理性的正当理由，去拒绝过去的一切艺术。[2]杜尚说艺术应该有比单纯的视觉满足更高的目标。艺术应该"服务于心灵"。为了实现这种艺术革命，杜尚必须让世界相信一切现实都是"现成品"——也就是说，实际上任何东西都可以成为艺术。"如果说艺术的过去和现在之间存在一个分水岭——无论它现在是什么——那就是杜尚的雪铲。"杜尚的朋友、耶鲁大学的乔治·赫德·汉密尔顿 1966 年说。[3]有了这道分水岭，传统意义上的艺术不复存在，即艺术是一种美学上认同的对象主体，或者如《韦氏词典》所说的，"制作物品或做事，来展现形式、美感和独特的知觉"。

杜尚的个性让他更加耐心地追求自己的目标。在毕加索致力于在活着的时候缔造神话时，杜尚似乎在谋划着死后留下神话。不仅是因为他是一个有条不紊的公证人的儿子（以及有抱负的图书管理员），还因为他一生都像一名棋手一样稳扎稳打，总是着眼于终局。他了解艺术史是如何书写的，而且有能力巧妙地将自己置于艺术建制的中心。"杜尚知道游戏将如何结束，"杜尚最后的赞助人威廉·科普利说，"他比我们任何人都更了解艺术史。"[4]早期达达主义者皮埃尔·德·马索说，杜尚从 20 世纪 20 年代"就在打基础"，"他一直清楚地知道自己在做什么"。[5]

也没有人会忘记杜尚是一名棋手，尽管每个人对其重要程度的估计不同。最伟大的国际象棋大师也不能预测棋局的结果，但是每个国际象棋大师都是抱着如何获胜的计划开始棋局的。杜尚不知道他的终局的细节，但是他很可能知道自己能够获胜。他知道艺术世界就像棋盘。正如沃尔特·霍普斯所说的，杜尚是假装漠不关心的大师。"他的整个职业生涯似乎都体现出一种强烈的时机意识，虽然他偶尔抗辩说这些'全都不是故意的'。"[6]

杜尚的部分行为也让其他艺术家相信，他们应该更多地成为"思想者"，而不是传统的匠人（当然也不是画家）。不过，杜尚自己意识到，这种艺术史上的激进导向很难被世界接受，连他自己也不能实现纯粹的"思想艺术"，留下了许多符合《韦氏词典》传统定义的样本。虽然有这么多障碍，但是在杜尚的许可之下，艺术世界的一部分开始接受他的观点。由此诞生了概念艺术运动。耶鲁艺术学院的资深评论家斯蒂文·亨利·马多夫说：

> 在杜尚之后，概念比它赖以呈现的媒介更重要，因此以概念为基础的实践已经是今天艺术家呼吸的空气的一部分。他们对此怀有严格的信仰，在表达思想时自由地选择形式和媒介。[7]

世界范围内，在过去 20 年中，概念艺术"物品"的数量可能比任何其他形式的艺术品都要多。[8]但是，尽管数量庞大，除了现在入选教科书的首批概念艺术品之外——杜尚的小便池《泉》是最突出的例子，它引领了潮流——这些物品的寿命却过于短暂，没有哪个留在人们的记忆中，或者在艺术史上造成持续的影响。

现成品不是杜尚理性倡议的终结，大部分现成品本身是暧昧或矛盾的。在艺术界他最喜欢的关于他年轻时代的回忆录中，杜尚说他和他的朋友是把现成品当作"实验室工作"进行的。大约在同时，毕加索没有把这种艺术实验室"研究"放在心上，他说："我的目标是表现我已经找到的东西，而不是我要寻找的。"⁹ 即使在今天，对艺术的这两种态度也是并存的。杜尚派现在称之为"过程艺术"，关注创造性思维的流程（心中没有特定的终点）；毕加索的观点仍然代表着创作完整和"决定性"的艺术品的传统目标。

在杜尚的另一个理论假设中，他谈到了"绘画唯名论"，提出艺术应该朝着最纯粹的简洁状态发展，或许纯粹的"思想艺术"就是最纯粹的成果。作为欧洲人，他在中学时期学习过唯名论，这种观点认为应该用尽可能最简单的原因来解释现实，去除一切形而上学的猜测。不过，概念艺术理论现在变得如此复杂和深奥，以至于刚好相反，一幅简单的毕加索作品比概念艺术要容易理解得多。一幅能够不言而喻的绘画是一项唯名论的成果。概念艺术成了新的形而上学，就像杜尚的许多观点给人以中世纪经院哲学的感觉一样。

杜尚对理性倡议的许多表达是建立在幽默的基础上的，他说自己的目标是"似是而非"，并不是那么真实和严肃。经过艺术史的扭曲，杜尚称之为幽默的东西现在被认真对待，就像国家科学院决定接受一项基于阿尔弗雷德·雅里的啪嗒学的研究项目一样。就好比杜尚起程时是一艘载着俏皮话、幽默、讽刺、迷惑和带有猥亵意味的双关语的小船，20世纪60年代以后返航时却成了一支满载艺术、艺术家和美学等严肃哲学命题的舰队。尽管如此，如果说西方文化始终有其粗俗猥亵的一面，以及对荒谬和搞笑的偏爱，那么杜尚可能是对它们扎根于现代艺术帮助最大的人。2011年出版的《艺术新闻》问道：

> 为什么过去的这个世纪有特别多的笑话、恶作剧、冒名顶替、破坏性涂鸦和哗众取宠的群体和个人行为，而且一些恶作剧会被不情愿地承认为艺术？[10]

第17章 毕加索年，杜尚时代 383

杜尚不是这个问题的全部答案,但是《艺术新闻》也不得不提到他的名字作为某种解释。

把幽默和恶作剧放到一边,杜尚派宣称已经为思想在艺术中的应用扫清了道路,将艺术家的"灰色物质"从绘画的奴役中解放出来,永远打破"自然主义的奴役的锁链"不再是漂亮话,而是可以成为事实。这实际上取决于如何定义艺术的本质和"思想"的角色,而这不是一个容易的定义。例如,长期以来毕加索学者都在谈论他的思想,毕加索也不无矛盾地说过:"绘画是一件智力工作。"[11]正如研究毕加索的学者卡斯滕-彼得·瓦恩克所说的:

> 在实际意义上,毕加索将思想变成了艺术,实现了思想和艺术、形式和内容的和谐统一,这在本质上是非常传统的,强调了他的古典主义特色。在这方面他跟现代概念艺术和概念艺术运动之父马塞尔·杜尚有着本质的区别。在概念艺术中,概念先行并完成作品,作品反过来又指向概念。要掌握全貌就需要一种口头的说明或解释。相反,毕加索的作品则是直接展现,将陈述变得可见。他的作品天生是可以被理解的。在抽象的内容与具体的形式之间没有鸿沟。[12]

在理性地探究艺术影响力时,杜尚的遗产则以智取胜,超越了毕加索。毕加索的遗产像一艘航空母舰,掉头缓慢。它是旧世界的产物,被遗产和政府文件拖累,分列在法国、西班牙和美国的五座官方博物馆。从物质的角度说,毕加索的作品数量是压倒性的。例如,到1980年现代艺术博物馆的毕加索回顾展时,已经有足够多他的作品被发掘出来,从众多支流汇入名为毕加索的急流。

相反,杜尚就像一艘快艇,小巧紧凑、灵活机动,他就是这样设计的。一位杜尚派恰如其分地描述他的物质遗产是"一个规模虽小但高度集中的主体"。了解杜尚的作品"是一件跟阅读有关的事,而不仅仅是观看"。[13]考虑到未来,杜尚几次整合了他的作品,以他的《手提的盒子》为标志(因为这个小小的容器中几乎包含了他做过的一切)。后来,杜尚口头指导了他的作品应该如何在博物馆中布置,进入博物馆能够保证它们得到学术界的关注。他曾说,一个艺术家需要时间才能被写进"艺术史启蒙读物",通常是在这个艺术家死后。[14]

不过,20世纪60年代的剧变带来了转机,在定义现代艺术或者宣告其终结和向后现代艺术过渡方面,最终让杜尚跟毕加索平起平坐。跟60年代一样,这种转变是颠覆性的。例如,1950年,由沃尔特·爱伦斯伯格和杜尚牵头,将以杜尚为核心的爱伦斯伯格藏品捐给美国最大的博物馆之———费城艺术博物馆,博物馆在将近20年的时间里表现出"对这位艺术家全然的忽视"。[15]就好像杜尚的作品是被强加给博物馆的,如同谚语中的白象(庞大、无用而累赘的东西)。然后在60年代,杜尚被重新发现了。这是制造名人的十年,名人崇拜是杜尚影响力的主要元素,将他跟安迪·沃霍尔和玛丽莲·梦露一起,带到当时还看不到的高度。这相当出人意料,"他成了我们这个时代最伟大的人物之一",一位著名达达艺术家说。[16]他被抬高到波普艺术的顶峰,新一代作家和艺术家希望从他身上寻找既"理性"又时髦的艺术,如他们所说的那样:"嘿,帅呆了!"

对于新一代,他的欧洲风格的波希米亚生活似乎实现了早在19世纪初浪漫主义时代就设定的目标,即将生活过得像艺术一样,像偶发艺术家阿兰·卡普罗说的那样"模糊艺术和生活的界线"。无论如何,"在杜尚之后,再做一个以前那样的艺术家已经不可能了。"文学史学家罗杰·沙特克说,"因为他的风格和他的超然,杜尚已经成为本世纪备受崇拜的影子英雄。他很难被贬低，或者被忽视。"[17]

几十年前，随着达达和超现实主义的兴起，像特里斯坦·查拉这样的艺术破坏分子可以大胆宣传，"一个连一首诗也没写过的人也可以是诗人"。[18]引申开来，在杜尚的时代，一个从来没有创作过艺术作品的人也可以是艺术家。作为所谓的反艺术家，成为这类人物的例证，这是杜尚的宿命。他毫无疑问做过一些东西，而骄傲地佩戴着艺术家徽章的追随者们则没有创作过什么艺术作品。

不过，杜尚并不只是一位波希米亚的守护神。尽管他的"影响力"更多是象征性而非经验上的——比方说他从来没有建立过什么组织但他建构了一些艺术上的制度。通过将概念艺术加入先锋派——在巴黎的现代艺术发展中"先锋派"是著名的营销实践——他给了它获利的法门。[19]实际上，毕加索和杜尚的人生共同促成了现代和当代艺术市场的根本性变革，现在这是一个由拍卖驱动的世界，一件现成品可以卖出上百万美元，这方面一幅毕加索或伦勃朗的画作也是一样。在杜尚之后，当然和波普艺术联系在一起，整个新的"艺术世界"在世人面前平地而起，这是一个机构、学者、画廊和博物馆的全新组合。

* * *

回到立体主义的全盛时期，像格特鲁德·斯泰因这样的作家可以拿"毕加索派和马蒂斯派"的博弈来自娱，沙龙的年轻画家不是追随毕加索就是追随马蒂斯的风格。今天谈论正式的"毕加索派"或"杜尚派"则是不可能的。因为艺术理论和实践的世界变得如此多元，没有哪个运动或者伟大艺术家能够统治一个主要群体。

无论如何，如果一个画家想要评估自己在当代艺术中的位置，就几乎不可能忽略毕加索用画家的基本素材做出的成就：素描棒、画布和颜料。许多艺术家已经证明，毕加索留下的公共遗产——博物馆、书籍、展览——意义重大。"他的去世就像一个备受尊敬而又极为严厉的父亲的死——你很难过，同时又感到一点解脱。"艺术家查克·克洛斯1980年说。[20]不过在如释重负地长舒一口气之后，由于其遗产的庞大数量，毕加索的影响力还没有耗尽。严厉的父亲被从坟墓中召回，仔细地加以研究和模仿，一些艺术家称之为"对大师作品的回顾和重铸"。[21]粗略说来，响应这一召唤的艺术家可能不是毕加索派，但他们无疑处在毕加索这位20世纪的非凡艺术家的阴影之下。

同样，如果说今天存在真正的杜尚派思想家和艺术家，也很难给他们分门别类。在1973年杜尚回顾展的正式开幕式上，惊讶于"参加宗教活动般的崇敬"，一位评论家认为"杜尚崇拜将长期拥有真正虔诚的信众"，但是很明显，将杜尚看作艺术中新事物创始人的群体还有其他多样化的表现形式。[22]毫无疑问，研究杜尚的专家们有他们的小圈子。这是一个由学者和理论家组成的专门小组，发表过关于杜尚生平方方面面的学术论文，他们是他最忠实的追随者，跟杜尚研究的线上期刊《现成品》保持着密切联系。杜尚的具体思想仍然是专业会议或美国学院艺术协会年会上专门研讨的主题。比如一次学院艺术协会年会讨论了一系列杜尚会喜欢的出格"主题"：[23]

——再现现成品；

——永远的现成品；

——现成品生物质：艺术和合成生物学；

——现成品：柏格森、时间和舞蹈；

——与非现成品的约会。

虽然这些会议是专业性的，但是杜尚在学术界的一般影响体现为，70年代后每一个接受过大学教育的艺术家都认识了概念艺术，通常以杜尚的生平和作品为例。在很多情况下，学习艺术的学生被告知，"杜尚之后"绘画已死，创作思想—艺术是唯一现实的选择。至于在学术机构中的影响，少数"硬"杜尚派培养出了大量"软"杜尚派。自从1968年去世之后，杜尚的思想和观点仍然是"今天艺术家呼吸的空气的一部分"，特别是在学院和大学的艺术教育中。

这种空气也笼罩着当今世界的艺术节——比如历史悠久的威尼斯双年展，以及艺术市场、艺术博物馆甚至政治活动。例如，美国从1930年就开始参加威尼斯双年展。1978年以前，受传统和现代艺术影响，所有入选美国展厅代表美国参展的艺术家都是传统或现代主义画家，只有少数例外（比如极简抽象派艺术家唐纳德·贾德或波普艺术家安迪·沃霍尔）。到了1980年以后，超过60%代表美国参展的个人或团体艺术家都是概念艺术家。

这些概念和行为艺术家在入选双年展之前已经成名，他们都很重视杜尚：布鲁斯·瑙曼制作了自己的《泉》，加上了霓虹灯显示的简单标题；劳里·安德森演奏新达达音乐；比尔·维奥拉制作了实验光学视频；维托·阿肯锡以他传播"种子"的概念为基础当众暴露自己；罗伯特·戈贝尔制作了陶瓷水槽和其他日常物品的高质量复制品，就像现成品。

今天"军械库展"仍然存在，它也反映了杜尚之后的艺术世界的面貌。现在每年在曼哈顿的哈德逊河畔时髦的码头仓库举行，军械库展（有限公司）在最近几十年复兴，已经成为一项纯粹的商业活动，是世界众多艺术展之一，吸引着富豪收藏家和全世界大量参观者。坦白说，新的军械库展分为两个部分。一座大型建筑专门展出1970年以前的现代艺术，另一处大型场地展出当代艺术，大部分带有恶作剧、搞怪和精巧的设备等杜尚派遗产的特色，有些有深刻的"思想"可挖，但大部分都只是幽默或者荒谬的。

除了在杜尚扬名立万的美国，新达达、概念艺术和无政府主义艺术的影响因为各种各样的需要而兴起——坦率地说，这是可以追溯到阿尔弗雷德·雅里的古老遗产。例如，在德国，一代艺术家为了反思战争和纳粹时期，寻求一种文化虚无主义来反对或者消解历史。他们找到了概念艺术这个工具，就像苏黎世达达主义者为了回应第一次世界大战发明了达达荒诞派一样。

在苏联，爵士乐一度成为反对斯大林主义遗留影响的地下抵抗形式，概念艺术和行为艺术成为挣脱束缚的一种突破口。

从20世纪70年代开始，西方国家的主要城市开始出现专门的"当代艺术"博物馆。当然，这些博物馆不收藏传统艺术（1500—1900）作品。但它们通常拒绝现代艺术（1900—1970）作品。当代艺术博物馆专注于"思想"艺术，既是杜尚影响力的有形遗产，也因为普通公民大多没有去图书馆阅读过跟杜尚有关的学术书籍，这些书籍可能相当冗长，事无巨细地涵盖了他的每一个行动、每一句话语及其结果——从他的油画到第32幅草图，到他留下的烟灰。

贯穿整个艺术世界，从一个国家到另一个国家、从一座博物馆到另一座博物馆，毕加索和杜尚所交替产生的根深蒂固的影响可以罗列出一个详细的清单。其中尤为重要的是他们对视觉艺术的现代观点的影响。这包括艺术家的观点，也包括公众观点的转变和定型。所有这些都可以归纳到视觉艺术中民主的角色和精英的角色这两个大标题之下。在毕加索和杜尚之后，在我们的民主时代，对这个问题最简单的重新阐述是：谁的艺术是真正大众化的，毕加索还是杜尚？杜尚派和毕加索派肯定会给出不同的答案。

杜尚说实际上任何东西都可以成为艺术，因此任何人都可以成为艺术家。这是艺术"创作"中纯粹的民主，如果无限引申，实际上就消除了作为一种特定的人类努力的"艺术"。杜尚在晚年用他标志性的恶作剧口吻说过，只要会呼吸就足够成为一名艺术家了。

另一方面，杜尚又将艺术变成极端精英化的追求，尽管他的支持者否认这一点。（"杜尚回避了神秘主义或精英主义的指控。"一位策展人说。）[24]诚然，杜尚以他自己的方式做一个普通人，对于艺术的公共消费，他留下了任何人都能理解的名言，比如："除非一幅画能令人震惊，否则就什么都不是。"[25]即便如此，杜尚的坦率也揭露过他的精英主义。"当绘画降格到连外行都在谈论时，我对它就没有兴趣了。"他曾说。杜尚自己的实践是精英主义的。他制作"豪华版"的盒子，并说只有少数人拥有"美学回应"的天赋，这是一种真正理解艺术的能力。在公开言论中，他经常断然拒绝"一般大众"的平庸鉴赏能力和商业至上，并谈到进步艺术家的精英化的"地下"角色。

涉及艺术相关知识——所谓艺术鉴赏的知识——杜尚毫不掩饰他的精英主义观点。由于杜尚作品中高密度的深奥知识，他的学术追随者除了成为精英之外别无选择，他们进入了一个普通人望而却步的领域。正如一位评论家所说："杜尚比大部分现代艺术大师都更需要诠释者"来翻译他的手稿。[26]杜尚的艺术方法本质上是精英的（例如，就像物理学中的弦论）。在公众当中，杜尚派艺术只能对特定的人群发声：聪明人、喜欢讽刺和解谜的人、享受恶作剧的人。"任何笨蛋都会对伦勃朗惊叹不已，但是只有少数精英能够理解像谢丽·莱文的《泉/来自马塞尔·杜尚》这样的作品，也只有少数精英才会喜欢它。"耶鲁大学的心理学家保罗·布鲁姆说。[27]

在最糟糕的情况下，杜尚"任何东西都可以成为艺术"的观点，加上他对理性的艺术精英的拥护，制造了一种轻视技巧、规则的艺术文化和一种偏爱表现小聪明、制造震惊效果与虚假理性的传统。总而言之，公众对杜尚的精英主义没有多大兴趣，而将当代艺术置于显微镜下，从社会学家到进化生物学家的每个人都在试图解释为什么。例如，他们这样解释，人类对表现技巧和美感的艺术品的欣赏与大脑相连，进化论者说这种视觉技巧是一种"适应"的标志，既是生物性的，也如人类学家所说的那样，有助于促进社会的文化团结。[28]

在有关视觉艺术中民主和精英的问题上，追随毕加索脚步的人与杜尚派有着不同的答案。毫无疑问，在艺术创作者——实际的艺术家的层面上，毕加索的方法是相当精英化的。艺术家必须掌握技巧和手艺，经过多年不懈的努力，将他们的思想和形式结合起来，创作出视觉上"新鲜"和动人的作品。因此，不是每个人都能成为艺术家。但是尽管有这种精英主义，毕加索在公共艺术欣赏的领域里让艺术民主化了。的确，一个傻瓜也能在毕加索的画作前惊叹不已。毕加索在艺术欣赏民主化中的角色在21世纪第一个十年行将结束时得到了充分的展现。

费城艺术博物馆2010年的毕加索和杜尚双人展期间，毕加索的艺术在全美国引起了公众的广泛关注。博物馆知道毕加索的展览通常会吸引大众。例如，2010年2月—2011年6月期间，6个重要的毕加索展览在美国集中揭幕，吸引了150万参观者，或许更多。

费城艺术博物馆和大都会艺术博物馆都在2010年初使出浑身解数，为了取悦大众展出馆藏的全部毕加索作品。[29]紧接着，毕加索国家博物馆的毕加索重要作品世界巡展来到美国，在西雅图、里士满（弗吉尼亚州）和旧金山共展出了一年，吸引了近100万观众，在西雅图和里士满还引起了当代艺术品交易的急剧升温。[30]

似乎谈到艺术欣赏的民主化，"毕加索年"这个词总会出现，表示大批人群前去欣赏艺术品。同时，在相对精英的艺术学术界，"杜尚时代"这个词频繁出现，用来指代"后现代"艺术的时代。杜尚为最新一代策展人、艺术家和艺术评论家设定了精神标杆。在看待艺术这件事情上，毕加索对更广泛的大众仍然有着重要意义，杜尚则对当代艺术的智性亚文化本身更加重要。

抛开个人的缺点和失败而言，毕加索代表了磨炼技巧和创作艺术，而杜尚代表了依靠思想来提供解释将某种东西命名为艺术。这是现代艺术的灵魂之争。这场战争已经结束，但它的结果仍然定义着今天的视觉艺术世界。

"视网膜的方法沿用了一百年已经足够了。"杜尚在1961年说，他可能赢得了这场游戏，特别是在学术界和概念艺术实践的小圈子里。[31]但是视网膜艺术仍然大行其道，从这个角度讲，毕加索赢得了同样高赌注的另一场游戏。杜尚的游戏是精英的，通过理解他的故事，大众能够理解为什么当代艺术博物馆是今天这个样子。毕加索赢得了大众。这不是棋盘的世界，而是民意的世界，或者如独立艺术家协会在1884年说的，是艺术家"自由地展出他们的作品，接受公众的评判"的世界。

注释

1. Picasso quoted in Ashton, *POA*, 45.
2. 杜尚的话引自1959年11月乔治和理查德·汉密尔顿为英国广播公司系列片《艺术，反艺术》拍摄的未发表访谈。Quoted in Tomkins, *DB*, 405.
3. George Heard Hamilton, "In Advance of Whose Broken Arm," in *MDP*, 73.
4. Copley quoted in Taylor, *MDED*, 160.
5. Massot quoted in Calvin Tomkins, *The Bride and the Bachelors: Five Masters of the Avant-Garde* (New York: Viking, 1965), 64.
6. Walter Hopps, "Postscript," in d'Harnoncourt and Hopps, *Étant donnés*, 43.
7. Steven Henry Madoff, "States of Exception," in *Art School: Propositions for the 21st Century*, ed. Steven Henry Madoff (Cambridge, MA: MIT Press, 2009), 279.
8. Roberta Smith, "Conceptual Art," in *Concepts of Modern Art* third ed., ed.

Nikos Stango (New York: Thames and Hudson, 1994), 256 - 270. 史密斯将概念艺术追溯到杜尚。

9. Marcel Duchamp, "The Great Trouble with Art in this Country," *SS*, 123; Picasso quoted in Ashton, *POA*, 4.

10. Ann Landi, "The Joke's on Us," *Artnews*, December 2011, 93.

11. Picasso quoted in Ashton, *POA*, 16.

12. Carsten-Peter Warncke and Ingo F. Walther, ed. *Picasso* (Cologne, Germany: Taschen, 2002), 680.

13. Anne d'Harnoncourt and Walter Hopps, *Étant donnés: 10 la chute d'eau, 20 le gas d'éclairage: Reflections on a New Work by Marcel Duchamp* (Philadelphia: Philadelphia Museum of Art, 1987), 6, 25. 这是博物馆的《艺术公告》的第二次修订版 (1969 年 4—9 月); Anne d'Harnoncourt, "Introduction," d'Harnoncourt, *MD*73, 36.

14. Marcel Duchamp, "The Creative Act," *SS*, 138.

15. Taylor, *MDED*, 14.

16. Richard Huelsenbeck quoted in Tomkins, *The Bride and the Bachelors*, 64.

17. Roger Shattuck, "The Dada-Surrealist Expedition: Part II," *New York Review of Books*, June 1, 1972, part. vi.

18. Tzara quoted in Mark Polizzotti, *Revolution of the Mind: The Life of André Breton*, rev. and updated (Boston: Black Widow Press, 2009 [2005]), 87.

19. 关于先锋派作为营销策略参见 Robert Jensen, "The Avant-Garde and the Trade in Art," *Art Journal* (Winter 1998): 360 - 367.

20. Close quoted in Grace Glueck, "How Picasso's Vision Affects American Artists," *New York Times*, June 22, 1980, D7.

21. "'Dear Picasso': How Today's Artists are Rediscovering the Master," *Artnews*, May 2011.

22. James R. Mellow, "Retrospective Honors Marcel Duchamp," *New York Times*, September 22, 1973, 27.

23. "Restaging the Readymade," panel session, College Art Association (CAA), Los Angeles Convention Center, February 23, 2012. Panel organizers said it was held to clarify that art academia should not confuse "found objects" with readymades. The CAA slated a 2013 panel on, "Cultural Negotiations of the 'Ready-

made.'"

24. D'Harnoncourt, "Introduction," in d'Harnoncourt, *MD73*, 39.

25. Duchamp quoted in "The Great Armory Show of 1913," *Life*, January 2, 1950, 60.

26. Mellow, "Retrospective Honors Marcel Duchamp," 27.

27. Paul Bloom, *How Pleasure Works* (New York: W. W. Norton, 2010), 146. 关于杜尚精英主义的评论参见 C. Baekeland and Geoffrey T. Hellman, "Talk of the Town: Marcel Duchamp," *New Yorker*, April 6, 1957, 27; Tomkins, *DB*, 368-369, 397; Marcel Duchamp, "Where Do We Go From Here?" *Studio International* (January/February 1975): 28. 进化心理学家认为，人类天性决定了现代人自然会更加欣赏传统的艺术作品，因为它们容易理解，展示了清晰的技巧和知识，能够帮助人们了解人类艺术传统的意义。概念艺术或讽刺艺术通常缺乏这些特性，尽管能够理解时人们也会对尖刻的幽默做出回应（比如给《蒙娜丽莎》加上胡子）。

28. See Denis Dutton, *The Art Instinct: Beauty, Pleasure, and Human Evolution* (New York: Bloomsbury, 2008); and Ellen Dissanayake, *Homo Aestheticus: Where Art Comes From and Why* (New York: Free Press, 1992).

29. 毕加索的巡展"毕加索：巴黎毕加索国家博物馆名作展"从西雅图（2010年10月8日—2011年1月17日）到弗吉尼亚州的里士满（2011年2月19日—5月15日），再到旧金山（2011年6月11日—10月10日）。"毕加索和巴黎先锋派作品展"于2010年2月24日—5月2日在费城艺术博物馆举行；"大都会艺术博物馆毕加索展"于2010年4月27日—8月15日在大都会艺术博物馆举行；"毕加索：1912—1914年的吉他展"于2011年2月13日—6月6日在现代艺术博物馆举行。

30. "Economic Impact of Picasso Show Estimated at ﹩66 Million," *The Seattle Times*, April 29, 2011. John Reid Blackwell, "Picasso Exhibit had a Nearly ﹩29 Million Impact in Virginia," *Richmond Times-Dispatch*, July 7, 2011. 西雅图的报道称这次展览复兴了——实际上是"拯救"了——濒临倒闭的西雅图艺术博物馆。

31. Duchamp quoted in Katharine Kuh, *The Artist's Voice: Talks with Seventeen Modern Artists* (Cambridge, MA: Da Capo Press, 2000 [1962]), 89.

作者手记

任何为一位艺术家立传的作家都必须在生平和作品之间找到平衡，这也是这本关于毕加索和杜尚的简要介绍面临的主要挑战。在交替讲述中，两个人的生平都留下了显著的空白。但是通过选择性的对比，我希望提供一种新的视角来看待这两个人物。表面上，他们都是有天赋、幽默和雄心勃勃的人，而且都在艺术世界中青史留名。另一方面，如果说我对塑造这两个人物有什么倾向的话，我强调了毕加索作为画家的创作力和杜尚作为思想者和棋手的精明。

网络效应对杜尚的传播可能比毕加索更加广泛。毕加索的许多生平通过他的艺术体现出来，但是在这样一本书中，复制版权作品的费用太高了。与此同时，杜尚公开发表的言论比毕加索多得多。杜尚也穿梭在从巴黎到纽约的一些最有趣的艺术事件中，这是本书的副线。虽然缺少毕加索艺术的视觉呈现（杜尚也是同样），值得安慰的是，书中引用的全部以及更多作品都能在互联网上找到彩色版本。

写作本书时，我很留心毕加索和杜尚给未来的传记作家留下的忠告。毕加索说："你不能总是相信我说的话。"杜尚说："为了避免迎合我自己的趣味，我不得不自己反驳自己。"这两位艺术家的很多言论都是在晚年总结自己的生平故事时提出的，而且他们确实经常自相矛盾。因此，我借鉴了许多毕加索和杜尚的传记作家和分析者（在注释中详细列出）的观点，他们对明确事实和比较言论所需的文档进行了组织，并提出了关于两位艺术家思想和行动的合理解释。

为了了解当前对毕加索和杜尚的态度，我还进行了一些采访。Jerrold Seigel、Linda Dalrymple Henderson 和 Francis Naumann 慷慨地回复了我的电子邮件，帮助我缩小了毕加索和杜尚初次见面这个问题的范围（我们仍然几乎一无所知）。其他同意接受采访的还有作家和画家 Brian Curtis；两位立体主义和现代艺术学者，John Cottington 和 Michael Taylor（也是一位研究杜尚的专家）；艺术编年史作家 Irving Sandler；以及 MIT 的艺术史和艺术理论退休教授 Wayne Andersen。我没有引用他们的采访内容，但是本书汲取了他们对相关主题的许多观点，我个人对其负全责。

本书的主题可以简单归纳为：当毕加索成为现代艺术统治的象征时，杜尚决定反驳毕加索的艺术方法（虽然不是毕加索个人的）。杜尚在1913年纽约军械库展上赢得的声誉使他能够与毕加索的影响力一争高下。凭借一名棋手的战略性思考，杜尚用他自己的方法进入了艺术体系，将他所谓的"反艺术"思想写进了西方经典。今天，毕加索和杜尚谁在现代艺术中最有影响力，以及他们的人生留给"现代艺术的灵魂"怎样的结果的争论仍在继续。与此同时，艺术"影响力"的问题成为艺术史写作中的主要争议，因此，我在陈述他们对艺术家作品的影响时努力保持审慎的怀疑。最后，我认为巴勃罗·毕加索和马塞尔·杜尚对今天两种主要的艺术观点都有明显的影响。

我要感谢这些机构，让我有机会看到大量毕加索和杜尚的作品：国家艺术画廊、费城艺术博物馆、巴恩斯收藏、现代艺术博物馆、大都会艺术博物馆、巴尔的摩艺术博物馆和弗吉尼亚美术馆。我还要感谢马里兰大学帕克分校艺术图书馆和国会图书馆的工作人员。感谢 Lindsey Alexander 出色的编辑，感谢我的助理 Laurie Abkemeier 和我在新英格兰大学出版社的编辑 Stephen P. Hull。

注释中的缩写

AMSC   Francis M. Naumann and Hector Obalk, eds., Jill Taylor, trans., *Affect/Marcel: The Selected Correspondence of Marcel Duchamp* (London: Thames and Hudson, 2000).

CWMD   Arturo Schwarz, *The Complete Works of Marcel Duchamp* (New York: Harry N. Abrams, 1969).

DB   Calvin Tomkins, *Duchamp: A Biography* (New York: Henry Holt, 1996).

DMD   Pierre Cabanne, *Dialogues with Marcel Duchamp* (New York: Da Capo Press, 1979).

DPP   Robert Motherwell, ed., *The Dada Painters and Poets: An Anthology*, 2nd ed. (Cambridge, MA: Harvard University Press, 1981 [1951]).

LP1   John Richardson, *A Life of Picasso, Vol. 1, 1881–1906* (New York: Random House, 1991).

LP2   John Richardson, *A Life of Picasso, Vol. 2, 1907–1916* (New York: Random House, 1996).

MD   Robert Lebel, *Marcel Duchamp*, trans. George Heard Hamilton (New York: Grove Press, 1959).

MD73   Anne d'Harnoncourt and Kynaston McShine, eds., *Marcel Duchamp* (New York: Museum of Modern Art; Philadelphia: Philadelphia Museum of Art, 1973). Volume for the 1973 retrospective on Marcel Duchamp.

MDBSB   Alice Goldfarb Marquis, *Marcel Duchamp: The Bachelor Stripped Bare, a Biography* (Boston: MFA Publications, 2002).

MDED   Michael Taylor, *Marcel Duchamp: Étant donnés* (Philadelphia: Philadelphia Museum of Art, 2009).

MDP   Joseph Masheck, ed. *Marcel Duchamp in Perspective* (Englewood Cliffs, NJ: Prentice-Hall, 1975).

PLA   Pierre Daix, *Picasso: Life and Art*, trans. Olivia Emmet (New York: HarperCollins, 1993).

POA   Dore Ashton, ed., *Picasso on Art: A Selection of Views* (New York: Viking Penguin, 1972).

SAS   Milton W. Brown, *The Story of the Armory Show* (New York: Abbeville Press, 1988).

SS   Michel Sanouillet and Elmer Peterson, eds., *Salt Seller: The Writings of Marcel Duchamp (Marchand du Sel)* (New York: Oxford University Press, 1973).

Picasso and the Chess Player: Pablo Picasso, Marcel Duchamp, and the Battle for the Soul of Modern Art by Larry Witham

Copyright © 2013 by Larry Witham

This edition arranged with DeFiore and Company Author Services LLC. though Andrew Nurnberg Associates International Limited

Simplified Chinese version © 2014 by China Renmin University Press.

All Rights Reserved.

图书在版编目（CIP）数据

毕加索和杜尚：现代艺术的灵魂之争/威瑟姆著；唐奇译．—北京：中国人民大学出版社，2013.12
ISBN 978-7-300-18484-5

Ⅰ.①毕… Ⅱ.①威… ②唐… Ⅲ.①毕加索，P.R.（1881～1973）—人物研究 ②杜尚，M.（1887～1968）—人物研究 Ⅳ.①K835.515.72

中国版本图书馆 CIP 数据核字（2013）第 299298 号

毕加索和杜尚：现代艺术的灵魂之争
拉里·威瑟姆　著
唐奇　译
Bijiasuo he Dushang: Xiandai Yishu de Linghun zhi Zheng

出版发行	中国人民大学出版社				
社　　址	北京中关村大街 31 号		邮政编码	100080	
电　　话	010－62511242（总编室）		010－62511770（质管部）		
	010－82501766（邮购部）		010－62514148（门市部）		
	010－62515195（发行公司）		010－62515275（盗版举报）		
网　　址	http://www.crup.com.cn				
	http://www.ttrnet.com（人大教研网）				
经　　销	新华书店				
印　　刷	涿州市星河印刷有限公司				
规　　格	160 mm×235 mm　16 开本		版　　次	2014 年 4 月第 1 版	
印　　张	25.5		印　　次	2014 年 4 月第 1 次印刷	
字　　数	308 000		定　　价	59.00 元	

版权所有　侵权必究　印装差错　负责调换